“十三五”普通高等教育应用型规划教材

国际贸易系列

国际商法

李秀芳　主编

中国人民大学出版社
· 北京 ·

图书在版编目（CIP）数据

国际商法/李秀芳主编．—北京：中国人民大学出版社，2017.5
“十三五”普通高等教育应用型规划教材·国际贸易系列
ISBN 978-7-300-23645-2

Ⅰ.①国… Ⅱ.①李… Ⅲ.①国际商法-高等学校-教材 Ⅳ.①D996.1

中国版本图书馆 CIP 数据核字（2016）第 279553 号

“十三五”普通高等教育应用型规划教材·国际贸易系列
国际商法
李秀芳　主编
Guoji Shangfa

出版发行	中国人民大学出版社		
社　　址	北京中关村大街 31 号	**邮政编码**	100080
电　　话	010－62511242（总编室）		010－62511770（质管部）
	010－82501766（邮购部）		010－62514148（门市部）
	010－62515195（发行公司）		010－62515275（盗版举报）
网　　址	http://www.crup.com.cn		
	http://www.ttrnet.com(人大教研网)		
经　　销	新华书店		
印　　刷	北京宏伟双华印刷有限公司		
规　　格	185 mm×260 mm　16 开本	**版　　次**	2017 年 5 月第 1 版
印　　张	20.75	**印　　次**	2019 年 6 月第 4 次印刷
字　　数	486 000	**定　　价**	46.00 元

前　言

2016年12月11日，中国加入世界贸易组织（WTO）已整整15年，15年来中国在不断受益于全球化发展的同时，也更加深入地融入世界经济，成为促进世界经济发展不可缺少的重要力量。目前中国已发展成为全球第二大经济体、世界第一大贸易国、世界第一大吸引外资国、世界第二大对外投资国。加入世界贸易组织对于促进我国对外贸易发展和拉动经济增长都起到了重要作用，推进改革开放进入新的阶段，极大地促进了社会生产力的发展。这些经济成就所带来的实力增长，为“一带一路”与“走出去”战略创造了良好的实施条件，进而为国际经济秩序带来了积极变化。

随着经济全球化程度的不断深化，国际贸易的交易标的和交易方式发生了巨大的变化，早已不仅仅是以货物买卖为主的传统贸易模式，资金、技术等的国际流动日趋频繁，同时，传统贸易方式以外的技术贸易、服务贸易、跨国投资等已成为与货物买卖旗鼓相当的贸易方式。以互联网为代表的信息技术的迅速发展，使世界各国之间的联系更加紧密，国际分工继续深化，全球贸易内容、贸易方式和贸易规则相应发生了变化，跨境电子商务已成为一种新型贸易方式，并且在快速发展。当今形势的这些变化由此也拉动了社会对国际商务人才的巨大需求。在此背景和新形势下，构建一个适应当今国际经济贸易发展的安全、可靠、公平的国际商事法律环境，为国际商务活动提供法律保障，是影响一国对外商务活动顺利进行以及经济发展的重要因素。国际商法作为已经建立起来的一门法律学科，正随着国际商务各个领域的发展及变化而不断地加以完善，并已发展成为一个全方位、宽领域的法律规范体系。

作为世界第一大贸易国，我国与其他国家有着大量、频繁的经济交往，在此过程中，各类纠纷案件时有发生，在处理这些案件时，我国一些企业常常处于被动地位，甚至败诉。究其原因，其中之一便是我国从事国际商务活动的一些企业和人员缺乏对有关国家法律、国际公约及国际惯例的深入了解和研究，或是不能及时掌握法律的变化。因此，认真研究、掌握好国际商事交往中的相关法律和惯例，并将其熟练地运用到国际商务实践中，才能使自己在复杂的国际商事交往中立于不败之地。同时，只有深入了解、研究其他国家的相关立法和国际公约，我国才能以此为鉴，更好地完善本国立法。鉴于以上原因及国内外经贸领域的新形势、新变化，培养众多的熟悉国际商事法律的人才已经成为当前的重要任务。

学习国际商法是为了服务于国际商务活动实践，因此，本书在撰写中力求突出如下特点。第一，系统性，本书内容全面，涵盖了国际商事活动中各方面的法律。本书在介绍国际两大法系的基础上，比较详细地阐述了商事组织法、国际商事代理法、合同法、国际货物买卖法、国际货物运输法、国际货物运输保险法、国际服务贸易法、知识产权保护法、国际技术贸易法、国际支付结算法、产品责任法、国际税法、国际贸易管制法及国际商事仲裁等相关的国际公约、主要国家法律及我国的有关法律规定。本书力图准确、全面、系统地阐述各部分法律的相关内容，努力做到法律条文与我国国际商务实践有机结合。第二，实用性，本书在阐述各类商法的国内立法、相关国际公约及国际惯例时，力求联系实际，将相关法律对应典型案例进行分析。利用所学法律来分析案例有助于学生加深对法律知识的理解，以便在今后的工作实践中能够更好地学以致用。第三，新颖性，本书在保持国际商法知识体系完整性的同时，吸收了最新的国际商法规则和研究的最新成果，书中所阐述的内容均为最新版本的国际公约和国内法条，反映当前国际商法的最新条款，为国际商务实践提供有效的法律指导。此外，本书还具有叙述简洁、条理清晰、通俗易懂、案例丰富等特点。

本书既可作为普通高等院校国际经济与贸易、国际商务等相关专业本科生和研究生的课堂教材使用，也可供我国从事对外经济贸易工作的在职人员阅读和借鉴。

本书的作者均为天津财经大学教师及研究生，各章编写的具体分工情况如下：李秀芳负责第三章；孙禄负责第一章；唐子汉负责第二章；冯晶负责第四章；马静负责第五、第七、第八、第十四章；杨波负责第六章；王瑞芳负责第九、第十章；索红杰负责第十一章；李蓓蓓负责第十二章；胡子云负责第十三章；高华敏负责第十五章。全书由李秀芳负责审核、整理及定稿。

本书在编写过程中参阅、吸收和借鉴了不少国内外的相关优秀书籍和文献，编者对这些文献资料的来源深表感谢。鉴于编者的水平有限，加之时间仓促，书中可能还存在这样或那样的缺点和问题，恳请读者批评指正。

编者

2017 年 3 月

目　录

第一章 国际商法导论

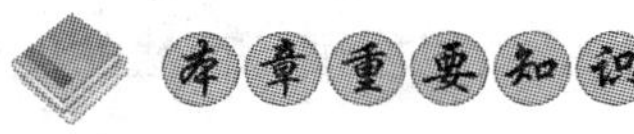

△国际商法的概念
△国际商法的主要法律渊源
△两大法系的形成及其主要区别
△我国涉外商法的形成和发展

案例导入

1984 年 12 月美国联合碳化公司的子公司即美国联合碳化印度有限公司（美国的母公司控股 50.9%）在印度出现了震惊世界的化学品污染事故，这一事故造成印度博帕尔当地居民 4 000 人左右死亡、难以估量的家畜死亡以及后续对于当地环境尤其是水资源的污染和破坏。事故发生之后，受害人和印度政府直接向美国纽约南部联邦地方法院的母公司提起总额约 31.2 亿美元赔偿的诉讼，之所以将母公司一并作为被告方，是因为首先其子公司在当时的净资产仅为 9 000 多万美元，远不足以赔偿事故所带来的各项损失，另外尽管子公司位于印度当地，但是母公司对于子公司的生产、安全、经营管理、财务和技术等各方面都具有统一安排和管理，在这一条件下子公司并没有完全安装美国同类工厂的应急预警计算机系统，在造成如此巨大损失的情况下应当适用揭开公司面纱原则，一并追究母公司的责任。最终经过协商于 1989 年达成 4.7 亿美元的赔偿金额协议。事实上随着经济全球化的推进，跨国商务活动将越来越多，所以加强对于这一领域的约束和规范即加强国际商法的发展和完善是非常重要且必要的。

随着经济全球化的不断推进，各国之间的国际经济合作不断加强，而作为约束国际经济合作的国际商法也在不断进步完善。它起源于调整古代罗马交易的法律和中世纪的商人法，而后不断修正完善，尤其是在第二次世界大战之后，联合国等国际组织不断成立并不断编纂、完善国际商法的体系和内容，使得国际商法得到了巨大的推进。本章主要介绍国际商法的基本概念和法律渊源、两大法系的简要内容以及我国涉外商法体系的发展状况。

第一节　国际商法概述

一、国际商法概念和主要内容

（一）国际商法概念

国际商法的基本含义是指调整国际商事交易与商事组织关系的法律规范的总称，其中商事的含义并不仅仅限于商业活动，而国际的含义主要是指跨越国界的意思，所以国际商法也可以称为跨国界的商法。

（二）国际商法的主体

国际商法的主体主要包括公司、企业等商事组织。随着经济全球化以及国际分工的不断发展，跨国公司的作用和地位在国际交易等商事活动中不断增加，所以在国际商法的发展和完善过程中必须加以重视，增强对跨国公司的法律调整和约束。

从法律上而言，跨国公司不是一个法律实体，而是一个经济联合体，其基本结构由母公司和子公司或分支机构构成，其中母公司和子公司各自拥有独立的法律人格，所以可以独自承担相应的法律连带责任，而分支机构不具有独立的法律人格即非法人，是母公司的附属，其行为由母公司负责，所以在此条件下，子公司和分支机构就会产生不同的法律后果和责任，甚至母公司可能会利用子公司的独立法人资格为自己减少负担，在实现公司的整体利益最大化的同时，也可能损害东道国法人甚至国家的利益，比如环境破坏、资源浪费等等。因此为了能够很好地约束上述行为，也就是如果出现由于母公司的责任造成子公司丧失对外偿付能力或丧失履行义务的能力时，为了保护债权人或是东道国的利益，法律有时会允许“揭开公司面纱”（piercing the corporation veil）即按照公司法人人格否定的理论，由母公司为子公司的行为承担责任，当然大多数国家对于这种行为持谨慎的态度，并加以严格限制。

总而言之，企业和公司构成了国际商法的主要主体，而其中由于经济全球化的原因，跨国公司已然成为了国际商法主体中的核心组成部分。而跨国公司近些年在带动全球经济的过程中也同时带来了众多的问题，所以加强在这一领域的国际立法约束已是刻不容缓。

（三）国际商法的调整范围和对象

随着社会和经济的进步和发展，国际商法的调整范围和对象不断扩大，传统的国际商法的调整范围和对象主要包括商事组织、合同、买卖、代理、运输、保险和票据等领域，现如今已经拓展至技术贸易、服务贸易、投资、金融和产品责任等更多的领域，因此形成了不同的国内和国际法律与条例。

众多的法律条文形成了现今较为完善的商法体系，其主要组成部分包括对于国际商事主体约束的主体法，比如商事组织、商事代理和商事登记等法律条文；其次是对于商事主体行为进行法律约束的商事行为法，包括国际货物买卖法、海商法、保险法、国际结算法等；最后是关于国际商事争端争议解决的法律与规则，例如国际商事仲裁或者其他条约协议，国际组织约定或区域内约定的争端解决机制条例，比如在 2015 年 10 月 5 日达成的

TPP 协议当中的关于对外投资的争端解决机制，即 ISDS[①] 解决机制等。

二、国际商法的主要法律渊源

国际商法的法律渊源主要分为两大类，即国际立法与惯例和国内立法与判例。

（一）国际立法与惯例

（1）国际公约或条约，比如《联合国国际货物销售合同公约》（CISG）是我国进行国际货物交易时关系最大且最重要的国际条约之一，该条约于 1980 年颁布，我国于 1986 年 12 月 11 日核准加入并有两项保留条款。除此之外还包括 1978 年的《联合国海上货物运输公约》（《汉堡规则》）、《北美自由贸易协定》、《国际民事诉讼程序公约》和《产品责任法律适用公约》等众多的国际条约。

（2）国际贸易惯例通常是指在国际贸易的长期实践过程中形成的约定俗成的行为准则，例如《2010 年国际贸易术语解释通则》（INCOTERMS2010）、《跟单信用证统一惯例》（UCP600）、《托收统一规则》（URC522）和《国际保理惯例规则》等等。

国际贸易惯例相比于国际条约而言有以下特点：国际贸易惯例是实践中长期形成的，而国际条约是国与国经过谈判协商或者由一些国际组织订立形成的条约。由此可以看出国际贸易惯例不是一个法律性的文件，不具有强制性，也不能自动适用，它是由双方在自愿的基础上遵行的，相反，国际条约对于缔约国而言具有强制性和约束力，其效力高于国内法，当然只对缔约国有效。

（二）国内立法与判例

由于国际商法仍然不是很完善，所以由国内立法或判例作为一定的补充。国内立法主要是指国内调整国际商事交易的一些法律规范，比如对外贸易法、外汇管理法与合同法等等。判例主要是英美法系国家的主要法律渊源，所以在英美法系国家中，判例也作为国际商法不完善的重要补充。

三、国际商法的历史发展情况

随着经济与全球化的不断发展，国际商法也在逐步完善，著名的国际贸易法专家施米拖夫教授认为国际商法的发展经历了三个阶段。

第一阶段为中世纪（11—17 世纪）商人习惯法阶段，这一阶段主要形成于中世纪的意大利、法国和德国的一些自治城市当中，主要是一些从事欧洲和东方之间贸易往来的商人阶层在交易过程中形成的商人习惯。这些主要是由商人自己的特别法庭在审理过程中所形成的习惯被称为商人法，其内容包括调节商人之间的买卖、合伙、汇票和海商法等，例如 13 世纪产生的《巴塞罗那海法》、《奥内隆法典》（《海事判例集》）和《维斯比规则》，这三部海法对后世产生了巨大的影响。这一时期的国际商法特点如下：一是跨国性和统一性，即适用于各国从事商业交易的商人；二是程序简单、明了、迅速；三是由商人自己组

① ISDS 是双边投资协议中常见的投资保护措施，允许外国投资者（公司）根据投资协议的规定，在投资利益受到所谓“侵害”时，对投资所在国提起仲裁。

成的特殊法庭进行审判而不是由一般法院的专职法官进行审理，当时在英国这种法庭又被叫作“灰脚法庭”；四是这一时期的商法以公平合理为处理原则，但是整体上缺乏体系性。

第二阶段为17—19世纪，这一时期由于资产阶级的发展以及资产阶级革命的爆发，为了更好地维护资产阶级的利益，各国开始着手建立国内的商法编纂。首先进行国内商事立法的国家为法国，它于1673年和1681年分别颁布了《商事条例》和《海事条例》，并于1807年根据这两个条例颁布了《法国商法典》，这与1804年的《拿破仑法典》形成了欧洲大陆民商分立的法律制度。之后随着欧洲大陆其他国家资产阶级革命的爆发和推进，其他各国也相继推出了相关商事法律，德国于1861年制定了《德国商法典》，意大利采取民商合一的法律制度。相对于欧洲大陆，英美法系国家主要采取了判例法制度，19世纪以后才开始制定一些单行的商事法规，以补充判例的不足，例如英国于1893年颁布的《货物买卖法》(Sale of Goods Act)，美国于1906年制定的《1906年统一买卖法》、1916年制定的《1916年关税法》等相关的商事法律。这一阶段国际商法最主要的特点就是逐渐失去国际性，更多的是立足于本国实际而制定相关商法。

第三阶段主要是从第二次世界大战之后逐渐形成的新商法阶段。由于第二次世界大战结束后，一方面，各国亟须恢复经济创伤，所以采取开放的对外贸易态度，各种为了促进国际贸易的国际组织逐渐出现，比如WTO、世界银行、国际货币基金组织、国际商会(ICC)和国际法研究院等众多国际组织和国际立法机构；另一方面，国际商事活动更加复杂，导致国际商事法律关系也不断复杂化，这就不断要求国际商法应当逐步摆脱之前的禁锢，走向国际化和多样化。所以这一时期的国际商法主要体现为统一性、国际性和多样性，即由国际组织或区域性组织形成相关的条约或惯例，以更好地促进国际经济的发展和进步，例如1947年的《关税及贸易总协定》、1980年的《联合国国际货物销售合同公约》(CISG)以及欧盟和亚太经合组织所形成的相关文件条约。除此之外，随着贸易形式和产业的多样化，各国也逐步在这些领域完善商法，所以其调整的范围也体现出多样化和跨领域性，比如国际投资合同法、1995年美国颁布的《金融服务公平交易法》，欧盟也在电信和金融业等领域出台了新的法规和国际担保法、国际知识产权交易法等。

总而言之，随着经济全球化的影响不断扩大，以及国际分工领域的不断细化，国际商法也在平等、协商、互利的原则下朝着国际化和多样化的道路前进。

第二节　世界两大主要法系简述

国际商法不断完善和发展，就西方国家而言，按照其内容、形式以及文化历史的差异形成了两大法系，即大陆法系和英美法系。所谓法系是指比较法学家按照法的历史传统和形式上的特点所做的分类。

一、大陆法系概述

(一) 大陆法系的主要法律渊源

大陆法系(civil law system)又称罗马法系、民法法系或德意志法系，形成于西欧，

主要以法国和德国为代表，其他许多欧洲大陆国家和非洲部分国家也为大陆法系，除此之外，日本也引入了大陆法系。大陆法系最主要的特点为法律条文成文化，注重法典的编纂，例如《法国民法典》、《法国商法典》和《刑法典》。大陆法系的法律条文较为系统条理并且具有较高的逻辑性。此外，大陆法系的法律结构基本分为公法和私法两大部分，其中公法是用于调整国家与国家之间关系的法律，包括宪法、行政法、刑法、诉讼法和国际公法，而私法主要是调整民事财产关系和人身关系的法律，其涉及的主体主要是自然人和法人的权利能力和行为能力，包括民法和商法。

大陆法系的法律渊源主要来源于成文法律和条例，当然习惯和判例随着社会的发展也逐步成为渊源的重要补充，但是习惯并不能与成文法相悖，而判例原则上在大陆法系国家并不被承认，与成文法律具有相同的法律效力。

其中成文法律效力原则由上至下依次分为宪法、法律和条例三个层次。宪法具有最高的权威性并处于最高的法律地位；法律是指由立法机关（一般为国会）制定的成文法律且不得与宪法相违背；而条例主要是行政机关所制定的相关的条文规则。大陆法系国家相对应的法院组织体系一般分为普通法院和专门法院。

德国由于是联邦制国家，所以其由联邦和州两大法院系统构成，主要分为普通法院和专门法院。普通法院有地方法院、州法院、州高级法院和联邦最高法院四级体系。地方法院一般审理一些基层案件，州法院审理不服地方法院的判决的案件和其他一些初审案件，州高级法院只对相关的法律问题作出裁决，不审理事实问题，而联邦最高法院审理一些不服州高级法院判决而上诉的案件，所以由此构成了普通法院的四级三审制的法律审判和上诉程序。在德国还专门设有行政法院，分为高级和低级法院，审理州之间的纠纷案件。除此之外还有宪法法院和其他专门法院（比如劳工法院、军事法院等等）。相对应的在法国实行三级三审制，其民事案件主要由大审法院、上诉法院和最高法院构成，小审法院主要审理一些基层案件，除此之外还有特殊法院和刑事法院。

（二）大陆法系分类

按照欧洲大陆的地域和语言体系的不同，又可以将大陆法系分为三个部分。一是德国分支（日耳曼语系为主）：德国、瑞士和荷兰等；二是法国分支（拉丁语系）：法国、葡萄牙、西班牙和意大利等；三是斯堪的纳维亚法律分支：瑞典、丹麦、挪威和芬兰等。

二、英美法系概述

（一）英美法系简述

英美法系又称为普通法系或海洋法系，其代表国家主要是英国和美国，还包括加拿大、新西兰和澳大利亚等国。英美法系最主要的特点是以判例为主要的法律渊源，直到20世纪初成文法才逐步成为其法律渊源重要的组成部分。其次，英美法系的法律结构主要分为普通法和衡平法（equity law），其中普通法是指不成文法，以法官判决为基础，主要是以判例汇编的形式为主，即所谓的判例法。其特点是注重先例和重视程序，这也导致了普通法的保守和复杂，进而使得一些案件的判决有失公平，因为法官最初在使用普通法时为了不违背先例使得很多案件的诉求难以达成，造成有些案件的判决刻板，失去公平和公正。除此之外，其程序复杂，当时在诉讼之前必须先向大法官申请以国王的名义发出的令状，并在令状的范围之内进行审判，所以这就导致很多诉讼由于无法找到对应的令状而无法向法院提起诉讼。最后，在判决之后的执行上只能判决损害赔偿或是恢复动产或不动产，不能颁布执行令使其强制履行原来的契约，或是颁布禁令禁止相关的违法行为。这使得很多违法犯罪行为得不到应当的处罚，所以很多受害者直接请求国王保护其权利，国王委托其最高行政官即大法官进行判决，大法官往往是在公平、正义的基础上进行判决。随着这种形势的不断发展，直到15世纪末才设立了衡平法院与普通法院并行，以处理相关的事情，由于其公平、正义、处理效率较高，衡平法逐步得到认可和发展。衡平法是指以判例法为主要的法律渊源，主要的作用是补充和匡正不完善的普通法，是普通法的注释和补充，成为英美法系法律结构的重要组成部分，相对于普通法，其特点主要是程序简单灵活，一般采用书面形式审理，判决的执行由衡平法院予以强制执行。随着经济的不断发展，普通法院和衡平法院的双轨法制造成了较多的不便，为了简化司法制度，议会于1873年颁布《最高法院审判法》，1875年生效，统一适用于两种法院。

判例法所遵循的效力原则一般如下：第一，先例约束力原则（rule of precedent）；第二，上级法院对下级法院的判例具有约束力；第三，上级法院的判决结果对自己也有约束力，当然在英美法系的不同国家当中，效力原则有所不同。

在英国先例约束原则是指：首先，上议院的判决是具有约束力的先例，对除上议院本身以外的所有审判机关具有约束力；其次，上诉法院的判决对下级和自身具有约束力；最后，高级法院的判决对所有低级法院具有约束力。

在美国，先例约束原则是指：第一，在州法院的判决上，上级法院的判决对下级法院具有约束力，同样在联邦法律上，上级法院的判决对下级法院具有相应的约束力，但是涉及州法方面，在不违背联邦法的条件下需要受州法的先例的约束；第二，联邦法和州法的最高法院可以不受以前先例的约束即可以推翻先例，重新确立新的先例和法律原则。

（二）英国法

英国法主要起源于日耳曼的习惯法，到18世纪中叶习惯法逐步成为普通法的一部分，英国法的法律渊源主要是以判例为主即不成文法，以成文法或制定法为重要补充，例如1893年制定的《货物买卖法》等成文法，判例的约束力原则效力高低根据其法院体系中的不同法院等级差别确立。按照等级的不同可以将其分为高级法院和低级法院，其中高级法院包括上议院（枢密院、司法委员会）、上诉法院和高等法院，低级法院包括郡法院和治安官法庭等。按照调整范围的不同可以分为民事和刑事两大系统，都分为四级体系，也因此形成了四级三审制。民事系统由郡法院、高等法院、上诉法院和上议院构成，相对应的刑事系统分为地方法院、刑事法院、上诉法院和上议院。其中郡法院审理大多数民事案件，高等法院审理一些专门的案件，上诉法院审理不服郡法院的特别案件和不服高等法院的案件，最后上议院审理不服上诉法院和在特别情况下不服高等法院判决的上诉案件。

（三）美国法

美国法也属于英美法系，所以其法律渊源主要为判例法，即由法院以判例的形式所确

定的法律原则，成文法作为其重要的补充和完善部分，例如1974年美国国会通过的《贸易法》，1988年修订通过的《综合贸易与竞争法》，著名的“301条款”、“特别301条款”和“超级301条款”均出自这两部成文法律。美国是一个联邦制的国家，这决定了其法律体系结构和法院组织体系的独特性，无论是判例还是成文法都由联邦和州两大系统构成，法院组织体系亦是如此。

联邦法院系统可以分为普通法院、专门法院和弹劾法院，其中普通法院包括联邦地方法院、联邦上诉法院和联邦最高法院；州法院系统可以分为初审法院和上诉审法院，上诉审法院又可以分为州上诉审法院和最高法院。因此相对于英国，美国形成的主要为三级三审制。

在漫长的发展过程中，两大法系形成了各自较为独特的特点和区别：第一，其法律渊源不同，这也是最主要的区别，大陆法系的法律渊源主要为成文法，所以在应用时其效力原则的大小是由成文法法律层次的高低决定，在各个部门法领域都建立了比较系统的成文法典体系，而英美法系主要以判例法为主要法律渊源和原则，所以相对应的效力大小主要由判例的层次高低决定。第二，法律结构有所不同，大陆法系的结构由公法和私法构成，英美法系是由普通法和衡平法构成。第三，法律体系和法官的作用不同，在英美法系当中法律体系较为庞大复杂，缺乏系统性分类，相对应的大陆法系的法律体系较为完整，且法官的作用有限。第四，英美法系强调程序法的重要性，也就是当事人主导法律程序的进行，而法官主要作为倾听者，所以这也就形成了英美法系的对抗制诉讼，相对应的大陆法系更加重视实体法，所以也就形成了提问式诉讼或叫纠问式诉讼。

三、两大法系的主要发展趋势

尽管两者具有明显的差别，但是进入20世纪以后，随着全球化的不断完善和发展，两大法系呈现出相互融合、取长补短的趋势。就英美法系而言，英国自19世纪以来其法律体系的缺点逐步暴露，很多专家学者要求进行改革，实行法典化。尽管当时并没有被完全采纳，但是在后期各种成文法不断颁布以弥补判例法的不足，成文法也逐步趋于系统化，但是其效力仍然不足于判例法。美国的改革和接受程度则高于英国，其立法也逐步完善，在很多州已经制定了相应的刑法典和民法典，甚至很多领域其成文法的效力逐步高于判例法。

在大陆法系中判例所起的作用正在不断加强，比如现代法国行政法和侵权法的形成在很大程度上是判例法的成文法，在某种程度上，在大陆法系国家判例法的司法实践逐步开始拥有较为宽松的发展环境。

从总体上来看，随着经济全球化的不断发展，各国的交流也逐步扩大，法律方面的制定和完善也逐步国际化，很多国际条约、国际法大量涌现。一方面，在这个过程中很多国家都参与编纂并遵守这些法律条约，这使得国内法与国际法逐步接轨；另一方面，一些区域性组织的出现，例如欧盟、东盟等，也不断要求法律的国际化和统一化，以促进区域内经济和贸易的交流发展，这些在一定程度上都推动了两大法系的逐步融合，其差距逐步缩小。

第三节　中国涉外商法的概况

一、中国涉外商法的形成和发展

随着新中国的成立以及改革开放的高速发展，我国法律体系也在逐步完善和发展，并形成了以宪法为统帅，以法律为主干，由宪法相关法、民法商法、行政法、经济法、社会法、刑法、诉讼与非诉讼程序法等多个法律部门组成的有机统一整体。在宪法统领下的宪法和宪法相关法、民法商法、行政法、经济法、社会法、刑法、诉讼与非诉讼程序法等七个部门形成了宪法、法律、行政法规和地方性法规和规章的法律层次。其中行政法规是国务院为领导和管理国家各项行政工作，根据宪法和法律，按照《行政法规制定程序条例》规定而制定的政治、经济、教育、科技、文化、外事等各类法规的总称；地方法规是指地方立法机关制定或认可的，其效力不能及于全国且只能在地方区域内发生法律效力的规范性法律文件。

相对应的中国法院组织体系由最高人民法院、地方各级人民法院和专门法院构成，其中最高人民法院是国家的最高审判机关，监督地方各级人民法院与专门法院的审判并且审理全国重大刑事案件与在全国有重大影响的民事案件和经济纠纷案件，以及在具体应用法律过程中的司法解释；地方各级人民法院包括基层人民法院、中级人民法院和高级人民法院。基层人民法院主要是设立在县级的人民法院，中级人民法院设立在区级，相对应的高级人民法院是设立在省、自治区和直辖市的人民法院；专门人民法院主要包括军事法院、海事法院、森林法院、铁路运输法院、石油法院和农垦法院等。

在众多的法律法规当中，涉外商事法律制度是指一国用以调整涉外商事交易中所发生的各种涉外商事关系的法律规范总称。我国商事法律由于历史等原因起步较晚，发展过程较为曲折和复杂。由于我国古代重农抑商的思想导致商事交易在我国古代并没有得到很高的重视，更不必说完善合理的商事法律，较早的商事立法出现于我国的清朝末期。新中国成立初期，计划经济体制的实施使得商事交易受到打压，所以商法的完善仍然没有被重视，直到改革开放以来，随着市场经济体制的引入，商法的立法重要性才逐步受到重视，商法才迎来了新的发展机遇，借此出现了一大批商事法律，比如《中华人民共和国海商法》（以下简称《海商法》）、《中华人民共和国公司法》（以下简称《公司法》）、《中华人民共和国保险法》（以下简称《保险法》）、《中华人民共和国证券法》（以下简称《证券法》）、《中华人民共和国仲裁法》（以下简称《仲裁法》）、《中华人民共和国合同法》（以下简称《合同法》）、《中华人民共和国商业银行法》等相关的商事法律。之后随着我国的经济不断融入全球以及加入 WTO，为了更好地适应全球化的发展，各种新的商法得以出现并且还对已有的商法作出了修订和完善，加入 WTO 之后新颁布的商事法律包括 2001 年颁布的《中华人民共和国信托法》、2003 年颁布的《中华人民共和国证券投资基金法》和 2006 年颁布的《中华人民共和国企业破产法》等。很多商事法律也作出了多次修订，比如经过四次修订的《保险法》，目前实施的最新版本为 2015 年修订版；经过三次修订的《证券法》，最新版本为 2015 年修订版，以及 2013 年 12 月新修订的《公司法》。在这期间随着国际贸易的不断发展，我国还签订或加入了诸多双边或多边的国际条约或协议。尽管我国的商事法律仍然存在许多的不完善之处，但是经过改革开放 30 多年的发展和完善，已经初步形成了以尊重国家主权、维护国家利益、坚持平等互利、信守国际条约和尊重国际惯例为原则的较为完善的商法体系。

二、中国涉外商法的主要法律渊源

我国涉外商法的法律渊源同国际商法一样也主要来源于两方面：国际渊源和国内渊源。

国际渊源主要是指我国签订和加入的相关的国际条约和国际协议，比如《联合国国际货物销售合同公约》(CISG)、《保护工业产权巴黎公约》，以及和亚太周边各国所签订的双边或多边贸易、保护投资以及各种避免双重征税的协议。除了相关的保留条款以外，我国必须严格遵守这些协议和条约，所以这些国际条约也是我国涉外商法重要的法律渊源。

国内渊源主要是指我国所制定的相关的涉外商事法律制度，随着我国经济的发展和法律制度的不断完善，我国也制定了一大批不同领域的涉外商事法律，作为我国主要的涉外商法的法律渊源。一是对于商事主体进行约束的商事主体法：《公司法》《中华人民共和国外资企业法》《中华人民共和国中外合资经营企业法》《中华人民共和国合伙企业法》《商业银行法》等；二是对于商事主体行为进行法律约束的商事行为法：《中华人民共和国对外贸易法》《合同法》《海商法》《中华人民共和国海上交通安全法》《中华人民共和国进出口关税条例》《中华人民共和国商标法》《中华人民共和国专利法》《中华人民共和国外汇管理条例》等；三是关于国际商事争端争议解决的法律和规则：《仲裁法》《中国国际经济贸易仲裁委员会仲裁规则》《中国海事仲裁委员会仲裁规则》等。

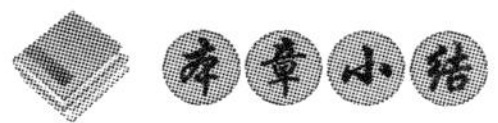

本章首先介绍了国际商法的基本概念、调整范围及其法律渊源和发展历史状况；其次重点介绍两大法系的相关发展状况，包含其概念、结构、法律渊源和法院组织体系，并且对两大法系作出了简单比较；最后对我国涉外商法体系和内容及发展状况做了简单的介绍。

1. 案情介绍

1808 年纽约州授予 Robert Livinsgton 和 Robert Fulton 在该州水域的轮船运输专营权，然后他们将该专营权转租给了 Aaron Ogden，Ogden 在新泽西和纽约之间经营渡船。Thomas Gibbons 依据 1793 年的《联邦海岸运输法》登记获得了许可证，也开始了在新泽西和纽约之间的渡船经营。双方为此诉讼到法院，新泽西州法院认为 Thomas Gibbons 的这一行为侵犯了 Aaron Ogden 的专营权，判决 Thomas Gibbons 败诉，而 Robert Livinsgton和Robert Fulton以及Aaron Ogden获得了州法院的限制令，禁止Thomas Gibbons的航线，Thomas Gibbons对此判决表示不服，上诉至联邦最高法院，在此次判决中联邦最高法院推翻了州法院的判决，认为联邦立法机关享有对州际贸易由指定法律进行管理的最高权，纽约州所授予的专营权与联邦宪法冲突，因而无效。这一案例也被称为美国十大宪法经典案例，那么如何理解这一案例中联邦最高法院的判决及其依据？

2. 案例分析

在这一案例中，根据当时宪法规定的授予国会权力的条款，国会有权制定与外国、各州之间和同印第安部落进行的商业活动，在此处商业活动包含交易和其他相互往来的活动，其中也包含对于航运的规制，所谓的对于商业的规制包含以下内容：第一，国会对于商业的规制权虽然被限定于特定范围，但是该权力是完整和绝对的；第二，该权力不属于《美国宪法第10条修正案》所保证的权力，此处所保证的权力是指在先前拥有者与后授予者冲突时，肯定性授权具有对先前拥有着权力的排他性；第三，规制权与征税权性质不同，没有可类比之处。所以尽管在美国涉及各州的案件受到州法的先例的约束，但是其基础必须是不得违反联邦法、宪法的规定，因此联邦最高法院判决纽约州授予的经营权无效，支持Thomas Gibbons的诉讼请求。

1. 简述国际商法的概念和法律渊源。
2. 简述两大法系的特征和主要区别。
3. 什么是英国法的先例约束力原则？
4. 两大法系的发展趋势是什么？
5. 简述我国涉外商法的历史发展状况。

第二章 商事组织法

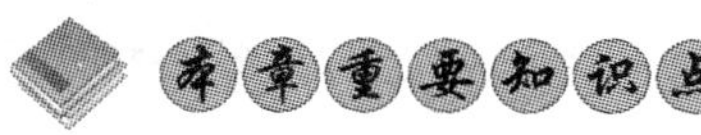

△公司的基本类型及其法律特征
△公司创立的法律规则
△公司组织机构的法律规则
△公司合并、分离和解散的法律规则
△合伙企业法律规则
△合伙人之间及其与第三人之间的权利和义务关系

案例导入

张某是一位个体户。他与另一位个体户共同发起成立了一家A服装贸易公司，并由该公司买下了张某全部的产业。不过，公司并没有给他现款，而只是给他股份和债权（即公司承认欠他的钱）。张某拥有了公司绝大部分股份（90%）。由于经营不善，该公司最终解散。张某声称自己是公司的债权人，有权要求公司偿还他借给公司的钱。但是，公司其他债权人主张，既然公司成立后的业务与公司成立前完全一样，而且张某拥有公司绝大部分股份，所以，实质上A公司几乎就是张某的私人企业，张某就是公司。因此，张某与公司之间并不存在什么债权债务关系。张某无权要求公司财产偿还所欠债务，而只能由其他债权人共同分配公司财产，以清偿债务。为此发生纠纷，诉至法院。

这是一个典型的关于公司法的案例，在本案例中，张某的身份是什么？张某的自己是公司债权人的声称是否被法院所支持？这就是本章所学商事组织法要解决的主要问题之一。

商事组织法是指商事组织者须符合的法定条件和规定。虽然各国规定并不完全相同，但大体上各国共同的主要规定有：有自己的名称（商号），有固定的住所，拥有一定自主支配的资本，以营利为目的，具有一定的组织形式，其设立的手续须符合法律规定等。

第一节　商事组织法概述

商事组织凭借其自身经济实力和影响成为国际商事法律中的重要主体，一切商事关系都围绕商事主体建立，因此，规范从事国际商事活动的商事组织法在国际商法中具有重要地位。

资本主义国家的商法不仅约束国内商事组织，而且也约束进入本国的外资商事组织。而发展中国家和社会主义国家由于体制和经济原因，大多对国内和国外的商事组织使用两套不同法律，但近年来，这些国家对后者的规定也逐渐在参照资本主义国家的做法。

商事组织的形式主要有三种：公司、合伙和独资。

公司的数量在一国经济因素中所占比例不大，但其经济实力和影响却是其他组织和个人无法比拟的。社会经济活动的大部分被公司所包揽，公司也为大部分劳动力提供了就业机会。可以说，公司是社会中最重要的商事组织。

公司在社会经济中如此兴旺，是由其优点决定的。简单来说，公司相比其他社会组织有以下优点：公司的经营权与所有权分离，股东无须亲自管理；具有独立的法人资格；股东对于公司的债务仅以出资额为限；公司作为法人永久存在，不随股东死亡而消亡；公司与自然人一样，具有法律上的行为能力和权利能力；除几类公司外，公司股东不受人数限制，由此可见，公司形式便于集资形成规模效应。

公司由于其诸多优越性，特别适合资本主义商品经济的发展，发达国家制定出公司法并随着商品经济的发展不断完善。

英美法系国家关于公司的法律一般采取单行法形式。英国最早的公司法是《1844 年股份有限公司法》，几经完善形成了著名的《1948 年公司法》。并对其原来附属地也产生了重要影响。而美国更早就制定了自己的公司法。早在 1987 年，纽约州根据自己的情况制定了美国第一部州公司法，后来其他州也相继效仿。美国律师协会还起草了一份《标准公司法》供各州自愿采纳。目前，美国已有 40 多个州采用了《修订标准公司法》，并同时具有本州特色。

大陆法系国家起初将公司规定放置在民商法典中加以规定，后来由于公司在社会经济活动中的影响和作用日益扩大以及公司本身的复杂性和特殊性，大陆法系的很多国家陆续将公司法从民商法中分离出来，制定成单行的法规。法国在 1956 年就对股份两合公司作出了规定，1925 年颁布了《有限责任公司法》，1966 年颁布了著名的《工商业公司法》。德国于 1892 年颁布了《有限责任公司法》，1965 年联邦德国又颁布了《股份有限公司法》。后来，法德等国公司法按照欧盟有关公司的指令都作出了数次修改或重构。

1979 年我国颁布了只适用于中外合资企业的《中华人民共和国中外合资经营企业法》（以下简称《中外合资经营企业法》）。直到 1993 年 12 月，我国颁布了普遍适用的《公司法》。2013 年我国新修订了《公司法》，经修订的《中外合资经营企业法》仍作为特别法存在。

公司虽然具有众多优点，但其设立程序烦琐、监管较严，因此，公司并不是适合一切情况的商事组织形式。这时，合伙和独资就会被考虑进来。

合伙组织虽并不及公司的经济实力和影响力，但数量远超公司。合伙组织的设立手续简便、经营方式灵活、控制权集中，因此，它是很多中小投资者所乐于采用的商事组织形式。在市场经济制度下，合伙组织也扮演着重要角色。各国在加强公司立法的同时也开始重视合伙组织的立法。

英美法系国家的合伙法也是以单行法的形式公布的。英国现行的合伙法是由修订后的《1890 年合伙法》《1907 年有限合伙法》《2000 年有限责任合伙法》组成。值得注意的是，《2000 年有限责任合伙法》允许设立具有法人地位的合伙企业。美国合伙法为各州统一的州法，是 1914 年统一州法全国委员会起草的《统一合伙法》和《统一有限合伙法》的修订版。前者也承认合伙具有法人地位。

大陆法系国家的合伙法一般被放在民商法中加以规定。与英美法系国家一栏，近年来，大陆法系一些国家的合伙法也承认合伙具有法人地位。

合伙在我国经济活动中也大量存在。我国初期颁布的《中华人民共和国民法通则》《中华人民共和国私人企业暂行条例》均与合伙企业相关。1997 年 2 月，我国通过了单行法《中华人民共和国合伙企业法》（以下简称《合伙企业法》）并于 2006 年 8 月再次修订。

独资企业是指由一名自然人个人投资建立的企业，因此又称个体企业。独资企业设立简便、经营灵活、为数最多，但为了严格其责任，多数国家，包括中国都不承认它有法人资格，投资者须以其全部财产对企业的债务负责。甚至某些国家规定独资企业的设立须履行一定手续并须符合一定条件，其经营范围也受到一定限制。我国的《中华人民共和国个人独资企业法》也持相同态度。独资企业在各国经济活动中不起主要作用。

第二节　公司法

一、公司简述

（一）公司的概念

根据我国《公司法》的规定，公司是指全部资本由股东出资构成，以营利为目的而依法设立的一种企业组织形式；公司是具有民事权利能力和行为能力，股东以其出资额或所持股份为限对公司承担责任，公司以其全部资产对公司的债务承担责任，是依照《公司法》成立的企业法人。根据公司的这一定义，主要对以下几个方面的问题进行了强调：（1）公司依法设立；（2）公司以营利为目的；（3）公司是法人。

（二）公司的特征

公司大致具有以下特征：（1）公司拥有自己的财产；（2）公司有独立的法律人格，可以以自己的名义享受权利、承担义务；（3）公司能以自己的名义起诉、应诉；（4）公司的存续不受股东的变化影响。

（三）公司的种类

从法律责任的角度，根据公司股东对公司债务的责任、集资的途径、经营管理结构等因素进行分类，可以将公司分为四种类型，分别是：无限责任公司、有限责任公司、股份有限责任公司和两合公司。股份有限公司又可细分为股份转让受限制的公司即封闭性的股份有限公司和股份转让不受限制的公司。

(1) 无限责任公司是指股东对公司的债务负无限责任的公司。这种公司以股东责任的连带性和无限性为重要特征，它是以信用作为股东结合的基础，是典型的人合公司。另外还具有内外关系的合伙性，经营权与所有权不分离等特征。

(2) 有限责任公司是指股东人数较少，不发行股票，股份不得随意转让，股东对公司债务承担有限责任的公司。它的主要特点有：股东责任有限；股东人数有限；公司资本封闭，股份不得随意转让；公司组织简便，只能是发起设立，可以不设股东大会；资合与人合的统一。

(3) 两合公司是指由承担无限责任的股东与承担有限责任的股东所组成的公司。这种公司是大陆法系国家所特有的。两合公司的特点有：公司中并存两种承担不同责任的股东；公司兼有无限公司与有限公司的特点，但是以无限公司的特点为主；公司的业务执行机关由承担无限责任的股东组成，有限责任股东对公司业务有监督权；公司的法律地位与无限责任公司基本相同。

(4) 股份有限公司是指公司资本分成相等的股份，公司通过向社会公开发行股票募集资本，股东对公司的债务负有限责任的公司。股份有限公司具有以下特点：股东责任有限；资本公开募集；股本被划分为等额股份供股东认购；股票具有流通性；公司经营权与所有权相分离。

根据我国《公司法》的规定，我国仅承认有限责任公司、封闭性的股份有限公司和上市公司三种类型。

(四) 股份有限公司与有限责任公司的异同

作为我国两种重要的公司类型，股份有限公司和有限责任公司在公司债务责任、集资途径、经营管理模式上既有相同点也存在着区别。认识两者的异同有助于我们进一步加深对公司的认识和了解。

在相同点上，两者都是企业法人，都具有独立人格；公司股东都承担有限责任；都有健全的法人治理组织结构。

在不同点上，(1) 性质不同，股份有限公司是开放型公司，有限责任公司是封闭型公司。(2) 规模不同，股份有限公司一般规模较大，股东较多，有限责任公司则规模较小。(3) 筹集资本方式不同，股份有限公司通过在市场上公开发行等额股票募集资金，有限责任公司由于封闭性，只能由特定的股东认购股份集资，并发给出资证明。(4) 股东人数不同，我国 2013 年新修订的《公司法》规定，有限责任公司由 50 个以下股东出资设立，而股份有限公司则是要求有 2 人以上 200 人以下为发起人。(5) 组织结构不同，在有些国家，对股份有限公司要求设立董事会或监察人会，而对有限责任公司的要求则较宽松，只要求设立董事与监察人，一般都是一人。(6) 股份划分方式不同，股份有限公司以持有股票来确定股份，有限责任公司以出资比例来确定股份。(7) 股东权利流通性不同，股份有限公司股东持有的股票可以自由流通转让，有限责任公司股东持有的出资证明不能上市流通。

二、公司的设立

虽然各国对不同种类公司的具体规定不尽相同，但公司设立的主要程序大同小异，均要求设立公司时履行以下手续：聚齐法定人数的创办人；创办人拟定公司章程；凑足最低资本金并组织认购股份，等等。履行手续完毕后方可经主管当局核准登记，领取营业执照，至此，公司便告成立。

（一）公司的创办人

创办人是指发起创立公司的人，自然人和法人都可成为合法的公司创办人。

大多数国家初期对各类公司的创办人有最低数量要求，但随着社会的进步，很多国家都修订了公司法关于此方面的规定，只对股份有限公司的创办人作出此方面规定。英国自1992年6月实施了《单一成员私人有限公司条例》，只要求上市公司成员最少为两人。而美国多数州法更是对创办人数不做限制规定，一人或数人都可。

我国2013年新修订的《公司法》把股份有限公司的最低发起人数从5人改为2人，但不超过200人。同时取消了有限责任公司股东人数下限2人的规定，改为“有限责任公司由50个以下股东出资设立”。并增加了关于一人有限责任公司的规定。由此我们可以看出，承认一人公司是世界很多国家商法的必然趋势，也是促进和适应现代经济的必然要求。

关于创办人的国籍，一般国家不做硬性规定，但我国《公司法》规定，在我国设立股份有限公司，须有半数以上创办人在我国境内居住。

创办人的任务是负责公司的筹备工作，包括：决定公司名称、资本、每个股东的责任范围、注册地址；起草公司内部章程和细则；认购必要股本；提出董事、审计员、律师等等。创办人对所创建公司和股东的义务，在各国大致都可概括为忠诚、无欺诈和办事公正。另外，各国均要求在公司尚未成立时，创办人不应以公司名义与第三人订立契约，否则一旦公司无法成立，创办人就需要承担个人责任。

（二）公司的章程和内部细则

公司章程是公司在设立时必须向注册机构提交的关于公司宗旨、组织、经营规模、活动等诸事方面基本原则的最为重要的文件。一般为发起人起草，经发起人一致同意后交主管部门审核，经核准后还须对外公开。公司章程一般应包括以下基本事项。

1. 公司的名称

在不违反限制性规定的前提下，各国允许公司自由选择其名称。包括我国在内的多数国家在这方面的限制性规定主要有：

（1）公司名称必须反映其性质。

（2）公司名称不得与本国现有公司或经授权在本国从事经营活动的外国公司名称相同或类似。

（3）不得违反公司法和其他法律所禁忌的名字，包括不得使用与本国或外国政府机关、立法、司法机关、民间组织有联系的名字。

2. 公司的存续期限

多数国家规定，公司可在章程中自由决定其存续期限。但有些国家，如法国规定公司法定存续时限为99年，但临近期满时可根据决定延长这一期限。

3. 注册地址

即公司登记的地方，这主要是为了便于公司与第三人之间的交往和收受诉讼与行政文书以及作为公司纳税对象的依据。

4. 公司的经营范围

包括我国在内的大多数国家都规定：公司的经营范围为一切合法的商事活动。但公司须在章程中载明其经营范围，一是为了保护公司股东的利益，使之知悉其投资流向；二是为了保护第三人的利益，使之了解公司权限，公司从事超越载明的经营范围的商事活动属“越权行为”。

5. 公司的具体形式

公司须在章程中注明其所属类型是股份有限公司还是有限责任公司，或者是无限责任公司或两合公司。

6. 资本总额及各类股份权限

在不违反最低资本金的相关规定的条件下，创办人可任意决定公司的资本总额，但应当在章程中列明。此外，在章程中还须载明股份的类别、数量、票面值及各类股份的权限等。

7. 公司组织的构成及权限

8. 公司章程的修改

创办人可在公司章程中列入一些其他与法律不相抵触的规章，这就是公司内部细则，这是关于公司内部事务的准则和基本文件，由创办人起草，由股东大会或董事会认可才能生效。世界上除少数国家外，并不要求公司将其内部细则呈交给注册机构备案，也不要求将之公布于众。公司内部细则从各国实践来看，一般包括：公司的办事处所；股款的付足；资本的增减；董事的资格、人数、权限；职员的选任、头衔、权限；股息的分配与储备等等。

（三）凑足法定的最低资本金

一般国家的公司法都对公司成立有最低的资本金要求，创办人为获准成立某公司的许可必须凑足法定的最低资本金。目前，世界上大多资本主义国家都越来越重视公司的创造性，其中许多国家在20世纪80年代后都在其公司法中将成立公司的最低资本金起点规定得较低，比如美国不少州规定，公司的资本额只要达到1 000美元即可，有些州甚至规定达到500美元即可。由于这种趋势的竞争压力，原先对最低资本金规定得较高的国家都相继修改其公司法进行调整，如德国以前的《有限责任公司法》规定最低注册资本额为25 000欧元，但在2008年通过修改，在原有有限责任公司的基础上增设了一种“企业主公司”，这是一种无最低资本金要求的有限责任公司。但是，为了保护债权人的利益、交易安全和社会稳定，德国公司法对这种公司作出了以下限制性规定：商业名称中必须包含“企业主公司”，旨在提醒人们该公司注册资本较少；不许实物出资，且必须缴足股本出资后才能申请登记等。

我国现行《公司法》第26条规定，公司全体股东首次出资额不得低于注册资本的20%，也不得低于法定的注册资本最低限额，其余部分由公司成立之日起两年内缴足。有限责任公司注册资本的最低限额为人民币 3 万元。上述法定资本最低限额的规定同样适用于国有独资公司。

我国现行的关于股份有限公司的注册资本最低限额为 500 万元，这比以前《公司法》的要求少了一半。现行《公司法》还规定采取发起方式设立的，注册资本可以分期缴纳，而募集设立的，注册资本为在公司登记机关的实收股本总额。

我国《公司法》的这种发展趋势表明：我国对公司的规定正在从过度依赖资本信用向资产信用转变。最后值得注意的是，由于一人有限责任公司的特殊性，我国对其最低资本额有着严格规定，现行《公司法》规定，一人有限责任公司的注册资本最低限额为 10 万元。

（四）认购股份

创办人认购股份的方式依据公司设立的方式而定。

公司设立的方式有两种：发起设立，即由创办人一次认购全部股份；招股设立，即在社会上公开募集资本成立。两种方式都会涉及股份认购问题。

发起设立方式比较常见，这种方式下，由创办人一次认购公司全部股份，公司成立后可按法定手续将之转售给其他投资者。一般各国允许以现金、实物、技术等形式认购股份。现金是最常见的认股手段，各国一般允许创办人在缴付了其认购股份的 1/3 时即可申请注册，其余部分可延至以后规定期限内缴付。以实物和技术认购股份的，许多国家要求必须是现实可缴付的，并且由法院指定专家对这些实物和技术进行估价。

我国现行《公司法》在出资方式方面作出了以下规定：一是扩大了出资范围，即非货币财产只要可以以货币估价并可以依法转让即可以作为出资；二是取消了以前《公司法》中“以工业产权、非专利技术作价出资的金额不超过 30%”的规定，取而代之的是货币出资额不得低于 30%的限额。另外，我国现行《公司法》仍规定对非现金形式的出资估价不得高估或低估。

招股设立公司的情况下，创办人要拟定符合法定必要真实事项的招股章程，并由创办人缴足招股章程中列明的最低认购额，一般为计划股本总额的 1/3。

我国现行《公司法》将创办人最低认购额规定为计划股本总额的 35%，创办人完成股本认购之后，即可将招股章程等报公司注册机构注册，并公布于众。此外，创办人须准备认股书供大众投资者填写认购股份与金额。

（五）注册登记

包括我国在内的许多国家规定，唯有注册登记后公司才宣告成立，创办人在申请注册登记时，除缴纳法定的手续费外，还得提交符合法律规定的章程和文件。创办人履行完法定手续，经主管机构审查完备合法后予以注册，发给登记证书，公司便告成立。

三、公司的基本权利和义务

各国法律所承认的公司的基本权利大体一致，归纳起来，主要有以下几个方面。

（1）能以公司的名义起诉、应诉；

（2）拥有并使用可随意改变的印章；

(3) 以任何合法的方式处理其拥有的动产或不动产、有形或无形财产、债权或债务；
(4) 资助雇员；
(5) 选举或任命公司的行政人员和代理人，明确其职权，确定其报酬；
(6) 订约权；
(7) 为了更好地经营管理公司，制定、修改与法律不相冲突的内部细则；
(8) 有权贷款进行投资，为投资做动产和不动产抵押；
(9) 在国内外开展业务活动以及其他法律许可的活动；
(10) 为社会福利、慈善、科学和教育目的而捐款；
(11) 制定并实施对公司雇员或个人的奖励和抚恤计划；
(12) 拥有并行使其他有利于实现其宗旨的合法权利。

公司在行使上述权利的同时也承担下列义务：不得侵犯国家和社会的公共利益；不得侵犯第三人和股东的正当利益；依法经营；依法纳税等等。如违反上述义务，公司将承担法律责任。

四、公司的资本

公司的资本有广义和狭义两层含义，广义上是指公司生产经营的全部资金，包括股本、公司债、利润留成、接受捐助的资金等；狭义上则仅指公司的股本。目前各国公司法中的资本一般是指狭义上的资本。所以，我们的探讨也只限于狭义上的资本，即公司的股本。

(一) 股份与股本

所有股份的总和构成股本，股份是计量公司股本的最小单位。股份分为不同的类型，除股份有限公司的股本的每股金额相等外，其余公司的股份金额不是一定相等的，但同一类别的股份金额是相同的。

很多国家公司法中都有授权股本、发行股本和已缴付股本的概念。授权股本是指公司有权发行的全部股本总额；发行股本是指公司向投资者发行的股本总额；已缴付股本是指投资者向公司缴纳的股本总额。英美法系的国家允许公司成立时不必将所有授权股本发行完毕，其余部分可以留待以后发行，大陆法系国家一般则要求公司成立时必须将所有授权资本发行完毕，不过允许股东在公司成立时只缴纳一部分股款（一般为 1/4 左右），其余部分在公司成立后一定期限内缴清。

(二) 股份的种类

按不同的分类标准，股份可被分为以下几大类：

1. 根据股东权限，分为普通股和优先股

普通股是公司股份中最基本的一类，拥有此种股份的股东对公司重大问题有表决权；在公司清偿债务和支付优先股股息之后分得不受限制的股息；在公司破产时，有权分得公司偿付了所有债务后剩余的一切资产。

优先股是指在某些方面拥有比普通股更优先权利的股份。这类优先权利根据公司内部章程和细则决定，一般来说，优先股可以优先分得固定的股息；对公司破产时在偿付各种债务后的剩余财产有优先受偿的权利。

此外，优先股基于其特点又可被分为以下几类：

（1）累积性优先股，这类股份除了拥有一般优先股的权利外，还拥有一项专属权利，即在某年度分红时，公司利润不够分配固定股息，则在以后盈余年度，公司优先予以补足。

（2）非累积性优先股，这是指某年公司利润不够分配固定股息时，在以后年度也不会补足，除股份发行时另有说明，一般优先股均为非累积性优先股。

（3）参与优先股，这是指在分得固定股息后，还有权与普通股一起参与分享公司剩余利润的优先股。

（4）非参与优先股，这是指分配股息仅以事先规定的比例为限的优先股，除非股份发行时另有说明，一切优先股都将被视为非参与优先股。

（5）清算优先股，它是指在公司清算时按规定的条件有权优于普通股分得公司剩余资产的股份。

2. 按股东是否被发给股份证书，股份可分为有证股和无证股

向股东发放证书证明其持有股的股份称为有证股，无证书证明的股份称为无证股。目前，包括我国在内很多国家允许公司发行无证股，公司股东的股份记于公司股份发行簿上，无证股转让无须出让人背书，只通过向证券交易所或公司登记转让。

3. 按股东是否被记名，股份分为记名股和无记名股

记上股东姓名的股份称为记名股；未记载股东姓名的股份为无记名股。无证股也为记名股，有限责任公司的股份也为记名股。股份有限公司是否可以采取无记名股的形式须依各国法律而定。

4. 按股票上有无标明股份的价值，股份可被分为票面值股和无票面值股

股份有限公司的股份证书就是股票，在股票上标明其价值的股份称为票面值股。各国为了防止公司变相减少股本，一般禁止公司以低于票面值的价格发行股票，但允许公司以高于票面值的价格溢价发行股票。

未标明价值的股份称为无票面值股，欧盟许多国家不允许发行无票面值的股份。但美国的州法一般允许公司发行这种股份，其价格由股东大会决定。

（三）股份的转让

各国允许持股者在不违背下列限制的同时可以转让其股份：

（1）公司内部细则或股份证书上注明禁止转让；

（2）法律上的限制性规定；

（3）公司内部细则关于内部先买权的规定，在有限责任公司中较常见；

（4）其他合法的限制。

（四）股本的变更

股本的变更包括股本增加和股本减少两个方面。

1. 股本增加

各国一般要求股本增加要经过一定程序。一般先由股东大会或者董事会通过增加股本的决议，然后由投资者认购新股，最后将增资报告送主管部门备案。新股认购的对价形式基本与公司成立时的认购规定相同。

2. 股本减少

为保护股东和债权人的利益，各国一般对股本减少作出了一些限制性规定。这些规定大体一致，主要包括：必须经股东大会决议；不能影响公司的偿债能力；必须交主管部门备案。

五、公司的组织结构

各国公司的主要组织机构为股东大会和董事会，另外，某些国家如德国和中国的公司法要求股份有限公司须设立监事会。有的国家公司法还规定一些特定类型的公司应当设立独立董事。一般来说，规模较大的公司在董事会之下还设有执行委员会。

（一）股东大会

股东大会在传统上是公司的最高权力机构。近年来，在英美等发达的市场经济国家股东大会的权力受到了一定程度的架空，但这些国家依然承认股东大会具有下列权力：选举董事；决定、宣布股息；审查批准公司的年度会计报告；审查批准公司某些交易等等。

我国及其他一些国家目前依旧将股东大会视为公司的最高权力机构。根据我国《公司法》，有限责任公司的最高权力机构为股东会，股份有限公司最高权力机构为股东大会。股东（大）会的职权包括：决定公司的经营方式；选举、更换董事，并决定其报酬；选举、更换由股东代表出任的监事；审批董事会的报告；审批监事会的报告；审批公司年度预算、决算方案和会计报告；对公司增减资本作出决议；对公司合并、分立、清算事项作出决议；修改公司章程等等。

1. 股东大会类别

根据各国实践，股东大会分为股东年会和特别会议两种。

股东年会。这是一年一度公司必须召开的会议，一般由董事会召集。为保证股东年会的顺利召开，各国均规定公司必须事先在规定的期限内向有权出席股东年会的股东发出通知，并要求出席年会的股东达到法定人数。英国《2006 年公司法》规定：上市公司至少在 21 天前，非上市公司至少在 14 天前向有权出席的股东发出通知；美国州法则为 10～50 天不等；大陆法系的国家规定为 14～30 天不等。至于出席股东年会的最低法定股东数量则以具体公司的内部细则为准。除公司法或公司细则另有规定，股东年会上的议案服从简单多数票的规则。

股东特别会议。这是股东的临时会议，是在法定年会之外为处理公司特别重要紧急的事项而召开的股东会议。股东特别会议可以由董事会或公司内部细则授权人员召集，也可经法定股权数的股东要求召开。对于这种会议，公司也应当在合理的时间内向所有股东发出通知并赋予其参加会议并表决的权利。

2. 股东大会决议的表决

在股东大会上通过对公司有约束力的决议是股东对公司实施间接控制权的方式。各国一般规定，股东可以自己行使表决权，也可以委托代理人行使。只不过代理人的表决仅在一次股东大会或该次大会休会后的会议上有效。另外，代理人只能参与书面而不是举手的方式进行表决。

（二）董事会

董事会是公司的业务管理与执行机构，现在的董事会实际上是公司最重要的机构。各

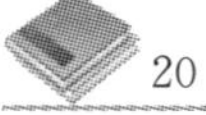

国关于董事会的法律规定主要有以下几个方面。

1. 董事会的组成

董事会由董事组成，董事是拥有实际的权力并且能代表公司进行管理的人，其名称可以是总裁或理事等。关于董事会的成员人数，各国法律允许公司在其内部细则中自主规定，但一些国家的公司法对特定公司董事会的成员数有着限制性规定。我国《公司法》在这方面规定比较严格：我国有限责任公司的董事会由3～13名董事组成；股份有限公司的董事会由5～19名董事组成，但规模较小的有限责任公司可以只设1名执行董事而不必设立董事会。

2. 董事的资格

对于董事的资格，各国法律并未要求董事必须是公司的股东，但为了管理方便，很多国家公司法都规定董事会中至少有1名或一定比例的成员为本国居民。还有一些国家规定，有董事职位者必须认购一定比例的公司股份，该股份被称为董事资格股，采取记名形式。各国作出这种规定的目的在于让董事尽心为公司服务，如果董事玩忽职守损害了公司的利益，即可用其董事资格股赔偿公司损失。

3. 董事的任期、报酬与解任

董事的任期问题，英美法系国家一般在公司的内部细则中加以规定，一般为3年，可以连任。包括我国在内的大陆法系国家的法律则对董事的任期作出了明确规定，分别为3～6年不等。

董事为公司工作，大多国家允许其取得报酬。英美法系国家以及采取单一董事会制的部分大陆法系国家如法国等国规定：若公司章程无禁止性的规定，董事报酬由股东大会决定。德国等实行双董事会制（董事会与监事会并行）的国家规定：董事报酬须由监事会决定。

董事一般在任职期满、免职、辞职的情况下解任。任职期满又未被连选的当然要解任；在职期满前，各国规定，公司的股东大会或监事会可以基于一定程序随时撤销公司某个人的董事之职。基于任何合法的原因，董事也可以自动提出辞职，但必须在辞职前一定时日内告知公司。

4. 董事会的权力

董事会实际上是公司最重要的管理机构。很多国家法律明确规定：董事会可以行使或授权行使公司的一切权力，指导公司的一切活动，法律和公司章程另有规定除外。董事会的具体权力很少有国家在法律中加以规定，鉴于此，美国学者汉斯总结出董事会主要在以下九个方面行使决策权：公司产品服务价格、工资与人事安排；监督和免除公司高级职员和其他专门委员会；批准行政人员的报酬、抚恤金、退休费等计划；决定股息、公司财务原则和资金的周转；批准公司非一般性的交易活动和特殊重大的公司事务；批准公司签订的重大业务合同；批准、修改和撤销公司的内部细则；监督和提高公司的福利待遇；召集股东大会。公司的管理权属于整个董事会，董事会中通过选举产生一名董事长，可以代表整个董事会行使公司的管理权。

5. 董事会议

同股东大会一样，董事会会议同样有普通会议和特殊会议之分。普通会议是公司内部细则规定的定期召开的会议；特殊会议是董事们认为必要时临时召开的会议。董事会议的法定最低出席人数由公司的内部细则加以规定。董事在董事会议上的表决为1人1票，一项决议只要通过符合法定人数的出席会议董事中的简单多数票即为有效。

6. 董事的责任

董事对公司有最高的业务管理职权，其行为直接关系到公司与股东的利益，各国法律在赋予董事会广泛权力的同时亦对董事们规定了严格的责任。根据各国立法与实践，董事责任可分为以下两个方面：

董事作为公司的代理人，首先，应在法律和公司章程以及公司内部细则授权的范围之内行使职权，否则，其行为被视为“越权行为”，须承担个人责任；其次，董事不得为其个人利益使公司利益受到损害。

董事作为公司的受托人，为了公司的最高利益恪尽职守是理所应当的，否则，该董事将被视为有渎职行为。具体来说，第一，董事不应该用欺骗的手段使公司、股东的利益受到损害；第二，董事应依据法律、公司内部细则等勤于关心公司业务，为公司谋取最高利益。

董事若违反上述职责，各国一般都规定了相应的经济责任和刑事责任。

（三）监事会

西欧大陆法系的国家大多规定，股份有限公司的股东大会之下须设立董事会和监事会两个机构，这种制度被称为“双重董事会制”。监事会的职责主要是对公司的经营管理包括董事会的业务进行监督，防止董事会作出与公司宗旨相悖或者有损公司利益的行为。董事会须接受监事会的监督并执行监事会的决议。

德国是实行“双重董事制度”最典型的国家。德国公司法强制规定：股份有限公司必须设立监事会，监事会成员必须为自然人，人数依据公司规模而定，且雇员代表和股东代表应占一定比例。

德国公司法规定监事会职责有：选举董事会成员；监督董事会活动；决定董事会酬金；决定公司经营方针；在董事会不能召集时召集召开股东大会等。为了更好履行上述职责，该国公司法要求监事会必须定期听取董事会关于公司经营方针、盈利能力、营业过程、资金周转、公司事务的状况并及时向董事会了解对公司具有重要影响的情况，对公司的账目和记录进行检查。

我国《公司法》规定，有限责任公司和股份有限公司都必须设立监事会。人数不得少于3人，规模较小的有限责任公司可以只设1～2名监事，不设监事会。目前修订后的《公司法》还规定，监事会应当包括股东代表和适当比例的公司职工代表，且职工代表的比例不得低于1/3，具体比例由公司章程而定。此外，我国《公司法》还规定：董事、高级管理人员不得兼任监事。

我国《公司法》规定了监事可以行使下列职权：检查公司财物；对董事或经理执行公司职务时违法或违反公司章程的行为进行监督；纠正董事和经理损害公司利益的行为；提议召开临时股东大会；公司章程规定的其他职权。

（四）独立董事

独立董事是指来源于公司外部，在公司不担任除董事外的其他职务，并与其所受聘的公司及其主要股东不存在可能妨碍其进行客观判断关系的董事。独立董事最早确立于美国，后来被多国所效仿，比如日本在2002年《商法特例法》中引入了这一制度，其内容规定：规模较大的公司可以设置审计委员会、提名委员会、薪酬委员会等董事会专门委员会，各委员会半数以上成员应为外部独立董事，设置上述委员会的公司不得再设置监事会。

我国现行《公司法》规定，上市公司可以设立独立董事，具体办法由国务院规定。我国国务院颁布的相关法规规定，持有上市公司已发行股份5%以上的股东单位、在上市公司前五名股东单位任职的人员及其直系亲属、持有上市公司已发行股份1%以上或者是上市公司前十名股东中的自然人股东及其直系亲属，不得担任独立董事。

（五）经理和执行委员会

各国公司的股东大会和董事会一般会选举或任命一名经理或者总裁来主持董事会期间的公司日常业务，规模较大的公司可能还要设立数个执行委员会来负责公司各个方面的业务。当然，董事可以兼任包括经理在内的上述职务。

包括我国在内大多数国家的公司法规定，经理和执行委员会的有关官员的职责是作为公司的代理人负责管理公司明示授权范围内的日常业务，明示授权范围是以有关法律、公司章程、内部细则以及董事会的决议为依据。

经理和执行委员会的官员有按照公司章程细则、董事会的决议及服务合同领取酬金的权利，但也有着对公司服从、尽忠的义务。

六、公司债务

公司债务是指公司为筹集运营资金，以负债形式从金融机构或公众手中借取的款项，主要包括银行贷款和债券两种。

（一）银行贷款

各国一般规定公司在向银行借款时要提供担保，包括以其固定或流动资产做抵押。除公司章程和内部细则另有规定外，公司借款行为由董事会实施。此外，为了保护银行利益，很多国家规定：除特殊情况外，公司董事会不得借入超过公司股份资产和总公积金额的债款，这一原则也同样适用于发行债券的情况。

银行贷款的主要形式为不超过一年期的短期担保贷款，而少数中长期贷款也往往要求公司提供担保。

（二）债券

债券是公司确认收到借款并在规定日期还本付息的书面凭证。

各国都允许公司发行债券，但也对其作出了限制性规定。根据我国《证券法》，发行债券的公司须满足下列条件：股份有限公司的净资产不得低于3 000万元，有限责任公司的净资产不得低于6 000万元；累计债券额不得超过公司总资产的40%；近3年平均可分配利润足以支付公司债券1年的利息；筹集资金的投向符合国家产业政策；债券利率不超过国家限定水平；前一次发行的公司债券已经募足；对已发行的公司债券无违约或延迟支付本息的事实；股东大会已对发行公司债券作出了决议；公司发行债券的规模没有超过国务院确定的规模。

1. 债券的发行

与股份发行类似，债券认购书只是要约，分配债券才是承诺。但是，与股份发行不同的是，各国一般允许公司折价发行债券。债券可以在发行日或特定日期支付对价。

2. 债券的种类

（1）按债券是否记名可分为：

记名债券。这是一种本息付给记名持券人或其指定人的债券。但目前这种债券在世界范围内很少有公司发行。

无记名债券。这种债券的本息付给债券持有人，目前世界各国公司发行的大都是这种债券。

（2）按债券是否设定抵押物可分为：

抵押债券。抵押债券是指债券发行人在发行债券时，通过法律上的适当手续将债券发行人的部分财产作为抵押，一旦债券发行人出现偿债困难，则出卖这部分财产以清偿债务。抵押债券又可分为限额抵押和可加抵押。前者是指一项抵押品只限于一次发行的债券，不允许再用作发行同一等级债券的抵押的债券。后者是指当同一项抵押品价值很大时，将抵押品评估价值后分为若干次抵押，有关的抵押权按登记的先后次序分为一级抵押权、二级抵押权……在处理抵押品清偿债务时，要依次先偿还具有高一级抵押权的债券的债务。

无担保债券。这种债券的持有人对公司资产不享有抵押权，其地位与一般无担保债权人的地位相当。

（3）按债券是否可转换可分为：

可转换债券。可转换债券是指在特定时期内可以按某一固定的比例转换成普通股的债券，它具有债务与权益双重属性，属于一种混合性筹资方式。由于可转换债券赋予债券持有人将来成为公司股东的权利，因此其利率通常低于不可转换债券。

不可转换债券。不可转换债券是指不能转换为普通股的债券，又称为普通债券。由于其没有赋予债券持有人将来成为公司股东的权利，所以其利率一般高于可转换债券。

3. 债券的转让

目前在包括我国在内的各国，债券属于一种可流通证券。记名债券须经背书并通知发行公司注册的方式转让，无记名债券仅凭缴付就可转让。

七、公司股息

股息是支付给股东的股本报酬。各国均规定，股息只能从公司的纯利润中支付。公司的纯利润包括营业纯利润和资本纯盈余两部分，前者为公司营业赚取的纯利，后者为公司资本随时间升值的利得。

大多数国家还规定：公司在确定用作支付股息的纯利润前，应当留足偿还债务的资金，并扣除资产折旧、营业亏损等费用，还要依法或按其章程留存必要的“公积金”。英美法系的国家大多允许公司在其章程中自主决定“公积金”数额，大陆法系的国家则多以法律形式明文规定“公积金”数额。

我国现行《公司法》规定，公司每年应当提取税后净利润的10%作为法定公积金，提取法定公积金达到公司注册资本的50%时可以不再提取，但可以根据股东大会决议继续提取任意公积金。股份公司溢价发行股票的溢价款和国务院财政部规定列入资本公积金项目的收入可列为资本公积金。公司的公积金就是由法定公积金、任意公积金和资本公积金三部分组成。公司公积金主要用于弥补亏损、扩大公司经营项目和转增资本。但需要注意的是，资本公积金不得用于弥补亏损，法定公积金转增资本时，留存的法定公积金不得少于转增前公司注册资本的25%。当公司法定公积金不足以弥补亏损时，在下一年提取法定公积金前需要以当年净利润弥补该亏损。对于公司弥补亏损和提取法定公积金后余下利润的分配，有限责任公司按照《公司法》第34条关于分红与优先认股方面的规定进行分配，股份有限公司则按照股东持有股份的比例进行分配。

值得注意的是，我国现行《公司法》对分红和认股方面做了如下改动：一是股东必须按照“实缴”的出资比例分红，充分体现了民商法理论中的“权利与义务一致”的原则；二是增加了全体股东约定可以不按照法定的分红和认缴出资的规定，而承认公司自行约定的分配方法。

一般来说，各国公司都可选择使用现金、实物或股份的方式支付股息。在用股份支付股息时，该股份如有票面价值，公司应将等额的盈余转成股本。如股份无票面价值，公司应按宣布股息时的价格将等额盈余转成股本。

八、公司的合并、解散与清算

（一）公司的合并

公司的合并一般是指两家以上的公司同时解散之后又一起组成一家新的公司，或是一家公司接管另一家公司的行为。各国公司法都规定，参加合并的公司必须经过各自的董事会作出决议，并交由各自股东大会批准，再由各方签订合并合同，交由股东大会批准。最后，请求主管部门审批登记。一般来说，只要公司合并的行为不损害原公司债权人的利益，且不违反国家反垄断法，各国都会批准合并申请予以注册，公司合并成功后，原来公司的债权债务转入新合并的公司。

（二）公司的解散

公司的解散是指公司法人资格的消失。公司的解散分为自愿解散和强制解散两种。各国公司法规定：公司基于任何原因可以经股东大会决议自行解散。公司强制解散则只发生在以下情况：公司不能承担负债或只能亏本经营；公司有违法行为。一些国家还规定了其他一些强制解散公司的情形，如美国的《修订标准公司法》规定，在下列三种情况下，股东可以提起强制解散公司的诉讼：董事在公司管理事务中出现僵局而且股东们未能打破僵局，以致公司正在遭受损害和威胁；公司资产正在不适当地使用或浪费；公司股东在投票权方面出现僵局并且在特定时期内未选出到期董事的继任者。

根据我国现行《公司法》第182条的规定，公司经营管理发生严重困难，继续存续会使股东权益受到重大损失，通过其他途径不能解决的，持有公司全部股东表决权10%以上的股东，可以请求法院解散公司。

(三) 公司的清算

公司的清算是指公司解散时对其财产进行清理的过程。无论公司是自愿解散还是强制解散，都会涉及公司的财产债权、债务清算。

清算人是公司清算的主要当事人。各国公司任命清算人可分为三类情形：由公司董事会任命一名董事担任；根据公司章程，由股东大会选任清算人；根据利害关系人的请求由法院指派清算人。

清算人的主要任务有：负责调查公司现状，制作公司现有财产目录和资产负债表，经股东大会认可后将其提交至法院；催告公司的债权人限期申报债权；收回公司债权；清理终结公司业务；变卖公司财产；按法定顺序清偿债务；将剩余财产分配给股东等等。清算人完成上述任务后制作清算报告，经股东大会追认后将清算报告提交至法院。

九、关于外国公司的规定

各国对外国公司的划分方式不尽相同，但是，包括我国在内的大多数国家都实行登记地制度，即将注册登记地作为确定公司国籍的标准，在国外注册登记的即为外国公司。一般资本主义国家的公司法对进入该国的外国公司也同样适用，但由于外国公司本身的特性，这些国家的公司法常对外国公司作出一些特殊规定，主要包括外国公司的进入、法律待遇与法律限制以及撤离三个方面。

(一) 外国公司的进入

外国公司的进入是指外国公司到东道国来进行经营活动的行为。外国公司进入东道国有以下三种方式：在东道国设立非营业性的代表处；在东道国设立不具法律人格的营业性分支机构；单独投资或者以并购方式在东道国设立具有法律人格的营业性子公司。

一般来讲，各国法律对从事一般联络事务的代表处施加的规定很少；对于以后面两种方式进入本国的外国公司常基于各种考虑作出较为烦琐的规定。如英国公司法规定，以营业性分支机构或子公司方式进入英国的外国公司必须在提出进入申请的 1 个月内提交相关并且烦琐的文件。美国州法一般也规定，所有外国公司只有在向州务卿申请，取得营业许可证后方可在该州从事营业活动。美国州法对外国公司进入申请书的必备内容要求也很烦琐，把关较严，无一定信誉的公司难以进入。

大陆法系的国家一般也允许外国公司以设立子公司或分支机构的方式进入本国从事营业活动，只是在大陆法系国家通常设立一个子公司的手续与该国本国公司设立的手续大体相同，相比之下，在这些国家设立分支机构的手续要烦琐得多，一般要求其将公司本身及其分支机构的具体情况呈交商事注册处备案。

世界各国法律还规定了一些领域禁止或限制外国公司进入，这些领域通常是军工、国防以及一些特殊类型的服务业。

(二) 外国公司的法律待遇与法律限制

各国一般都对已获准进入本国的外国公司给予国民待遇，即外国公司享有与本国公司相同的权利、承担相同的义务。另外，也有些国家在原则上给予外国公司国民待遇的同时，还规定外国公司享有一定的特权或者受到一定的限制。特权主要体现在税收优惠、手续简化和外汇优待方面。而限制主要有：将产品全部或大部分出口，实现贸易平衡；带来先进技术；促进当地原料利用和人民就业。

（三）外国公司的撤离

外国公司的撤离按照各国规定可分为强制撤离和自动撤离两种。

强制撤离是指外国公司违反当地法律，由主管当局强令其撤离的情况。自动撤离是指外国公司基于其自身原因自发地离开当地的情况。无论哪种情况，各国均要求外国公司办理一定的手续，主要是结清在本国的债权债务，向主管部门办理注销登记等。

（四）我国关于外商投资企业的规定

我国关于外商投资的规定可追溯到 1979 年颁布的适用于中外合资企业的《中外合资经营企业法》。但自 1993 年我国颁布了《公司法》，又于近年来多次修订后，该法作为一项我国的特别法存在。

我国目前适用的外商投资企业的法律是 1986 年 4 月 12 日第六届全国人民代表大会第四次会议通过并根据 2000 年 10 月 31 日第九届全国人民代表大会常务委员会第十八次会议《关于修改〈中华人民共和国外资企业法〉的决定》修订的《中华人民共和国外资企业法》。这是一部调整国家协调经济运行过程中发生的关于外商投资企业的经济关系的比较全面的法律。它明确规定了外商企业在中国境内进行企业经营管理应遵循的权利和义务。比如：

（1）为了扩大对外经济合作和技术交流，促进中国国民经济的发展，中华人民共和国允许外国的企业和其他经济组织或者个人在中国境内举办外资企业，保护外资企业的合法权益。

（2）设立外资企业，必须有利于中国国民经济的发展。国家鼓励举办产品出口或者技术先进的外资企业。

（3）外国投资者在中国境内的投资、获得的利润和其他合法权益，受中国法律保护。外资企业必须遵守中国的法律法规，不得损害中国的社会公共利益。

（4）国家对外资企业不实行国有化和征收；在特殊情况下，根据社会公共利益的需要，对外资企业可以依照法律程序实行征收，并给予相应的补偿。

（5）设立外资企业的申请，由国务院对外经济贸易主管部门或者国务院授权的机关审查批准。审查批准机关应当在接到申请之日起 90 天内决定批准或者不批准。

（6）设立外资企业的申请经批准后，外国投资者应当在接到批准证书之日起 30 天内向工商行政管理机关申请登记，领取营业执照。外资企业的营业执照签发日期，为该企业成立日期。

（7）外资企业应当在审查批准机关核准的期限内在中国境内投资；逾期不投资的，工商行政管理机关有权吊销营业执照。工商行政管理机关对外资企业的投资情况进行检查和监督。

（8）外资企业分立、合并或者其他重要事项变更，应当报审查批准机关批准，并向工商行政管理机关办理变更登记手续。

（9）外资企业雇用中国职工应当依法签订合同，并在合同中订明雇用、解雇、报酬、福利、劳动保护、劳动保险等事项。

第三节　合伙法

一、合伙的概念与特征

合伙是两个或两个以上的合伙人为经营共同事业、共同投资、共享利润、共担风险而组成的联盟。

合伙企业是一种数量较多的企业形式。但因其规模、组织以及资金来源等方面的限制，多属于中、小型企业，以家族式企业为最多。

与其他商事组织相比，合伙主要具有以下法律特征：

（一）合伙的成员至少有两个

包括我国在内的大多数国家的合伙法并不限制合伙人必须为自然人。但是我国《合伙企业法》规定：国有独资公司、国有企业、上市公司公益性团体不得成为普通合伙人。

（二）合伙组织设立的基础是成员之间的合伙协议

在发达的市场经济国家，协议可以是口头的，也可以是书面的。但是我国《合伙企业法》要求设立合伙企业的合伙人必须达成包含以下内容的书面合伙协议：合伙企业名称和主要经营场所；合伙企业的经营范围；合伙人的名称和住所；合伙人的出资方式、数额和缴付期限；利润分配和亏损分担方式；合伙企业事务的执行；合伙企业的解散和清算；违约责任。

（三）合伙是合伙人共同拥有的营利联盟

这一特征有以下含义：首先，合伙组织的目的是营利，这是合伙企业与其他公会行会或慈善机构的本质区别。然后，合伙人共同拥有合伙企业，合伙人之间只是一种协议的合作关系。最后，合伙人共负盈亏，这是合伙关系的最基本特征，没有这一特征，就不能称作是合伙。

二、合伙的类型

在不同国家，合伙的法定类型不尽相同。如英国目前的制定法确定了普通合伙、有限合伙和有限责任合伙三种类型。又如在美国，许多州承认普通合伙、有限合伙、有限责任合伙、有限责任有限合伙四种类型。

根据我国 2006 年修订的《合伙企业法》，我国承认普通合伙和有限合伙两种企业形式，它们都不具有法人资格。

（一）普通合伙

普通合伙的法律特征主要是：一是契约性，即企业依合伙协议自愿成立；二是合伙人共同出资、共享利润、合伙经营、共担风险；三是合伙人以其个人财产对合伙组织债务承担无限连带责任。无限连带责任就是当企业财产不足以清偿企业债务时，由合伙人的个人财产来清偿。

（二）有限合伙

有限合伙是指普通合伙人与有限合伙人共同组成合伙，其中普通合伙人对合伙企业债

务承担无限连带责任，有限合伙人以其出资为限承担有限责任的营利性组织。有限合伙具有普通合伙经营方式上的灵活性，又具有公司能轻易筹集经营资金的优点。有限合伙，在这种合伙形式中有两类合伙人：普通合伙人和有限合伙人。其中，普通合伙人管理企业事务，对企业债务承担无限连带责任；有限合伙人不参与企业管理，对企业债务承担以出资为限的有限责任。大陆法系的法国民法典首先确立了有限合伙的法律地位。目前，美国、英国、加拿大等许多国家和中国香港地区的法律中都有有限合伙的规定。

三、合伙的内部关系

合伙的内部关系是指合伙成员之间的权利与义务关系，只要其内容不违反相关法律规定，合伙人可以通过口头或者书面契约的方式来确定他们的关系，应予以指出，只有在合伙契约无规定或规定不明确并发生纠纷时，有关法律规定才适用于合伙人之间的关系。

包括我国在内的大多数国家的合伙法规定，合伙人的权利大致有以下几项：合伙人共同拥有合伙组织财产；除合伙协议另有规定，合伙人均有权按其对合伙组织的投资比例分享合伙组织的利润；普通合伙人有权参加企业经营管理；合伙人在处理合伙组织正常的业务中的所有支出均有权从合伙组织中得到补偿；合伙人不得为其在合伙组织中的劳务要求报酬；合伙人均有权查阅合伙账册等。

合伙人在享受上述权利的同时，也承担以下义务：每个合伙人必须按其投资比例承担合伙组织的亏损；每个合伙人在处理合伙组织业务时，不得对其他合伙人有欺诈行为，亦不得谋私利；每个合伙人必须向其他合伙人提供合伙组织的真实账目和一切实际情况；任何合伙人必须向其他合伙人公开合伙的全部利润和收益；如未经其他合伙人同意以合伙组织的名义或财产进行非正常业务所得的收益须归合伙组织所有，亏损则由个人承担；任何合伙人不得与合伙组织的业务相竞争，否则由此产生的利润归合伙组织所有；任何合伙人未经其他合伙人全体同意不得改变合伙性质，不得接纳其他合伙人入伙；合伙人在正常业务经营中所发生的分歧应按多数人的决议办理；在涉及合伙的扩大、解散等重大决议时，必须采取一致同意的原则；未经其他合伙人同意时，任何合伙人不得擅自转让其在合伙组织中的权益等。

四、合伙的外部关系

合伙的外部关系是指合伙组织与第三人的关系。各国一般规定，普通合伙人之间与第三人适用相互代理的原则，即每个合伙人作为其他合伙人的代理人在经营合伙组织正常业务中所作出的任何行为以及产生的任何后果，对其他合伙人和合伙组织均有约束力。合伙组织中的合伙人在处理以下业务时，除合伙协议有明确限定外，均被认为有合伙组织的默示授权：出售合伙组织的商品或财产；以合伙组织的名义购买抵押其业务所需的商品和财产；收受或支付合伙组织的借款或欠款并立出字据；为合伙组织雇用员工；贸易性合伙组织的合伙人开立、背书支票与本票并开立、承兑、背书汇票，非贸易性合伙组织成员开立、背书支票；以合伙组织的名义开立账户、借款；委托律师进行诉讼等。

此外，包括我国在内的一些国家的合伙法还规定：合伙成员之间约定的对某个合伙人权力的限制不得用来作为对第三人的抗辩；新合伙人对参加合伙前的合伙组织债务不承担任何责任；已退出合伙组织的合伙人，如果日后发生的债务是其在退伙之前的交易结果，他仍需对债权人负责，若该项债务与退伙之前的交易无关，则他对退伙后的第三人债务不承担任何责任。

五、合伙组织的解散和清算

包括我国在内的大多数国家的合伙法规定，合伙组织解散大体有三种情形：协议解散、依法解散和强制解散。

法律允许当事人以协议解散合伙组织，因为合伙组织本来就是基于协议而成立的。依法解散是指合伙组织依照法律规定而解散。这种情形的解散有以下几种情况：合伙协议中有期限，期满时合伙人未达成续期协议的；普通合伙人之一死亡、退出合伙组织或破产的；因发生某种意料之外的情况致使合伙组织所从事的事业成为非法的。

强制解散是指法院依据有关申请强令合伙组织解散，主要发生在以下情况：某合伙人永久地不能履行合伙协议中应承担的责任；某一合伙人犯有渎职罪；发生了某种事故致使合伙组织只能在亏损的情况下经营；其他只有强制解散才能恢复公正合理的情况。

无论合伙组织以哪种方式解散，合伙人都应对合伙财产进行清算。但如果合伙组织的财产不足以清偿合伙组织的债务时，普通合伙人须对余下债务承担无限连带责任。如果合伙财产清偿了所有债务之后仍有剩余，则所有合伙人有权按其出资比例参加该剩余财产的分配。

六、我国对中小企业的优惠政策

合伙组织的设立手续简便、经营方式灵活、控制权集中，因此，它是很多中小投资者所乐于采用的商事组织形式。因此，合伙组织也成为我国中小企业的主要形式。2006 年 8 月我国修订了 1997 年颁布的单行法《企业法》。这标志着在市场经济制度下，合伙组织也扮演着重要角色，我国也开始不断重视国内合伙企业的发展，并通过一些相关政策来支持合伙企业提高运营效率、鼓励其长足发展。比如：

（1）《关于切实做好国有企业下岗职工基本生活保障和再就业工作的通知》（中发〔1998〕10 号）规定：对下岗职工从事社区居民服务业的，要简化工商登记手续，3 年内可免征营业税、个人所得税以及行政性收费。

（2）《关于进一步改善对中小企业金融服务的意见》（银发〔1998〕278 号）规定：对中小企业、劳动就业服务企业等就业实体吸纳国有企业下岗职工，只要符合国家产业政策、产品适销对路、符合贷款条件，有关商业银行和信用社要积极给予贷款支持。

（3）《关于下岗职工从事社区居民服务业享受有关税收优惠政策问题的通知》（国税发〔1999〕43 号）规定：下岗职工从事社区居民服务业取得的营业收入，个人自其持下岗证明在当地主管税务机关备案之日起，个体工商户或者下岗职工人数占企业总人数 60%以上的企业自其领取税务登记之日起，3年免征营业税。

七、我国关于对大学生创业的优惠扶持政策

为支持大学生创业，我国国家和各级政府出台了许多优惠政策，涉及融资、开业、税收、创业培训、创业指导等诸多方面。对打算创业的大学生来说，了解这些政策，才能走好创业的第一步。具体的政策内容有：

（1）大学毕业生新办咨询业、信息业、技术服务业的企业或经营单位，经税务部门批准，免征企业所得税2年；新办从事交通运输、邮电通信的企业或经营单位，经税务部门批准，第一年免征企业所得税，第二年减半征收企业所得税；新办从事公用事业、商业、物资业、对外贸易业、旅游业、物流业、仓储业、居民服务业、饮食业、教育文化事业、卫生事业的企业或经营单位，经税务部门批准，免征企业所得税1年。

（2）各国有商业银行、股份制银行、城市商业银行和有条件的城市信用社要为自主创业的毕业生提供小额贷款，并简化程序，提供开户和结算便利，贷款额度在2万元左右。贷款期限最长为2年，到期确定需要延长的，可申请延期一次。贷款利息按照中国人民银行公布的贷款利率确定，担保最高限额为担保基金的5倍，期限与贷款期限相同。

（3）政府人事行政部门所属的人才中介服务机构，免费为自主创业毕业生保管人事档案（包括代办社保、职称、档案工资等有关手续）2年；提供免费查询人才、劳动力供求信息，免费发布招聘广告等服务；适当减免参加人才集市或人才劳务交流活动收费；优惠为创办企业的员工提供一次培训、测评服务。

（4）鼓励创业风险投资优先投资大学生创业，国家对投资大学生创业的天使投资将给予更多税收优惠。国家财政资本参股的比如青年创业引领计划公益扶持基金、中小微企业扶持基金等在选择投资对象时，应该把对大学生创业的投资放在首位。

第四节　个人独资企业

一、个人独资企业定义及其标准

个人独资企业是指依照中国法律在中国境内设立，由一个自然人投资，财产为投资人个人所有，投资人以其个人财产对企业债务承担无限责任的经营实体。个人独资企业一般规模较小。

个人独资企业的判断标准在各国也都大致相同，我国的个人独资企业应具备以下条件：投资人为一个自然人，即企业只能是由一个自然人出资，出资人超过一人就不能算是个人独资企业；投资人独自享有企业财产，既然是个人独自出资，企业财产也理应投资人独享；个人独资企业不具有法人资格，目前，基本上所有国家都不承认个人独资企业具有法人资格；投资人对企业债务承担无限连带责任，在这一点上，个人独资企业类似于合伙企业中的普通合伙人。

目前，个人独资企业是世界各国企业中数量最多的企业形式。

二、个人独资企业的特点

作为我国数量最多的商事组织形式，个人独资企业有着其自身的其他商事组织没有的特点，表现为以下三个方面：

（1）个人独资企业属于一个自然人企业，不具有法人资格。这意味着个人独资企业不能以企业的名义进行法律诉讼。

（2）企业的所有权与经营管理权不分离。与公司和合伙企业不同，个人独资企业的所有权与经营管理权紧密结合，一个自然人股东既拥有企业的财产，也独自经营企业的日常事务。

（3）资金来源有限，资本数额较小。个人独资企业由于各种限制，导致个人股东不易筹集到资金，同时由于人数限制，导致个人股东无力管理较大规模的企业。所以个人独资企业一般规模较小。

三、个人独资企业的优缺点

个人独资企业之所以成为世界各国企业中数量最多的企业形式，依赖于其自身的优点，一般来说，在各国个人独资企业主要有以下优点：

（1）开业容易。个人独资企业一般规模较小，开业所需的资金也较少，个人投资者可以很容易地创建一个个人独资企业。

（2）管理集中。个人独资企业由于所有权与管理权都在个人投资者身上，企业的所有财产由个人投资者集中管理，这样更能保证企业管理的效率，不用像公司那样考虑公司管理者玩忽职守的问题。

（3）适应性强。个人独资企业管理灵活集中，能够更容易地适应各种国家的基本方针政策，不会对其自身造成经济损失。

（4）纳税较少。个人独资企业规模较小，资本数额较少，所得的营业利润也相应较少，所以企业的各种营业税金和企业所得税也较少。

尽管个人独资企业有着上述优点，在各国数量最多，但是极不稳定，即每年都会有大量的个人独资企业创立和解散。这种现象对一国的经济稳定会造成一定的不良影响，这主要是由于个人独资企业的缺点所致。个人独资企业的缺点大致有以下几点：

（1）资金来源有限，企业规模和结构调整受限。个人独资企业资本较少，当企业主发现自己经营的行业不景气或者经营模式不当时，无多余资金进行企业生产结构的调整和企业的转型，最终导致企业破产。

（2）企业主的存亡直接决定企业的存亡，难以持久。个人独资企业不同于公司，企业主的自然、意外死亡都将意味着企业的终结。

（3）企业的无限责任使企业主承担巨大的风险，企业主一旦经营不善，容易倾家荡产。另外还可能由于一些意外事故，比如国家政策变化、战争等也可能使得企业破产。

四、我国的个人独资企业

据国家工商总局统计，我国公民个人申办独资企业目前已发展到近100万户，但发展程度与西方国家相比还有较大差距。如瑞士工业部门的中小型企业有7万多家，占工业企业总数的98.9%，个人独资企业在其中占多数；美国有各类有限公司450万户，合伙企业250万户，而个人独资企业有1 400万户。我国个人独资企业要在激烈的市场竞争中生存发展，必须从自身进行改造，且具有相当大的发展潜力，再加上其出资形式灵活、内部结构简单、管理形式便利，必将有广阔的发展前景。

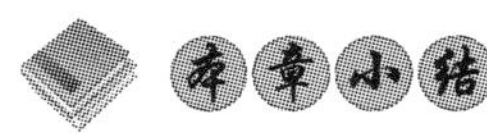

本章商事组织法是国际商法的重要组成部分。本章重点介绍了包括我国在内的世界上具有代表性的国家和地区关于公司和合伙这两种商事组织的法律规则。其中公司法部分主要包括公司的设立、基本权利和义务、组织机构、合并、分立及关于外国公司等法律规则；合伙法部分则主要阐明合伙的特征和合伙的内外部权利与义务关系。

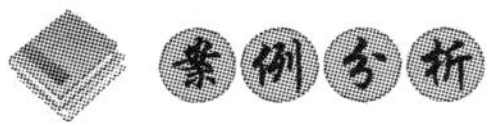

案例一

1. 案情介绍

国有企业火炬化工厂与另外一家国有企业火星化工原料厂决定共同作为发起人成立股份有限公司。股份有限公司章程规定公司注册资本为人民币5 000万元。火炬化工厂以厂房、机器设备和土地使用权出资，评估作价400万元；火星化工原料厂以原料及厂房出资，经评估作价200万元；另外，火炬化工厂还以本厂的商标及专利技术出资，经评估作价1 100万元，该专利技术并非高新技术。公司将以募集方式设立，除了发起人按规定认购的股份以外，其余股份准备向社会公开募集。

试分析：

(1) 我国《公司法》对股份有限公司的发起人的规定是什么？

(2) 公司注册资本是否符合法定最低限额？

(3) 发起人的出资是否符合法律规定？

(4) 股份的公开募集是否符合《公司法》的规定？

2. 案例分析

(1) 我国现行《公司法》把股份有限公司的最低创办人数从5人改为2人，但不超过200人。

(2) 我国现行《公司法》规定，股份有限公司的注册资本最低限额为500万元，较之以前的1 000万元少了一半，所以该案例中股份有限公司的注册资本为5 000万元符合法定最低限额。

(3) 我国现行《公司法》在出资方式作出了以下规定：一是扩大了出资范围，即非货币财产只要可以以货币估价并可以依法转让即可以作为出资；二是取消了以前《公司法》中“以工业产权、非专利技术作价出资的金额不超过30%”的规定，取而代之的是货币出资额不得低于30%的限额。故该案例中发起人的出资方式不符合“货币出资额不得低于30%的限额”的规定。

(4) 我国现行《公司法》规定，以募集方式设立公司的，发起人认购的股份不得少于公司总股份的35%，两发起人出资所占公司股份的比例未达到这一要求，不符合《公司法》规定。

案例二

1. 案情介绍

甲、乙、丙合伙经营一家名为“满意水果店”的普通合伙企业，甲为该合伙企业的负责人。甲、乙、丙并未约定损益分配和亏损承担的比例。2005 年 7 月的某一天，因丙外出，甲与乙协商后以该合伙企业名义与果农签订了一份标价额为 16 万元的水果买卖合同。因该合伙企业流动资产不足，甲决定向银行贷款 10 万元，银行要求提供抵押担保，甲以该合伙企业所有的一辆尼桑货车作抵押，与银行签订了抵押合同，但未办理抵押物登记，根据相关法律规定，以车辆设立抵押的，应该办理抵押物登记。后因合伙企业无力偿还贷款，银行欲行使抵押权，为此发生纠纷并诉讼至法院。(满意水果店的合伙协议约定，凡 5 万元以上的业务须经甲、乙、丙三人一致同意。)

(1) 合伙协议中未约定损益的分配和亏损的承担，按照规定应该如何确定?

(2) 该合伙企业与果农签订的水果买卖合同及与银行签订的借款合同在效力上应如何认定? 为什么?

(3) 该合伙企业与银行签订的货车抵押合同在效力上应如何认定? 银行能否对该货车行使抵押权? 为什么?

(4) 如果银行与企业的其他债权人同时对该合伙企业行使债权，合伙企业的财产应如何清偿?

2. 案例分析

(1) 根据《合伙企业法》的规定，合伙企业的利润分配、亏损分担，按照合伙协议的约定办理；合伙协议未约定或者约定不明确的，由合伙人协商决定；协商不成的，由合伙人按照实缴出资比例分配、分担；无法确定出资比例的，由合伙人平均分配、分担。

(2) 该合伙企业与果农签订的水果买卖合同及与银行签订的借款合同均为有效合同。根据合伙企业法律制度的规定，合伙成员之间约定的对某个合伙人权力的限制不得用来作为对第三人的抗辩。本案中，虽然合伙人甲、乙、丙在合伙协议中约定了“凡 5 万元以上的业务须经甲、乙、丙三人一致同意”，但该约定对善意第三人(果农和银行)无效，故水果买卖合同、借款合同均为有效。

(3) 该合伙企业与银行签订的货车抵押合同在效力上应认定为成立但未生效，银行在其债权未受清偿时不能对货车主张抵押权。根据担保法律制度规定，抵押人以车辆作抵押的，应在该车辆的登记部门办理抵押物登记，抵押合同自登记之日起生效。本案中，合伙企业虽以货车为抵押物与银行签订了抵押合同，但未办理抵押物登记手续，依前述规定该货车抵押合同未生效，另外，抵押权的行使以有效抵押合同的存在为前提，故银行因抵押合同未生效而不能对抵押货车行使抵押权。

（4）如果合伙企业的债权人银行与企业的其他债权人同时对合伙企业行使债权，应以该合伙企业的财产按比例清偿；不足部分，由各合伙人承担无限连带责任。因为，第一，银行与该合伙企业之间的货车抵押合同并未生效，由此决定了银行对合伙企业的债权属于无担保的普通债权，不具有优先受偿的效力；第二，根据合伙企业法律制度规定，合伙企业对其债务，应先以其全部财产进行清偿；合伙企业财产不足以清偿到期债务的，各合伙人应当承担无限连带清偿责任。

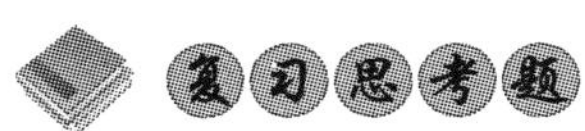

1. 各国关于公司设立的基本规定是什么？
2. 各国关于外国公司进入本国的规定主要体现在哪些方面？其具体内容是怎样的？
3. 合伙组织具有哪些法律特征？
4. 合伙人相互之间有哪些权利和义务？

第三章 国际商事代理法

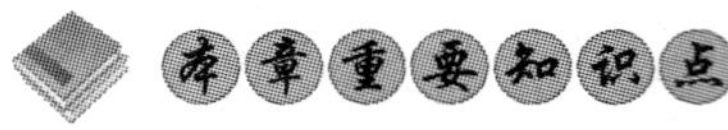

△代理与国际商事代理的概念

△代理权的产生、无权代理和代理关系的终止

△代理的法律关系

△了解代理制度的国际公约

△了解我国的外贸代理制度

案例导入

张某系甲商贸公司员工，曾长期代表甲公司充当采购员与乙家电生产厂商进行购销家电活动。2004 年 3 月，张某因严重违反公司的规章制度被甲公司开除。但是，甲公司并未收回给张某开出的、仍然有效的介绍信和授权委托书。张某凭此介绍信以甲公司的名义又与乙厂家签订了 10 万元的家电购买合同，并约定在交货后 1 个月内付款。乙厂家在与张某签订合同时，并未得知张某已被开除一事。乙厂家在向张某交货 1 个月后，仍未收到张某的付款，也不知其下落。乙厂家于是向甲公司要求支付 10 万元货款，甲公司以张某已被开除与其无关为由拒绝支付，双方发生争执。

问题：张某的行为属于什么性质的行为？甲公司是否应承担支付货款的责任？

随着社会经济的发展，在各类商事交易行为中，代理制度得到了广泛的应用，代理关系成为较为普遍的法律关系之一。尤其在国际贸易中，许多事项都是通过代理人进行的。而伴随着全球经济一体化的趋势，大陆法系与英美法系的代理制度也出现了相互影响、相互融合的特征。

第一节　代理法概述

一、代理概述

（一）代理的概念

代理（agency），是指代理人（agent）按照被代理人（principal）的授权（authorization），代表被代理人同第三人订立合同或为其他法律行为，由此而产生的权利与义务直接对被代理人发生法律效力的行为。

在代理关系中主要涉及三方当事人，即代理人、被代理人与第三人。代理人，是指在代理权限内，以他人名义且为他人利益实施法律行为的人；被代理人，又称为本人、委托人，是指委托他人为自己从事某种行为的人；第三人，也称为相对人，是泛指一切与代理人进行法律行为的人。在代理关系中，本人与代理人之间的关系称为内部关系（internal relationship）；本人与代理人对第三人的关系称为外部关系（external relationship）。

（二）国际商事代理的概念

国际商事代理，是指代理人为取得佣金，依被代理人的授权，为被代理人的利益与第三人为商行为，由此在具有国际因素的代理人、被代理人及第三人之间产生权利义务关系的法律制度。这里的商行为指一切营利性的营业行为，如货物买卖、货物运输、仓储保管、代理、保险、金融、出版等。国际商事代理的法律基础一般是委托合同，代理人根据委托合同的授权，取得代理权。

二、代理权的产生

由于大陆法系与英美法系的代理制度存在较大差异，因此，在代理权的产生原因上，两大法系作出了不同的规定，分别介绍如下：

（一）大陆法系的规定

大陆法系把代理权产生的原因分为两种，一种是由于被代理人的意思表示而产生的，称为意定代理，另一种是基于法律规定而产生的，称为法定代理。

1. 意定代理

意定代理，是指代理人根据被代理人的授权而取得代理权的代理。这种意思表示可以采用口头方式，也可以采用书面方式；可以向代理人表示，也可以向同代理人打交道的第三人表示。

2. 法定代理

法定代理，是指不是根据被代理人的意思表示而产生的代理。具有这种代理权的人也称为“法定代理人”。法定代理人主要基于以下三种情况产生：

（1）根据法律的规定而享有代理权，如父母对未成年子女的代理权。

(2) 根据法院的选任而取得代理权，例如法院指定的法人清算人。

(3) 因私人的选任而取得代理权，例如亲属所选任的监护人及遗产管理人等。

(二) 英美法系的规定

英美法系认为代理权的产生主要有以下几种方式：

1. 明示代理

所谓明示代理是指被代理人以明示的方式指定某人为代理人的代理。明示代理中的代理权是被代理人以口头或书面形式明确授予代理人的，对代理权限做了明确的表述，也有的对代理权限没有做具体规定，只是泛泛指出了一个合理的范围。除非被代理人要求代理人用签字蜡封的方式与第三人订立合同，才需要用签字蜡封的方式授予代理权，这种要式的授权文书称作“授权书”(power of attorney)。

2. 默示代理

默示代理，是指一个人以他的言辞或行动使另一个人以他的名义签订合同，他就要受该合同的约束，就像他明示地指定了代理人一样。默示代理有以下两种情况：第一，基于习惯而产生的代理行为，这种代理在英美法系国家中又称为“不可否认的代理”(agency by estoppel)；第二，基于身份关系、合作行为推定而产生的代理行为。根据英美法系国家判例，如配偶之间的默示代理和合伙人之间的默示代理。

3. 客观必需的代理

客观必需的代理权是在一个人受委托照管托运另一人的财产，为了保存这种财产而必须采取某种行动时产生的，在这种情况下，虽然受委托管理托运财产的人并没有得到采取这一行动的明示授权，但由于客观情况的需要必须视其为具有某种授权。例如，承运人在遇到紧急情况时有权采取保护财产的必需行动，如出售易于腐烂的或有灭失可能的货物。但取得这种代理权是很困难的，根据英美法判例，行使这种代理权必须具备以下三个条件：

(1) 行使这种代理权在实际上或商业上是必需的。

(2) 代理人在行使这种权利前与委托人取得联系，得到委托人的明示。

(3) 代理人所采取的措施必须是善意的，并且必须考虑所有有关当事人的利益。

4. 追任的代理

如果代理未经授权或超出了授权范围而以被代理人的名义同第三人订立了合同，这个合同对被代理人是没有约束力的，但是被代理人可以在事后批准或承认这个合同，这种行为就叫作追认。

追认必须具备以下几个条件：

(1) 代理人在与第三人订立合同时，必须声明他是以被代理人的名义订立合同。

(2) 合同只能由订立该合同时已经指明姓名的被代理人或可以确定姓名的被代理人来追认。

(3) 追认合同的被代理人必须是在代理人订立合同时已经取得法律人格的人，这项条件主要针对法人而言，即该法人必须在订立合同时已合法成立。

(4) 被代理人在追认该合同时必须了解其主要内容。

三、无权代理

（一）狭义无权代理

狭义无权代理，是指行为人完全没有代理权而以他人名义实施的民事行为。这里行为人既没有权利，也没有令人相信其有代理权的事实和理由，完全是无根据地以他人名义进行的民事行为。

1. 大陆法系的有关规定

大陆法系系认为，狭义无权代理行为在未经本人追认之前，其效力处于不确定状态。在这种情况下，大陆法系有两种处理方法：由善意第三人向本人发出催告，要求本人在一定时间内答复是否予以追认，即第三人享有催告权；允许善意第三人在本人追认之前，撤回其对无权代理人所为的意思表示，即第三人享有撤回权。但若第三人在订立合同时明知其为无权代理人，则不得撤回。

关于无权代理人的责任，在既未得到本人追认，又未经第三人撤回的情况下，行为人必须就其无权代理行为对善意第三人承担责任。这里关键要看第三人是否知道该代理人无代理权。如果该第三人不知道该代理人没有代理权，该无权代理人就要对第三人承担责任；反之，则不承担责任。

2. 英美法系的规定

英美法系没有独立的无权代理的规定，而将大陆法系的无权代理称为违反有代理权的默示担保。根据英美法系的解释，当代理人同第三人订立合同时，代理人对第三人有一项默示的担保，即保证其有订立合同的合法代理权。因此，如果某人冒充是别人的代理人，但实际上并没有得到本人的授权，或者是超出了其授权范围行事，则与其订立合同的第三人就可以以其违反有代理权的默示担保对他提起诉讼，该冒充的代理人或越权的代理人就须对第三人承担责任。

（二）表见代理

1. 表见代理的概念

表见代理是指行为人虽无代理权，但因本人的行为造成善意第三人在客观上有充分理由相信行为人具有代理权而与其发生民事行为，该民事行为的后果直接由本人承担的一种特殊的无权代理。

表见代理本质上属于无权代理，本应由无权代理人对本人承担，而不应对本人发生效力，这是各国制度中无权代理普遍的原则。但由于本人的行为造成善意第三人的信赖，如果完全否定无权代理对本人的效力，有可能会严重损害第三人的利益，不利于社会的交易安全，所以各国民法确立了表见代理制度，以对善意第三人给予特别保护。

2. 表见代理的成立条件

表见代理的成立应具备两个条件：

（1）在客观上必须存在使善意第三人相信行为人有代理权的事实根据。如果本人曾向第三人表示授权行为人为其代理人，或本人在将代理权撤回时未告知第三人，那么该第三人就有理由相信该行为人是有代理权的。

（2）相对第三人在与行为人从事交易时主观上必须是善意的且有过失。也就是说，第三人根本不知道也无法知道与其交易的无权代理人的行为是无权代理行为。不仅相对第三人明知无权代理人无代理权而与之为法律行为不受法律保护，即使相对第三人非故意但因过失应当知道而不知，与无权代理人实施民事行为，亦不能获得法律保护，不能使本人承担因此而产生的责任。

3. 表见代理的效力

表见代理对本人的效力表现为本人需要对无权代理人的有关行为承担法律后果，而不能以代理人是无权代理为由对抗善意第三人。在本人向第三人承担责任后，本人可以向无权代理人行使追偿权，以弥补自己的损失。如果本人也有一定的过失行为，如授权不明、明知他人以自己的名义为代理行为而不作否认等，则应根据双方过失大小来确定彼此应承担的责任。

四、代理关系的终止

（一）代理关系终止的原因

代理关系的终止是指当事人之间的代理关系归于消灭，主要有两种情况：

1. 根据当事人的行为而终止代理关系

（1）因代理期限届满或代理事项完成而终止。代理人与被代理人在代理合同中定有期限的，则代理关系于合同规定的期限届满时终止；代理合同中没有约定期限的，也应当在合理的期限内终止。如果代理事项完成，也就意味着代理的目的实现，此时，代理关系也将终止。

（2）因一方当事人撤回代理权而终止。一些大陆法系国家为了保护商业代理人的利益，被代理人终止代理合同时必须在相当的时间以前通知代理人。英美法系国家对代理人单方面撤回代理权也有一定的限制，根据英美法系的判例，如果代理权的授予是与代理人的利益结合在一起的，本人就不能单方面撤回代理权，比如甲向乙借了一笔钱，并指定乙为代理人代其收房租，以清偿借款，在这种情况下，代理权的授予就同代理人的利益结合在一起，在其借款清偿完毕之前，不能单方面撤回对乙的代理权。

2. 根据法律终止代理关系

各国法律规定，在下列情况下，代理关系即告终止。

（1）被代理人死亡、破产或丧失行为能力。根据大陆法系国家民商法的规定，被代理人发生上述情况的，只适用于民法上的代理权，而商法上的代理关系并不因上述情况的发生而终止。

（2）代理人死亡、破产或丧失行为能力。根据各国的法律，当代理人发生死亡、破产或丧失行为能力的，无论是民事上的代理还是商事上的代理，均因此而消灭。

（二）代理关系终止的法律后果

代理关系的终止会产生两个方面的法律后果，一是对委托人与代理人之间产生的法律后果；二是对第三人产生的法律后果。

1. 对委托人与代理人之间产生的法律后果

代理关系终止后，代理人就没有代理权，如该代理人仍继续从事代理活动，即属于无

权代理，委托人与代理人之间的关系应按无权代理的法律规定办理。如果第三人有合理理由仍然认为具有代理权，则按表见代理的规定办理。

有些大陆法系国家为了保护商业代理人的利益，在商法上特别规定，在终止代理合同时，代理人对于其在代理期间为委托人建立的商业信誉，有权要求委托人予以补偿。如《德国商法典》第 89 条规定，委托人应给代理人以补偿。代理人对上述商誉赔偿的请求，必须在代理合同终止后 3 个月内提出。这些规定属于强制性规定，当事人不得事先在合同中放弃此项请求权。目前，除德国外，法国、瑞士、意大利等国的法律也有类似的规定，但美国和英国则没有。

2. 对第三人的法律后果

委托人撤回代理权或终止代理合同后，对第三人是否有效，主要取决于第三人是否知情。根据各国的法律，当终止代理关系时，必须通知第三人才能对第三人发生效力。如果委托人在终止代理合同时，没有通知第三人，后者由于不知道这种情况而与代理人订立了合同，则该合同对委托人仍有拘束力，委托人对此仍需负责。但委托人有权要求代理人赔偿其损失。如《日本民法典》规定，对代理的限制或撤销，不得用以对抗第三人；《瑞士债务法典》第 34 条规定，撤销代理权之全部或一部分时，须通知第三人，不能用以对抗第三人。

第二节　本人与代理人之间的关系

在代理合同中有三种关系：本人与代理人之间的关系；代理人与第三人之间的关系；本人与第三人之间的关系。本节主要介绍本人与代理人之间的关系。

本人与被代理人之间的关系，一般是合同关系，属于代理的内部关系。通常情况下，本人与代理人都是通过订立代理合同或代理协议来建立他们之间的代理关系，并据以确定他们之间的权利和义务，以及代理人的权限范围和报酬。

关于本人与权利代理人的权利义务，在大陆法系国家主要是在民商法典中规定的，在英美法系国家则主要由判例法确定。但各国对于本人与代理人的权利义务的法例，基本上是一致的。

一、代理人的义务

（一）勤勉、谨慎义务

根据各国法律的规定，在合同的权利与义务的框架下，代理人须在代理权限范围内圆满履行代理合同所约定的义务，这是对代理人最基本的要求。代理人应当谨慎小心地履行其代理职责，运用自己的知识与技能完成代理义务。如果没有尽职，或者处分代理事务有过失，导致本人遭受损失，代理人应当承担赔偿责任。

（二）亲自履行义务

代理人与被代理人之间的委托关系是基于高度信任而建立的，因此，代理人在一般情况下应亲自履行合同所约定的义务，原则上不得将代理权转授他人。除非法律另有规定，或者合同另有约定，否则，代理人擅自委托复代理人的行为构成了对被代理人所负义务的违反。

（三）诚信、忠实义务

代理人在履行代理事务时，应以最大的努力和忠诚为委托人谋利益。美国《代理法重述》将忠实义务界定为“除非特别规定，代理人在和其代理行为有关的场合，都负有仅仅为被代理人的利益而实施法律行为反对义务”。

（四）管理义务

代理人对日常事务的管理义务包括：

(1) 财产区分义务。即代理人应保护被代理人的财产的独立性，将自己的财产与被代理人的财产区分开来，分别保管。

(2) 如实记账、随时提交、及时汇报的义务。

(3) 如数移交所收款项的义务，即代理人有义务根据被代理人的请求，将其代表被代理人而占有和取得的财产移交给被代理人。该财产包括代理人代表被代理人取得财产和代理人违法收受的商业贿赂等。

（五）通知的义务

通知的义务，是指代理人应把代理过程中的一切真实、重要的事实通知被代理人，以使被代理人作出进一步判断。

二、本人的义务

（一）给付佣金和报酬的义务

被代理人应按照合同的约定向代理人支付佣金或报酬，这是被代理人的首要义务。在商定代理合同时，对佣金问题必须特别注意以下两点：(1) 本人不经代理人的介绍，直接从代理人的地区内收到订货单，直接同第三人订立买卖合同时，是否仍需要对代理人照付佣金；(2) 代理人所介绍的买主日后连续订货时，是否仍需要支付佣金。这些问题应当在代理合同中作出明确规定，因为有些国家在法律上对此并无详细规定，完全取决于代理合同的规定。根据英美法院的判例，如果本人与第三者达成的交易是代理人努力的结果，代理人就有权得到佣金。因此，如果经过代理人与买方谈判，而最后买方向本人直接订货，或代理人向本人推荐了买方，买方所出的价钱虽较标价低，但本人还是接受了这个较低的价格，代理人都可以要求佣金。但如果本人没有经过代理人的介绍而直接同代理地区的买方达成交易，代理人一般就无权索取佣金。但这些法律规则往往可以通过双方当事人的协议或行业习惯而改变，特别是在指定地区的独家代理协议中，时常规定，代理人对所有来自代理地区的订货单都可以收取佣金。

大陆法系对这些问题的处理方法与英美法系有所不同。有些大陆法系国家在法律上对商业代理人取得佣金的权利和佣金的计算方法都有详细的规定。如有些大陆法系国家的法律规定，凡是在指定地区享有独家代理权的独家代理人，对于本人同指定地区的第三者达成的一切交易，不论该代理人是否参与其事，该代理人都有权要求佣金。此外，有些大陆法系国家为了保护商业代理人的利益，在法律中还规定，在本人终止商业代理合同时，商业代理人对其在代理期间为本人建立的商业信誉，有权请求给予赔偿。

只要代理人认真履行了被代理人的委托事项，被代理人就负有报酬给付义务，而不论被代理人是否已从代理的行为中获利。但是，被代理人由于代理人的过错而未从代理行为中获利的，不在此限。

（二）费用偿还的义务

被代理人应对代理人在代理权限范围内实施代理行为时垫付的所有费用和遭受的全部损失或承担的损害赔偿责任进行补偿。主要包括：（1）代理人为了被代理人的利益而向第三人支付的费用；（2）代理人代表被代理人对物进行占有与控制而因此所负的债务；（3）代理人因实施授权行为而构成侵权或违法所承担的损害赔偿等。

（三）允许代理人核查核对账目的义务

这是大陆法系国家法律中的强制性规定，不允许当事人在合同中约定排除。代理人有权查对本人的账目，以便核对本人付给他的佣金是否准确无误，这是一项强制性的规定，双方当事人不得在代理合同中作出相反的规定。

第三节　本人及代理人同第三人的关系

代理关系是一种三角关系，其中既有代理人同第三人的关系，也有本人同第三人的关系。因此，从第三人的角度看，最重要的问题是弄清楚其究竟是同代理人还是同本人订立了合同，即弄清楚与其订立合同的另一方当事人究竟是代理人还是本人。这个问题在外贸业务中经常发生。对于此问题，大陆法系和英美法系有不同的规定。

一、大陆法系的规定

在确定第三人究竟是同代理人还是本人订立合同的问题时，大陆法系所采取的标准是看代理人是以代表的身份同第三人订立合同，还是以其自己的身份同第三人订立合同。

当代理人以代表身份同第三人订立合同时，这个合同就是第三人同本人之间的合同，合同的权利与义务直接归属于本人，由本人直接对第三人负责。在这种情况下，代理人在同第三人订立合同时，可以指出本人的姓名，也可以不指出本人的姓名，而仅声明他是受他人的委托进行交易。但无论如何代理人必须表示作为代理人身份订约的意思，或订约时的环境情况可以表明这一点，否则就将认为是代理人自己同第三人订立合同，代理人就应当对该合同负责。

如果代理人是以个人的身份同第三人订立合同，则无论代理人事先是否得到本人的授权，这个合同都将认为是代理人与第三人之间的合同，代理人必须对合同负责。基于上述标准，大陆法系把代理分为两种，一种是直接代理，一种是间接代理。

（1）直接代理。所谓直接代理，是指代理人在代理权限内以代理人的身份，即以被代理人的名义与第三人订立合同的行为。从事此种代理的代理人称为直接代理人或商业代理人。在直接代理中，合同效力直接及于被代理人，合同的双方当事人是第三人与被代理人，合同的权利与义务直接归属于被代理人，被代理人直接对第三人负责。

(2) 间接代理。所谓间接代理，是指代理人以自己的名义，但是为了被代理人的利益而与第三人订立合同，日后再将其权利与义务通过另外一个合同让与被代理人的代理行为。从事此种代理的人称为间接代理人或经纪人。在间接代理中，无论代理人在签订合同时，事先是否得到被代理人的授权，一旦合同成立，该合同都将被认为是代理人与第三人之间的合同，而不是被代理人与第三人之间的合同。在间接代理行为中，被代理人原则上与第三人在法律上没有直接的法律联系，被代理人不能仅凭间接代理行为直接对第三人主张权利，只有当事人把他在与第三人所订立的合同中所取得的权利转让给了被代理人后，被代理人才能对第三人直接主张权利。在间接代理的情况下，被代理人若要对第三人主张权利，则需要经过两道合同手续，第一道是间接代理人与第三人订立的合同，第二道是代理人把有关权利转让给被代理人的合同。

二、英美法系的规定

英美法系同大陆法系不同，英美法系没有直接代理和间接代理。对于第三人究竟是同代理人还是本人订立合同的问题，英美法系的标准是，对第三人来说，究竟是谁应当对该合同承担义务。在英美法系中，区分的三种情况是：代理人在订约时已指出本人的姓名；代理人在订约时表示有代理关系存在，但没有指出本人的姓名；代理人在订约时根本不披露有代理关系的存在。

(一) 代理人在订约时已指出本人的姓名

如果代理人在同第三人订约时已经表明他是代表且指出了本人的姓名，在这种情况下，该合同就是本人与第三人之间的合同，本人应对此合同负责，代理人不承担个人责任。代理人在订立合同后，即退居合同之外（drop out），他既不能从合同中取得权利，也不对该合同承担义务。

但有下列情况除外：如代理人以他自己的名字在签字蜡封式的合同上签了名，他就要对此负责；如代理人以他自己的名字在汇票上签了名，他就要对该汇票负责。

以前，英国的法律认为，英国的代理人代表外国的本人从事代理业务时，英国代理人必须承担这个责任。但现在这项法律原则已经改变，英国代理人在为外国的本人在授权范围内从事代理活动时，已不再承担个人责任。

(二) 代理人在订约时表示有代理关系存在，但没有指出本人的姓名

如果代理人在同第三人订立合同时表明他是代理人，但没有指出他代理的本人的姓名，在此情况下，该合同仍被认为是本人与第三人之间的合同，应由本人对合同负责，代理人对该合同不承担个人责任。按照英国的判例，此时代理人在订约时必须以清楚的方式表明他是代理人，如写明买方代理人或卖方代理人，至于所代理的买方或卖方的名称，则可不在合同中载明。

(三) 代理人在订约时根本不披露有代理关系的存在

(1) 如果代理人即使得到本人的授权，但是他在同第三人订立合同时根本不去披露有代理关系，即既不披露有本人的存在，更不指出本人是谁，这种情况在英美法系中叫作未披露本人（undisclosed principal）的代理。如果代理人在订约时根本不披露有代理

关系的存在，第三人究竟是同本人还是同代理人订立了合同，他们当中谁应对该合同负责，这是一个比较复杂的问题。毫无疑问，在这种情况下，代理人对合同是应当负责的，因为他在同第三人订约时根本没有披露有代理关系的存在，这样代理人实际上就是将自己置于本人的地位同第三人订立合同，所以他应当对合同承担法律上的责任。可是问题在于，在这种情况下，未被披露的本人能否直接依据这个合同取得权利并承担义务。英美法系认为，未被披露的本人原则上可以直接取得这个合同的权利并承担其义务。具体有以下两种方式：

①未被披露的本人有权介入合同，并直接对第三人行使请求权，或在必要时对第三人起诉，如果他行使了介入权，他就是自己对第三人承担个人义务。

②第三人在发现了本人之后，就享有选择权，它可以要求本人或代理人承担合同义务，也可以向本人或代理人起诉。但第三人一旦选定了要求本人或代理人承担义务之后，他就不能改变主意对他们当中的另一个人起诉。第三人对他们当中的任何一个人提起诉讼程序就是他作出抉择的初步证据；这种证据可以被推翻，如果被推翻，则第三人仍可对他们中的另外一个人起诉。但一旦法院作出了判决，变成为第三人作出抉择的决定性证据，如果对第三人判决不满意，他也不能对他们当中的另一个人再行起诉。

（2）我国《合同法》也有类似的规定：受托人（代理人）以自己的名义与第三人订立合同时，第三人不知道受托人与委托人（被代理人）之间的代理关系的，若受托人因委托人的原因对第三人不履行义务，受托人应当向第三人披露委托人，第三人因此可以选择受托人或者委托人作为相对人主张权利，但第三人不得变更选定的相对人。

未被披露的被代理人可以行使介入权，但未被披露的被代理人在行使介入权时也是有限制的。根据英国法律和判例的规定，在以下两种情况下，未被披露的被代理人不能行使介入权：

①如果未被披露的被代理人行使介入权，会与合同的明示或默示条款相抵触。

②如果第三人是基于信赖代理人的才能或清偿能力而与其订立合同的。

我国《合同法》也有类似的规定：受托人以自己的名义与第三人订立合同时，第三人不知道受托人与委托人之间的代理关系的，受托人因第三人的原因对委托人不履行义务，在受托人向委托人披露第三人后，委托人可以行使受托人对第三人的权利，但第三人与受托人订立合同时如果知道该委托人就不会订立合同的除外。

第四节　中国的代理法和外贸代理制

一、我国的代理法律制度

我国现行的代理立法主要散见于《中华人民共和国民法通则》（以下简称《民法通则》）、《合同法》等民事法律中。此外，还包括有关代理制度的行政规章，如《关于对外贸易代理制的暂行规定》，以及最高人民法院的司法解释《最高人民法院关于贯彻执行〈中华人民共和国民法通则〉的若干意见》等。

（一）《民法通则》关于代理的规定

1. 代理的概念及其法律特征

《民法通则》第 63 条规定："公民、法人可以通过代理人实施民事法律行为。代理人在代理权限内，以被代理人的名义实施民事法律行为。被代理人对代理人的代理行为，承担民事责任。依照法律规定或者按照双方当事人约定，应当由本人实施的民事法律行为，不得代理。"该条款受大陆法系的传统，未规定间接代理，仅对直接代理作出了规定。

我国民法上的代理具有如下法律特征：

（1）代理人必须以被代理人的名义实施民事法律行为；

（2）代理人必须在代理权限范围内以独立意思实施民事法律行为；

（3）代理行为必须是具有法律意义的行为；

（4）代理行为所产生的法律后果直接由被代理人承担。

2. 代理权的产生

《民法通则》第 64 条规定："代理包括委托代理、法定代理和指定代理。委托代理按照被代理人的委托行使代理权，法定代理人依照法律的规定行使代理权，指定代理人按照人民法院或者指定单位的指定行使代理权。"

3. 无权代理及其处理

《民法通则》第 66 条规定："没有代理权、超越代理权或者代理权终止后的行为，只有经过被代理人的追认，被代理人才承担民事责任。未经追认的行为，由行为人承担民事责任。本人知道他人以本人名义实施民事行为而不作否认表示的，视为同意。代理人不履行职责而给被代理人造成损害的，应当承担民事责任。"

4. 被代理人、代理人、第三人之间的法律关系

《民法通则》第 65 条规定："委托书授权不明的，被代理人应当向第三人承担民事责任，代理人负连带责任。"第 66 条规定："代理人不履行职责而给被代理人造成损害的，应当承担民事责任。代理人和第三人串通，损害被代理人的利益的，由代理人和第三人负连带责任。第三人知道行为人没有代理权、超越代理权或者代理权已终止还与行为人实施民事行为给他人造成损害的，由第三人和行为人负连带责任。"

5. 代理关系的终止

《民法通则》第 69 条规定："有下列情形之一的，委托代理终止：代理期间届满或者代理事务完成；被代理人取消委托或者代理人辞去委托；代理人死亡；代理人丧失民事行为能力；作为被代理人或者代理人的法人终止。"第 70 条规定："有下列情形之一的，法定代理或者指定代理终止：被代理人取得或者恢复民事行为能力；被代理人或者代理人死亡；代理人丧失民事行为能力；指定代理的人民法院或者指定单位取消指定；由其他原因引起的被代理人和代理人之间的监护关系消灭。"

（二）《合同法》关于代理的规定

《合同法》明确承认了"间接代理"，并对双方当事人的权利与义务关系进行了较为具体的规定。

1. 在第三章"合同的效力"中对代理人代理被代理人订立合同的法律问题做了规定

《合同法》第 47 条规定："限制民事行为能力人订立的合同，经法定代理人追认后，

该合同有效，但纯获利益的合同或者与其年龄、智力、精神健康状况相适应而订立的合同，不必经法定代理人追认。相对人可以催告法定代理人在一个月内予以追认。法定代理人未作表示的，视为拒绝追认。合同被追认之前，善意相对人有撤销的权利。撤销应当以通知的方式作出。”第48条规定：“行为人没有代理权、超越代理权或者代理权终止后以被代理人名义订立的合同，未经被代理人追认，对被代理人不发生效力，由行为人承担责任。相对人可以催告被代理人在一个月内予以追认。被代理人未作表示的，视为拒绝追认。合同被追认之前，善意相对人有撤销的权利。撤销应当以通知的方式作出。”

2. 在第二十一章“委托合同”中导入了英美法系中的隐名代理和被代理人身份不公开代理

《合同法》关于委托合同没有特别规定受托人以谁的名义处理事务。可以看作依据此法产生的代理，既可以是代理人以被代理人的名义，也可以是代理人以自己的名义处理委托事务，这实际上突破了《民法通则》关于代理只能是直接代理的限制。但是《合同法》并没有照搬大陆法系中有关间接代理的规定，而是融入了普通法中不少行之有效的经验。《合同法》中关于代理的规定，有利于明确各方当事人的权利与义务，对于推动我国外贸代理制的完善亦有重要的作用。

二、我国的外贸代理制

（一）外贸代理制概述

1. 外贸代理制的概念

所谓外贸代理，是指由我国的外贸公司充当国内客户和供货部门的代理人，代其签订进出口合同，收取一定的佣金或手续费的做法。外贸代理制是指具有进出口经营权的受委托人接受委托人的委托，代理委托人办理涉及外贸合同的订立及履行事宜，并收取一定的费用，其后果由委托人承担的制度。外贸代理制作为社会分工的产物，对开拓国际市场具有重大的作用，经过多年的发展和完善，已经成为现代国际贸易中一种重要的贸易方式。

2. 我国外贸代理同传统民事代理的区别

（1）名义不同。在外贸代理中，外贸企业是以自己的名义对外签约的。而《民法通则》规定的代理，代理人应以被代理人的名义对外签约。

（2）名义合同责任与实际履行合同责任之间的关系不同。在外贸代理中，外贸企业以自己的名义与外商订立合同，但不一定承担实际履行合同责任，有时在外贸合同中指明或以其他合同载明委托人承担实际履行合同责任，从而使名义与实际责任相分离，是一种“责可旁贷”的代理形式。在传统代理中，被代理人只对代理人在代理权限内以被代理人名义实施的民事法律行为负责。如果代理人不是以被代理人的名义或超越代理权实施民事法律行为，除非得到被代理人的追认，一律应由代理人自己承担民事责任。

（3）代理行为完成后代理人的地位不同。

（二）我国现行外贸代理制的法律依据

我国现行外贸代理制已施行多年，其主要依据是1994年5月12日公布、2004年4月6日修订的《中华人民共和国对外贸易法》以及《关于对外贸易代理制的暂行规定》《合同法》《民法通则》等。

(三)我国现行外贸代理制存在的缺陷

1. 概念上的缺陷

我国《民法通则》只认可直接代理，而《关于对外贸易代理制的暂行规定》规定的是广义代理(既包括直接代理，也包括间接代理)，实际上突破了大陆法系传统的代理理论，借鉴了英美法系的代理分类方式。根据这一规定，间接代理与英美法系的代理制度也有很大区别。

2. 内容上的混乱

如根据《关于对外贸易代理制的暂行规定》代理概念，委托企业、外贸代理公司和第三人之间的权利义务以两个合同来调整，形如行纪，而非代理；同时，在代理人没有代理权与第三人之间订立合同的效力问题，《关于对外贸易代理制的暂行规定》认为应该是无效，其实代理人对外的交易合同不存在违约问题，只是违反了与国内企业之间订立的委托合同。

3. 效力上的缺陷

《民法通则》是基本法，《关于对外贸易代理制的暂行规定》则是部门规章，在实践中两者的代理内涵矛盾，在法院司法活动中效力如何认定是个问题。法院对于规章只需参照，所以，会出现司法实践中法院不理会《关于对外贸易代理制的暂行规定》，而作出外贸代理合同的效力只约束代理人和第三人的判决。这样做不符合外贸代理制的特殊性，不利于代理人利益的保护。

4. 风险和利益的失衡

在外贸代理活动中，外贸公司以自己的名义签订进出口合同，在合同履行发生纠纷时，要对外索赔、理赔和诉讼。如果一方不履行合同，代理公司必须先向对方承担违约责任，这显然不公平，即所谓的“对内收取3%的代理费，对外承担100%的责任”。对于委托方也不合理，作为进出口合同的最终履约人却不能介入合同中对外商主张权利、索赔，参与诉讼和仲裁，无法保障自己的利益。

1. 代理，是指代理人按照被代理人的授权或法律的规定，代表被代理人同第三人订立合同或为其他的法律行为，由此而产生的权利与义务直接对被代理人发生效力。

2. 代理权产生的方式、无权代理、代理权终止的事由，大陆法系、英美法系各从不同的角度加以规范。

3. 代理关系是一种三角关系。在代理关系中，一般包括三个方面的法律关系：被代理人与代理人之间的法律关系、代理人与第三人之间的法律关系、被代理人与第三人之间的法律关系。

4. 在国际商事代理中，存在着承担特别责任的代理人。根据其服务对象的不同，分为对被代理人承担特别责任的代理人和对第三人承担特别责任的代理人两类。

案例一

1. 案情介绍

南方某城市甲商场的业务员乙到丙公司采购空调，见丙公司生产的浴室防水暖风机小巧实用，在供暖之前以及在供暖停止之后的一段时间之内对普通家庭大为有用，遂自行决定购买一批该公司生产的暖风机。货运到后，甲商场即对外销售该暖风机。后因该市提前供应暖气，暖风机销量大减。甲商场遂主张乙为无权代理，现拒绝追认并拒付货款。丙公司遂诉至法院。

(1) 在甲商场追认之前，乙代理甲公司与丙公司签订合同的效力如何？为什么？

(2) 本案应如何处理？为什么？

2. 案例分析

(1) 本案中乙并无购买暖风机的代理权，其自行决定以甲商场的名义签订合同构成代理权的行为，为狭义的无权代理行为，因此，该行为所签订的合同为效力未定的合同。

(2) 无权代理订立的效力未定的合同经被代理人追认后，即补足了其所欠缺的代理权而使合同转为有效合同，当事人应依约履行，否则，应依法承担违约责任。本案中，甲商场接受丙公司的履行，并实际对外销售暖风机，可认定为甲商场追认了行为人乙的代理权，乙与丙公司所签订的合同由效力未定的合同转为有效合同，因此，甲商场应受到该合同的约束，享受该合同的权利和承担该合同的义务。甲商场以乙未经其授权为由拒绝履行合同的理由在其追认以后不具有效力。

依《合同法》第48条规定，行为人没有代理权、超越代理权或者代理权终止后以被代理人名义订立的合同，未经被代理人追认，对被代理人不发生效力，由行为人承担责任。也就是说，无权代理订立的合同为效力未定的合同，须经被代理人追认才会对被代理人发生效力。

案例二

1. 案情介绍

甲外运公司接受某货主的委托，自我国某港口代运一批货物到内地某海关监管库。该公司又委托了乙外运公司负责港口的联系卸船、装火车、办理进口海关转关手续等工作。货物到港以后，由于临时增加计划以外的港口货物捣短费用10 000元，两外运公司争执不下，乙外运公司遂延缓货物发运。货物在港口续存期间，没有妥善苫盖，被雨淋湿。货物到达目的地监管库后发现大部分残损。

货物的损失应由谁赔偿？

2. 案例分析

本案中，乙外运公司接受了甲外运公司的委托，应尽到代理人的谨慎义务，即应妥善照料货物，对于放置在露天堆场的货物进行必要的苫盖。然而，货物在港口续存期间，乙外运公司没有对货物进行妥善苫盖，使其被雨淋湿，导致货物大部分残损，因此，乙外运公司应承担货物损失的赔偿责任。

1. 追认必须具备哪些条件?
2. 代理权产生的原因是什么?
3. 代理人对本人负有哪些义务?
4. 如何区分无权代理和表见代理?
5. 行使代理权必须具备哪些条件?
6. 法定代理和意定代理的含义是什么?
7. 评述我国的外贸代理制。

第四章 合同法

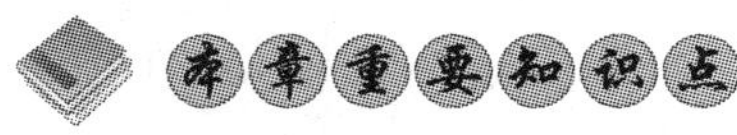

△合同的概念、法律特征及《国际商事合同通则》的适用范围
△合同订立的程序及合同的效力
△合同条款的主要内容、格式条款
△合同履行中的抗辩权及合同保全
△合同的变更、转让和终止
△违约形态及承担违约责任的方式

案例导入

甲采购商与乙公司订立一份大豆买卖合同，双方约定由乙在1个月内向甲供应大豆25吨，每吨单价3 000元。在合同履行期间，丙公司找到乙表示愿意以每吨3 700元的单价购买10吨大豆，乙见其出价高，就将10吨本来准备运给甲采购商的大豆卖给了丙公司，致使只能供应15吨大豆给甲。甲要求乙按照合同的约定供应剩余的10吨大豆，乙表示无法按照原合同的条件供货，并要求解除合同。甲不同意，坚持要求乙履行合同。

试分析：

(1) 甲采购商的要求是否有法律依据?

(2) 在合同没有明确约定的情况下，甲采购商如果要求乙公司继续履行合同有无法律依据?

(3) 乙能否只赔偿损失或者只支付违约金而不继续履行合同?

合同法是关于市场交易规则的法律，不仅与经营者的经营活动密切相关，也与人民群众的生活密切相关，因而是“适用频率最高”的法律之一。本章将对合同法作出简要的介绍。

第一节　合同与合同法

一、合同概述

（一）合同的概念

关于合同的概念，各国的立法规定各不相同。大陆法系认为，合同是一种合意，如法国《民法典》第1101条规定：合同是一种合意，依此合意，一人或数人对于其他一人或数人负担给付、作为或不作为的债务。而英美法系则认为合同是一个或一系列的许诺，美国《合同法重述》对合同下的定义是：合同指的是一个允诺或一组允诺，如果违反此允诺，则法律给予救济，如果其履行了允诺，则法律以某种方式将其视为一项义务。在我国，合同又称契约，是指平等主体的自然人、法人、其他组织之间设立、变更、终止民事权利义务关系的协议，有狭义与广义之分。广义的合同指所有法律部门中确定权利、义务关系的协议，如民法上的民事合同、行政法上的行政合同、劳动法上的劳动合同、国际法上的国际合同等。狭义的合同指一切民事合同，包括财产合同和身份合同。财产合同又包括债权合同、物权合同、准物权合同。身份合同又包括“婚姻、收养、监护等有关身份关系的协议”。最狭义的合同仅指民事合同中的债权合同，即两个以上的民事主体之间设立、变更、终止债权债务关系的协议。合同法所称合同仅指债权合同。

（二）合同的法律特征

（1）合同的主体具有平等的法律地位。无论合同主体是自然人、法人还是其他组织，合同当事人的法律地位都是平等的，不存在隶属与服从关系。任何一方不得将自己的意志强加给另一方，如不得强迫对方签订合同或者接受不公平的条款。

（2）合同是一种双方或多方共同的民事法律行为。合同是两个或两个以上的民事主体在平等自愿的基础上互相或平行作出意思表示，且意思表示一致而达成的协议。

（3）合同是以在当事人之间设立、变更、终止财产性的民事权利义务关系为目的。首先，合同当事人签订合同的目的在于各自的经济利益或共同的经济利益，因而合同的内容为当事人之间财产性的民事权利义务；其次，合同当事人为了实现或保证各自的经济利益或共同的经济利益，以合同的方式来设立、变更、终止财产性的民事权利义务关系。

（4）合同依法成立，即具有法律约束力。所谓法律约束力，是指合同的当事人必须遵守合同的规定，如果违反，就要承担相应的法律责任。合同的法律约束力主要体现在以下两个方面：一是不得擅自变更或解除合同；二是违反合同应当承担相应的违约责任。

（三）合同的分类

根据不同的标准，可以将合同分为不同的类别。通过合同的分类，有助于人们认识各类合同的特征、生效要件及正确地履行合同。

1. 计划合同与普通合同

凡直接根据国家经济计划而签订的合同，称为计划合同。如企业法人根据国家计划签订的购销合同、建设工程承包合同等。普通合同亦称非计划合同，不以国家计划为合同成立的前提。公民间的合同是典型的非计划合同。

2. 双务合同与单务合同

双务合同即缔约双方相互负担义务，双方的义务与权利相互关联、互为因果的合同。如买卖合同、承揽合同等。单务合同指仅由当事人一方负担义务，而他方只享有权利的合同。如赠与、无息借贷、无偿保管等合同为典型的单务合同。

3. 有偿合同与无偿合同

有偿合同为合同当事人一方因取得权利需向对方偿付一定代价的合同。无偿合同即当事人一方只取得权利而不偿付代价的合同，故又称恩惠合同。前者如买卖、互易合同等，后者如赠与、使用合同等。

4. 诺成合同与实践合同

以当事人双方意思表示一致，合同即告成立的，为诺成合同。除双方当事人意思表示一致外，尚需实物给付，合同始能成立，为实践合同，亦称要物合同。

5. 要式合同与非要式合同

凡合同成立须依特定形式始为有效的，为要式合同；反之，为非要式合同。法人之间的合同除即时清结者外，应当以书面形式订立。公民间房屋买卖合同除用书面形式订立外，尚须在国家主管机关登记过户。

6. 主合同与从合同

凡不依他种合同的存在为前提而能独立成立的合同，称为主合同。凡必须以他种合同的存在为前提始能成立的合同，称为从合同。例如债权合同为主合同，保证该合同债务之履行的保证合同为从合同。从合同以主合同的存在为前提，故主合同消灭时，从合同原则上亦随之消灭。反之，从合同的消灭并不影响主合同的效力。

（四）订立合同的基本原则

（1）合同当事人的法律地位平等，一方不得将自己的意志强加给另一方。

（2）当事人依法享有自愿订立合同的的权利，任何单位和个人不得非法干预。

（3）当事人应当遵循公平原则确定各方的权利和义务。

（4）当事人行使权利、履行义务应当遵循诚实守信的原则。

（5）当事人订立、履行合同，应当遵循法律、行政法规，尊重社会公德，不得干扰社会经济秩序，损害社会公共利益。

二、合同法概述

合同法是指调整各种合同法律关系的法律规范的总称。合同法在民商法中占有非常重要的地位。由于法律传统等差异，不同国家法律的表现形式也存在区别。

（一）大陆法系的合同法

在大陆法系国家，合同法是以成文法的形式出现的，如法国、德国、日本、意大利、瑞士等。它们的合同法一般在民法典或债务法典中。

大陆法系国家的民法理论把合同作为产生“债”的原因之一，把合同的侵权行为、不当得利及无因管理等法律规范并列在一起，作为民法的一编，称为债务关系法。例如，《法国民法典》把有关合同事项集中在第三卷中加以规定。该卷第三编的标题就是“合同或合意之债的一般规定”。其内容包括合同有效成立的条件、债的效果、债的种类、债的消灭等，这些都是属于合同法的一般规则。除此以外，该卷其后各编中再进一步对各种具体合同作出规定，其中包括买卖、互易、合伙、借贷、委任、保证等合同。《德国民法典》与《法国民法典》相比较有一个很大的特点，这就是《德国民法典》设有“总则”一编，它使用法律行为这一概念，把有关合同成立的共同性问题在“总则”中加以规定。该法典第二编就是“债务关系法”，对因合同而产生的债的关系、债的消灭、债权让与、债务承担以及各种债务关系等做了规定，其中，各种债务关系一章，分别对买卖、互易、赠与、使用租赁、使用借贷、消费借贷、雇佣、承揽、居间、委任、信托、合伙等 18 种合同做了具体的规定。总的来说《德国民法典》对合同的规定比较系统，逻辑性较强，结构也较严谨。

（二）英美法系的合同法

在英美法系国家，关于合同的法律原则主要包含在普通法中，这是几个世纪以来由法院以判例形式发展起来的判例法。在英美法系，各国除印度以外，都没有一套系统的、成文的合同法。所以，英美法系的合同法主要是判例法、不成文法。虽然英美等国也制定了一些有关某种具体合同的成文法，如英国 1893 年《货物买卖法》、美国《1906 年统一买卖法》和 20 世纪 50 年代制定的《统一商法典》等，但它们只是对货物买卖合同以及其他一些有关的商事交易合同做了具体规定，至于合同法的基本原则、合同成立的各项规则等，仍需要按照判例法所确定的规则来处理。

（三）中国的合同法

我国实行改革开放政策以来，先后于 1981 年制定了《中华人民共和国经济合同法》，并于 1993 年进行了修改，1985 年制定了《中华人民共和国涉外经济合同法》，1987 年制定了《中华人民共和国技术合同法》。实践证明，这三部合同法对保护合同当事人的合法权益，维护社会经济秩序，促进社会主义现代化建设，发挥了重要作用。但是随着改革开放的不断深入，社会经济不断发展，这三部合同法已不能完全适应社会主义市场经济的需要。1999 年 3 月 15 日第九届全国人民代表大会第二次会议通过了《中华人民共和国合同法》，自 1999 年 10 月 1 日起施行。这标志着我国社会主义市场经济法律体系建设进入一个新的阶段。

三、《国际商事合同通则》概述

《国际商事合同通则》(Principles of International Commercial Contracts，简称 PICC)是国际统一私法协会 1994 年编撰的，2004 年做了大的修订。它是一部具有现代性、广泛代表性、权威性与实用性的商事合同统一法。它可作为各国立法的参考，为司法、仲裁所适用，是起草合同、谈判的工具，也是合同法教学的参考书。

（一）《国际商事合同通则》的内容框架

2004 年版《国际商事合同通则》（以下简称《通则》）有十章共 185 项条文及相关注释。第一章，总则（12 条）；第二章，合同的订立与代理人的权限，分为 2 节，第一节合同的订立（22 条），第二节代理人的权限（10 条）；第三章，合同的效力（20 条）；第四章，合同的解释（8条）；第五章，合同的内容，分为2节，第一节合同的内容（9条），第二节第三人权利（6条）；第六章，合同的履行，分为2节，第一节履行的一般规定（17条），第二节艰难情形（3条）；第七章，不履行，分为4节，第一节不履行的一般规定（7条），第二节要求履行的权利（5条），第三节合同的终止（6条），第四节损害赔偿（13条）；第八章，抵销（5条）；第九章，权利的转让、债务的转移与合同的转让，分为3节，第一节权利的转让（15条），第二节债务的转移（8条），第三节合同的转让（7条）；第十章，时效期间（11条）。

《通则》规范国际贸易的合同内容，不仅包括有形贸易，还包括无形贸易，它所适用的国际商事合同类型，既有国际货物销售合同，又有国际服务贸易合同和国际知识产权转让合同，即适用于国际商事合同的全部。

（二）《国际商事合同通则》的适用范围

《通则》旨在为国际商事合同制定一般规则，在当事人约定其合同受《通则》管辖时，应适用《通则》；在当事人约定其合同适用法律的一般原则、商人习惯法或类似指辞时，可适用《通则》；在当事人未选择任何法律管辖其合同时，可适用《通则》；《通则》可用于解释或补充国际统一法文件；《通则》可用于解释或补充国内法；《通则》也可作为国内和国际立法的范本。

从统一法分类宽泛的角度看，《通则》既可以被称为示范法、统一规则，也可被称为国际惯例。从实用的角度看，一国在制定或修订合同法时可以把它作为示范法，参考、借鉴其条文；合同当事人可以选择它作为合同的准据法（适用法），作为解释合同、补充合同、处理合同纠纷的法律依据。此外，当合同的适用法律不足以解决合同纠纷所涉及的问题时，法院或仲裁庭可以把它的相关条文视为法律的一般原则或商人习惯法，作为解决问题的依据，起到对当事人的意思自治以及适用法律的补充作用。

（三）《国际商事合同通则》的基本原则

1. 缔约自由原则

当事人有权自由订立合同，有权自由决定该合同的内容。

2. 合同必须信守原则

有效订立的合同对当事人均有约束力。当事人仅能根据合同条款或通过协议或根据《通则》的规定，修改或终止合同。

3. 诚实信用和公平交易原则

4. 强制性规则优先的规则

《通则》不能否定有主权国家自主制定的、或为履行国际公约而制定的、或被超国家所采纳的强制性规定。

第二节　合同的订立

合同的订立又称缔约，是当事人为设立、变更、终止财产权利义务关系而进行协商、达成协议的过程。《合同法》第2条规定："合同是平等主体的自然人、法人、其他组织之间设立、变更、终止民事权利义务关系的协议。"既然合同为一种协议，就须由当事人各方的意思表示一致即合意才能成立。

一、合同订立的形式

《合同法》第10条第1款规定："当事人订立合同，有书面形式、口头形式和其他形式。"下面就这三种形式做相关介绍。

（一）口头形式

合同的口头形式指当事人只有口头语言为意思表示订立合同，而不用文字表达协议内容的合同形式。口头形式优点在于方便快捷，缺点在于发生合同纠纷时难以取证，不易分清责任。口头形式适用于能即时清结的合同关系。

（二）书面形式

书面形式是指当事人以合同书或者电报、电传、电子邮件等数据电文形式及各种可以有形地表现所载内容的形式订立合同。书面形式有利于交易的安全，重要的合同应该采用书面形式。书面形式又可分为下列几种：（1）由当事人双方依法就合同的主要条款协商一致并达成书面协议，并由双方当事人的法定代表人或其授权的人签字盖章。（2）格式合同。（3）双方当事人来往的信件、电报、电传等也是合同的组成部分。

（三）其他形式

其他形式的合同是指除了书面形式和口头形式外的其他一些形式。可以根据当事人的行为或者特定情形推定合同成立，即默示合同。一方已经履行了主要义务，如已交货或已付款，对方接受的，该合同成立。默示形式一般在法律有明确规定或当事人有约定时才能使用。

二、合同订立的程序

《合同法》第13条规定："当事人订立合同，采取要约、承诺方式。"依此规定，合同的订立包括要约和承诺两个阶段。

（一）要约

1. 要约的概念与构成要件

根据现行《合同法》的规定，要约是指一方当事人以缔结合同为目的，向对方当事人提出合同条件，希望对方当事人接受的意思表示。发出要约的一方称要约人，接受要约的一方称受要约人。一项有效要约需要具备以下条件：

（1）内容具体、确定。发出要约的目的在于订立合同，具体是指要约的内容至少必须具有足以使合同成立的必要条款。确定是指要约的内容必须明确，或可以通过一定的方式得以明确，而不能含糊不清。

（2）向相对人发出。要约必须是要约人向相对人发出的意思表示，相对人一般为特定的人。在特殊情况下也可能为不特定的人，如书报订阅广告，标明定价、汇款地点、时间、方法，凡是看到广告的人按约汇款到指定地点，即为合同成立。

（3）具有两个阶段的拘束力，其一是要约到达受要约人后，要约人不得撤回和随意撤

销；受要约人在要约到达后即取得了依其承诺而成立合同的法律地位，但受要约人不得将这种地位作为继承的标的，也不得随意转让。其二是要约经要约人承诺，即告合同成立，要约人即不得反悔和否定，否则就要承担违约责任。

2. 要约邀请

要约邀请是希望他人向自己发出要约的意思表示。如寄送的价目表、拍卖公告、招标公告、招股说明书、商业广告等为要约邀请。但商品广告的内容符合要约规定的，则视为要约。因为要约邀请只是作出希望别人向自己发出要约的意思表示，因此，要约邀请可以向不特定的任何人发出，也不需要在要约邀请中详细表示，无论对于发出邀请人还是接受邀请人，都没有约束力。

要约和要约邀请的区别在于：

(1) 要约是当事人自己主动愿意订立合同的意思表示，以订立合同为直接的目的；要约邀请是当事人希望对方主动向自己提出订立合同的意思表示。

(2) 要约必须包括将来可能订立的合同的主要内容，要约中含有当事人表示愿意接受要约约束的意思，而要约邀请则不含有当事人接受约束的意思。

(3) 要约大多数是针对特定的相对人的，故要约往往采用对话方式和信函的方式，而要约邀请一般针对不特定的相对人，故往往通过电视、报刊等媒介手段。

3. 要约生效时间

要约只要符合法律规定的构成要件，就会产生法律效力。要约一经生效，要约人即受到要约的约束，不得随意撤回或撤销，也不得随意变更要约内容。根据《合同法》规定，要约到达受要约人时生效，即要约送达到受要约人能够控制的地方时开始生效。要约的送达方式不同，其到达时间的确定也不同。采取直接送达方式发出要约时，记载要约的文件交给受要约人时即为到达；采用普通邮寄送达的，以受要约人收到要约文件或者要约送达到受要约人信箱的时间为到达时间；采用数据电文形式订立合同，收件人指定特定系统接收数据电文的，该数据电文进入该特定系统的时间，视为到达时间；未指定特定系统的，该数据电文进入收件人的任何系统的首次时间，视为到达时间。

4. 要约的撤回

要约的撤回，是指要约发出后、生效前，要约人使其不发生法律效力的意思表示。要约是可以撤回的。但撤回的通知必须要在要约到达受要约人之前或者与要约同时到达受要约人。要约之所以可以撤回，原因在于要约尚未发生法律效力，撤回要约不会对受要约人产生任何影响，也不会对交易秩序产生任何影响。

5. 要约的撤销

要约撤销，是要约在发生法律效力之后，要约人欲使其丧失法律效力而取消该项要约的意思表示。要约可以撤销，撤销要约的通知应当在受要约人发出承诺通知之前到达受要约人。有下列情形之一的，要约不得撤销：(1) 要约人确定承诺期限或者以其他形式明示要约不可撤销；(2) 受要约人有理由认为要约是不可撤销，并已经为履行合同做了准备工作。

6. 要约的失效

要约失效，即要约丧失其法律效力，要约人和受要约人均不再受其约束。要约失效的原因有：拒绝要约的通知到达要约人；要约人依法撤销要约；承诺期限届满，受要约人未作出承诺；受要约人对要约的内容作出实质性变更。

（二）承诺

1. 承诺的概念和构成要件

承诺是受要约人同意要约的意思表示。承诺的法律效力在于，承诺一经作出，并送达要约人，合同即告成立，要约人不得加以拒绝。一项有效的承诺，需要具备以下条件：

（1）承诺必须由受要约人向要约人作出。

只有受要约人才有权作出承诺，非受要约人向要约人作出的表示接受要约的意思表示不是承诺，而是一项新要约。同理，承诺是受要约人对要约的回应，只有受要约人对要约人作出的承诺才能使双方意思表示一致，从而使合同成立。受要约人向要约人以外的其他人作出承诺，只能视为向其他人发出了新的要约。

（2）承诺的内容必须与要约的内容一致。

承诺是受要约人愿意按照要约的内容与要约人订立合同的意思表示。所以，要取得成立合同的法律效果，承诺的内容必须与要约的内容一致，但并非一定要绝对一致。我国《合同法》规定：受要约人对要约的内容作出实质性变更的，不构成承诺，应视为对原要约的拒绝。所谓实质性变更是指有关合同标的、数量、质量、价款或者报酬、履行期限、履行地点和方式、违约责任和争端解决方法等的变更。承诺对要约的内容作出非实质性变更的，除要约人及时表示反对或者要约表示承诺不得对要约的内容作出任何变更的以外，该承诺有效。合同的内容以承诺的内容为准。

（3）承诺应当以通知的方式作出，通知的方式可以是口头的，也可以是书面的。

（4）承诺必须在有效期限内作出。

凡是要约规定了承诺期限的，承诺应在规定的期限内到达。承诺期限的计算方法：要约以信件或者电报作出的，承诺期限自信件载明的日期或者电报交发之日开始计算；信件未载明日期的，自投寄该信件的邮戳日期开始计算；要约以电话、传真等快速通信方式作出的，承诺期限自要约到达受要约人时开始计算；要约没有确定承诺期限的，应当根据不同情况确定：凡没有规定承诺期限的对话要约，承诺人需要及时作出承诺，但当事人另有约定的除外。

承诺到达受要约人的时间已经超过了要约所规定的时间，或者要约未规定有效期，已超过了合理的时间，即逾期承诺。在国际贸易实务中导致逾期承诺有两种情况：一是受要约人未按要约所确定的有效期限及时发出承诺通知；二是因承诺通知的传递延误导致该通知逾期送达要约人。受要约人超过承诺期限发出承诺的，除要约人及时通知受要约人该承诺有效的以外，为新要约。受要约人在承诺期限内发出承诺，按照通常情形能够及时到达要约人，但因其他原因承诺到达要约人时超过承诺期限的，除要约人及时通知受要约人因承诺超过期限不接受该承诺的以外，该承诺有效。

2. 承诺的生效与撤回

承诺通知到达要约人时生效。承诺的撤回是指受要约人（承诺人）在发出承诺之后并且在承诺生效之前采取一定的行为将承诺取消，使其失去效力的意思表示。根据到达主义，受要约人发出承诺通知后可以将其撤回，只要撤回的通知早于或者同时与承诺通知到达要约人。但承诺一经生效，合同即成立，故承诺无法撤销。

三、合同条款

（一）合同条款的概念

合同条款是合同条件的表现和固定化，是确定合同当事人权利和义务的根据。从法律文书而言，合同的内容即指合同的各项条款。因此，合同条款应当明确、肯定、完整，而且条款之间不能相互矛盾，否则将影响合同的成立、生效和履行，造成无法实现订立合同的目的，所以准确理解条款含义有重要作用。

（二）合同条款的分类

根据合同条款的地位和作用，合同条款主要有以下几种分类：

1. 必备条款和非必备条款

所谓必备条款又称主要条款，是指根据合同的性质和当事人的特别约定所必须具备的条款，缺少这些条款将影响合同的成立，所谓非必备条款又称普通条款，是指合同的性质在合同中不是必须具备的条款，即使合同不具备这些条款也不应当影响合同的成立，缺少这些条款完全可以根据《合同法》第61条、第62条的规定填补漏洞。

2. 格式条款和非格式条款

格式条款是指由一方为了反复使用而预先制定的，在订立合同时不能与对方协商的条款。非格式条款是指当事人在订立合同时可以与对方协商的条款。

3. 实体条款和程序条款

凡是规定当事人在合同中所享有的实体权利义务内容的条款都是实体条款。如有关合同标的、数量、质量的规定等都是实体条款。而程序条款主要是指当事人在合同中规定的履行合同义务的程序及解决合同争议的条款。

4. 有责条款和免责条款

有责条款是指当事人在合同中约定的，当事人违反合同应承担的责任条款，即违约条款。免责条款指当事人在合同中约定的，免除、排除或限制其未来责任的条款。

（三）合同条款的主要内容

《合同法》第12条规定："合同的内容由当事人约定，一般包括以下条款：当事人的名称或者姓名和住所；标的；数量；质量；价款或者报酬；履行期限、地点和方式；违约责任；解决争议的方法。当事人可以参照各类合同的示范文本订立合同。"该条规定是关于合同条款的任意性规定，按照合同自由原则，除了合同性质必须具有的条款外，在不违反法律和社会公德的前提下，当事人有权决定合同条款的内容。

1. 当事人的名称或者姓名与住所

当事人是合同权利义务的承受者，没有当事人，合同权利义务就失去了存在的意义，给付和受领给付便无从谈起，因此，订立合同须有当事人这一条款。当事人由其名称或者姓名及住所加以特定化、固定化，所以，具体合同条款的草拟必须写清当事人的名称或者姓名和住所。

2. 标的

标的是合同当事人双方权利和义务所共同指向的对象，是合同成立的必要条件，是一切合同的必备条款。合同标的是多种多样的，一般有以下 4 类：有形资产、无形资产、劳务、工作成果。

3. 数量

数量是对标的量的规定。标的的数量要确切。首先，应选择双方共同接受的计量单位；其次，要确定双方认可的计量方法；最后，应允许规定合理的磅差或尾差。

4. 质量

质量是合同标的的内在结构和外在形态相结合的综合指标，是确定合同标的的具体条件，是这一标的区别于另一标的的具体特征。标的的质量须商定得详细具体，如标的的技术指标、质量要求、规格、型号等。

5. 价款或者报酬

价款是取得标的所应支付的代价，报酬是获得服务所应支付的代价。价款通常指标的物本身的价款，但因商业上的大宗买卖一般是异地交货，便产生了运费、保险费、装卸费、保管费、报关费等一系列额外费用。它们由哪一方支付，需要在价款条款中写明。

6. 履行期限、地点和方式

履行期限直接关系到合同义务完成的时间，涉及当事人的期限利益，也是确定违约与否的因素之一。履行期限可以规定为及时履行，也可以规定为定时履行，还可以规定为在一定期限内履行。如果是分期履行，尚应写明每一期的准确时间。

履行地点是确定验收地点的依据，是确定运输费用由谁负担、风险由谁承受的依据，有时是确定标的物所有权是否转移、何时转移的依据，还是确定诉讼管辖的依据之一，对于涉外合同纠纷，它是确定法律适用的一项依据。

履行方式是指合同当事人履行义务的具体方式。例如是一次交付还是分期分批交付，是交付实物还是交付标的物的所有权凭证，是铁路运输还是空运、水运等，同样事关当事人的物质利益，合同应写明。

7. 违约责任

违约责任是当事人不履行或者不适当履行合同时，根据法律规定或者合同约定应当承担的法律责任。当事人可以事先约定违约金的数额、幅度，可以预先约定损害赔偿额的计算方法甚至确定具体数额，同时也可以通过设定免责条款限制和免除当事人可能在未来发生的责任。违约责任的承担方式主要有：继续履行、采取补救措施、赔偿损失、交付违约金等。

8. 解决争议的方法

解决争议的方法，是指有关解决争议运用什么程序、适用何种法律、选择哪家检验或者鉴定的机构等内容。当事人双方在合同中约定的仲裁条款、选择诉讼法院的条款、选择检验或者鉴定机构的条款、涉外合同中的法律适用条款、协商解决争议的条款等，均属解决争议的方法的条款。实践中，一旦发生争议，可以通过协商、调解、仲裁、诉讼 4 种方式解决纠纷。

合同中解决争议的条款具有独立效力，不以合同的效力为前提，即使合同被撤销或者被宣布无效，解决争议的条款依然有效。

（四）合同条款的补充

合同条款的补充，又称合同漏洞的填补。合同漏洞是指合同当事人对合同条款没有约

定或者约定不明的情形。当合同欠缺必要条款无法成立时，本着鼓励交易的原则，可以依照法律的规定对合同漏洞进行填补，以促成合同成立。为此，《合同法》第 61 条、第 62 条、第 125 条对合同条款的补充作出了规定。

《合同法》第 61 条规定：合同生效后，当事人就质量、价款或者报酬、履行地点等内容没有约定或者约定不明确的，可以协议补充；不能达成补充协议的，按照合同有关条款或者交易习惯确定。

第 62 条规定：当事人就有关合同内容约定不明确，依照《合同法》第 61 条的规定仍不能确定的，适用下列规定：

（1）质量要求不明确的，按照国家标准、行业标准履行；没有国家标准、行业标准的，按照通常标准或者符合合同目的的特定标准履行。

（2）价款或者报酬不明确的，按照订立合同时履行地的市场价格履行；依法应当执行政府定价或者政府指导价的，按照规定履行。

（3）履行地点不明确，给付货币的，在接受货币一方所在地履行；交付不动产的，在不动产所在地履行；其他标的，在履行义务一方所在地履行。

（4）履行期限不明确的，债务人可以随时履行，债权人也可以随时要求履行，但应当给对方必要的准备时间。

（5）履行方式不明确的，按照有利于实现合同目的的方式履行。

（6）履行费用的负担不明确的，由履行义务一方负担。

（五）格式条款

1. 格式条款的概念

格式条款是当事人为了重复使用而预先拟定的，并在订立合同时未与对方协商的条款。《合同法》第 39 条第 1 款规定：采用格式条款订立合同的，提供格式条款的一方应当遵循公平原则确定当事人之间的权利和义务，并采取合理的方式提请对方注意免除或者限制其责任的条款，按照对方的要求，对该条款予以说明。

2. 格式条款的无效

格式条款有以下情形的，该条款无效：

（1）格式条款具有《合同法》第 52 条规定的无效情形，即一方以欺诈、胁迫的手段订立合同，损害国家利益；恶意串通，损害国家、集体或者第三人利益；以合法形式掩盖非法目的；损害社会公共利益；违反法律、行政法规的强制性规定。

（2）格式条款具有《合同法》第 53 条规定的无效情形，即造成对方人身伤害的；因故意或者重大过失造成对方财产损失的。

（3）提供格式条款一方免除其责任、加重对方责任、排除对方主要权利的条款无效。

对格式条款的理解发生争议的，应当按照通常理解予以解释。对格式条款有两种以上解释的，应当作出不利于提供格式条款一方的解释。格式条款和非格式条款不一致的，应当采用非格式条款。经营者不得以格式合同、通知、声明、店堂告示等方式作出对消费者不公平、不合理的规定，或者减轻免除其损害消费者合同权益应当承担的民事责任。

（六）合同成立的时间、地点

一般规定，合同于承诺生效时成立。当事人采用合同书形式订立合同的，自双方当事人签字或者盖章时合同成立；双方当事人签字或者盖章不在同一时间的，最后签字或者盖章时合同成立；当事人采用信件、数据电文形式订立合同的，可以在合同成立之前要求签订确认书，签订确认书时合同成立；法律、行政法规规定或者当事人约定采用书面形式订立合同，当事人未采用书面形式但一方已经履行主要义务，对方接受的，该合同成立。

一般规定，承诺生效的地点为合同成立的地点。采用数据电文形式订立合同的，收件人的主营业地为合同成立的地点；没有主营业地的，其经常居住地为合同成立的地点；当事人采用书面合同书形式订立合同的，双方当事人签字或者盖章的地点为合同成立的地点。

四、缔约过失责任

（一）缔约过失责任的概念

所谓缔约过失责任，是指在合同订立过程中，一方当事人因违背其应依据诚实信用原则所尽的义务，而导致另一方的信赖利益的损失，应承担的民事责任。也就是说，缔约过失责任是指当事人在订立合同过程中，因过错违反依诚实信用原则负有的先合同义务，导致合同不成立，或者合同虽然成立，但不符合法定的生效条件而被确认无效、被变更或被撤销，给对方造成损失时所应承担的民事责任。所谓先合同义务，又称先契约义务或缔约过程中的附随义务，是指自缔约当事人因签订合同而相互接触磋商，至合同有效成立之前，双方当事人依诚实信用原则负有协助、通知、告知、保护、照管、保密、忠实等义务。

（二）缔约过失责任的具体形式

我国《合同法》第 42 条确立了缔约过失责任制度，该条规定："当事人在订立合同过程中有下列情形之一，给对方造成损失的，应当承担损害赔偿责任：假借订立合同，恶意进行磋商；故意隐瞒与订立合同有关的重要事实或者提供虚假情况；有其他违背诚实信用原则的行为。"可见缔约过失责任实质上是诚实信用原则在缔约过程中的体现。

第三节　合同的效力

合同的效力，指已经成立的合同在当事人之间乃至对第三人产生的法律拘束力，即法律效力。我国《合同法》第 8 条规定，依法成立的合同，对当事人具有法律约束力。合同的效力可分为四大类，即有效合同，无效合同，效力待定合同，可变更、可撤销合同。

一、有效合同

（一）有效合同的概念及构成要件

有效合同是法律承认其效力的合同。合同具有法律效力必须具备三个条件：

（1）当事人具有相应的民事行为能力。民事行为能力包括合同行为能力和相应的缔约行为能力，这是当事人了解和把握合同的发展状况及法律效果的基本条件。

对于自然人而言，原则上须有完全行为能力，限制行为能力人和无行为能力人不得亲自签订合同，而应由其法定代理人代为签订。但是《合同法》有一个例外规定，限制民事行为能力人可以独立签订纯获利益的合同或者与其年龄、智力、精神健康状况相适应的合同。

对于非自然人而言，必须是依法定程序成立后才具有合同行为能力；同时还要具有相应的缔约能力，即必须在法律、行政法规及有关部门授予的权限范围内签订合同。

（2）当事人意思表示真实，即当事人的行为应当真实地反映其内心的想法。

（3）不违反法律或社会公共利益，即当事人签订的合同从目的到内容都不能违反我国现行的法律、行政法规中的强制性规定，不能违背社会公德、扰乱社会公共秩序、损害社会公共利益。

（二）合同生效的时间

合同的成立和生效为两个性质不同的法律概念，依法成立的合同，自成立时生效；附条件和附期限的合同，其生效时间与承诺生效时间不一致。附条件的合同指合同的双方当事人在合同中约定某种实时状态，并以其将来发生或不发生作为合同生效或不生效的限制条件。附条件的合同，自条件发生时生效。附期限的合同指以将来确定到来的期限作为合同的条款，并以该期限的到来作为合同的效力发生或终止根据的合同，附期限的合同，自期限届至时生效。

二、无效合同

（一）无效合同的概念

凡不符合法律规定的要件的合同，不能产生合同的法律效力，属于无效合同。无效合同是相对于有效合同而言的，是指合同虽然成立，但因其违反法律、行政法规、社会公共利益，被确认为无效。

（二）无效合同的主要特征

（1）具有违法性，所谓违法性，是指违反了法律和行政法规的强制性规定和社会公共利益。

（2）具有不履行性，不履行性是指当事人在订立无效合同后，不得依据合同实际履行，也不承担不履行合同的违约责任。

（3）无效合同自始无效，无效合同违反了法律的规定，国家不予承认和保护。一旦确认无效，将具有溯及力，使合同从订立之日起就不具有法律约束力，以后也不能转化为有效合同。

（三）合同及条款无效的情形

根据《合同法》的规定，有下列情形之一的，可认定合同或者部分合同条款无效：

（1）一方以欺诈、胁迫的手段订立的损害国家利益的合同。

欺诈是指一方当事人故意告知对方虚假情况，或者故意隐瞒真实情况，诱使对方当事人作出错误的意思表示。因欺诈而订立的合同，是在受欺诈人因欺诈行为发生错误认识而作意思表示的基础上产生的。胁迫是以给公民及其亲友的生命健康、荣誉、名誉、财产等造成损害或者以给法人的荣誉、名誉、财产等造成损害为要挟，迫使相对方作出违背真实意思表示的行为。依《合同法》第 52 条规定，一方以欺诈、胁迫等手段订立合同，损害国家利益，该合同无效。

（2）恶意串通，损害国家、集体或第三人利益的合同。

当事人在主观上具有恶意性，明知或者知其行为会造成国家、集体或者第三人利益的损害，而故意为之；当事人之间具有串通性，在实现非法目的的意思表示达成一致后，当事人约定互相配合或者共同实施该种合同行为；双方当事人串通实施的行为损害国家、集体或者第三人的利益，合同无效。

（3）以合法形式掩盖非法目的的合同。

当事人实施以合法形式掩盖非法目的的行为，当事人在行为的外在表现形式上，并不是违反法律的。但是这个形式并不是当事人所要达到的目的，不是当事人的真实意图，而是通过这样的合法形式，来掩盖和达到其真实的非法目的。

（4）损害社会公共利益的合同。

在法律、行政法规无明确规定，但合同又明显地损害了社会公共利益时，可以适用“损害社会公共利益”条款确认合同无效。

（5）违反法律和行政法规的强制性规定的合同。

违反法律、行政法规的强制性规定的合同，是指当事人在订约目的、订约内容方面都违反了法律和行政法规的强制性规定。《合同法》实施以后，人民法院确认合同无效，应当以全国人民代表大会及其常务委员会制定的法律和国务院制定的行政法规为依据，不得以地方性法规、行政规章为依据。需要说明的是，不管当事人在主观上是故意所为，还是过失所致，只要合同违反法律、行政法规的强制性规定，就确认该合同无效。

（6）对于造成对方人身伤害或者因故意或重大过失造成对方财产损失免责的合同条款无效。

（7）提供格式条款一方免除责任、加重对方责任、排除对方主要权利的条款无效。

（四）合同无效的法律后果

《合同法》关于合同无效的法律后果规定了两个条文。

（1）第 58 条规定：“合同无效或者被撤销后，因该合同取得的财产，应当予以返还；不能返还或者没有必要返还的，应当折价补偿。有过错的一方应当赔偿对方因此所受到的损失，双方都有过错的，应当各自承担相应的责任。”

（2）第 59 条规定：“当事人恶意串通，损害国家、集体或者第三人利益的，因此取得的财产收归国家所有或者返还集体、第三人。”

三、效力待定合同

（一）效力待定合同的概念

所谓效力待定的合同，是指合同虽然已经成立，但因其不完全符合法律有关生效要件的规定，因此其发生效力与否尚未确定，一般须经权利人表示承认或追认才能生效。

（二）效力待定合同的类型

1. 限制行为能力人缔结的合同

合同作为一种民事法律行为也必须要求合同当事人具有相应的民事行为能力。限制民事行为能力人所签订的合同从主体资格上讲，是有瑕疵的，因为当事人缺乏完全的缔约能力、代签合同的资格和处分能力。限制民事行为能力人签订的合同要具有效力，一个最重要的条件就是要经过其法定代理人的追认。这种合同一旦经过法定代理人的追认，就具有法定效力。在没有经过追认前，该合同虽然成立，但是并没有实际生效。所谓追认是指法定代理人明确无误地表示，同意限制民事行为能力人与他人签订合同。这种同意是一种单方意思表示，无须合同的相对人同意即可发生效力，法定代理人的追认应当以明示的方式作出，并且应当为合同的相对人所了解才能产生效力。

根据《合同法》第47条的规定，合同的相对人可以催告限制民事行为能力人的法定代理人在一个月内予以追认，法定代理人未作表示的，视为拒绝追认。所谓“催告”就是指相对人要求法定代理人在一定时间内明确答复是否承认限制民事行为能力人签订的合同，法定代理人逾期不作表示的，则视为法定代理人拒绝追认。相对人除了有催告权外，还有撤销合同的权利。这里的撤销权是指合同的相对人在法定代理人追认限制民事行为能力人所签订的合同之前，撤销自己对限制民事行为人所作的意思表示。但是相对人撤销这类合同必须满足以下条件：(1) 撤销的意思表示必须在法定代理人追认之前作出，对于法定代理人已经追认的合同，相对人不得撤销；(2) 只有善意的相对人才可以作出撤销合同的行为；(3) 相对人作出撤销的意思表示时，应当用通知的方式作出，任何默示的方式都不构成对此类合同的撤销。

2. 无代理权人以被代理人名义缔结的合同

所谓无权代理的合同就是无代理权的人代理他人从事民事行为，而与相对人签订的合同。

无权代理人以本人名义与他人签订的合同是一种效力待定的合同。无权代理人签订的合同尽管缺乏代理权，存在着主体的瑕疵，但这种缺陷是可以通过本人的追认加以补正的。《合同法》第48条规定：“行为人没有代理权、超越代理权或者代理权终止后以被代理人名义订立的合同，未经被代理人追认，对被代理人不发生效力，由行为人承担责任。相对人可以催告被代理人在一个月内予以追认。被代理人未作表示的，视为拒绝追认。合同被追认之前，善意相对人有撤销的权利。撤销应当以通知的方式作出。”

3. 无处分权人处分他人财产订立的合同

无权处分是指无处分权人以自己名义擅自处分他人财产。依《合同法》的规定，无权处分行为是否发生效力，取决于权利人追认或处分人是否取得处分权。为保护当事人的合法权益，在效力待定合同中，法律赋予有关民事主体以追认权、拒绝权，赋予相对人以催告权、撤销权。无权代理人所订合同，如本人不予追认的，对本人不发生代理人行为带来的后果，但如果该无权代理行为具备一般民事法律行为的有效要件，那么该代理行为仍将产生一般民事法律行为的效力，并由该无权代理人自己作为当事人承担其法律后果。

四、可变更、可撤销合同

(一) 可变更、可撤销合同的概念

可变更、可撤销合同是指行为人意思与表示不一致或意思表示不自由，导致非真实意

思表示时，法律并不使之绝对无效，而是权衡当事人的利害关系，赋予当事人以变更权、撤销权的合同。

（二）可变更、可撤销合同的特点

（1）订立合同时存在意思表示不真实的情况。

（2）在提出变更或撤销前，合同已经成立，但因欠缺某些对社会、对他人无影响的有效要件，如果当事人无异议，则可以正常履行，视为有效合同。

（3）意思表示不真实的一方对合同的变更或撤销有选择权。

（4）经当事人变更符合生效条件的，合同自变更协议达成后生效。

（三）可变更、可撤销合同的类型

1. 在欺诈、胁迫或乘人之危情况下订立的合同

因欺诈、胁迫订立的合同以是否损害国家利益为标准划分为两类：无效和可撤销合同。损害国家利益的为无效合同；不损害国家利益的为可撤销合同。乘人之危是指一方当事人故意利用他人的危难处境或急迫需要，迫使对方订立对其极为不利的合同，导致订立的合同权利义务明显不均等，行为人因此取得了不正当的利益，相对人的利益遭受了严重损害，违背了公平公正原则。

2. 重大误解合同

重大误解是指一方因自己的过错对合同的内容产生了错误认识，并作出了与其真实意思不一致的意思表示。这种误解应当是对涉及合同效果的主要事项发生了错误的认识，包括对合同的性质，对对方当事人，对标的物品种、质量、规格、价款、数量的误解。这种误解与合同的目的相悖，也会使误解方遭受较大的损失，因而当事人可以请求人民法院或仲裁机构依法予以变更或撤销。

3. 显失公平的合同

显失公平的合同是指双方当事人在订立的合同中权利义务明显不对等，使一方处于重大不利境地的合同。一方当事人利用优势或者利用对方没有经验，致使双方的权利与义务明显违反公平、等价有偿的原则的，可以认定为显失公平。

（四）法律处理

无效的合同或者被撤销的合同自始没有法律约束力，那么合同被确认无效或者被撤销后怎么进行处理以及负有责任的当事人应承担什么性质的法律责任呢？过错方应当依法承担缔约过失责任。

根据我国《民事通则》第 61 条及《合同法》第 58 条、第 59 条的规定，当事人应当承担的责任类型主要有：返还财产（包含不能返还或者没有必要返还时的折价补偿这一特殊方式）；赔偿损失；收归国有或返还集体、第三人。特别是第三种责任有时会超出民事责任的范畴，有可能会让行为人承担行政甚至是刑事责任。因此，人民法院或者仲裁机构应当根据案件的实际情况来进行处理。

另外，根据我国《民事通则》第 60 条及《合同法》条 56 条、第 57 条的规定，当合同部分无效而并不影响其他部分的效力的，其他部分仍然有效。而且当合同被确认无效、被撤销或者终止后，不会影响合同中独立存在的有关解决争议方法条款的效力。

五、各种效力的合同的比较

（一）效力待定合同与可撤销合同的区别

可撤销合同，就是指因合同订立双方意思表示不真实，通过撤销权人行使撤销权，使已生效的意思表示归于无效的合同。它与效力待定合同的主要区别有：首先，合同的效力不同。效力待定合同在未被有关权利人追认前，其效力处于待定状态，而可撤销合同在未被撤销前则是有效合同。其次，合同瑕疵不同。效力待定合同的瑕疵是行为人缺乏缔约能力或处分能力，这类瑕疵并非不可补救。而可撤销合同的瑕疵在于当事人意思表示不真实，如因欺诈、胁迫、重大误解、显失公平等违背真实意思的情况下签订的合同。

（二）效力待定合同与无效合同的区别

效力待定合同主要是签订合同的主体资格有瑕疵，当事人缺乏完全缔约能力或者处分能力，需待追认权人的追认，因而效力待定。当有关条件成就后，效力待定合同即变为有效合同，对权利人产生法律效力。无效合同主要是合同内容不合法，违反法律的强制性规定或者损害社会公共利益。对于无效合同，人民法院或者仲裁机构应当无条件认定其无效，采取的是绝对不保护原则。

（三）无效合同与可变更、可撤销合同的区别

第一，二者产生的原因不同。可变更、可撤销合同产生的原因主要有重大误解、显失公平及乘人之危、欺诈、胁迫且不危害国家利益；而无效合同产生的原因主要有以合法形式掩盖非法目的、损害社会公共利益、违反法律强制性规定等。第二，认定程序的启动不同。可变更、可撤销合同中，是撤销权人决定是否变更、撤销合同，其他机关、团体、个人都无权干预；而无效合同中，人民法院和仲裁机关有主动干预权。第三，可变更、可撤销合同并非当然无效，其在未被撤销前是有效的；而无效合同是当然无效、自始无效，且不能变更。第四，对于可变更、可撤销合同，撤销权人行使撤销权必须符合法律规定的期限，超过行使期限，合同有效，不得行使撤销权；而无效合同不存在期限的限制。

第四节　合同的履行

一、合同履行的原则

合同的履行，是指合同的双方正确、适当、全面地完成合同中规定的各项义务的行为。履行合同应当遵循下列原则：

（一）全面履行原则

当事人应当按照合同全面履行自己的义务，即按照合同规定的标的及其质量、数量，由适当的主体在适当的履行期限、履行地点以适当的履行方式，全面完成。当事人一方在履行中对合同约定义务的任何一个环节的违反，都是违反了全面履行原则。

（二）诚实信用原则

当事人应当遵循诚实信用原则，根据合同的性质、目的和交易习惯履行通知、协助、

保密等义务。

（三）情势变更原则

情势变更原则，是指合同依法成立后，因不可归责于双方当事人的原因发生了不可预见的情事变更，致使合同的基础丧失或动摇，若继续维护合同原有效力则显失公平，从而允许变更或解除合同的原则。情势变更原则有其存在的合理性。合同依法成立之时，有其信赖的客观环境，在合同成立之后，该客观环境发生改变或不复存在，原来约定的权利义务如与新形成的客观环境不适应，也就不再公平合理了。只有将合同加以改变乃至解除，才符合公平、诚实信用原则的要求。

（四）经济合理原则

经济合理原则要求在履行合同时，讲求经济效益，付出最小的成本，取得最佳的合同利益。在履行合同中贯彻经济合理原则表现在许多方面：债务人选择最经济合理的运输方式；选择履行期限履行合同义务；选择设备体现经济合理原则；变更合同，对违约进行补救也体现经济合理原则。如《民法通则》第 114 条规定："当事人一方因另一方违反合同受到损失的，应当及时采取措施防止损失的扩大；没有及时采取措施致使损失扩大的，无权就扩大的损失要求赔偿。"

二、合同履行中的抗辩权

在全面履行中，当事人可享有同时履行抗辩权、后履行抗辩权、不安抗辩权。这些抗辩权利的设置使当事人在法定情况下可以对抗对方的请求权，使当事人的拒绝履行不构成违约，可以更好地维护当事人的利益。

（一）同时履行抗辩权

当事人互负到期债务，没有先后履行顺序的，应当同时履行。一方在对方未履行债务之前有权拒绝其履行要求，一方在对方履行债务不符合约定时，有权拒绝其相应的履行要求。

同时履行抗辩权的成立条件如下：

（1）由同一双务合同产生互负债务。同一合同互负债务，在履行上存在关联性，具有对价关系，这是同时履行抗辩权的前提。

（2）在合同中未约定履行顺序。

（3）一方当事人未履行债务或未按照规定正确履行债务。如针对一方延迟履行、部分履行、瑕疵履行等行为，对方则可以采取拒绝履行、部分履行和要求减少价金等对抗行动。

（二）后履行抗辩权

当事人互负债务，有先后履行顺序，先履行一方不履行的，后履行一方有权拒绝其履行要求。先履行一方履行债务不符合约定时，后履行一方有权拒绝其相应的履行要求。

后履行抗辩权的成立条件如下：

（1）由同一双务合同产生互负债务。

（2）债务的履行有先后顺序。

(3) 应该先履行的一方未履行或者履行债务不符合规定。

(三) 不安抗辩权

不安抗辩权又称为先履行抗辩权，是指当事人互负债务，有先后履行顺序，应先履行债务的一方当事人有确切证据证明后履行一方丧失履行债务能力时，在对方没有履行或没有提供担保之前，有中止合同履行的权利。

不安抗辩权的成立条件如下：

(1) 双方当事人因同一双务合同而互负债务。

(2) 后给付义务人的履行能力明显降低，有不能为对待给付的现实危险。

不安抗辩权制度保护先给付义务人是有条件的，只有在后给付义务人有不能为对待给付的现实危险、危及先给付义务人的债权实现时，才能行使不安抗辩权。所谓后给付义务人的履行能力明显降低，有不能为对待给付的现实危险，包括：其经营状况严重恶化；转移财产、抽逃资金，以逃避债务；谎称有履行能力的欺诈行为；其他丧失或者可能丧失履行能力的情况。

履行能力明显降低，有不能为对待给付的现实危险，须发生在合同成立以后。如果在订立合同时即已经存在，先给付义务人若明知此情而仍然缔约，法律则无必要对其进行特别保护；若不知此情，则可以通过合同无效等制度解决。

(3) 有先后履行顺序，享有不安抗辩权之人为先履行义务的当事人。

(4) 先履行义务人必须有充足的证据证明相对人无能力履行债务。

(5) 先履行一方的债务已经届满清偿期。

(6) 后履行义务未提供担保。

不安抗辩权的行使分为两个阶段：第一阶段为中止履行。应当先履行债务的当事人，有确切证据证明对方有下列情况之一的，可以中止履行：经营状部分严重恶化；转移财产、抽逃资金，以逃避债务；丧失商业信用；有丧失或者可能丧失履行债务能力的其他情形。第二阶段为解除合同。当事人依照上述规定中止履行的，应当及时通知对方。对方提供适当担保时，应当恢复履行。中止履行后，对方在合理期限内未恢复履行能力并且未提供适当担保的，中止履行的一方可以解除合同。如无确切证据证明对方丧失履行能力而中止履行的，或者中止履行后，对方提供适当担保时而拒不恢复履行的，不安抗辩权人承担违约责任。

三、合同的保全

合同的保全是合同的一般担保，是指为了保护一般债权人不因债务人的财产不当减少而受损害，允许债权人干预债务人处分自己财产行为的法律制度。合同保全主要有代位权与撤销权。其中代位权是针对债务人消极不行使自己债权的行为，撤销权则是针对债务人积极侵害债权人债权实现的行为。两者或是为了实现债务人的财产权利，或是为了恢复债务人的责任财产，从而确保债权人债权的实现。

(一) 代位权

代位权是指债务人怠于行使其对第三人（次债务人）享有的到期债权，危及债权人债权实现时，债权人为保障自己的债权，可以自己的名义代位行使债务人对次债务人的债权的权利。

1. 代位权行使条件

结合《合同法》及《最高人民法院关于适用〈中华人民共和国合同法〉若干问题的解释》以下简称《〈合同法〉若干问题的解释》的规定，债权人提起代位权诉讼，应当符合下列条件：

（1）债权人对债务人的债权合法。

（2）债务人怠于行使其到期债权，对债权人造成损害。债务人的懈怠行为必须是债务人不以诉讼方式或者仲裁方式向次债务人主张其享有的具有金钱给付内容的到期债权。

（3）债务人的债权已到期。

（4）债务人的债权不是专属于债务人自身的债权。所谓专属于债务人自身的债权，是指基于扶养关系、抚养关系、赡养关系、继承关系产生的给付请求权和劳动报酬、退休金、养老金、抚恤金、安置费、人寿保险、人身伤害赔偿请求权等权利。

2. 代位权诉讼中的主体及管辖

根据《〈合同法〉若干问题的解释》规定，在代位权诉讼中，债权人是原告，次债务人是被告，债务人为诉讼上的第三人。因此在代位权诉讼中，如果债权人胜诉，由次债务人承担诉讼费用，且从实现的债权中优先支付。其他必要费用则由债务人承担。代位权诉讼由被告住所地人民法院管辖。

3. 代位权行使的法律效果

根据《〈合同法〉若干问题的解释》规定，债权人向次债务人提起的代位权诉讼经人民法院审理后认定代位权成立的，由次债务人向债权人履行清偿义务，债权人与债务人、债务人与次债务人之间相应的债权债务关系即予消灭。从此规定来看，债权人的债权就代位权行使的结果有优先受偿权利。在代位权诉讼中，次债务人对债务人的抗辩，可以向债权人主张。

（二）撤销权

撤销权是指债务人实施了减少财产行为，危及债权人债权实现时，债权人为保障自己的债权请求人民法院撤销债务人处分行为的权利。债权人行使撤销权，可请求受益人返还财产，恢复债务人责任财产的原状，因此，撤销权兼有请求权和形成权的特点。

合同保全中的撤销权与可撤销合同中的撤销权不同，保全撤销权是债权人请求人民法院撤销债务人与第三人之间已经生效的法律关系。此种撤销权突破了合同相对性，其效力扩及到了第三人，而且其目的是维护债务人的清偿能力。而可撤销合同中的撤销权并没有扩及第三人，其目的是消除当事人之间意思表示的瑕疵。

1. 撤销权的成立要件

根据《合同法》的规定，债权人行使撤销权，应当具备以下条件：

（1）债权人须以自己的名义行使撤销权。

（2）债权人对债务人存在有效债权。债权人对债务人的债权可以到期，也可以不到期。

（3）债务人实施了减少财产的处分行为。

(4) 债务人的处分行为有害于债权人债权的实现。

其中债务人减少财产的处分行为有：①放弃到期债权，对债权人造成损害；②无偿转让财产，对债权人造成损害；③以明显不合理的低价转让财产，对债权人造成损害，并且受让人知道该情形。其中第③种处分行为不但要求有客观上对债权人造成损害的事实，还要求有受让人知道的主观要件。当债务人的处分行为符合上述条件时，债权人可以请求人民法院撤销债务人的处分行为。撤销权的行使范围以债权人的债权为限。

2. 撤销权的行使期限

《合同法》对撤销权的行使规定有期限限制。撤销权自债权人知道或者应当知道撤销事由之日起1年内行使。自债务人的行为发生之日起5年内没有行使撤销权的，该撤销权消灭。

3. 撤销权诉讼中的主体与管辖

撤销权必须通过诉讼程序行使。在诉讼中，债权人为原告，债务人为被告，受益人或者受让人为诉讼上的第三人。撤销权诉讼由被告住所地人民法院管辖。根据《〈合同法〉若干问题的解释》规定，债权人行使撤销权所支付的律师代理费、差旅费等必要费用，由债务人负担；第三人有过错的，应当适当分担。

4. 行使撤销权的法律效果

一旦人民法院确认债权人的撤销权成立，债务人的处分行为即归于无效。债务人的处分行为无效的法律后果则是双方返还，即受益人应当返还从债务人获得的财产。因此撤销权行使的目的是恢复债务人的责任财产，债权人就撤销权行使的结果并无优先受偿权利。

第五节 合同的变更、转让和终止

一、合同的变更

(一) 合同变更的概念

合同变更指当事人约定的合同的内容发生变化和更改，即权利和义务变化的民事法律行为。合同的变更有广义和狭义之分。广义的合同变更指合同主体和内容的变更，前者指合同债权或债务的转让，即由新的债权人或债务人替代原债权人或债务人，而合同内容并无变化；后者指合同当事人权利义务的变化。狭义的合同变更指合同内容的变更。从《合同法》第五章的有关规定看，合同的变更仅指合同内容的变更，合同主体的变更称为合同的转让。

(二) 合同变更的特征

(1) 合同的变更仅是合同的内容发生变化，可表现为合同标的物的数量或质量、规格、价格、数额或计算方法、履行时间、履行地点、履行方式等合同内容的某一项或数项发生变化（如标的物数量变化，价款也随之变化）。

(2) 合同的变更是合同内容的局部变更，是合同的非根本性变化。合同变更只是对原合同关系的内容作某些修改和补充，而不是对合同内容的全部变更。如果合同内容已全部发生变化，则实际上已导致原合同关系的消灭和一个新合同的产生，并且对原合同关系所作出修改和补充的内容仅限于非要素内容。

（3）合同的变更有两种：一是根据当事人之间的约定对合同进行变更，即约定的变更；二是当事人依据法律规定请求人民法院或仲裁机构进行变更，即法定的变更。

（三）合同变更的效力

合同变更的实质在于使变更后的合同代替原合同。因此，合同变更后，当事人应按变更后的合同内容履行。合同变更原则上向将来发生效力，未变更的权利义务继续有效，已经履行的债务不因合同的变更而失去合法性。合同的变更不影响当事人要求赔偿的权利。原则上，提出变更的一方当事人对对方当事人因合同变更所受的损失应负赔偿责任。

二、合同的转让

（一）合同转让的概念及类型

合同的转让，是指当事人一方将其合同权利、合同义务或者合同权利义务，全部或者部分转让给第三人。合同的转让，也就是合同主体的变更，准确地说是合同权利、义务的转让，即在不改变合同关系内容的前提下，使合同的权利主体或者义务主体发生变动。根据转让内容的不同，合同转让包括了合同权利的转让、合同义务的转让以及合同权利义务的概括转让三种类型。

1. 合同权利的转让

（1）合同权利转让的概念。

合同权利转让是指不改变合同的内容，合同债权人将其权利转让给第三人享有。合同权利转让可分为合同权利的部分转让和合同权利的全部转让。前者是受让的第三人加入合同关系，与原债权人共享债权。按照转让合同约定，原债权人与受让部分合同权利的第三人或者按份分享合同债权，或者共享连带债权。如果转让合同无此约定，以共享连带债权论。原合同权利全部转让给第三人的，该第三人即取代原债权人的地位而成为合同关系中的新债权人，原债权人脱离合同关系。

债权人可以自由地将合同的权利全部或者部分转让给第三人，但有下列情况之一的除外：①根据合同性质不得转让；②按照当事人约定不得转让；③依据法律规定不得转让。法律、行政法规规定转让权利应当办理批准、登记等手续的，依照其规定。

（2）合同权利转让的通知。

《合同法》规定，债权人转让权利的，应当通知债务人。未经通知，该转让对债务人不发生效力。并且，该通知不得撤销，除非受让人同意。债务人收到转让通知后，即不得向第三人履行债务；受让人在自己或者转让人通知债务人后，也取得对抗第三人的权利。该转让通知须在履行期限届至前完成。

（3）合同权利转让的效力。

①合同权利转让的内部效力。

合同权利由让与人转让给受让人。如果是全部转让，则受让人取代原债权人的地位而享有合同权利，让与人脱离原合同关系。如果是部分转让，则受让人加入合同关系，成为与原债权人共享合同权利的新债权人。合同权利转让时，受让人取得与合同债权有关的从权利，如保证债权、担保物权、完全债权、违约债权等，但该从权利专属于债权人自身的除外。让与人应将合同权利的证明文件全部交付受让人。其证明文件包括债务人出具的借据、票据、合同文书、往来电报信函等。让与人对转让的债权负担保责任，凡因债务人主张可以对抗原债权人的事由而使受让人的利益受到损害的，让与人应当负责。

②合同权利转让的外部效力。

在让与人与债务人之间，因转让通知，双方完全脱离合同关系。让与人不得再受领债务人的履行，债务人也不得再向让与人履行原来的债务。但债务人接受转让通知前向原债权人所为的履行仍然有效，原债权人对债务人所为的债务免除也有效。

债务人收到转让通知后，即应当将受让人作为债权人而履行债务。受让人取代原债权人成为新债权人，享有和原债权人同样的权利。为了保护债务人不因转让合同权利而受损害，债务人接受转让通知时，债务人对让与人的抗辩，均可向受让人主张。债务人对让与人享有到期债权的，债务人可以依据抵销规则向受让人主张抵销。合同权利转让后，债务人还可因某种事实取得对于受让人的抗辩权。

2. 合同义务的转让

（1）合同义务转让的概念。

合同义务转让是指不改变合同的内容，债务人将其合同义务全部或部分地转移给第三人。债务人将其全部合同义务转让给第三人，由该第三人取代债务人的地位，叫作免责的债务承担。债务人将其合同义务部分地转让给第三人，如果该债务人与第三人连带地向债权人负责，叫作并存的债务承担；如果该债务人与第三人各自按份负其责任，则应以按份之债的规则处理。

（2）合同义务转让的条件。

合同义务转让须满足以下条件：①需要有有效的合同义务的存在；②被移转的合同义务具有可移转性；③第三人需要与权利人或者义务人就债务的移转达成合意；④债务承担须经权利人的同意才能生效。

（3）合同义务转让的情形与效力。

①免责的债务承担。

免责的债务承担，是指第三人取代债务人的地位而承担全部债务，使债务人脱离合同关系。第三人与债务人订立的债务承担合同，自债务人与第三人达成关于移转债务于第三人合意时成立。债务承担合同的订立及其效力适用民法关于意思表示的规定，例如，第三人应为具有完全行为能力之人，债务承担不得有违法原因，当事人的意思表示需无瑕疵等等。债务承担合同有无效或者可撤销原因，被宣告无效或被撤销后，不发生债务承担的效果，债务人仍应负担其债务。

债务人脱离合同关系，而由承担人直接向债权人承担债务。事后承担人不履行债务的，债权人仅可向承担人请求债务不履行的赔偿损失或者请求法院对承担人强制执行。原债务人并不担保承担人的履行。

债务人基于合同关系所享有的对于债权人的抗辩权移归承担人。债务承担以债务移转时的状态移转于承担人，故承担人可以承担债务时已经存在的事由对抗债权人，例如债务具有无效原因，承担人可向债权人主张无效。但专属于合同当事人的解除权和撤销权，只能由原债务人行使，承担人不得享有。另外，债务承担为无因行为，因而承担人不得以承担债务时的原因事由对抗债权人。

从属于主债务的从债务，移归承担人负担，但该从债务专属于原债务人自身的除外。

②并存的债务承担。

并存的债务承担，又称债务加入，指债务人并不脱离合同关系，而由第三人与债务人共同承担债务。并存的债务承担成立后，债务人与第三人成为连带债务人。

实践中，并存的债务承担往往因第三人以担保债的履行为目的加入合同关系而成立。但并存的债务承担与保证性质不同。第三人因加入合同关系而成为主债务人之一，依连带债务的规定，债权人可向第三人请求履行全部债务。

并存的债务承担以原已存在有效的债务为前提。原来的合同关系虽有可撤销或解除的原因，但在撤销或解除以前，仍可成立并存的债务承担。第三人所承担的债务应与承担时的原债务具有同一内容，不得超过原债务的限度。承担后发生的利息及违约金、赔偿损失等，应一并承担。第三人加入债务关系后，可以以原债务人对抗债权人的事由对抗债权人。

并存的债务承担成立后，债务因原债务人或者第三人的全部清偿而消灭。债务的消灭是因第三人的清偿或其他方式（例如抵销）引起时，在第三人与债务人之间可能发生求偿关系。

3. 合同权利义务的概括转让

（1）合同权利义务的概括转让的概念。

合同权利义务的概括转让，是指原合同当事人一方将其合同权利义务一并转移给第三人，由第三人概括地继受这些权利义务的法律现象。

（2）合同权利义务的概括转让的主要情形与效力。

根据合同权利义务转让的原因不同，合同权利义务的概括转让主要有两种情形：一种是当事人协商确定，即约定的情形；另一种是法律规定必须转移的情形，即法定的情形。

①约定情形。

一方当事人与他人订立合同后，依照其与第三人的约定，并经对方当事人的同意，将合同权利义务一并移转给第三人，由第三人承受自己在合同上的地位，享受权利并负担义务。《合同法》第 84 条规定：“债务人将合同的义务全部或部分转移给第三人的，应当经债权人同意。”在转让合同债权的同时有债务的转让，为保护当事人的合法权利，法律规定一并转让须经另一方当事人同意。

合同受让人取得原合同让与人的一切权利义务，事后合同的履行或不履行及合同的变更或解除，均与原合同让与人无关。《合同法》第 81 条和第 86 条对债权转让和债务转让提出“主随从”原则的约束，即主权利转移的，从权利也要随之而转移。同时，《合同法》第 82 条有关抗辩权规定，债权人对债务的受让人可以根据原债务人的一切抗辩事由行使抗辩权。《〈合同法〉若干问题的解释》第 29 条规定：“合同当事人一方经对方同意将其在合同中的权利义务一并转让给受让人，对方与受让人因履行合同发生纠纷诉至人民法院，对方就合同权利义务提出抗辩的，可以将出让方列为第三人。”

②法定情形。

死亡。按照英国合同法的规则，由于当事人的死亡，合同所规定的权利和义务就转让

给他个人的代理人。即合同当事人一方死亡的情况下，其合同权利义务依法定程序移转于死者的个人代表。不过我国《民法通则》中无类似规定，故应将代理人理解为继承人，继承人除非放弃继承权，否则就取得被继承人的权利，并承担他的义务。但有关个人技能的合同和劳务合同不适用这一规则，因专属人身的合同性质决定了第三方不可取其位而代之。

破产。在合同当事人一方破产的情况下，其合同权利义务依破产法程序移转于破产财产管理人。我国《企业破产法》规定，如债务人（我国指企业）被宣告破产，它就丧失了对财产和事务的管理权，成为破产人并成立破产清算组，由清算组接管破产企业，行使它的财产权利，履行它的对外义务，制定和实施破产财产的变价和分配方案。可见破产清算程序开始后，破产财产的法定受让人为清算组，清算组概括地继受了破产人的财产，可说它是基于法律规定而成为受让人的。

企业合并和分立。《合同法》第 90 条规定："当事人订立合同后合并的，由合并后的法人或者其他组织行使合同权利，履行合同义务。当事人订立合同后分立的，除债权人和债务人另有约定的以外，由分立的法人或者其他组织对合同的权利和义务享有连带债权，承担连带债务。"企业合并后，吸收合并中的被吸收企业或新设合并中的原企业主体资格消灭，其债权债务应由合并后的企业履行。原企业债权债务的移转，依合并后企业的通知或者公告发生效力，无须取得相对人的同意。通知到达相对人或公告期满时，债权债务的移转即发生效力。

三、合同的终止

（一）合同终止的概念

合同的权利义务终止，指依法生效的合同，因具备法定情形和当事人约定的情形，合同债权、债务归于消灭，债权人不再享有合同权利，债务人也不必再履行合同义务。

（二）合同终止的情形

按照规定，有下列情形之一的，合同终止：

1. 债务已经按照约定履行

合同是当事人为达到其利益要求而达成的合意，合同目的的实现有赖于债务的履行。债务已经按照约定履行，指债务人按照约定的标的、质量、数量、价款或者报酬、履行期限、履行地点和方式全面履行。债务按照合同约定得到履行，一方面可使合同债权得到满足，另一方面也使得合同债务归于消灭，产生合同的权利义务终止的后果。

以下情况也属于合同按照约定履行：

（1）当事人约定的第三人按照合同内容履行。

合同是债权人与债务人之间的协议，其权利义务原则上不涉及合同之外的第三人，合同债务当然应当由债务人履行，但有时为了实现当事人的特定目的，便捷交易，法律允许合同债务由当事人约定的第三人履行，第三人履行债务也产生债务消灭的后果。比如债务人乙和债权人甲约定，由第三人丙偿还乙欠甲的 10 万元人民币的债务，丙将 10 万元人民币偿还给甲后，该合同的权利义务亦终止。

（2）债权人同意以他种给付代替合同原定给付。

合同的种类不同，债务的内容也不同，比如，货物买卖合同，债务的内容是交付货物或支付价款；承揽合同，债务的内容是提供劳务或者支付报酬。债务人应当按照合同约定的内容履行，但有时，实际履行债务在法律上或者事实上不可能，比如，债务履行时，法律规定该履行须经特许，债务人无法得到批准许可，或者标的物已灭失，无法交付；或者实际履行费用过高，比如交付货物的运输费用大大提高，甚至超过合同标的的价格，实际履行极不经济；或者不适于强制履行，比如以债务人的具有人身性质的特定行为为标的的合同。在实际履行不可能的情况下，经债权人同意，可以采用代物履行的办法，达到债务消灭的目的。比如，债务人乙按照合同约定，应当向债权人甲交付 100 吨吉林产圆粒大米，由于乙收购遇到困难，不能交付，但乙有 100 吨天津圆粒大米，质量与合同约定的吉林大米基本相同，甲同意交付天津大米以代替吉林大米的交付，乙交付了天津大米，债务即消灭。有时代物履行可能会有差价，支付差价后，也产生债务消灭的后果。

（3）当事人之外的第三人接受履行。

债务人应当向债权人履行债务，债权人受领后产生债务消灭的后果。但有时，当事人约定由债务人向第三人履行债务，债务人向第三人履行后，也产生债务消灭的后果。比如债务人乙欠债权人甲 1 万元人民币，债权人甲又欠第三人丙的钱，债权人甲请求债务人乙直接将欠款付给丙，乙同意，并按照其欠甲的数额将钱付给了丙，从而消灭了其对甲的债务。

债务履行后，是否以债权人接受作为合同的权利义务终止的条件？有三种情况：一是债务履行不适当，债权人提出了异议；二是债务已经按照约定履行，但债权人拒绝接受；三是债权人下落不明，或者死亡、丧失行为能力而未确定继承人或监护人无法履行。第一种情况表明对合同的履行存在争议，在合同纠纷没有解决以前，合同的权利义务不能终止。在第二种和第三种情况下，债务人可以依照法律的规定，将标的物提存，达到终止合同的权利义务的目的。

合同中约定几项债务时，某项债务按照约定履行，产生债务消灭的效果，但并非终止合同。在双务合同中，只有当事人双方都按照约定履行，合同才能终止。任何一方履行有欠缺，都不能达到终止合同的目的。

2. 合同解除

合同的解除，指合同有效成立后，当具备法律规定的合同解除条件时，因当事人一方或双方的意思表示而使合同关系归于消灭的行为。

合同解除具有以下特征：

（1）合同的解除适用于合法有效的合同。合同只有在生效以后，才存在解除，无效合同、可撤销合同不发生合同解除。

（2）合同解除必须具备法律规定的条件。合同一旦生效，即具有法律拘束力，非依法律规定，当事人不得随意解除合同。我国法律规定的合同解除条件主要有约定解除和法定解除。

（3）合同的解除必须有解除的行为。即符合法律规定的解除条件，合同还不能自动解除，不论哪方当事人享有解除合同的权利，主张解除合同的一方，必须向对方提出解除合同的意思表示，才能达到合同解除的法律后果。

(4) 合同解除使合同关系自始消灭或者向将来消灭。即合同的解除，要么视为当事人之间未发生合同关系，要么合同尚存的权利义务不再履行。

3. 债务相互抵销

债务相互抵销，指当事人互负到期债务，又互享债权，以自己的债权充抵对方的债权，使自己的债务与对方的债务在等额内消灭。比如，乙在合同约定的还款日期，应支付给甲 10 万元人民币货款，与此同时甲也欠乙 10 万元人民币，并已到清偿日期，此时，乙可以向甲表明，自己不偿还甲的 10 万元债务，甲也不必偿还欠乙的 10 万元债务。两相抵销，互不相欠。

债务相互抵销应当具备以下条件：

(1) 必须是当事人双方互负债务、互享债权。抵销发生的基础在于当事人双方既互负债务，又互享债权，只有债务而无债权或者只有债权而无债务，均不发生抵销。

(2) 当事人双方互负的债权债务，须均合法，其中一个债为不合法时，不得主张抵销。

(3) 按照合同的性质或者依照法律规定不得抵销的债权不得抵销。

抵销制度一方面免除了当事人双方实际履行的行为，方便了当事人，节省了履行费用；另一方面，当互负债务的当事人一方财产状况恶化，不能履行所负债务时，通过抵销，起到了债的担保的作用；特别是当一方当事人破产时，对方履行交付的财产将作为破产财产，而未收回的债权要在各债权人间平均分配，显然不利于对方当事人，而通过抵销，可以使对方当事人的债权迅速获得满足。

4. 债务人依法将标的物提存

提存，指由于债权人的原因，债务人无法向其交付合同标的物时，债务人将该标的物交给提存机关而消灭合同的制度。比如，债务人乙在合同约定的履行期限，准备向债权人甲交付货物，但却无法找到债权人，乙根据法律有关规定，将该货物交给提存机关，货物被提存后，债务即消灭。

债务的履行往往需要债权人的协助，如果债权人无正当理由而拒绝受领或者不能受领，债权人虽应负担受领迟延的责任，但债务人的债务却不能消灭，债务人仍得随时准备履行，这显然有失公平。最高人民法院《关于贯彻执行〈中华人民共和国民法通则〉若干问题的意见（试行）》规定："债权人无正当理由拒绝债务人履行义务，债务人将履行的标的物向有关部门提存的，应当认定债务已经履行。因提存所支出的费用，应当由债权人承担。提存期间，财产收益归债权人所有，风险责任由债权人承担。"明确承认提存是债的消灭的原因。

5. 债权人免除债务

债权人免除债务，指债权人放弃自己的债权。债权人可以免除债务的部分，也可以免除债务的全部。比如，债务人乙应当偿还债权人甲 2 万元人民币，甲表示乙可以少还或者不还，就是债权人免除债务。甲表示只需要偿还 1 万元，是债务的部分免除；甲表示 2 万元都不必偿还，是债务的全部免除。免除部分债务的，合同部分终止；免除全债务的，合同全部终止。

6. 债权债务同归于一人

债权债务同归于一人，指由于某种事实的发生，使一项合同中，原本由一方当事人享有的债权，而由另一方当事人负担的债务，统归于一方当事人，使得该当事人既是合同的债权人，又是合同的债务人。比如，甲公司与乙公司签订了房屋租赁合同，在乙公司尚未支付租金时，甲、乙两个公司合并成立了一个新的公司，甲公司的债权和乙公司的债务都归属于新公司，原甲公司和乙公司之间的合同自然终止。

7. 法律规定或者当事人约定终止的其他情形

除了前述合同的权利义务终止的情形，出现了法律规定的终止的其他情形的，合同的权利义务也可以终止。比如《民法通则》第69条规定：代理人死亡、丧失民事行为能力、作为被代理人或者代理人的法人终止，委托代理终止。《合同法》第411条规定：委托人或者受托人死亡、丧失民事行为能力或者破产的，委托合同终止。

当事人也可以约定合同的权利义务终止的情形，比如，当事人订立的附解除条件的合同，当解除条件满足时，债权债务关系消灭，合同的权利义务终止。当事人订立附终止期限的合同，期限届至时，合同的权利义务终止。比如，赠与人与受赠人约定，赠与人每月负担受赠人的生活费至其18周岁，受赠人18周岁前参加工作的，自参加工作之日，赠与合同终止。

第六节　违约责任

一、违约责任的概念及分类

违约责任是违反合同的民事责任的简称，是指合同当事人一方不履行合同义务或履行合同义务不符合合同约定所应承担的民事责任。

根据不同的标准，可将违约行为做以下分类：

（1）单方违约与双方违约。双方违约，是指双方当事人分别违反了自己的合同义务。《合同法》第120条规定：当事人双方都违反合同的，应当各自承担相应的责任。可见，在双方违约的情况下，双方的违约责任不能相互抵销。

（2）根本违约与非根本违约。以违约行为是否导致另一方订约目的不能实现为标准，违约行为可作此分类。其主要区别在于，根本违约可构成合同法定解除的理由。

（3）不履行、不完全履行与迟延履行。

（4）实际违约与预期违约。

二、违约形态

（一）不能履行

不能履行，又叫给付不能，是指债务人在客观上已经没有履行能力，或者法律禁止债务的履行。在以提供劳务为标的的合同中，债务人丧失工作能力，为不能履行。在以特定物为标的物的合同中，该特定物毁损灭失，构成不能履行。不能履行以订立合同时为标准，可分为自始不能履行和嗣后不能履行。前者可构成合同无效；后者是违约的类型。

（二）延迟履行

延迟履行，又称债务人延迟或者逾期履行，指债务人能够履行，但在履行期限届满时

却未履行债务的现象。其构成要件为：存在有效的债务；能够履行；债务履行期已过而债务人未履行；债务人未履行不具有正当事由。是否构成延迟履行，履行期限具有重要意义。合同履行期限不明确：合同未约定履行期限或者约定不明，而且无法根据法律规定、债务的性质、交易习惯等确定履行期限的，“债务人可以随时向债权人履行义务，债权人也可以随时要求债务人履行义务，但应给予对方必要的准备时间”。

（三）不完全履行

不完全履行是指债务人虽然履行了债务，但其履行不符合债务的本旨，包括标的物的品种、规格、型号、数量、质量、运输的方法、包装方法等不符合合同约定等。不完全履行与否，应以履行期限届满仍未消除缺陷或者另行给付时为准。如果债权人同意给债务人一定的宽限期消除缺陷或者另行给付，那么在该宽限期届满时仍未消除或者另行给付，则构成不完全履行。

（四）拒绝履行

拒绝履行是指债务人对债权人表示不履行合同。这种表示一般为明示的，也可以是默示的。例如，债务人将应付标的物处分给第三人，即可视为拒绝履行。《合同法》第108条关于当事人一方明确表示或者以自己的行为表明不履行合同义务的规定，即指此类违约行为。其构成要件为：存在有效的债务；有不履行的意思表示（明示的和默示的）；应有履行的能力；违法（即不属于正当权利的形式，如抗辩权）。

（五）债权人延迟

债权人延迟，或者称为受领延迟，是指债权人对于已提供的给付，未能受领或者未能为其他给付完成所必需的协助的事实。债权人迟延的构成，需要具备以下要件：

（1）债务内容的实现以债权人的受领或者其他协助为必要。

（2）债务人依债务本旨提供了履行。

（3）债权人受领拒绝或者受领不能。所谓受领拒绝，是指对于已提供的给付，债权人无理由地拒绝受领。所谓受领不能，是指债权人不能为给付完成所必需的协助的事实，包括受领行为不能及受领行为以外的协助行为不能，但如果债权人对于给付提出时不在家或者出外旅行或者患病，无行为能力人因缺法定代理人不能受领，于其他时刻或者在其他条件下能够受领该给付，仍不失为受领不能。

（六）预期违约

预期违约，也称先期违约，是指在合同履行期限到来之前，一方无正当理由但明确表示其在履行期到来后将不履行合同，或者其行为表明其在履行期到来后将不可能履行合同。预期违约有如下特点：

（1）当事人在合同履行期到来之前违约。

（2）侵害的是对方当事人期待的债权而不是现实的债权。

（3）与实际违约后果不同（主要造成对方信赖利益的损害）。

预期违约包括两种形态，即明示预期违约（明示毁约）和默示预期违约（默示毁约）。

明示毁约是指一方当事人无正当理由，明确地向对方表示将在履行期届至时不履行合同。其要件为：

（1）一方当事人明确肯定地向对方作出毁约的表示；

（2）须表明将不履行合同的主要义务；

（3）无正当理由。

默示毁约是指在履行期到来之前，一方以自己的行为表明其将在履行期届满后不履行合同。其特点为：债务人虽然没有表示不履行合同，但其行为表明将不履行合同或不能履行合同。例如特定物买卖合同的出卖人在合同履行期届之前将标的物转卖给第三人，或买受人在付款期到来之前转移财产和存款，以逃避债务。

三、承担违约责任的方式

对于承担违约责任的具体方式，《合同法》第 107 条规定：当事人一方不履行合同义务或者履行合同义务不符合约定的，应当承担继续履行、采取补救措施或者赔偿损失等违约责任。据此，违约责任有三种基本形式，即继续履行、采取补救措施和赔偿损失。当然，除此之外，违约责任还有其他形式，如违约金和定金责任。

（一）继续履行

1. 继续履行的概念

继续履行也称强制实际履行，是指违约方根据对方当事人的请求继续履行合同规定的义务的违约责任形式。其特征为：

（1）继续履行是一种独立的违约责任形式，不同于一般意义上的合同履行。具体表现在：继续履行以违约为前提；继续履行体现了强制性；继续履行不依附于其他责任形式。

（2）继续履行的内容表现为按合同约定的标的履行义务，这一点与一般履行并无不同。

（3）继续履行以对方当事人（守约方）请求为条件，法院不得径行判决。

2. 继续履行的适用

继续履行的适用，因债务性质的不同而不同：

金钱债务：无条件适用继续履行。金钱债务只存在迟延履行，不存在履行不能。因此，应无条件适用继续履行的责任形式。

非金钱债务：有条件适用继续履行。对非金钱债务，原则上可以请求继续履行，但下列情形除外：

（1）法律上或者事实上不能履行（履行不能）。

（2）债务的标的不适用强制履行或者强制履行费用过高。

（3）债权人在合理期限内未请求履行（如季节性物品之供应）。

3. 继续履行的构成要件

继续履行须满足以下条件：

（1）存在违约行为。

（2）须有守约方请求违约方继续履行合同债务的行为。守约方的请求一般应当明示地通知违约方，但通过主张抵销等行为，一般也应视为请求违约方继续履行。

（3）须违约方能够继续履行合同。如果合同已经不能继续履行，无论是法律上不能履行还是事实上不能履行，都不可以再发生继续履行责任的承担。

4. 继续履行的表现形态：限期履行

在拒绝履行、迟延履行、不完全履行的场合，守约方可以提出一个新的履行期限，称为宽限期或者延展期，要求违约方在该期限内履行合同义务。

5. 不适用继续履行的情况

(1) 不能履行。金钱债务不发生不能履行问题。

(2) 债务的标的不适合继续履行或者继续履行的费用过高。一般涉及的法律关系具有人身专属性的，在性质上决定了不适合继续履行；所谓履行费用过高，指对标的物若进行继续履行，其代价过高，可能超过合同的谋利等情况。

(3) 债权人在合理期限内未提出履行的要求。以此督促债权人及时行使其权利，以平衡双方的利益。

(4) 法律明文规定不得适用继续履行，而责令违约方承担违约金责任或者损害赔偿责任的。货运合同中承运人对货物的损毁灭失承担损害赔偿责任。

(5) 因不可归责于当事人双方的原因导致合同履行实在困难的。比如适用情势变更场合，如果继续要求承担继续履行责任则显失公平。

(二) 采取补救措施

1. 采取补救措施的含义

采取补救措施作为一种独立的违约责任形式，是指矫正合同不适当履行（质量不合格）、使履行缺陷得以消除的具体措施。这种责任形式与继续履行（解决不履行问题）和赔偿损失具有互补性。

2. 采取补救措施的类型

关于采取补救措施的具体方式，我国相关法律做了如下规定：

(1)《合同法》第111条规定为：修理、更换、重作、退货、减少价款或者报酬等；

(2)《中华人民共和国消费者权益保护法》第44条规定为：修理、重作、更换、退货、补足商品数量、退还货款和服务费用、赔偿损失；

(3)《中华人民共和国产品质量法》第40条规定为：修理、更换、退货。

3. 采取补救措施的适用

在采取补救措施的适用上，应注意以下几点：

(1) 对于不适当履行的违约责任形式，当事人有约定者应依其约定；没有约定或约定不明者，首先应按照《合同法》第61条规定确定违约责任；没有约定或约定不明又不能按照《合同法》第61条规定确定违约责任的，才适用这些补救措施。

(2) 应以标的物的性质和损失大小为依据，确定与之相适应的补救方式。

(3) 受害方对补救措施享有选择权，但选定的方式应当合理。

(三) 赔偿损失

1. 赔偿损失的概念

赔偿损失，在《合同法》上也称违约损害赔偿，是指违约方以支付金钱的方式弥补受害方因违约行为所减少的财产或者所丧失的利益的责任形式。赔偿损失具有如下特点：

(1) 赔偿损失是最重要的违约责任形式。赔偿损失具有根本救济功能，任何其他责任形式都可以转化为损害赔偿。

（2）赔偿损失是以支付金钱的方式弥补损失。金钱为一般等价物，任何损失一般都可以转化为金钱，因此，赔偿损失主要指金钱赔偿。但在特殊情况下，也可以以其他物代替金钱作为赔偿。

（3）赔偿损失是由违约方赔偿守约方因违约所遭受的损失。首先，赔偿损失是对违约行为所造成的损失的赔偿，与违约行为无关的损失不在赔偿之列。其次，赔偿损失是对守约方所遭受损失的一种补偿，而不是对违约行为的惩罚。

（4）赔偿损失责任具有一定的任意性。违约赔偿的范围和数额可由当事人约定。当事人既可以约定违约金的数额，也可以约定损害赔偿的计算方法。

2. 赔偿损失的确定方式

赔偿损失的确定方式有两种：法定损害赔偿和约定损害赔偿。

（1）法定损害赔偿。

法定损害赔偿是指法律规定的，由违约方对守约方因其违约行为而对守约方遭受的损失承担的赔偿责任。根据《合同法》的规定，法定损害赔偿应遵循以下原则：

①完全赔偿原则。违约方对于守约方因违约所遭受的全部损失承担的赔偿责任。具体包括：直接损失与间接损失；积极损失与消极损失（可得利益损失）。《合同法》第 113 条规定，损失“包括合同履行后可以获得的利益”，可见其赔偿范围包括现有财产损失和可得利益损失。前者主要表现为标的物灭失、为准备履行合同而支出的费用、停工损失、为减少违约损失而支出的费用、诉讼费用等；后者是指在合同适当履行后可以实现和取得的财产利益。

②合理预见规则。违约损害赔偿的范围以违约方在订立合同时预见到或者应当预见到的损失为限。合理预见规则是限制法定违约损害赔偿范围的一项重要规则，其理论基础是意思自治原则和公平原则。对此应把握以下几点：合理预见规则是限制包括现实财产损失和可得利益损失的损失赔偿总额的规则，不仅用以限制可得利益损失的赔偿；合理预见规则不适用于约定损害赔偿；是否预见到或者应当预见到可能的损失，应当根据订立合同时的事实或者情况加以判断。

③减轻损失规则。一方违约后，另一方应当及时采取合理措施防止损失的扩大，否则，不得就扩大的损失要求赔偿。其特点是：一方违约导致了损失的发生；相对方未采取适当措施防止损失的扩大，造成了损失的扩大。

（2）约定损害赔偿。

约定损害赔偿是指当事人在订立合同时，预先约定一方违约时应当向对方支付一定数额的赔偿金或约定损害赔偿额的计算方法。它具有预定性（缔约时确定）、从属性（以主合同的有效成立为前提）、附条件性（以损失的发生为条件）。

（四）违约金

违约金是指当事人一方违反合同时应当向对方支付的一定数量的金钱或财物。根据现行《合同法》的规定，违约金具有以下法律特征：

（1）是在合同中预先约定的（合同条款之一）；

（2）是一方违约时向对方支付的一定数额的金钱（定额损害赔偿金）；

（3）是对承担赔偿责任的一种约定（不同于一般合同义务）。

关于违约金的性质，一般认为，现行《合同法》所确立的违约金制度是不具有惩罚性的违约金制度，属于赔偿性违约金制度。即使约定的违约金数额高于实际损失，也不能改变这种基本属性。违约金是对损害赔偿额的预先约定，既可能高于实际损失，也可能低于实际损失，畸高和畸低均会导致不公平结果。为此，《合同法》第 114 条第 2 款也做了规定：约定的违约金低于造成的损失的，当事人可以请求人民法院或者仲裁机构予以增加；约定的违约金过分高于造成的损失的，当事人可以请求人民法院或者仲裁机构予以适当减少。

（五）定金责任

所谓定金，是指合同当事人为了确保合同的履行，根据双方约定，由一方按合同标的额的一定比例预先给付对方的金钱或其他替代物。对此《中华人民共和国担保法》做了专门规定。《合同法》第 115 条也规定：当事人可以依照《中华人民共和国担保法》约定一方向对方给付定金作为债权的担保。债务人履行债务后，定金应当抵作价款或者收回。给付定金的一方不履行约定的债务的，无权要求返还定金；收受定金的一方不履行约定的债务的，应当双倍返还定金。据此，在当事人约定了定金担保的情况下，如一方违约，定金罚则即成为一种违约责任形式。

定金应当以书面形式约定，定金的数额由当事人约定，但不得超过主合同标的额的 20%。

四、免责事由

（一）免责事由

免责事由也称免责条件，是指当事人对其违约行为免于承担违约责任的事由。《合同法》中的免责事由可分为两大类，即法定免责事由和约定免责事由。法定免责事由是指由法律直接规定、不需要当事人约定即可援用的免责事由，主要指不可抗力；约定免责事由是指当事人约定的免责条款。

（二）不可抗力

1. 不可抗力的概念

所谓不可抗力，是指不能预见、不能避免并不能克服的客观情况。

不可抗力的要件为：

（1）不能预见，即当事人无法知道事件是否发生、何时何地发生、发生的情况如何。对此应以一般人的预见能力为标准加以判断。

（2）不能避免，即无论当事人采取什么措施，或即使尽了最大努力，也不能防止或避免事件的发生。

（3）不能克服，即以当事人自身的能力和条件无法战胜这种客观力量。

（4）客观情况，即外在于当事人的行为的客观现象（包括第三人的行为）。

2. 不可抗力的范围

不可抗力主要包括以下几种情形：自然灾害，如台风、洪水、冰雹；政府行为，如征收、征用；社会异常事件，如罢工、骚乱。

在不可抗力的适用上，有以下问题值得注意：合同中是否约定不可抗力条款，不影响直接援用法律规定；不可抗力条款是法定免责条款，约定不可抗力条款如小于法定范围，当事人仍可援用法律规定主张免责，如大于法定范围，超出部分应视为另外成立了免责条款，依其约定；不可抗力作为免责条款具有强制性。当事人不得约定将不可抗力排除在免责事由之外。

3. 不可抗力的免责效力

因不可抗力不能履行合同的，根据不可抗力的影响，违约方可部分或全部免除责任。但有以下例外：金钱债务的迟延责任不得因不可抗力而免除。迟延履行期间发生的不可抗力不具有免责效力。

（三）免责条款

免责条款是指当事人在合同中约定免除将来可能发生的违约责任的条款，其所规定的免责事由即约定免责事由。免责条款必须在合同中明示作出，并且其构成合同的组成部分是合同有效的前提之一。免责条款不能排除当事人的基本义务，也不能排除故意或重大过失的责任，免责条款必须不得违背法律规定和社会公益，也就是不能违背公序良俗，以免造成对相对人不利。

免责条款无效的一般情形包括：

（1）一方以欺诈、胁迫手段将免责条款订入合同，损害国家利益的；

（2）双方当事人恶意串通，免责条款损害国家、集体、第三人利益的；

（3）免责条款损害社会公共利益的；

（4）免责条款违反法律法规强制性规定的。

（5）免除故意或者重大过失所生责任的条款无效；

（6）免除根本性违约所生责任的条款无效。

合同法是重要的民商法律，是市场经济活动中使用频率最高的法律之一。通过本章的学习，要求了解、熟悉两大法系及《国际商事合同通则》的相关规定；掌握以下知识点：要约与承诺；有效合同，无效合同，效力待定合同，可撤销、可变更合同的区分；合同履行中的抗辩权及合同保全；违约责任及免责事由等。

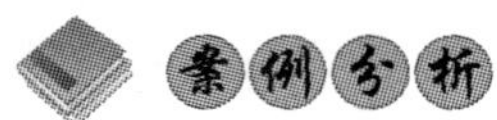

1. 案情介绍

甲和乙工厂订立一份买卖卡车的合同，约定由乙工厂在3月底将一部行驶了2万公里的卡车交付给甲，价款5万元，甲交付定金5 000元，交车后15日内付清余款。合同还约定，乙工厂晚交车一天，扣除车款50元，甲晚交款一天，应多交车款50元；一方有其他违约情形，应向对方支付违约金6 000元。合同订立后，该卡车因外出运货耽误，未能在3月底以前返回。4月1日，卡车在途经山路时，因遇下雨，被山上落下的石头砸中，车头受损，乙工厂对卡车进行了修理，于4月9日交付给甲。10天后，甲在运货中发现卡车发动机有毛病，经检查，该发动机经过大修理，遂请求退还卡车，并要求乙工厂双倍返还定金，支付 6 000 元违约金，赔偿因其不能履行对第三人的运输合同而造成的经营收入损失 7 000 元。乙工厂意识到形势对自己不利，即提出汽车没有办理过户手续，合同无效，双方只需要返还财产。

请回答下列问题：

(1) 汽车买卖合同是否有效？

(2) 卡车受损，损失应由谁承担？

(3) 甲能否要求退车？

(4) 甲能否请求乙工厂支付违约金并双倍返还定金？

(5) 甲能否请求乙工厂赔偿经营收入损失？

(6) 甲能否同时请求乙工厂支付 6 000 元违约金和支付每天 50 元的迟延履行违约金？

2. 案例分析

(1) 汽车买卖合同有效。因为双方主体资格有效，订立合同的程序、标的物均合法。

(2) 卡车受损应由乙工厂负责。依《合同法》第 142 条规定，标的物毁损、灭失的风险，在标的物交付之前由出卖人承担。此时卡车尚未交付，所以应由出卖方乙工厂承担。

(3) 能。根据《合同法》第 111 条："质量不符合约定的，应当按照当事人的约定承担违约责任。对违约责任没有约定或者约定不明确，依照本法第六十一条的规定仍不能确定的，受损方根据标的的性质以及损失的大小，可以合理选择要求对方承担修理、更换、重作、退货、减少价款或者报酬等违约责任。"

(4) 甲不能同时请求工厂支付违约金并双倍返还定金。根据《合同法》第 116 条规定，当事人既约定违约金，又约定定金的，一方违约时，对方可以选择适用违约金或者定金条款。

(5) 能。根据《合同法》第 113 条规定，当事人一方不履行合同义务或者履行合同义务不符合约定，给对方造成损失的，损失赔偿额应当相当于因违约所造成的损失，包括合同履行后可以获得的利益，但不得超过违反合同一方订立合同时预见到或者应当预见到的因违反合同可能造成的损失。本案中，甲的经营收入损失可视为因工厂履约不符合约定而给甲造成的可得效益的损失，且这种损失能为工厂在订约时所预见。

(6) 甲能够同时请求乙工厂支付 6 000 元违约金和支付每天 50 元的迟延履行违约金。因为这两种违约金适用的情形不相同，而乙工厂同时构成了迟延履行和瑕疵履行两种违约行为，故这两种违约金责任可以并用。

复习思考题

1. 简述合同的概念、法律特征。
2. 要约和承诺的成立需要具备哪些条件？
3. 简述要约的撤回与撤销。
4. 简述效力待定合同的类型。
5. 合同的变更与合同转让有什么不同？
6. 承担违约责任的方式有哪些？

第五章 国际货物买卖法

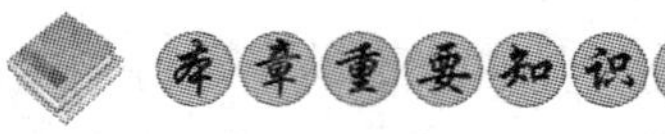

△国际货物买卖法的概念、特点及《联合国国际货物销售合同公约》的相关规定

△国际货物买卖合同订立的主要环节（询盘、发盘、还盘、接受）

△国际货物买卖法中买卖双方的义务

△国际货物买卖合同违约救济方法

△国际货物买卖法中货物所有权与风险转移

案例导入

中国上海甲公司于2015年6月14日收到德国乙公司来电称："涡轮发动机4 000台，每台270美元CIF上海，7月德国汉堡港装船，不可撤销即期信用证支付，2015年6月22日前复到有效。"中国上海公司于2015年6月17日复电："若单价为230美元CIF上海，可接受4 000台涡轮发动机设备；如有争议，在中国国际经济贸易仲裁委员会仲裁。"乙公司于2015年6月18日回电称仲裁条款可以接受，但价格不能减少。此时，该机器价格上涨，中方又于2015年6月21日复电："接受你14日发盘，信用证已经由中国银行上海分行开出。"但乙公司未予答复。

关于该案，依《联合国国际货物销售合同公约》的规定，甲、乙公司之间的合同是否成立?

本章将对国际货物买卖法的基本概念、特点作出相关介绍。

第一节 国际货物买卖法概述

一、国际货物买卖法的概念与特点

（一）国际货物买卖法的概念

国际货物买卖法通常被称为国际货物买卖合同法，是营业地处于不同国家境内的买卖双方当事人之间，一方提供货物，收取价金，另一方接受货物，支付货款的协议。它是确定当事人权利义务的根据。国际货物买卖合同法中的供货方是出口商，或称卖方，收货方是进口商，或称买方。国际货物买卖是国际商事交易中最重要，也是数量最大的一种形式。

（二）国际货物买卖法的特点

（1）当事人营业地处于不同国家，即合同具有国际性。

（2）国际货物买卖合同内容的复杂性。一般情形下，国际货物买卖合同是跨越不同国境发生的交易，由此所派生的跨国运输、涉外保险、跨国支付等问题与国内货物买卖的运输、保险、支付相比，显得更为复杂。

（3）国际买卖合同是确立当事人权利义务的依据。各国法律和有关国际公约都承认国际货物买卖合同的法律效力，一方当事人不履行合同义务时，另一方当事人可依法提起诉讼或根据仲裁协议提交仲裁，要求强制实现合同中的权利。

二、国际货物买卖法的渊源

（一）国际条约

国际条约是国际货物买卖法的重要渊源。有关国际货物买卖法的国际条约主要有1980年《联合国国际货物销售合同公约》、《国际货物买卖合同时效公约》、《国际货物买卖合同法律适用公约》、1924年《关于统一提单若干法律规则的公约》、1978年《国际货物海上运输公约》等等。其中，《联合国国际货物销售合同公约》（以下简称《公约》）是迄今为止有关国际货物买卖的一项最为重要的国际条约。它是由联合国国际贸易法委员会主持制定的，于1980年在维也纳举行的外交会议上获得通过，1988年1月1日正式生效。我国是该公约的成员之一。

1.《公约》的基本结构

《公约》共分4部分101条。第一部分是《公约》的适用范围和总则。关于适用范围，《公约》详细规定了适用本公约和不适用本公约的有关事项。关于总则，主要有解释和适用《公约》的原则、当事人意旨的原则、惯例的适用和效力等。第二部分是合同的成立，这部分主要是对要约和承诺的规则做了详细的规定。包括要约的定义、生效、撤回撤销、效力终止和承诺的定义、期限、撤回和逾期承诺的效力等相关解释。第三部分是货物买卖，主要内容是买卖双方各项权利义务违约及其补救措施等规定。第四部分是最后条款，主要涉及一些程序上和技术性的规定。

2.《公约》的适用范围

《公约》规定，适用本《公约》，必须具备以下条件：双方当事人营业地必须处在不同国家；双方当事人营业地所在国必须是缔约国，或者虽然不是缔约国，但如果根据国际私法规则导致适用某一缔约国的法律，也可以适用本公约。

《公约》的规定不适用以下货物销售：供私人和家庭使用的货物买卖；以拍卖形式进行的买卖；根据法律执行令状或其他令状进行的买卖；公债、股票、投资债券、流通票据或货币的买卖；船舶、船只、气垫船和飞机的买卖；电力的买卖。此外，《公约》还规定，由买方供应所购货物所需的大部分材料的合同，以及供货一方大部分义务是提供劳务或服务的合同，也不适用于《公约》。

3.《公约》不涉及的问题

《公约》不涉及的问题包括：合同的效力，或其任何条款的效力，或任何惯例的效力；合同对所售货物所有权可能产生的影响；卖方对于货物对任何人所造成的死亡或伤害的责任。

4.我国对《公约》适用的保留

我国对《公约》的态度是：基本上赞同《公约》的内容，但在《公约》允许的范围内，根据我国的具体情况，提出了两项保留。

（1）关于国际货物买卖合同必须采用书面形式的保留。按照该《公约》的规定，国际货物买卖合同不一定要以书面形式订立，在形式方面不受限制。我国坚持认为，国际货物买卖合同必须采用书面形式，否则无效。

（2）关于《公约》适用范围的保留。按照规定，如果合同双方当事人的营业地处于不同国家，而这些国家又是《公约》缔约国，则《公约》适用于这些当事人间订立的货物买卖合同。对这一点，我国表示赞成。但是《公约》又规定，即使当事人营业地所属国家不是缔约国，如果按照国家私法规则指向适用某个缔约国的法律，则该公约亦适用其订立的买卖合同。对这一点，我国提出保留。即在我国，《公约》的适用范围仅限于营业地分处于不同的缔约国的当事人之间订立的货物买卖合同。

（二）国际贸易惯例

国际贸易惯例是国际货物买卖法的另一个重要来源。在国际货物买卖中，如果双方当事人在合同中规定采用某种惯例，即它对双方当事人具有约束力。在发生争议时，法院和仲裁机构也可以参照国际贸易惯例来确定当事人的权利与义务。关于国际货物买卖的国际惯例主要有以下几种：

（1）国际商会制定的《国际贸易术语解释通则》。该通则制定于1935年，近年来为了适应国际货物运输方式的变化和电子技术的发展，相继进行了修订。当前最新版本为《国际贸易术语解释通则2010》。该通则在国际上已获得了广泛的承认和采用。

（2）国际法协会1932年制定的《华沙—牛津规则》。该规则是针对CIF合同制定的，它对CIF合同中买卖双方所承担的责任、风险与费用做了详细的规定。在国际上影响很大。

（3）国际商会制定的《跟单信用证统一规则》和《托收统一规则》。这是两项有关国际贸易支付方面的重要惯例，它们确定了在采用信用证和托收方式时，银行与有关当事人之间的责任与义务，在我国外贸业务中广泛应用。

（三）国内法

尽管有关国际货物买卖的国际公约、惯例正日益增多和完善，但离国际货物买卖法的统一还有相当大的距离。各国法院和仲裁机构在处理国际货物买卖合同争议时，仍需要借助国际私法规则选择适用某个国家的国内法。因此，各国有关货物买卖的国内法仍是国际货物买卖法的重要来源之一。

大陆法系国家的货物买卖法一般包含在民法、商法典中。英美法系国家既无专门的民法典，也无特殊的商法典，其货物买卖合同中当事人的权利和义务关系主要是依据大量法院判例所形成的原则来确定。我国对于货物买卖法所产生的各种关系主要由《民法通则》《合同法》《中华人民共和国物权法》等来调整。

第二节　国际货物买卖合同的订立

在国际货物买卖合同订立过程中，一般包括询盘、发盘、还盘和接受四个环节，其中发盘和接受是达成交易、合同成立不可缺少的两个基本环节和必经的法律步骤。

一、询盘

询盘是准备购买或出售商品的人向潜在的供货人或买主探寻该商品的成交条件或交易的可能性的业务行为，它不具有法律上的约束力。

询盘的内容可以涉及某种商品的品质、规格、数量、包装、价格和装运等成交条件，也可以索取样品，其中多数是询问成交价格，因此，在实际业务中，也有人把询盘称作询价。如果发出询盘的一方只是想探询价格，并希望对方开出估价单，则对方根据询价要求所开出的估价单只是参考价格，并不是正式的报价，因而也不具备发盘的条件。

在国际贸易业务中，发出询盘的目的，除了探询价格或有关交易条件外，有时还表达了与对方进行交易的愿望，希望对方接到询盘后及时作出发盘，以便考虑接受与否。这种询盘实际上属于邀请发盘。邀请发盘是当事人订立合同的准备行为，其目的在于使对方发盘，询盘本身并不构成发盘。

二、发盘

（一）发盘的概念

在国际贸易实务中，发盘也称报盘、发价、报价。法律上称之为“要约”。发盘可以是应对方询盘的要求发出，也可以是在没有询盘的情况下，直接向对方发出。发盘一般是由卖方发出的，但也可以由买方发出，业务称其为“递盘”。

《公约》第 14 条第 1 款对发盘的解释为：“凡向一个或一个以上特定的人提出的订立合同的建议，如果其内容十分确定并且表明发盘人有在其发盘一旦得到接受就受其约束的意旨，即构成发盘。一个建议如果写明货物并且明示或暗示地规定数量和价格或规定如何确定数量和价格，即为十分确定”。

（二）发盘的条件

构成有效发盘有四个条件，若能同时满足这四个条件，即为具有法律约束力的发盘：

1. 向一个或一个以上的特定的人提出

发盘必须指定可以表示接受的受盘人。受盘人可以是一个，也可以指定多个。不指定受盘人的发盘，仅应视为发盘的邀请。但在特定情况下，也可能是非特定的人。例如，商业广告本身并不是一项有效发盘，通常只能视为发盘邀请，但如果商业广告的内容符合发盘的条件，并且登此广告的人明确表示它是作为一项发盘提出来的，如注明“广告项下的商品将售给最先支付货款或最先开来信用证的人”，则该广告为一项发盘。

2. 表明订立合同的意思

发盘必须表明严肃的订约意思，即发盘应该表明发盘人在得到接受时，将按发盘条件承担与受盘人订立合同的法律责任。这种意思可以用“发盘”“递盘”等术语加以表明，也可不使用上述或类似上述术语和语句，而按照当时谈判情形，或当事人之间以往的业务交往情况或双方已经确立的习惯做法来确定。

3. 发盘内容必须十分确定

所谓十分确定，指在提出的订约建议中，至少应包括下列三个基本要素：

（1）标明货物的名称；

（2）明示或暗示地规定货物的数量或规定确定数量的方法；

（3）明示或暗示地规定货物的价格或规定确定价格的方法。

凡包含上述三项基本要素的订约建议，即可构成一项发盘。关于交货时间、地点及付款时间、地点等其他内容虽然没有提到，但并不妨碍它作为一项有效发盘，因而也不妨碍合同的成立，可以依据双方当事人建立的习惯做法及采用的惯例予以补充，或者按《公约》中关于货物销售部分的有关规定予以补充。

（三）发盘的约束力

发盘具有法律约束力。发盘人发出发盘后不能随意反悔，一旦受盘人接受发盘，发盘人就必须按发盘条件与对方达成交易并履行合同（发盘）义务。因此，同询盘相比，发盘更容易得到受发盘人的重视，有利于双方迅速达成交易。但它也因此缺乏必要的灵活性。发盘时如果市场情况估计有误，发盘内容不当，发盘人就会陷入被动。发盘人在作出发盘前必须弄清上述问题。

（四）发盘的有效期

发盘有效期是发盘人受其发盘约束的期限。国际贸易中，发盘有效期有两种表现形式：明确规定有效期限、采用合理期限。前者不但很少发生争议而且还可促进成交，使用较多，但不能撤销；后者容易产生争议，但在对方没有接受前可以撤销。采用何者应视情况，不能一概而论。

明确规定有效期时，有效期的长短是一个重要问题，有效期太短，对方无暇考虑，有效期长，发盘人承受的风险也就大。适度把握有效期长短对交易双方都很重要。当事人必须根据货物、市场情况、双方距离以及通信方式不同合理确定。一般说来，发盘有效期以3～5天和明确有效期的起止日期和到期地点最为适宜。

（五）发盘的生效时间

发盘的生效时间有各种不同的情况：以口头方式作出的发盘，其法律效力自对方了解发盘内容时生效；以书面形式作出的发盘，我国《合同法》同《公约》的规定一致，采取到达主义，即发盘到达受盘人时生效；采用数据电文形式订立的合同，收件人指定特定系统接收数据电文的，该数据电文进入特定系统的时间，视为到达时间；未指定特定系统的，该数据电文进入收件人的任何系统的首次时间，视为到达时间。

（六）发盘的撤回与撤销

发盘的撤回是指发盘人在发出发盘之后，在其尚未到达受盘人之前，即在发盘尚未生

效之前，将发盘收回，使其不发生效力。由于发盘没有生效，因此发盘原则上可以撤回。对此《公约》规定："一项发盘，即使一项不可撤销的发盘都可以撤回，只要撤回的通知在发盘到达受盘人之前或与其同时到达受盘人。"业务中如果我们发现发出的发盘有误即可按《公约》的精神采取措施，以更快的通信联络方式将发盘撤回（发盘尚未到达受盘人）。如以信函方式所做的发盘，在信函到达之前，即可用电报或传真方式将其撤回。

发盘的撤销指发盘人在其发盘已经到达受盘人之后，即在发盘已经生效的情况下，将发盘取消，废除发盘的效力。在发盘撤销这个问题上，《公约》第 16 条第 1 款规定："在合同成立之前，发盘可以撤销，但撤销通知必须于受盘人作出接受之前送达受盘人"；而《公约》第 16 条第 2 款则规定：下列两种情况下，发盘一旦生效，即不得撤销：

（1）发盘中已经载明了接受的期限，或以其他方式表示它是不可撤销的。

（2）受盘人有理由信赖该发盘是不可撤销的，并已经本着对该项发盘的信赖行事，如寻找用户、组织货源等。

《公约》的这些规定主要是为了维护受盘人的利益、保障交易的安全。我国是《公约》的缔约国，我国企业在同营业地处于其他缔约国企业进行交易时，一般均适用《公约》。因此，我们必须对《公约》的上述规定予以特别的重视和了解。

（七）发盘的终止

发盘的终止指发盘失去法律效力，也就是发盘人不再受发盘的约束，受盘人失去接受该发盘的权利。关于发盘效力终止的原因，一般有下列几种情况：

（1）过期。发盘超过规定的有效期，或未规定有效期，则超过合理的时间后，发盘即告失效。

（2）拒绝。受盘人明确拒绝接受一项发盘，则该发盘失效。

（3）还盘。实际上就是受盘人对发盘的拒绝，一经受盘人作出还盘，原发盘就失效。

（4）发盘被发盘人依法撤销。

（5）发盘人发盘之后，发生了不可抗力事件。如所在国政府对发盘中的商品或所需外汇发布禁令等。在这种情况下，按出现不可抗力可免除责任的一般原则，发盘效力即告终止。

（6）发盘人或受盘人在发盘被接受前丧失行为能力，则该发盘的效力也可终止。

三、还盘

（一）还盘的概念

还盘是指受盘人不同意发盘中的交易条件而提出修改或变更的意见。在法律上叫反要约。还盘实际上是受盘人以发盘人的地位发出的一个新盘。原发盘人成为新盘的受盘人。

还盘在法律性质上与发盘相同，对发出还盘方也具有约束力，即一旦对方表示接受，则负有与对方成立合同的义务。区别在于：（1）它可以在内容上仅就受发盘人的修改进行表述，而不需要重复发盘中并无不同意见的其他内容；（2）一经还盘，原发盘对发盘人的约束力（义务）即被解除，并且接受的权利从原受发盘人转移到原发盘人。

（二）还盘的风险

1. 选择还盘对象

在收到多家国（境）外商户的发盘后，草率选择了不适当的对象进行还盘，失去了最佳订约机会。

2. 盲目打压对方

在还盘中盲目打压对方的报价，以为要约方有求于己，而忘记了在国际市场供求关系环境中，任何一个商业信息都会给大家一个平等的交易机会，关键在于自己是否有条件和能力抓住商机。若有条件并希望成交，却抓不住商机而未能成交，结果会失去可能的外贸利益。

3. 让步幅度

如果对要约变更较大，则需要很好地向对方陈述对其要约进行变更的理由，使对方最大限度地作出让步。否则，对方不让步或让步较小，则即使能够签约，也会失去获得优惠条件的机会。

（三）还盘风险的防范与补救

1. 是否作出还盘和对谁还盘，应当以全面分析和进行比价作为基础

收到国外公司的发盘时，实际上可有几种选择，即接受、还盘和不应答。如果决定还盘，应将其中的各项交易条件进行全面分析，并收集和调查相关交易中的价格材料进行综合比较，预测成交价格，以此为基础，选择各方面条件与己方要求相近、可能进一步磋商的适当对象发出还盘。

2. 还盘时注意不要盲目打压对方，应当谋求在双方互利互惠的基础上最终实现“双赢”

交易双方相互还盘与再还盘的过程，是就共同追求各自利益不断交换意见从而调整各自想法的过程，这是磋商过程，决定了双方能否最终达成交易。没有交易成功就没有交易利益可言，因此，还盘的成功不在于打击对手，而在于实现己方利益的前提下实现双方互利。在还盘阶段的交易各方必须妥善处理好“冲突”与“合作”的关系，以达成交易为最终目标。双方各让一步，达成了协议，实现了各自的利益。

3. 还盘中的陈述理由

任何成功的还盘，应当在维护自身利益的前提下，促使对方理解并作出接受还盘的决定，因此还盘应当注重向对方陈述变更交易条件的理由，最大限度地说服对方作出让步，接受己方条件。例如价格条件：还盘时可以将发盘中的报价与其他进出口商同期报价比较，或与同类商品过去出口的成交价比较，或根据国际市场的价格趋势、供求态势以及进出口市场竞争程度等，来说服对方调高进口价格。陈述理由一定要以事实为依据，否则会被误认为缺乏达成交易的诚意。

四、接受

（一）接受的概念

接受是指受盘人在发盘的有效期内，无条件地同意发盘中提出的各项交易条件，愿意按这些条件和对方达成交易的一种表示。法律上称为“承诺”，接受一经送达发盘人，合同即告成立。双方均应履行合同所规定的义务并拥有相应的权利。它是交易磋商的过程之一。如交易条件简单，接受中无须复述全部条件。如双方多次互相还盘，条件变化较大，还盘中仅涉及需要变更的交易条件，则在接受时宜复述全部条件，以免疏漏和误解。

（二）构成有效接受的条件

按《公约》规定，一项有效的接受应符合下列条件：

（1）须由受盘人作出。由第三者作出接受，只能视作一项新的发盘。这一条件与构成发盘的第一项条件是相互对应的。发盘是向特定的人作出的，因此，只有特定的人才能对发盘作出接受，特定的受盘人作出的接受才有效，发盘人才受约束。任何第三者对发盘的接受对发盘人都没有约束力，只能被视为它对原发盘人作出的一项新的发盘。

（2）接受必须是同意发盘所提出的交易条件。根据《公约》规定，一项有效的接受必须是同意发盘所提出的交易条件，只接受发盘中的部分内容，或对发盘条件提出实质性修改，或提出有条件的接受，均不能构成接受，而只能视为还盘。受盘人对货物的价格、付款方式、品质、数量、交货时间与地点、一方当事人对另一方当事人的赔偿责任范围或争端解决方法等条件提出添加和更改，均视为实质性变更发盘条件。但是，若受盘人在表示接受时，对发盘内容提出某些非实质性的添加、限制和更改（如要求增加重量单、装箱单、原产地证明或某些单据的份数等），除非发盘人在不过分延迟的时间内表示反对其间的差异外，仍可构成有效的接受，从而使合同得以成立。在此情况下，合同的条件就以该项发盘的条件以及接受中所提出的某些更改为准。

（3）必须在发盘规定的时效内作出。发盘中往往规定发盘的有效期，发盘人只在这个期限内承担按发盘条件与受盘人成交的责任。如果接受在发盘的有效期内，或者，发盘未规定有效期，在合理时间内未到达发盘人，该接受为逾期接受，逾期接受一般无效。

超过发盘的有效期才到达的接受，为逾期接受，一般情况下无效，应视为一项发盘。但《公约》规定，如果发盘人毫不迟延地用口头或书面通知受盘人，确认该接受有效，则该逾期接受仍有接受的效力，合同于接受通知书到达时生效。如果接受的逾期是由于传递不正常而造成的，从载有接受的信件和其他书面文件表明，如果传递正常，它本应在有效期内送达。对于这种逾期接受，除非发盘人毫不迟延地通知受盘人，接受因逾期而失效，否则该接受有效，合同于该接受到达时成立。

（4）接受必须表示出来。缄默或不行动不构成接受。接受应当以通知的方式作出，通知的方式可以是口头的，也可以是书面的。

（三）接受的生效与撤回

《公约》明确规定，接受送达发盘人时生效。接受的撤回是指受盘人在发出接受之后并且在接受生效之前采取一定的行为将其取消，使其失去效力的意思表示。根据到达主义，受盘人发出接受通知后可以将其撤回，只要撤回的通知早于或者同时与接受通知到达发盘人。但接受一经生效，合同即成立，故接受无法撤销。

第三节　卖方和买方的义务

通常，国际货物买卖合同的当事人根据“契约自由”的原则，可以在合同中协商确定他们之间的权利和义务。凡是当事人双方在合同中已经明确规定的事项，双方就必须按照合同的约定履行。国际货物买卖合同的《公约》和各国国内法的规定大多是非强制性的，当事人可以根据具体情况在合同中作出不同的规定。只有当合同对某些事项没有作出规定时，才需要援引《公约》或国内法的有关规定来确定货物买卖合同当事人的权利和义务。

一、卖方义务

根据《公约》，国际货物买卖中卖方的主要义务是交付货物、移交一切与货物有关的单据、承担对货物的权利担保与品质担保等。

（一）交货义务

交货义务是卖方的主要义务，是指卖方自愿移转货物的占有权，使货物的占有权从卖方手中转移到买方手中。根据《公约》规定，卖方的交货义务主要涉及：

1. 交货地点

《公约》规定，如果合同没有指定具体交货地点，则在合同涉及货物运输的情况下，卖方的交货义务是把货物交给第一个承运人；如果合同项下的货物是特定物，或从指定存货中提取的货物或尚待制造的未经特定化的货物，而双方当事人在订约时已经知道这些货物处于某一特定地点者，则卖方应于该地点把货物交给买方处置；在其他情况下，卖方应在其订约时的营业地点把货物交给买方。当国际货物买卖合同采用某种贸易术语来确定交货地点时，应适用贸易术语的解释，而不适用《公约》的上述规定。

2. 交货时间

（1）确定的交货时间点。

《公约》第 33 条第 1 款规定，如果合同中规定了交货日期，或从合同中可以确定交货日期，则卖方应在该日期交货，即由合同确定在某一时间点交货。

（2）确定的交货时间段。

《公约》第 33 条第 2 款规定，如果合同中规定有一段时间，或从合同中可以确定一段时间，除非情况表明应由买方选定一个日期外，卖方应在该段时间内任何时候交货，即按照合同的规定交货时间为一段时间。

（3）除以上两种情况外，《公约》规定应在订立合同后一段合理时间内交货。所谓“合理时间”，按照一般的国际实践，可根据货物的性质及合同的其他规定。

3. 关于交付货物时可能产生的其他义务

（1）对未特定化货物进行特定化的义务。《公约》第 32 条第 1 款规定，如果卖方按照合同或《公约》的规定将货物交付给承运人，但货物没有以货物上加标记或以装运单据或其他方式清楚地注明有关合同，卖方必须向买方发出列明货物的发货通知。即若卖方交货时未将货物特定化，则卖方必须以列明货物的发货通知的方式使货物特定化，以利于货物的所有权风险的转移。

（2）订立运输合同的义务。《公约》第 32 条第 2 款规定，如果卖方有义务安排货物的运输，卖方必须订立必要的合同，以按照通常运输条件，用适合情况的运输工具，把货物运到指定地点。

（3）协助买方办理保险义务。《公约》第 32 条第 3 款规定，如果卖方没有义务对货物的运输办理保险，卖方必须在买方提出要求时，向买方提供一切现有的必要资料，使买方能够办理保险。

（二）提供有关货物的单据的义务

在国际货物买卖中，存在着两种交货方式：一种是实际交货，另一种是象征性交货。在实际交货时，交货义务是在指定的时间、地点把货物提交到买方控制之下完成的；在象征性交货中，则是卖方把代表货物所有权的单据交给买方，此时交单的时间和地点即为履行交货义务的时间和地点。因此，在国际货物买卖合同中，交付单据是卖方的一项十分重要的义务。

根据《公约》规定，卖方交付单据的义务具体包括：卖方应保证单据的完整和符合合同及《公约》的规定。所谓完整是指卖方应提交一切与货物有关的单据，通常包括：提单、保险单、发票、进出许可证、领事签证、原产地证书等等。这些单证有些是货物所有权的凭证，有些是买方顺利提取货物、报关、验货的凭证，同时也是买卖双方凭以进行索赔的凭证。这些单证相互之间以及与合同和公约的规定相互一致。在双方确定以信用证方式支付的情况下，所提交的单据还要和信用证的规定保持一致。此外，卖方应在合同约定的时间、地点交付单据，如单据中有与合同不符之处，卖方有权予以修改，但对由此给买方造成的损失要承担赔偿责任。

（三）卖方对货物的品质担保义务

《公约》对卖方的货物品质担保义务做了详细规定，其中主要涉及以下四个问题。

1. 货物品质担保的要求与范围

《公约》要求卖方保证其所交货物必须与合同规定或《公约》的规定相符，担保的范围包括质量、数量和包装，如果合同对货物的质量、数量和包装未作规定，则除双方另有协议外，所交货物应当符合下列要求：

（1）应具有同类规格的货物所具有的通常用途或具有在订立合同时买方曾明示或暗示地通知卖方的特定用途，除非买方并不依赖卖方或没有理由依赖卖方的技能和判断力。

（2）在凭样买卖中，货物的质量与卖方向买方提供的货物样品或样式相同。

（3）货物应按同类货物通用的方式装箱或包装，作为一项免责条款，如果买方在订立合同时知道或者不可能不知道货物与合同不符，卖方就无须按上述规定负货物与合同不符的责任。

2. 货物品质担保的责任期限

根据《公约》的规定，该责任期限原则上应当与货物风险转移的时间相一致，即对风险转移至买方时符合合同和《公约》的规定，卖方就可以认为他履行了该项担保义务。

但有两个例外。如果货物本身存在隐蔽的、潜在的缺陷，而这些缺陷又只有在风险转移到买方之后才显露而被发现，则尽管货物风险已经转移，卖方仍然要承担责任；如果由于卖方违反他的某项义务，包括违反关于在一段时间内货物将继续适用于其通常使用的目的或某种特定目的，或将保持某种特定质量或性质的任何保证，以致货物转移给买方后出现不符合合同的情形，则卖方对风险转移后的货物缺陷也要承担责任。

3. 货物检验的时间

（1）依据《公约》第 38 条，买方必须在按情况实际可行的最短时间内检验货物或由他人检验。

（2）依据《公约》第 31 条（a）项规定，如果销售合同涉及货物的运输，卖方在将货物移交给第一承运人后，即履行交货义务，货物风险移转到了买方，但此时，买方一般无法检验货物是否相符，因此，在这种情况下买方对货物的检验可以推迟到货物到达目的地后进行。

(3) 如果货物在运输途中要改运或者买方需要再发运货物，因而没有合理机会加以检验，而卖方在订立合同时又知道或理应知道这种改运后或再发运的可能性，检验推迟到货物到达目的地后进行。

4. 通知货物不符的时间

买方发现货物不符合同，必须在发现或理应发现不符合同情况之后的一段时间内通知卖方，至少，必须在自收到货物之日起 2 年内将货物不符合同的情况通知卖方，除非这一时限与合同规定的保证期限不符。通知必须说明不符合同的性质。如果超过上述期限，买方将丧失主张货物不符的权利，除非买方举证说明，他未按时发出通知具有充分的理由。但是，如果卖方“已通知或不可能不知道”货物不符，而且没有将这种不符合同的事实向买方披露，那么，卖方就无权援引《公约》的上述规定。

(四) 卖方对货物的权利担保义务

《公约》关于卖方对其所售货物的权利担保，主要做了两方面的规定，特别是明确地提出了第三方关于知识产权的权利和请求问题。

(1) 卖方应保证其所交货物必须是第三方不能提出任何权利或要求的货物，除非买方同意在这种权利或要求条件下收取货物。也就是说，不仅第三方不能提出任何权利，而且即使第三方提出了诉讼请求，法律根据不足而败诉，卖方亦承担责任，向买方赔偿因此而造成的一切损失。

(2) 卖方还应保证所交货物是第三方不能根据知识产权提出任何权利或请求的货物。不过，由于知识产权的保护具有时间性和地域性，情况较为复杂，因此，《公约》在规定卖方的这项权利义务时，附加了如下三项除外条件：

①卖方只对他在订立合同时，已经知道或者不可能不知道第三方将会基于知识产权提出的权利或请求负责。

②卖方也不是对第三方根据世界上任何一个国家的法律提出的知识产权的权利和请求都承担责任，而是只限于根据双方当事人在订立合同时预期将货物在某国境内转售或使用的该某国的法律提出的；或者是根据买方营业地所在国的法律提出来的。

③在订立合同时，如果买方已经知道或者不可能不知道第三方会提出这种权利或请求，或者第三方提出这种权利或请求是由于卖方遵照买方所提出的技术图样、图案、程式或其他规格所引起的，在这种情况下，责任要由买方自己承担。

二、买方义务

与卖方的权利相对应的是买方的义务。根据各国法律和《公约》的规定，如果当事人没有特殊的规定，买方主要承担两项义务：按时按量支付货款和收取货物。

(一) 支付货款

买方支付货款的义务涉及付款时间、地点、步骤和手续等许多方面。据此《公约》作

出如下规定：

1. 办理必要的付款手续

《公约》规定，买方应根据合同或任何有关法律和规章的步骤和手续，履行其支付价款的义务。按照国家贸易实践，这些步骤和手续可能包括：向政府机关或银行登记合同，取得所需外汇，申请官方核准向国外汇款，向银行申请信用证或付款保函等。

2. 在适当的地点支付货款

如果合同中已规定了买方付款的地点，买方应按合同规定地点付款。当合同未对买方付款的地点进行约定时，根据《公约》的规定，分为两种情况：

（1）如凭移交货物或单据支付货款，则为移交货物或单据的地点。

（2）其他情况是在卖方营业地付款，如果由于卖方营业地在订立合同后发生变动而引起买方支付货款时增加了费用，卖方应承担增加的有关费用。

3. 支付货款的时间

对于付款时间，《公约》规定，买方支付货款应遵循以下原则：

（1）买方应于卖方按照合同或《公约》的规定将货物或控制货物处置权的单据交给买方处置时支付货款，卖方可以以支付价款作为移交货物或单据的条件。

（2）如果合同涉及货物的运输，买方应在货物发运前支付货款。

（3）买方在获得机会检验货物之前，没有义务支付货款，除非这种检验机会与双方当事人约定的交货或付款程序相抵触。例如，在国际货物买卖中，买卖双方通常采用某一贸易术语成交，而根据这些交易条件，买方在接受卖方提交的单据后首先必须付款，只有货到后才能对其进行检验。在这种情况下，买方要求验货的权利就被认为是与双方当事人议定的支付程序相抵触。

（二）收取货物

收取货物是买方的另一项重要义务。除非货物与合同不符合使买方有权拒收货物，买方不接受或不及时接受货物的行为都会给卖方带来额外的麻烦。因此，《公约》对买方收取货物的义务做了规定。

（1）买方应采取一切理应采取的行动，以协助卖方完成货物的交付。比如，买方应及时办理目的港码头的准备工作以及货物进口手续等。

（2）买方必须接受符合合同规定的货物。如果买方拒绝接受货物是由于某种不能归责于卖方的原因，并且给卖方造成损害的，买方应承担违约责任。

第四节　违约的救济方法

一、违约行为

违约行为是指合同当事人违反合同义务的行为。违约行为是违约责任的基本构成要件，没有违约行为，也就没有违约责任。

根据违约行为发生的时间，违约行为总体上可分为预期违约和实际违约；而实际违约又可分为不履行（包括根本违约和拒绝履行）、不符合约定的履行和其他违反合同义务的行为；而不符合约定的履行又可分为迟延履行、质量有瑕疵的履行、不完全履行。

（一）预期违约

预期违约又叫先期违约，是指当事人一方在合同规定的履行期到来之前，明示或者默示其将不履行合同，由此在当事人之间发生一定的权利义务关系的一项合同法律制度。

（二）实际违约

1. 不履行

不履行是指在合同履行期届满时，合同当事人完全不履行自己的合同义务，又分为根本违约和拒绝履行。根本违约是指当事人一方迟延履行债务或者有其他违约行为，致使不能实现合同目的。根据《公约》的解释，是指一方当事人违反合同的结果，使另一方当事人蒙受损害，以至于实际上剥夺了他根据合同规定有权期待得到的东西。拒绝履行又叫履行拒绝、给付拒绝，是指履行期届满时，债务人无正当理由表示不履行合同义务的行为。

2. 不符合约定的履行

迟延履行是指债务人无正当理由，在合同规定的履行期届满时，仍未履行合同债务。合同中未约定履行期限的，在债权人提出履行催告后仍未履行债务，就是迟延履行。

质量有瑕疵的履行又叫不适当履行，是指债务人所做的履行不符合合同规定的质量标准，甚至因交付的产品有缺陷而造成他人人身、财产的损害。

不完全履行又叫不完全给付，是指债务人虽然以完全给付的意思为给付，但给付不符合债务本旨。

3. 其他违反合同义务的行为

其他违反合同义务的行为主要是指违反法定的通知、协助、保密等义务的行为。如《中华人民共和国担保法》第 49 条第 1 款规定，抵押人转让已办理抵押登记的抵押物，而未告知抵押权人或受让人的，其转让行为无效。

二、违约行为的特征

（1）从主体上看，违约行为人是合同关系中的当事人，即主体具有特定性。这一特点是由合同相对性理论决定的。根据合同相对性理论，只有合同当事人才有权向对方提出履行请求或承担某种义务，第三人如果实施了侵害债权的行为，虽然也发生不履行合同的后果，但第三人承担的是侵权责任而不是违约责任。

（2）从前提上看，违约行为是以有效的合同关系的存在为前提的。没有有效的合同关系，就没有合同义务，也就不存在当事人一方不履行合同义务或履行合同义务不符合约定的问题。所以，只有有效的合同关系的存在，才有违约行为的存在和可能。

（3）从性质上看，违约行为就是违反了合同义务。这些义务主要包括：

①当事人在合同中约定的义务；

②法律规定的义务；

③依据诚实信用原则而产生的其他义务，如注意义务、告知义务、照顾义务、忠实义务、说明义务等。

（4）从后果上看，违约行为导致了对合同债权的侵害。债权是一种相对权，它的实现

有赖于债务人切实、积极地履行合同义务，而违约行为导致债权人的债权无法实现或无法完全实现。

三、违约的救济方法

违约救济是指一方当事人违反合同约定或法律规定义务的情况下，另一方当事人依照合同约定或法律规定，以保障合同的法律约束力、维护其合法权益为目的而采取的各项措施的总称。

（一）卖方违约时，买方的救济办法

卖方违约有几种情况：不交货；延迟交货；交货与合同不符。买方可以采取的救济办法包括：

1. 要求卖方实际履行

实际履行是按照合同规定的义务做。当卖方不履行合同义务时，买方可要求其实际履行合同义务，并可通过法院强制手段强迫卖方履行以上义务。具体包括：要求卖方提交符合合同规定的货物，或对不符合规定的货物进行修理、更换或提交替代物等。

在贸易实践中，实际履行不是常用的救济方式，仅适用于特定物或特定情况下的货物交易，如果不是这类交易物，买方最有效的救济方式是及时补进货物，或者放弃交易，然后索赔差价损失。

大陆法系侧重实际履行，英美法系侧重损害赔偿。根据《公约》的规定，实际履行应满足以下条件：

（1）买方不得采取与这一要求相抵触的救济方法。

（2）买方应给予卖方履行合同的宽限期。

（3）当卖方交货不符时，只有这种不符构成根本违反合同时，买方才能要求提交替代物。交付代替物、更换货物的前提是不能把原物返还。如果买方因处分货物而无法返还原物，就不能退货或返还原物。而且应在发现交货不符时，将这一要求及时通知对方。

（4）法院是否作出实际履行的判决依赖于该国国内法的规定。

2. 减少价金

当卖方交货不符合合同规定时，买方可要求减少价金。《公约》规定，不论价款是否已付，买方都可减低价格。减低价格应按实际交付的货物在交货时的价值与符合合同规定的货物在当时的价值两者之间的比例计算。指卖方的所在地的时价。

如果卖方已对交货不符采取了补救方法，买方就丧失了要求减少价金的权利。《公约》第 37 条规定：如果卖方在交货日期前交付货物，他可以在那个日期到达前，交付任何缺漏部分或补足所交付货物的不足数量，或交付用以替换所交付不符合同规定的货物，或对所交付货物中任何不符合同规定的情形作出补救，但是，这一权利的行使不得使买方遭受不合理的不便或承担不合理的开支。但是，买方保留《公约》所规定的要求损害赔偿的任何权利。

3. 解除合同

根据《公约》规定，当卖方不履行合同或《公约》义务构成根本违反合同时，买方可

以宣布解除合同。根本违约具体包括以下三项内容：

（1）卖方不交付货物、延迟交货或交货不符或所有权有瑕疵构成根本违反合同。

（2）卖方声明他不在规定的时间内履行交货义务。

（3）在买方给予的宽限期届满后仍不履行合同。

如果卖方已交货，买方则丧失解除合同的权利，除非：在延迟交货的情况下，买方在得知交货后的合理时间内宣布解除合同；在交货不符的情况下，买方在检验货物后的合理时间内提出解除合同；在给予卖方作出履行合同或作出补救的宽限期届满后或在拒绝接受卖方履行义务后的合理时间内宣布解除合同。

根据《公约》规定，买方宣布解除合同的声明，只有在向卖方发出通知时才发生效力。值得注意的是，当卖方交付的货物中有部分符合合同时，买方应接受符合规定的部分；只有当卖方完全不交货或不按合同规定交货构成根本违反合同时，一方能宣布整个合同无效。当卖方交货数量大于合同规定数量时，买方有选择权，全部接受或拒绝多交部分。

4. 要求卖方交付代替物

构成根本违约时，才可以要求卖方交付代替物。

5. 要求卖方进行修补

根据具体情况，也可以自己修理，或请第三人修理，由卖方支付开支。

6. 给予卖方宽限期

“合理的时间”是针对卖方延迟交货而规定的救济方法。《公约》第 49 条规定，如果发生不交货的情况，卖方不在买方规定的一段合理时限的额外时间内履行其义务，买方可以宣告合同无效。

7. 卖方可以对自己不履行义务，自付费用作出补救

卖方自行补救，要符合如下要求：买方还没有按规定撤销合同；卖方应该承担补救费用；补救时，卖方不得给买方造成不合理的不便或延迟。同时，卖方如果要求买方明确表示是否接受卖方履行的义务，而买方在一段合理的时间内没有对这一项要求回答，则卖方可以在该时间内履行义务。这时，买方不得在此期间采取与卖方履行义务相抵触的任何救济方法。卖方必须履行以下义务：卖方在准备上述履行时，应该事先通知买方；如果买方不答复，就是同意。所以，买方不得在此期间采取与卖方履行义务相抵触的任何救济方法。比如，买方不得在此期间撤销合同。

8. 卖方交付部分货物，买方可以采取的救济方法

当卖方只交付一部分货物，或所交货物只有一部分合格时，买方可以采取的救济方法：买方只可以对没有交的，或不合格的货物，采取退货、减价、要求赔偿损失等方法，不能撤销合同。如果卖方只交付一部分货物，或所交货物只有一部分合格，构成根本违约时，可以撤销合同。

9. 卖方提前交货或超量交货时，买方可以采取的救济方法

（1）如果提前交货，买方可以收取货物，也可以拒绝收取货物。到规定的时间交时，还应该收。

（2）超出的部分可以收，也可以拒收。如果收了，按合同规定的价格付给买方货款。

10. 请求损害赔偿

《公约》认为，请求损害赔偿是一种主要的救济方法，并且不因为采取了其他救济方法丧失再请求损害赔偿的权利。如何计算损害赔偿额，有以下情形：

（1）实际补进。如果买方撤销了合同，在撤销合同后一段合理的时间内，以合理的方式（指最低价）购买了代替物，买方可以取得两者之间的价格差额和卖方造成的损失补偿（如价格以外的、额外的开支）。这就叫实际补进。

（2）如果没有实际补进货物，也可以按当地价格计算，取得价格差额和损失补偿。

《公约》第 74～77 条对损害赔偿做了具体规定，违约归责原则采取无过错责任原则，即买方行使此项权利无须证明卖方有过错，只要卖方违约，并给买方造成了损失即可。对赔偿范围的确定采取完全赔偿责任。赔偿额不仅包括买方遭受的直接损失，还包括正常合理的利润及其他损失。若卖方不交货，买方可以撤销合同，并可在其后一段合理的时间内，以合理的方式在市场上购进替代物，此时赔偿额的确定为：替代物价格－合同价格＋因卖方不交货给买方造成的任何其他损失；若撤销合同后，未补进替代物，则赔偿额为：宣告撤销合同时该项货物在原应交货地点的时价－合同价格＋因卖方违约造成的其他损失。

（二）买方违约时，卖方的救济办法

买方违约时，卖方可以采取救济方法。买方违约主要有以下情形：不付款；延迟付款；不收取货物；延迟收取货物。

1. 要求买方实际履行

按《公约》规定，当买方不付款、不收取货物或不履行其他合同义务，卖方可以要求买方实际履行其合同义务。如果卖方已经采取了与此相抵触的措施，比如撤销了合同，不能要求对方再付款。

2. 宽限期内履行

买方未在合同规定期限内履行其合同义务，卖方可以给买方一段合理的期限履行其合同义务，卖方可要求买方赔偿其遭受的损失，但宽限期内不得采取其他的救济方法，如撤销合同或转售商品等。

3. 宣告撤销合同

按《公约》规定，这种救济方法只能在以下两种情况下适用：

（1）如果买方根本违约，给卖方造成重大损失，实质上剥夺了卖方根据合同有权得到的利益，卖方可以宣告撤销合同。一般情况下，事态不会如此严重，卖方应该给买方一段合理的时间，让买方履行义务。

（2）在卖方给了一段合理的时间以后，买方还不履行，或声明将不履行，卖方可以宣告撤销合同。

若买方已支付货款，卖方原则上就丧失了宣告撤销合同的权利，除非：对于买方延迟履行义务，卖方在知道买方履行义务前已撤销合同；对于买方延迟履行以外的任何违约，卖方在知道或理应知道这种违约后的一段合理时间内宣告撤销合同。

值得注意的是，撤销合同并不终止违约一方的损害赔偿责任和关于解决争议的协议。

4. 卖方自行确定货物的具体规格

如果合同没有对货物的具体规格、形状、大小、尺寸进行确认，只规定买方在一定日期内提出具体要求，或在收到卖方通知后提出具体要求，这时，如果买方在合同规定的时间内或卖方提出要求的一段合理的时间内，没有提出具体的要求，卖方可以在不影响自己可能享有的权利的情况下，依据卖方所知道的买方的要求，自行决定规格。卖方应该把这一决定通知买方，还要规定一段合理的时间，让买方提出自己的要求。如果买方没有提出自己的要求，卖方确定的规格就有约束力，卖方交货时，买方不得拒收。

5. 请求损害赔偿

损害赔偿是违约救济中一种最基本、最常用的救济方法。只要因合同一方违约给对方造成损失，无论受害一方是否已采取其他救济方法，他都可以要求损害赔偿。买方违约时卖方同样可以如此。

6. 要求支付利息

如果买方没有按时支付货款或其他金额，卖方有权收取利息，这不妨碍取得损害赔偿。

第五节　货物所有权与风险的转移

在国际货物买卖活动中，货物所有权及货物灭失风险的转移是关系买卖双方根本利益的重大问题，不仅被各国国内法所重视，也为国际公约和国际惯例所重视。

一、货物所有权转移

标的物所有权转移，是指买卖合同的标的物自出卖人转移归买受人享有。因为买卖合同是指转移标的物所有权的合同，买受人的目的是支付价款以取得标的物的所有权，出卖人的目的是让与标的物的所有权以取得价款。所以，标的物的所有权转移是买卖合同的基本问题，关系着当事人切身利益的实现。

《法国民法典》原则上以买卖合同的成立决定货物所有权的转移。当事人就标的物及其价金相互同意时，即使标的物尚未交付，标的物所有权也依法由卖方转移给买方。但在审判中，一般适用下列原则：如果标的物为种类物，则必须经过特定化后，其所有权才能转移于买方，但无须交付。所谓种类物，即指仅凭抽象的名称、数量、品质予以限定的物。特定化是指将种类物无条件划拨于合同项下的行为；如果是附条件的买卖，必须待买方表示确认后，所有权才能转移至买方；买卖双方可以在合同中规定具体的所有权转移时间。

《德国民法典》中规定，所有权的转移必须订立与买卖合同相分离的物权合同，而且物权合同的生效，如为动产需要以交付为条件，不动产则需要以登记为条件。具体而言，在动产买卖中，所有权转移必须具备以下两个条件：（1）双方当事人除买卖合同外必须另外就所有权转移问题订立物权合同；（2）必须由卖方交付给买方，才能完成所有权的转移。在卖方交付物权凭证的场合，卖方可以通过交付物权凭证来代替实际交货而完成所有权转移。

英国《货物买卖法》对特定物和非特定物作出了区分：

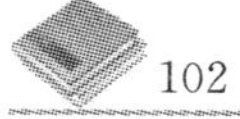

1. 特定物买卖的所有权转移

对于特定物或已经特定化了的货物买卖，其所有权的转移取决于合同双方当事人的意思表示。如合同未作出明确规定，法院可以按以下规则来确定所有权是否已发生转移：

（1）如属于无保留条件的特定物买卖合同，并且该特定物已处于可交付状态，则货物所有权在合同有效成立时即发生转移。

（2）特定物买卖合同中，如果卖方还要对货物作出某种行为才能使之处于可交付状态，则货物所有权须于卖方履行了此项行为，并在买方收到有关通知时才转移于买方。

（3）特定物买卖合同中，如该特定物已处于可交付状态，但卖方仍需对货物进行衡量、丈量、检验或其他行为才能确定其价金，则必须在上述行为完成后，并在买方收到有关通知时，货物的所有权才转移给买方。

（4）当货物是按“试验买卖”或按“余货退回”条件交付给买方时，货物所有权应于下列时间转移给买方：买方向卖方表示认可或接受这项货物，或以其他方式确认这项交易时；买方虽未向卖方作出表示，但在收到货物后，在合同规定的退货期或未规定退货期的情况下，在一段合理的时间内未发出退货通知，则此期限届满时，所有权即发生转移。

2. 非特定物买卖的所有权转移

英国《货物买卖法》规定，非特定物必须经过特定化，所有权才由卖方转移给买方，货物特定化可由买卖双方任何一方提出，征求对方同意。卖方可对货物所有权提出保留。以下情况应认为卖方保留了对货物的处分权：

（1）卖方在合同条款中附加条件保留对货物的处分权，此时，当条件不满足时，所有权不发生转移。

（2）货物虽已装船，但若提单所填写抬头人为卖方或其代理人，则货物所有权在卖方将提单背书转让给买方或其代理人之前不发生转移。

（3）当卖方开具汇票向买方收取款项，并将汇票和提单一并交付买方要求其承兑或付款时，买方未付款或未承兑汇票而留下提单，所有权并不转移至买方。

美国《统一商法典》规定，除非双方当事人另有明示的约定，货物的所有权应于卖方实际交付货物时转移至买方，而不管卖方是否通过保留提单等所有权凭证而保留了对货物的担保权益。所有权转移的具体时间有以下两种情况：

（1）货物需要运输。

货物需要运输时，合同规定需要卖方把货物运交买方，则：若合同未规定具体的目的地，货物应于装运的时间和地点转移给买方；若合同中定有明确的目的地，目的地交货时所有权转移至买方。

（2）货物不需要运输。

货物不需要运输时，如果合同规定不需要卖方运输货物，则：如果合同规定卖方必须把代表该货物的物权凭证交给买方，则卖方把该物权凭证转让给买方的时间和地点就是所有权由卖方转移给买方的时间和地点；订约时货物已确定于合同项下，而且未要求卖方交付物权凭证，则在合同成立的时间和地点所有权转移至买方。

《公约》规定不涉及买卖合同所售货物所有权可能产生的影响。国际贸易惯例认为，适用于卖方有义务提交提单的所有装运港交货的术语 CIF、CFR 等，货物所有权于卖方提交提单时转移至买方。

二、货物风险的转移

货物风险是指货物可能遭受的各种意外毁损、灭失，如盗窃、火灾、沉船、破碎、渗漏、货物的腐烂变质等。货物风险的转移是指因风险导致的货物损失何时由卖方转移至买方，这其中最主要的是风险转移的时间。各国国内法关于买卖合同中货物风险转移的规定最具代表性的有两类：物主承担风险原则，采用此原则的国家主要有英国、法国等。即认为风险应由对货物享有所有权的一方承担，实际上就是所有权和风险同步由卖方转移给买方。因此，风险转移的时间地点即所有权转移的时间地点。交付决定所有权转移原则，中国《合同法》依此原则，风险的转移一般只取决于货物的交付，交付之前风险由卖方承担，之后由买方承担，而与所有权转移无关。

《公约》规定，允许双方当事人在合同中规定风险转移的时间和条件，合同行为属于民事法律行为，故应遵循“契约自由”的原则。事实上，在国际贸易中，双方约定了贸易术语，就相当于约定了风险转移的时间地点，如合同采用 FCA（货交承运人），则于指定地点将货物交于承运人以运交买方时风险即发生转移。《公约》关于货物风险的转移有两条基本原则：任何情况下，货物未经特定化，风险不转移；通常交付时间和地点决定风险转移的时间和地点。对于双方当事人未在合同中对货物风险转移加以约定的情况，有以下规定：

（一）当合同涉及运输时的风险转移

如果买卖合同涉及要将货物交由承运人运交买方，则：(1) 如果卖方没有义务在某一特定地点交付货物，则自卖方依合同将货物交付第一承运人时起，风险即由买方承担；(2) 如果卖方有义务在某一特定地点把货物交付承运人，那么货物于该地点交付给承运人时风险即转移。

（二）货物在运输途中出售时风险的转移

某些货物运输途中可能经历多次买卖，或者卖方先装运，再寻找买主，此时交易情况较为复杂，风险转移难以确定。《公约》规定了 3 条基本原则：(1) 在途货物的出售，原则上从订立合同时起，风险由卖方转移至买方；(2) 若有情况表明有需要时，则从货物交付给签发载有运输合同单据的承运人时起，风险由卖方转移至买方；(3) 如果卖方在订立合同时就已经知道货物已灭失或损坏，而他又不将这一事实告知买方，则这种灭失或损失应由卖方承担，即风险不转移至买方。

（三）其他情况下货物风险的转移

《公约》第 69 条规定了不涉及货物运输和非海上路货交易时的风险转移时间：

(1) 如果买方有义务到卖方营业地接受货物，则：风险自卖方在合同规定交货时间内，将货物交给买方时起转移到买方；如果卖方在合同规定的交货时间内，已将货物按要求划归合同项下，但买方没有按规定的时间去接收，则风险从买方不收取货物而违反合同时起转移至买方。

(2) 如果买方有义务在卖方营业地以外的某一地点接收货物时，当交货时间已到而买方知道货物已在该地点交给他处置时起，货物风险即由卖方转移至买方。

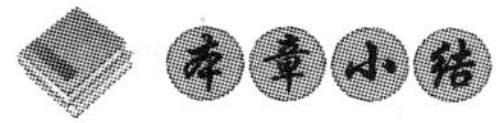

本章小结

国际货物买卖是最为广泛和最为基础的国际商事活动之一。通过本章的学习，应熟悉和掌握国际货物买卖合同订立的必要环节（发盘、接受）的成立与生效条件；买卖双方的义务（如卖方有交付货物、提供单据、对货物提供品质和权利担保的义务；买方有支付货款和收取货物的义务）；违约行为（预期违约、实际违约）及相应的救济方法（要求实际履行、给予宽限期、损害赔偿、解除合同等）；货物所有权与风险转移。

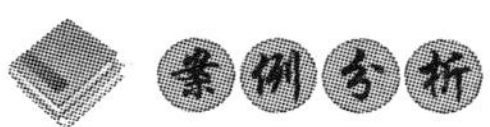

案例分析

1. 案情介绍

2000 年 4 月 1 日，中国丰臣公司与加拿大乙公司签订了一份国际货物买卖合同。合同约定：交货条件为 CIF 宁波；货物应于 2000 年 5 月 1 日之前装船；买方应于 2000 年 4 月 10 日之前开出以卖方为受益人的不可撤销的即期信用证。4 月 5 日，买方开出了信用证。4 月 24 日，卖方向承运人瑞典丙公司提交货物，并向英国丁保险公司投保。4 月 27 日，承运人向卖方签发了提单。提单载明：承运人为瑞典丙公司；提单签发日期为 2000 年 4 月 27 日；本提单生效后为已装船提单。卖方即向买方发出货物已装船及已办理保险的通知。随后，卖方凭借提单及有关单据向议付行结汇。实际上，货物于 5 月 5 日才开始装船，至 5 月 15 日始装运完毕，船舶于 5 月 25 日抵达目的港。另外，在运输途中，由于遭遇台风和海啸，货物遭受部分损坏。接到卖方的通知以后，买方即与韩国戊公司签订了一份货物转售合同，交货日期为 5 月 15 日。但由于货物于 5 月 25 日才抵达目的港，买方无法如期向韩国戊公司交货；韩国戊公司解除了合同。由此，买方不但丧失了其预期利润，而且还承担了向韩国戊公司的损害赔偿，此外，由于市场行情发生了很大的变化，买方只得以低价就地转售，又遭受了一笔损失。买方在查实情况后，即向法院起诉。但承运人丙公司提出：其所签发的提单只是一份备运提单，只有在货物实际装船以后，才能被认为是已装船提单，这是国际惯例。因此，买方的损失与其无关。

试回答：

（1）承运人丙公司的理由是否成立？为什么？

（2）承运人丙公司签发上述提单构成什么性质的行为？为什么？

（3）货物在运输途中遭受的损失由谁承担？为什么？

（4）如何确定被告方的赔偿范围？

2. 案例分析

（1）不成立。已装船提单是在货物已经实际装船以后签发的提单。但在本案中，承运人签发的提单实质上符合已装船提单的特征，构成一份已装船提单。

（2）属于签发了预借提单。由于提单是在货物未开始装船或未全部装船的情况下签发的提单。

（3）应由卖方承担，因为在 CIF 术语下，货物在运输途中的一切风险归于卖方，买方及保险人不对此承担责任。

(4) 根据《联合国国际货物销售合同公约》第 74 条，赔偿范围应为买方的全部实际损失，外加预期利润。

1. 简述发盘终止的几种情形。
2. 简述《公约》对逾期接受的规定。
3. 简述《公约》中卖方对货物有品质与权利担保义务的相关规定。
4. 当卖方交货与合同规定不符时，买方可以采取的救济措施有哪些?
5. 关于货物买卖过程中的货物风险转移问题，《公约》是如何规定的?

第六章

国际货物运输法

本章重要知识点

△班轮运输、租船运输的概念
△关于约束提单的公约
△有关航空运输的公约
△有关铁路运输的公约
△国际多式联运

案例导入

为了使船舶适航，某船舶在定期检查时曾抽样钻探船身铁板的厚度，由于检验的习惯做法是抽样钻探，使一处易被腐蚀的地方未被发现。检船人员认为船身厚度合适。船舶在开行后，该被腐蚀处破裂，海水涌入，造成船舶所载货物湿损。货主要求承运人赔偿损失。承运人是否应承担不适航的责任呢？

国际货物运输，就是在国家与国家、国家与地区之间的运输。国际货物运输又可分为国际贸易物资运输和非贸易物资（如展览品、个人行李、办公用品、援外物资等）运输两种。由于国际货物运输中的非贸易物资运输往往只是贸易物资运输部门的附带业务，所以，国际货物运输通常被称为国际贸易运输，从一国来说，就是对外贸易运输，简称外贸运输。本章对货物运输的相关法律做简要介绍。

第一节　国际海上货物运输法

一、国际海上运输概述

海上运输作为一种商业活动，是在港口与港口之间进行的。启运港和目的港在不同国家境内的称为国际运输或远洋运输。海上运输是国际贸易中最常见的一种运输方式，按船舶营运方式来分，有班轮运输和租船运输两种。

海上运输具有鲜明的特点，其利用天然的水路运输，不受道路限制；装载量大；运费低廉；对货物的适应性强。但其速度慢；易受自然条件影响，运输风险大。

（一）班轮运输

班轮运输是指船舶在固定的航线和港口间按事先公布的船期表航行，从事客、货运输业务并按事先公布的费率收取运费。

班轮运输是定期船运输，具有“四固定”（航线固定、停靠港口固定、船期固定、运费率固定）的特点，无须签订租船合同，承运人签发的班轮提单作为承托双方权利、义务和责任豁免的依据。班轮运输主要用于运输数量不大的货物。

（二）租船运输

租船运输可以分为航次租船、定期租船和光船租赁。航次租船是指船舶出租人向承租人提供船舶或船舶的部分舱位，按照约定的一个或几个航次，装载承租人的货物，由承租人向船舶出租人支付运费的运输方式。定期租船是指船舶出租人将船舶出租给承租人，由承租人按约定的时间、约定的方式使用船舶，并向出租人支付租金，承租人也可以将船舶用来运输货物。光船租赁是指出租人将船舶租赁给承租人，承租人向出租人支付相应租金，由承租人自己配备船长、船员，并承担相关的风险和费用经营船舶，获得船舶经营产生的收入。航次租船合同也就是海上货物运输合同，定期租船合同和光船租赁合同本身是租赁合同，在承租人用租赁的船舶装运自己的货物时，合同才具有货物运输合同的性质。

二、提单

（一）提单的性质和含义

1. 提单的含义

提单是用以证明海上货物运输合同或货物已由承运人接受或者装船，以及承运人保证据以交付货物的单证。提单适用于散杂货物定期班轮运输，是国际海上运输中最广泛适用的一种合同形式。

2. 提单性质

（1）海上运输合同证明。

在海上货物运输过程中，托运人向承运人发出要约，填写相关的托运单，预定其运送货物所需要的仓位；承运人作出承诺，根据货物的容积吨位或载重吨位准备相应的仓位或发给装货单。双方签署班轮运输合同。然后，托运人根据运输合同将货物交由承运人指定的理货员制定并发给理货单。等货物装船后，船上大副收回理货单，另发给大副收据，交给托运人作为船上货物的收据。而托运人再持大副所给收据，请求承运人发给具有一定格式的提单。因此，理货单、大副收据或提单都是运输合同的组成和证明。另外，提单是由承运人的代理人或船长签发给托运人的。提单上只有一方当事人代表签字，而不是由双方当事人代表签字，因而提单在形式上不具备协议的要求。

由此可见，提单是海上运输合同的证明。如提单内容与运输合同条款不一致，应以合同内容为准。但是，提单的这一性质是对承运人与托运人之间的关系而言的。在实际业务中，托运人收到提单后，常通过背书方式将提单转给收货人。在这种情况下，对提单的受让人与承运人来说，它不仅是运输合同的证明，而且也是他们之间的运输合同。他们之间的权利、义务关系应以提单的规定为依据，即使原来的委托人与承运人事先有协议，也不能约束提单受让人，而只能约束承运人与托运人。

（2）承运人接管货物或装船的收据。

我国《海商法》第75条规定："承运人或者代其签发提单的人，知道或者有合理的根据怀疑提单记载的货物的品名、标志、包数或者件数、重量或者体积与实际接收的货物不符，在签发已装船提单的情况下怀疑与已装船的货物不符，或者没有适当的方法核对提单记载的，可以在提单上批注，说明不符之处、怀疑的根据或者说明无法核对。"第76条规定："承运人或者代其签发提单的人未在提单上批注货物表面状况的，视为货物表面状况良好。"第77条规定："除依照本法第七十五条的规定作出保留外，承运人或者代其签发提单的人签发的提单，是承运人已经按照提单所载状况收到货物或者货物已经装船的初步证据；承运人向善意受让提单的包括收货人在内的第三人提出的与提单所载状况不同的证据，不予承认。"除非承运人可以提供相反的证明，证明货物在装船时确实与提单记载的不相同，法律将提单作为承运人按提单记载的内容收取货物的初步证据，但是，承运人却不可以对提单的善意受让人提出这种抗辩。

（3）货物的物权凭证。

承运人要按提单所载明的货物状况交付货物。在货物交付以前，货物如果在承运人的保管或占有之下，除记名提单外，提单可以转让，可以像有价证券一样在市场上流通，而且提单的持有人可凭提单向承运人提取货物。由此可见，提单是提单上所载货物的象征，是提单上所载货物的权益凭证。

（二）提单的主要种类

1. 按签发提单货物是否已经装船，可分为已装船提单和备运提单

已装船提单（shipped or on board B/L），是指货物装船后，由承运人签发给托运人的提单。提单上必须载明装货船名和装船日期。该提单被广泛使用。备运提单（received for shipping B/L），是指承运人在收到托运货物等待装船期间，向托运人签发的提单。这种提单没有准确的装船日期，往往不注明装运船舶的名称，因而买方和银行一般不接受备运提单。

2. 按提单有无不良批注，可分为清洁提单和不清洁提单

清洁提单（clean B/L），是指货物交运时外表状况良好，承运人未加有关货损或包装不良或其他有碍结汇批注的提单。清洁提单是国际贸易中经常使用的提单。

不清洁提单（unclean or foul B/L），是指承运人加注货物外表状况不良或存有缺陷等批注的提单，如"包装不固""破包""×件损坏"等。

3. 以保函换取清洁提单的法律责任，可分为善意提单和恶意提单

善意提单在托运人于承运人之间有效，但不能对抗收货人，承运人必须先赔偿收货人，然后再依提单向托运人索赔。

恶意提单，提单无效，承运人和托运人承担连带责任。

4. 按提单收货人抬头，可分为记名提单、指示提单和不记名提单

记名提单（straight B/L）：收货人是具体的公司名称，只有收货人才能提货，又称为

“不可转让提单”。一般只用于运输贵重物品或有特殊用途的货物。

指示提单（order B/L）：指示行为是用背书来体现：凭×××的指示才能使另外的人使用提单来提货。

不记名提单：提单内没有任何收货人或 ORDER 字样，即提单的任何持有人都有权提货。

第二节 《海牙规则》《汉堡规则》《维斯比规则》

提单的规范经历了一个长期演变的过程，提单起源于商人航海贸易的实践和习惯。商人的习惯对提单的方方面面都发挥了重要的作用，即使现在商人的习惯对提单法律关系的调整也具有深远的影响，然而，零散、模糊、证明困难的商人习惯无法适应提单发展的要求。因此英美国家就通过其判例法，甚至制定法来加强对提单的规范，如英国在 1924 年、美国在 1936 年分别制定了《海上货物运输法》，大陆法系国家更多是以成文法规范提单问题，有的国家以海商法典对提单进行规范，有的以商法典、民法典以及有关法令规范提单问题，有的国家以海商法典对提单作出规定，有关提单的国际公约包括 1924 年的《海牙规则》、1968 年的《维斯比规则》和 1978 年的《汉堡规则》。

一、《海牙规则》

《海牙规则》是国际法协会所属的海上委员会于 1921 年在海牙召开的会议上制定的，1924 年经欧美 26 个海运国家参加的布鲁塞尔会议修改通过，定名为《统一提单的若干法律规则的国际公约》，简称《海牙规则》，1931 年 6 月正式生效。该规则全文本共 16 条，内容包括承运人的责任及责任豁免、诉讼时效、赔偿限额、货币单位解释，以及规则的适用范围、缔约国批准、退出和修改规则的程序。其主要成就在于：限制了以往承运人在提单中任意加列各种免责条款的自由，确定了承运人的最低责任范围。但是由于参加会议的主要是航运业比较发达的国家，规则中许多规定明显偏袒船主一方的利益，因此，货主和海运业不发达的国家对其一直表示不满，强烈要求进行修改。中国至今未加入该公约，但在我国《海商法》和我国航运公司制定的提单中吸纳了《海牙规则》中关于承运人责任和豁免的规定。

（一）承运人的主要义务

1. 提供适航船舶

海上运输环境十分恶劣，风险性高，为确保货物安全，从事运输的船舶必须适航。

船舶适航首先是指船舶在设计、结构、性能和设备等方面能够抵御合同或提单所规定出现的或能合理预见的风险。这里的风险主要指风浪，而一般风险不是灾难性的风浪，是可以预见的。判断某种风浪是一般性的还是灾难性的要根据具体特定航次的具体情况来判定。例如在冬季的北大西洋上，八九级大风是司空见惯的，只能认定是一般风险。而在日本海峡八九级大风十分罕见，就可能认定为海难。其次，船舶要配备适当的合格船员，设备齐全，燃料给养充足，使船舶能安全地将货物运送到目的地。合格的船员是指船员须持有相应的合格证书，并且有相应的工作能力，能够胜任工作。设备齐全是指船舶要适当地备有航海所需要的仪器设备及必要的文件如航海图等。燃料给养充足是指在航行中要备有适当的燃料淡水、粮食、药品及其他供应品。最后，船舶必须适于承运货物，即装载货物的货舱、冷藏室及其他适用于供载运货物的装载、保存设备，具有克服海上一般风险的能力。

若承运人所提供的船舶在上述任何一方面不符合要求都构成船舶不适航。但承运人保证船舶适航的义务不是绝对的，而只要求其谨慎处理，使船舶适航。如能证明船舶不适航是由于某种虽经谨慎处理但仍不能发现的潜在缺陷所造成的，承运人可以免除责任。一般认为，承运人谨慎处理使船舶适航，是指做每件合理的事，而不是做每件可能的事；是指承运人应作为一名具有通常要求的技能并谨慎行事的船舶所有人，采取各种为航次特定情况所合理要求的措施。谨慎处理表现为定期检查和保养。

另外，依据《海牙规则》仅要求承运人在“航次开始之前和开始当时”谨慎处理船舶适航，而不是整个航行过程中都要保持船舶适航。换言之，承运人在整个装货期间内都应履行相应的适航任务，直至船舶开航。一旦船舶开航，承运人保证船舶适航的任务就告终止。对于航行中船舶发生的不适航，承运人将不负违反适航义务的责任。因为船舶开航后，海上活动是危险的，而且船主也很难控制船员，船舶在航行过程中可能发生任何意外事故而变得不适航。在这种情况下，除非承运人由于疏忽没有采取及时补救措施，否则承运人可不负责。

2. 管货义务

《海牙规则》规定：承运人应当妥善、谨慎地装载、搬运、积载、运送、保管、照料和卸载所运货物。

一般来说，货物的装载是货物从岸上或水上至船上货舱或其他载货处所的位移过程。搬运通常是指对货物加以绑扎、垫舱以及使用适当的装卸用具。积载是指根据积载图、舱容和货物性质，合理安排船上货物装载位置的一项组织工作，其目的是充分利用船舶载重量和载货容积，保持船舶稳定性和适航，提供货物安全运送条件，加快装卸速度。运送是指将货物安全运至目的港。保管和照料货物的内容相似且有交叉。保管和照料货物一般都包括防止货物被盗、通风、针对冷冻货物或危险品的特殊措施。但照料的对象多是活动物或定时需要通风、测温的货物，保管的对象则是除此之外的其他货物。货物的卸载是指将货物从船上移至岸上或水上驳船或其他设备的位移过程。

与适航义务不同，从货物上船起至货物卸离船止的整个过程中，承运人都必须履行其管货的义务。承运人的管货义务存在于从装货到卸货的整个期间，而不限于船舶在装货港停留期间。根据《海牙规则》的规定，凡是在合同中约定解除或减轻承运人依《海牙规则》承担的保证船舶适航与管货义务的条款一律无效，即这两项义务是承运人必须履行的最低限度责任。

（二）承运人的责任期限

承运人的责任期限是指承运人对其承运货物承担责任的时间限度。在这个期间以外，如承运货物发生损坏、减少或灭失，承运人不负责任。按照《海牙规则》的规定，承运人对其所运货物的责任期限，是从货物装到船上时起到货物从船上卸下时止，但不包括装货前和卸货后这段时间。对“装上船起至卸下船止”的一般解释是：从货物装船时被吊钩吊起开始，到货物卸下船时脱离吊钩为止，即“钩至钩”。

《海牙规则》的上述规定对承运人有利，因为在提单运输中，承运人在主要港口码头都设有收货站，承运人从接货站接收货物时起至装船之前，以及在目的港将货物卸下之后到把货物交给收货人之前，货物是在承运人的掌管之下，而如果承运人对货物照管不善，使得货物受到损失，则可以以这段时间不在《海牙规则》规定的责任期限内为理由来推卸责任。

（三）承运人的责任限制

承运人的责任限制是指承运人承担损失赔偿的最高限制责任。《海牙规则》规定每件货物或每一运费计算单位的货物灭失或损坏，其最高赔偿额以100英镑为限，但托运人在装船前已就该项货物的性质和价值提出声明并已列入提单者除外。在后一种情况下，承运人通常都按货物申报的价值，以价计收运费。

（四）承运人的免责事项

承运人的免责事项是指承运人在责任期限内，不应由承运人承担责任的事项，即因发生这些事项而造成的货物损失、减少或灭失，承运人无赔偿义务。《海牙规则》规定的过失免责情况如下：

（1）船长、船员、引水员或承运人的受雇人在驾驶或管理船舶中的行为、疏忽或不履行职责；

（2）火灾，但由于承运人实际过失或者私谋所造成的除外；

（3）海上或其他可航水域的风险、危险或者是意外事故；

（4）天灾；

（5）战争行为；

（6）公敌行为；

（7）君主、统治者或人民的扣留、拘禁或依法扣押；

（8）检疫限制；

（9）货物托运人或货主、其代理人或代表的行为或不行为；

（10）不论由于何种原因引起的局部或全面的罢工、关厂、停工或劳动力受到限制；

（11）暴乱和民变；

（12）救助或企图救助海上人命或财产；

（13）由于货物的故有瑕疵、性质或缺陷所造成的容积或者重量的损失，或者任何其他灭失或损害；

（14）包装不当；

（15）标志不清或不当；

（16）尽适当的谨慎所不能发现的潜在缺陷；

（17）不是由于承运人的实际过失或私谋，或是承运人的代理人或受雇人员的过失或疏忽所引起的任何其他原因。

（五）托运人的权利义务

《海牙规则》规定收货人必须在提供货物之前或当时，将货物灭失、损坏的情况书面告诉承运人，如果损坏不明显，收货人也应在 3 日内告诉承运人，否则视为承运人已经按约定交付货物（收货人可以提出相反的证据推翻这种推定），如果在承运人交付货物时，承运人和收货人已经联合检查了货物，则不需要提交通知。收货人对承运人的诉讼时效为 1 年，从货物交付或者应当交付时开始计算。

二、《维斯比规则》与《汉堡规则》

1968 年英国、法国以及北欧国家在布鲁塞尔召开了会议。会议最终签署了《关于修改统一提单若干法律规定的国际公约议定书》。由于会议期间代表们畅游了中古时期著名的《维斯比规则》的发源地——维斯比，因此，就将议定书命名为《维斯比规则》。议定书只对《海牙规则》做了部分修改，仍保持原有的承运人责任制度。《维斯比规则》于 1977 年 6 月 23 日起生效。由于《维斯比规则》规定的承运人责任限制金额的计算单位改为金法郎，而金法郎又以黄金作为定制标准，受黄金价格自由涨落的影响，承运人限制金额的实际价值难以稳定。针对这一情况，1979 年在布鲁塞尔召开的有 37 国代表出席的外交会议制定了《修改〈维斯比规则〉的议定书》。该议定书于 1984 年 4 月生效，并将承运人责任限制的计算单位的金法郎改为特别提款权。虽然制定《维斯比规则》的目的是要取代《海牙规则》，但仍有很多国家未批准该规则而继续使用《海牙规则》。因此，现状是两个公约并存，称其为《海牙—维斯比规则》。由于英镑不断贬值，1968 年《维斯比规则》对《海牙规则》的规定做了修改，把承运人对货物灭失或损坏的最高赔偿限额改为每件或每单位 10 000 金法郎，或毛重每千克 30 金法郎，按两者之中的高者计算。金法郎是指一个含有纯度为 900/1 000 的黄金 65.5 毫克的单位。

《维斯比规则》对《海牙规则》进行了小部分修改，保留了维护承运人利益的条款，没有触动对船长、船员的航海过失免责的规定。发展中国家对比不满，要求彻底修改《海牙规则》。因此，为了适应代表货方利益国家，特别是发展中国家要求全面修改《海牙规则》的要求，1978 年在汉堡召开的联合国海上货物运输公约外交会议审议通过了《联合国海上货物运输公约》。由于公约在汉堡制定，故又称作《汉堡规则》。《汉堡规则》于 1992 年 11 月生效，然而一些航运大国对《汉堡规则》持否定态度。至今，船东互保协会及船东组织对《汉堡规则》依然抵制。如果船东自己在租船提单上接受《汉堡规则》而多承担的责任，船东互保协会不予承担。只有在《汉堡规则》强制适用于船东时，船东互保协会才会承担。而且，许多发展中国家因本国航运的发展而对批准《汉堡规则》犹豫不决。因此，《汉堡规则》尚缺乏国际普遍接受性。

《海牙规则》规定在责任期间，由于船长、船员、引航员、承运人及其他受雇人在驾驶船舶或管理船舶中的行为、疏忽或过失导致的货物发生灭失或者损坏的，承运人不负赔偿责任。但该规定备受第三世界国家的攻击，于是《汉堡规则》将其取消，《汉堡规则》第 5 条第 1 款规定，只有承运人证明已采取“一切合理措施以避免事故发生及其后果”才可免责，否则便推定损失是由承运人过失所造成的，承运人应当承担赔偿责任。

《汉堡规则》取消了火灾免责，规定如果索赔人证明火灾是由承运人、其受雇人或代理人的过失或疏忽引起的，承运人应对火灾所引起的货物灭失、损坏或迟延交货负赔偿责任；承运人应对经索赔人证明由于承运人、其受雇人或代理人在采取可以合理地扑灭火灾和避免或减轻其后果的一切措施中的过失或疏忽所造成的货物灭失、损坏或迟延交货负赔偿责任。虽然《汉堡规则》取消了承运人的火灾免责，但另一方面要求索赔人承担举报责任。然而，关于船上火灾，承运人可能有全部证据，而货主处于外部，没有任何证据，要求货主对承运人及其受雇人等过失进行举证，是不可能办到的，实际上等于无条件承认火灾免责。

对于《海牙规则》有关收货人必须在提供货物之前或当时，将货物灭失、损坏的情况书面告诉承运人，如果损坏不明显，收货人也应在3日内告诉承运人，否则视为承运人已经按约定交付货物的规定，《汉堡规则》将上述3天延长到15天，同时规定收货人如果在收货后60天内没有给承运人通知，收货人丧失索赔权利。《维斯比规则》规定了当事人可以协商延长诉讼时效，《汉堡规则》规定了对货物灭失、损坏或迟延交付提出的违约诉讼或者侵权诉讼，诉讼时效均为两年。《汉堡规则》第5条第1款规定，谨慎处理使船舶适航贯穿于整个航程之中。

《汉堡规则》对《海牙规则》的责任期限做了修改，规定承运人对货物的责任期限包括货物在装货港、运输途中和卸货港等承运人掌管下的整个期间，即使货物尚未装船或已卸船，承运人仍要对货物负责，这又被称为“接至交”原则。《汉堡规则》的这一规定延长了承运人的责任期限，加重了承运人的责任，有助于消除装货前和卸货后对货物无人负责的现象。

20世纪70年代以后，由于黄金官价已不存在，不能以货币含金量来确定币值。因此1978年《汉堡规则》改为以国际货币基金组织所规定的特别提款权为单位来确定承运人对货物损失的最高赔偿额。依《汉堡规则》规定，承运人对货物灭失或损坏的赔偿责任，以每件货物或每一装运单位不超过835个计算单位或毛重每千克不超过2.5个计算单位为限，计算单位是指以特别提款权为单位。

第三节 《鹿特丹规则》

《鹿特丹规则》全称为《联合国全程或部分海上国际货物运输合同公约》，由于其已于2009年9月21—23日在荷兰鹿特丹开放签署，所以又被称为《鹿特丹规则》。《鹿特丹规则》是继《海牙规则》、《维斯比规则》《汉堡规则》之后，国际海上货物运输合同法领域内的又一部重要的统一实体法公约。公约共有18章9个条文，复杂程度远远超过该领域以往的任何公约，包含了大量的制度创新。从UNCITRAL第三工作组的相关文件以及公约本身来看，《鹿特丹规则》的立法意图是取代《海牙规则》、《维斯比规则》和《汉堡规则》，以达到国际海上货物运输法的重新统一。

一、《鹿特丹规则》与《海牙规则》及《维斯比规则》的不同规定

（一）承运人的责任期间

与《海牙规则》和《维斯比规则》不同，《鹿特丹规则》采用了《汉堡规则》的做法，

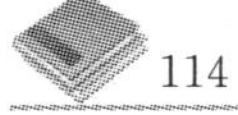

在其条文中明确规定了“承运人的责任期间”。其第 12 条第 1 款规定：“承运人根据本公约对货物的责任期，自承运人或履约方为运输而接收货物时开始，至货物交付时终止。”从该款的规定，我们可以得出《鹿特丹规则》下的关于承运人责任期间的基本原则是“接收货物至交付货物”，也即“门到门”。而该款的另一层含义是承运人接收货物或交付货物应当是以承运人能够实际掌控货物为前提条件，如果承运人无法实际掌控货物，也无从开始承担责任或终止责任。因此第 12 条第 2 款又规定了当承运人无法直接从托运人处接受货物或直接将货物交付给收货人时的责任期间：“（a）收货地的法律或者条例要求将货物交给某当局或者其他第三方，承运人可以从该当局或者该其他第三方提取货物的，承运人的责任期间自承运人从该当局或者从该其他第三方提取货物时开始。（b）交货地的法律或者条例要求将货物交给某当局或者其他第三方，收货人可以从该当局或者该其他第三方提取货物的，承运人的责任期间至承运人将货物交给该当局或者该其他第三方时终止。”从该款的规定，我们可以得知当货物处于当局或其他第三方时，承运人并不承担《鹿特丹规则》下的强制责任，而此时，有关货物的灭失或损失的风险由货方承担。《鹿特丹规则》除了在其第 12 条第 2 款规定承运人的责任期间可以按照贸易习惯做适当的调整，还在其第 12 条第 3 款规定承运人的责任期间可以依据当事人的约定来加以确定：“为确定承运人的责任期间，各方当事人可以约定接收和交付货物的时间和地点”。由此可见，《鹿特丹规则》无疑是加强了合同自由原则的适用，使其在国际海上货物运输领域能够得到部分回归，这无疑是一种有益的新的尝试。但是为了避免承运人滥用其与中小托运人相比较强势的拟约地位，重蹈《海牙规则》制定前无限制的合同自由的现状，《鹿特丹规则》对当事人关于“承运人的责任期间”的约定加以限制：“但运输合同条款作下述规定的即为无效：（a）接收货物的时间是在根据运输合同开始最初装货之后；或者（b）交付货物的时间是在根据运输合同完成最后卸货之前”，即当事人约定的承运人的责任期间不得短于第 12 条第 1 款规定的责任期间。

（二）承运人的义务

1. 承运人的适航义务

《鹿特丹规则》第 14 条规定：“承运人必须在开航前、开航当时和海上航程中谨慎处理：（a）使船舶处于且保持适航状态；（b）妥善配备船员、装备船舶和补给供应品，且在整个航程中保持此种配备、装备和补给；并且（c）使货舱、船舶所有其他载货处所和由承运人提供的载货集装箱适于且能安全接收、运输和保管货物，且保持此种状态。”

《鹿特丹规则》下的承运人的适航义务也分为三个部分，即承运人适航义务的时间、承运人适航义务的程度、承运人适航义务的内容。与《海牙规则》比较，两者的不同之处在于，《鹿特丹规则》将承运人的适航义务的时间由“开航前和开航当时”延伸到“包括开航前和开航当时在内的整个海上航程”。由此可见，《鹿特丹规则》加重了承运人的适航义务。

2. 承运人的管货义务

《鹿特丹规则》对于管货义务的规定与《海牙规则》大致相同，其第 13 条第 1 款规定：“在第 12 条规定的责任期间内，除第 26 条另有规定外，承运人应当妥善而谨慎地接收、装载、操作、积载、运输、保管、照料、卸载并交付货物。”

根据这一规定，《鹿特丹规则》下的承运人管货义务与《海牙规则》下的承运人管货义务相比存在以下区别：

《鹿特丹规则》下的承运人管货义务内容更多、时间更长。首先，由于《鹿特丹规则》要求在整个责任期间内，承运人都负有管货义务，而根据上面的分析，承运人在《鹿特丹规则》下的责任期间已经延伸至“门到门”，因此毫无疑问，《鹿特丹规则》对于承运人管货义务的时间要求更长。其次，从上述条文我们可以得知，与《海牙规则》相比，《鹿特丹规则》除保留包括“装载至卸载”的七个环节外，还增加了“接收”和“交付”两个环节，也即《鹿特丹规则》从另一层面将承运人的管货义务从“钩到钩”延伸至“门到门”。由于《海牙规则》没有规定妥善和谨慎地接收和交付货物的义务，因此对于承运人无单放货等未尽到妥善和谨慎地交付货物的情形时，《海牙规则》无法加以适用。而《鹿特丹规则》则解决了这一问题，承运人对于接受货物和交付货物仍然应当做到妥善和谨慎。

《鹿特丹规则》下的承运人管货义务可以通过当事人约定予以减免。《鹿特丹规则》第13条第2款规定，“虽有本条第1款规定，在不影响第4章其他规定以及第5章至第7章规定的情况下，承运人与托运人可以约定由托运人、单证托运人或者收货人装载、操作、积载或者卸载货物。”由此可见，《鹿特丹规则》下，承运人可以与货方进行协商，将承运人管货义务中的“装载”“操作”“积载”“卸载”四项义务转移给货方，由其履行，其他义务则不得通过约定的方式予以解除。这一规定实际上是对实践中广泛使用的“承运人不负责装卸条款”（free-in-and-out，FIO）或“承运人不负责装卸、积载条款”（free-in-and-out-stowed，FIOS）条款的肯定。但为避免承运人利用其较强的拟约地位滥用这一规定，《鹿特丹规则》要求，就上述内容进行的约定必须在“合同事项中载明”时才能够生效。

（三）承运人的免责事由

1. 承运人驾管船过失免责

在《鹿特丹规则》制定之前，对于是否取消承运人驾管船过失免责的争议异常激烈。不赞成取消承运人驾管船过失免责的一方主要认为会对承运人及其保险业构成巨大的冲击，而认为应当取消承运人驾管船过失免责的一方主要认为：承运人驾管船过失免责的存在不利于货物运输的统一；现代通信技术的发展已经使得承运人可以与船长、船员进行联络，如航空领域于1955年就取消了承运人驾驶过失免责。

最终，《鹿特丹规则》取消了《海牙规则》中的驾管船过失免责。除此之外，《鹿特丹规则》对《海牙规则》所规定的其他免责事由还作出了以下变动：修正了关于火灾免责的举证责任分配；使得无过错责任的分类更加清晰，并在此基础上根据现实需要添加新的项目；将总括性免责条款独立规定。

2. 承运人火灾免责的举证责任分配

《鹿特丹规则》第17条第3款第6项仅仅规定了“船上发生火灾”，陆地上发生的火灾，承运人无法享受免责。从字面理解，《鹿特丹规则》下的火灾免责似乎较《海牙规则》更为宽松，将《海牙规则》的不完全火灾过失免责修改为完全的过失免责。其实不然。从《鹿特丹规则》第17条第4款补充的除外规定来看，承运人要求享受火灾免责的条件实际更加严格。《鹿特丹规则》第17条第4款第1项规定，如果“索赔人证明，承运人或第18条述及的人的过失造成、促成了承运人所依据的事件或者情形”，则“承运人仍应当对灭失、损坏或者迟延交付的全部或者部分负赔偿责任”。根据该项规定，关于火灾免责举证责任的分配是承运人首先负责证明船上火灾事故的发生，如果承运人举证成功，则由货方负责进一步证明承运人、履约方、船长或船员、承运人的受雇人或履约方的受雇人、履行或者承诺履行运输合同规定的承运人义务的其他任何人中的任何一方存在过失，如果货方举证成功，则承运人丧失火灾免责。由此可见，与《海牙规则》相比，《鹿特丹规则》将除承运人本人外的其他人员的过失也作为火灾免责的除外规定，承运人因此享受的火灾免责实际为无过错免责。

3. 总括性免责条款的地位

《鹿特丹规则》并未参照《海牙规则》在所列免责事由之后补充一项总括性免责，而是在第 17 条第 2 款规定了与总括性免责条款内容大致相当的独立条款。这一调整改变了《海牙规则》下总括性免责的地位，但并未改变其与其他免责的关系。《鹿特丹规则》虽然将总括性免责条款从其他免责条款中独立出来，但根据《鹿特丹规则》第 17 条第 3 款的措辞，其与其他免责条款仍然为平行的关系，不存在孰先孰后的问题。

（四）承运人的赔偿责任基础

与《海牙规则》相比，《鹿特丹规则》由于取消了驾管船过失免责，并且删除了除承运人外的其他人员的火灾过失免责，因此，《鹿特丹规则》下的承运人的合同责任为过错推定责任制度。关于举证规则，《鹿特丹规则》保留了《海牙规则》的基本制度，同时也对《海牙规则》关于举证规则零散的规定进行了梳理，集中在第 17 条作出规定，因此《鹿特丹规则》举证规则的规定更为集中、更为清晰，也更为复杂。

《鹿特丹规则》首先将《海牙规则》下承运人过错的“初步推定”加以肯定，并对其条文化，其第 17 条第 1 款规定，“如果索赔人证明，货物灭失、损坏或者迟延交付，或者造成、促成了灭失、损坏或者迟延交付的事件或者情形是在承运人责任期间内发生的，承运人应当对货物灭失、损坏和迟延交付负赔偿责任。”

《鹿特丹规则》规定了承运人的反证义务，承运人可以举证证明其本人或其他相关人不存在过失，也可以举证证明存在第 17 条第 3 款所列的免责事由。不同的是，首先，《鹿特丹规则》下承运人不再享有驾管船过失免责和火灾过失免责。其次，《鹿特丹规则》对于无过错的举证要求相对《海牙规则》更为轻松。《鹿特丹规则》第 17 条第 2 款所使用的用词为“不能归责于”(not attributable to)，而《海牙规则》所使用的用词为“非……促成”(not contributed to)，因此两者对于原因的要求的严格程度存在差异，“不能归责于”严格程度不及“非……促成”。

《鹿特丹规则》然后同样规定了货主推翻承运人免责的举证机会。《海牙规则》下只规定了“承运人未尽到适航义务”一项内容，而《鹿特丹规则》规定了三项内容：一为承运人及相关人的过失造成或促成了承运人主张的免责事由；二为存在承运人主张的免责事由以外的原因促成了货物的损失、灭失或迟延交付；三为船舶的不适航可能造成或促成了货物的损失、灭失或迟延交付。

（五）承运人的单位赔偿责任限制

1. 赔偿责任限额的规定

与《海牙规则》以及《维斯比规则》相比，《鹿特丹规则》关于赔偿责任限额的规定不同之处主要体现为：《鹿特丹规则》明确将“单位”确定为“货运单位”而非“运费单位”。《鹿特丹规则》将赔偿限额提高到“每件或者每个其他货运单位 875 个 SDR，或者按照索赔或者争议所涉货物的毛重计算，每公斤 3 个 SDR”。《鹿特丹规则》将 SDR 换算成本国货币的时间，在《SDR 议定书》的“受案法院终止案件之日”基础上增加“当事人约定日”。

2. 迟延造成损失的赔偿责任限额的规定

《鹿特丹规则》不仅规定了货物遭受实际损害时的承运人赔偿责任限额问题，也规定了货主遭受经济损失时的承运人的赔偿责任限额问题。如果仅仅发生货物迟延交付，承运人可以将其责任限制在“迟交货物应付运费两倍半的数额”之内，如果货物在遭受实际损害时也发生迟延交付，则承运人可以将其责任限制在“每件或每货运单位 875SDR 或毛重每公斤 3SDR”之内。

第四节　中国海商法

我国并没有参加《海牙规则》、《维斯比规则》和《汉堡规则》三大国际海上货物运输公约的任何一个，而是采用了本土化的做法，于 1992 年通过了现行的《海商法》。起草《海商法》的指导思想自始就是外向型的，《海商法》的第 1 条规定：“为了调整海上运输关系、船舶关系，维护当事人各方的合法权益，促进海上运输和经济贸易的发展，制定本法。”其立法目的在于提高我国航运业的规模和水平，并达到促进经济贸易发展的最终目的。因此，我国的《海商法》吸收了多项国际海事条约、国际海商惯例和格式合同的内容。其中，在国际条约方面，主要是《维斯比规则》和《汉堡规则》的国际海商惯例方面，主要体现在第十章共同海损，很多内容上借鉴了《约克—安特卫普规则》，而租船合同方面，借鉴的主要是“波罗的姆”格式和贝尔康格式的条款。

《海商法》由 15 章共 278 个条文组成，是当时我国法律中条文最多的一部法律。《海商法》以调整海上运输关系、船舶关系，维护当事人各方的合法权益，促进海上运输和经济贸易的发展为宗旨。它采用法典的形式，规范的主要内容包括海上运输合同，即海上货物运输合同（第四章）、海上旅客运输合同（第五章）；其他与船舶营运有关的合同，包括船舶租用合同（第六章）、海上拖航合同（第七章）；与海上风险有关的法律制度，包括船舶碰撞（第八章）、海难救助（第九章）、共同海损（第十章）、海事赔偿责任限制（第十一章）、海上保险合同（第十二章）；船舶物权，包括船舶所有权、船舶抵押权、船舶优先权、船长与船员（第三章）；船舶登记、国籍和航行权、海上运输管理（第一章）。

一、适用范围

与《鹿特丹规则》相比较，我国有关海上货物运输的法律法规存在诸多不同。《海商法》所称海上运输，是指海上货物运输和海上旅客运输，包括海江之间、江海之间的直达运输。第四章海上货物运输合同的规定，不适用于我国港口之间的海上货物运输。

二、承运人的义务

（一）货物的运输与交付

负责将托运人托运的货物经海路由一港运至另一港（第41条）。

（二）承运人的责任期限

对集装箱装运的货物的责任期间，是指从装货港接收货物时起至卸货港交付货物时止。对非集装箱装运的货物的责任期间，是指从货物装上船时起至卸下船时止（第46条）。

（三）可能形成的危险货物

由于装运此类货物造成的损害和产生的费用都应由托运人负责赔偿。除共同海损外，承运人概不负责（第68条）。

三、承运人对灭失、损坏或迟延所负的赔偿责任

（一）赔偿责任的基础

货物未能在明确约定的时间内，在约定的货港交付的，为迟延交付（第50条）。在责任期间货物发生的灭失或者损坏的12种情形，承运人不负赔偿责任（第51条）。

（二）赔偿额的计算

货物灭失的赔偿额，按照货物的实际价值计算；货物损坏的赔偿额，按照货物受损前后实际价值的差额或者货物的修复费用计算。货物的实际价值，按照货物装船时的价值加保险费加运费计算。前款规定的货物实际价值，赔偿时应当减云因货物灭失或者损坏而少付或者免付的有关费用（第55条）。

四、托运人的义务

（一）交付运输

托运人托运货物，应当妥善包装，并向承运人保证，货物装船时所提供的货物的品名、标志、包数或者件数、重量或者体积的正确性；由于包装不良或者上描述资料不正确，对承运人造成损失的，托运人应当负赔偿责任。承运人依照前款规定享有受偿权利，不影响其根据货物运输合同对托运人以外的人所承担的责任（第66条）。

（二）托运人对承运人赔偿责任的基础

托运人应当及时向港口、海关、检疫、检验和其他主管机关办理货物运输所需要的各项手续，并将已办理各项手续的单证送交承运人；因办理各项手续的有关单证送交不及时、不完备或者不正确，使承运人的利益受到损害的，托运人应当负赔偿责任（第67条）。

五、赔偿责任限额

（一）赔偿责任限额

承运人对货物的灭失或者损坏的赔偿限额，按照货物件数或者其他货运单位数计算，

每件或者每个其他货运单位为 666.67 计算单位，或者按照货物毛重计算，每公斤为 2 计算单位，以二者中赔偿限额较高的为准。但是，托运人在货物装运前已经申报其性质和价值，并在提单中载明的，或者承运人与托运人已经另行约定高于本条规定的赔偿限额的除外（第 56 条）。

（二）迟延造成损失的赔偿责任限额

承运人对货物因迟延交付造成经济损失的赔偿限额，为所迟延交付的货物的运费数额。货物灭失或者损坏和迟延交付同时发生的，承运人的赔偿责任限额适用本法第 56 条第 1 款规定的限额（第 57 条）。

第五节　其他运输方式

一、国际航空运输

国际航空运输包括定期航班运输、非定期航班运输和集中托运三种形式。国际航空运输合同是航空运输公司或其代理人与托运人签订的，意在将货物通过空运从一国的航空站运送至另一国的航空站，由托运人支付运费的运输合同。国际航空运输合同的双方分别是承运人（从事航空运输业务的航空公司）和货主。根据《华沙公约》的规定，承运人有权要求托运人填写空运托运单，每件货物应填写一套单证，承运人应该接受托运人填写的单证。每套托运单应有三份正本，并与货物一起交给承运人，其中第一份注明“交承运人”，由托运人签字；第二份注明“交收货人”，由托运人签字后随货物运送；第三份在货物受载后，由承运人签字交托运人。空运托运单不是物权凭证，而是航空货物运输合同的证明，也是承运人出具的货物收据。根据《华沙公约》的规定，空运托运单记载的内容包括以下几项：货运单的填写地点和日期；起运地和目的地；约定的经留地点，但承运人保留必要时变更经留地点的权利；托运人的名称和地址；第一承运人的名称和地址；收货人的名称和地址；货物的性质；包装件数、包装方式、特殊标志或号数；货物的重量、数量、体积或尺寸；货物和包装的外表情况；运输金额、付费日期和地点以及付费人；货物的价格或应付的费用；托运人在交付货物时就特别声明的价值；航空货运单的份数；随同航空货运单交给承运人的凭证；运输期限，并概要说明经过的路线；货物运输应受本公约所规定的责任制度约束的声明。《海牙协议书》将空运单的内容缩减为三项：起运地和目的地；至少一个经停点；向托运人作出的声明。

托运人可以变更合同，还有权在运输途中将货物取回，或者途中停经时终止运输，或要求承运人将货物运回起运机场，或要求承运人在目的地将货物交给原收货人以外的第三人。托运人行使变更合同的权利时，应该支付由此产生的费用，并且不得使承运人遭受损失。

（一）有关航空运输的国际公约

直接调整国际航空货物运输的国际统一规范主要有以下几个：

（1）《统一国际航空运输的某些规则的公约》。该公约又被称为《华沙公约》，于 1929 年在华沙签订，1933 年 2 月生效，是国际航空运输的一项最基本公约。公约全文分为 5 章 41 条，主要内容有：关于公约的适用范围、对运输凭证的规定、关于承运人责任的规定、关于承运人免责的规定以及关于提出货物损害异议和诉讼仲裁的规定。我国于 1958 年 7 月加入该公约。

(2)《修订 1929 年 10 月 12 日在华沙签订的统一国际航空运输某些规则的公约的议定书》。该公约也被称作《海牙议定书》，该议定书是《华沙公约》的修订性文件，主要是将航空货运单原有的 17 项内容缩减为 3 项，明确了运输单证可以为流通的航空货运单，提高了承运人对旅客赔偿责任的限额和承运人丧失赔偿责任限额的情形，修改了收货人提出货物损害异议的时间等等。我国于 1975 年加入了该议定书。

(3)《统一非缔约承运人所办国际航空运输某些规则以补充华沙公约的公约》。该公约也被称为《瓜达拉哈拉公约》，是《华沙公约》的修订性文件，其于 1961 年 9 月在墨西哥的瓜达拉哈拉签订，自 1964 年 5 月生效。该公约区分了缔约承运人和实际承运人，明确了实际承运人的地位。我国尚未加入该公约。

(4)《廷议国际航空运输某些规则的公约》。该公约被简称为《蒙特利尔公约》，是《华沙公约》及其系列修订文本之后的另一个关于国际航空运输的国际法律渊源。该公约于 1999 年 5 月在加拿大的蒙特利尔召开的航空国际会议上通过，于 2003 年 11 月生效。该公约对国际航空货物运输法的变更主要是规定了双梯度责任制，即承运人对旅客伤亡的赔偿限额不超过 10 万特别提款权，归责原则是严格责任制，超过 10 万特别提权权的，对超出的部分实行推定过错责任制。《蒙特利尔公约》在原《华沙公约》规定的承运人住所地法院、承运人主管地法院、订立合同的承运人机构所在地法院和目的地法院之外增加了旅客的主要且永久居住地法院对运输纠纷的管辖权。我国于 2005 年 3 月加入该公约。

(二）托运人、收货人与承运人的权利和义务

托运人拥有货物处理权，即托运人有权在起运地或者目的地将货物取回，或者途中停经时终止运输，或要求承运人将货物运回起运机场，或要求承运人在目的地将货物交给原收货人以外的第三人。托运人还有权在因承运人的原因造成其损失时要求承运人赔偿。托运人最主要的义务是支付费用，此外，还需要如实填写航运单和为承运人提供各种海关、税务材料，以便承运人顺利过关。承运人有权收取运费，在因托运人原因造成其损失时，有权要求托运人赔偿。承运人对在其责任期间货物的毁灭、遗失和毁坏，以及延误承担赔偿责任。

二、国际铁路运输

铁路的运输单证称为运单，在进行国际铁路货物运输时，发货人应该根据规定的格式对每一批货物填写运单，由发货人签字后向始发站提出，从始发站承运货物时起，运输合同成立。在发货人提交全部货物和付清费用后，始发站在运单上加盖始发站日期戳记，证明货物已经承运，运单加盖戳记后，称为运输合同证明。运单随同货物从始发站至终点站全程附送，最后交与收货人，运单副本在承运人加盖戳记后交还给托运人。由于运单是运输合同的凭证，托运人应该对其在运单中陈述的内容的真实性负责，因为记载和声明的事项错误，或者未将应该填报的事项记入运单而给承运人带来损失的，托运人应该承担责任。运单不是物权凭证，却是铁路运输合同的凭证和承运人对货物出具的收据。运单应该载有以下事项：到站的名称，并附有必要说明，以免服务于同一个地点或名称或相似名称的不同地点的不同站之间的任何混淆；收货人的名称和住址；货物的名称；重量，或如果没有重量，符合发运铁路规章的类似资料；如是零担货物，其件数和包装标志；海关或其他行政机关交由铁路掌管的单证明细表；发货人的名称和地址等等。

国际铁路货物运输的发货人和收货人可以变更合同，根据《国际铁路货物联运协定》的相关规定，发货人可以变更以下几种合同事项：变更到达站、变更收货人、在发货站将货物领回和将货物运还始发站。收货人可以变更的合同事项包括以下两种：变更收货人和在到达国境内变更货物的到达站。承运人在以下几种情况下可以拒绝发货人、收货人变更合同的请求或者延缓这些请求：应执行变更运输合同的铁路车站，接到申请书或始发站或到达站的电报通知后无法执行的；违反铁路运营管理的；与参加运送的铁路所属国现行法令、规章相抵触的；在变更到达站的情况下，货物的价值不能抵偿运到指定的到达站的一切费用的，但能立即支付或保证支付这些变更费用的除外。

（一）有关国际铁路运输的合约

调整国际铁路货物运输的法律在国际层面上目前主要有《国际铁路货物运输公约》和《国际铁路货物联运协定》。

（1）《国际铁路货物运输公约》简称《国际货约》，该公约于 1890 年 10 月在伯尔尼签订，1893 年 1 月生效，成员国有奥匈帝国、法国、德国、比利时、波兰、英国、荷兰等。该公约经过多次修改，第七次修改的公约于 1975 年 1 月生效，在 1980 年举行的第八次修改会议上，《国际铁路货物运输公约》与《国际铁路旅客和行李运输公约》合并为一个公约。我国目前没有参加该公约。《国际铁路货物运输公约》分为 6 个部分，共 70 条，主要内容包括：公约的目的和适用范围，运输合同，责任、法律诉讼，各种规定，特殊规定，最终规定等。公约还有 4 个附件：危险物品铁路运输国际规章、国际铁路运输中央事务局规章、修订委员会和专家委员会规则和仲裁规章。

（2）《国际铁路货物联运协定》简称《国际货协》，该协定于 1951 年由保加利亚、匈牙利、民主德国、罗马尼亚等国签订，中国于 1953 年加入该协定。该协定经过七次修改，现行有效的是 1974 年版本，全文共 8 章 40 条，主要内容有：总则、运输合同的签订、履行、变更、铁路责任、赔偿请求及诉讼、司法管辖、起诉时效以及各国铁路间的清算和一般规定等内容。

（二）承运人、托运人与收货人的权利和义务

（1）托运人在运输合同中的首要义务是支付运费，按照《国际货协》的规定，发运国铁路的运输费用，按照发运国的国内运价计算，在始发站由发货人支付；到达国铁路的运输费用，按照到达国的国内运价计算，在终点站由收货人支付；如果货物需要经过第三国，在第三国境内的运费，一般按照该第三国的运费计算，既可以由发货人支付，也可以由收货人支付，由双方协商决定。

（2）收货人还应该在货物到达目的地后收取货物。

（3）托运人、收货人有变更合同的权利。

（4）根据《国际货协》的规定，托运人和收货人的权利还表现为收货人有权拒绝接受因损坏、腐坏或变质的部分货物或全部货物。

(5) 托运人和收货人还可以根据运输合同向铁路提出赔偿请求，根据《国际货协》的规定，向铁路提出的赔偿请求应按以下规定办理：

第一，货物全部灭失时，由发货人提出，同时须提出运单副本；或由收货人提出，同时须提供运单副本或运单。

第二，货物部分灭失、毁损或腐坏时，由发货人或收货人提出，同时应该提供运单和铁路在到达站交给收货人的商务记录。

第三，货物运输逾期时，由收货人提出，同时还须提供运单。

第四，多收运输费用时，由发货人按其已交付的款额提出，同时还须提出运单副本或发运铁路国内规定的其他文件，或由收货人按其所交付的运费提出，同时须提供运单。

第五，在赔偿请求书上，除运单或运单副本外，在适当的情况下，还须附有商务记录、能证明灭失或毁损的货物价格的文件，以及能作为赔偿请求依据的文件。

第六，根据《国际货协》的规定，有权向铁路提出赔偿请求的人也有权根据运输合同提起诉讼。

(6) 承运人的权利和义务主要有以下几个方面：

第一，承运人应该按照运输合同的规定将货物运到指定地点。

第二，依《国际货协》的规定，按运单承运货物的铁路应该对货物承担连带责任。承运人的责任期间为从签订运单时起至终点站交付货物时为止。

第三，承运人应该对运输中货物的灭失、损坏和迟延交付货物负赔偿责任，铁路还应该对发货人运单内记载并添附的文件，由于铁路的过失而遗失的后果负责，并对由于铁路的过失未能执行有关要求合同变更的申请书的后果负责。

第四，在发货人或者收货人没有付清运输费用时，承运人可以留置运输的货物。

第五，铁路有权按照法律规定及合同约定的标准、方法收取运输费用。

第六，按照《国际货协》的规定，承运人承运的货物由于下列原因损坏，承运人可以免责：

由于铁路不能预防和消除的情况；由于货物的特殊自然性质，以致引起自燃、损坏、生锈、内部腐烂和类似的后果；由于发货人或收货人的过失或由其要求，不能归咎于铁路部门的；由于发货人或收货人装车或卸车的原因造成的；由于发运路规章许可，使用敞篷类火车运送货物；由于发货人或收货人的货物押运人未采取保证货物完整性的必要措施；由于容器或包装的缺陷，在承运时无法从外部发现的；由于发货人用不正确、不确切或不完全的名称托运违禁品的；由于发货人在托运应该按照特定条件承运货物时，未按照本协定的规定办理的；由于货物在规定标准内损耗的。

三、国际货物多式联运

（一）多式联运的概念

《联合国国际货物多式联运公约》第 1 条第 1 款规定：所谓多式联运，是指按照多式联运合同，以至少两种不同的运输方式，由多式联运经营人将货物从一国境内接管货物地点运至另一国境内指定交货的地点。国际货物多式联运和其他运输方式最大的区别是，国际货物多式联运必须采取两种或两种以上的运输方式，国际货物多式联运经营人签发全程多式联运单证，并对货物负全程运输责任。

（二）调整国际货物多式联运国际层面的立法

调整国际货物多式联运的公约和规则在国际层面上主要有：

（1）《联合国国际货物多式联运公约》。该公约由联合国贸易与发展会议于 1980 年推动制定。公约的主要内容有：公约的适用范围、多式联运单据、多式联运经营人的赔偿责任、发货人的赔偿责任以及索赔诉讼和管辖等。该公约目前还没有生效，但是，公约的内容对国际货物多式联运的立法和实务操作都有指导意义。

（2）《国际商会多式联运单证统一规则》。该规则被简称为《国际商会规则》，由国际商会于 1973 年推动制定，并于 1975 年进行了修订。该规则全文共 19 条，主要内容有：规则的适用范围、多式联运单证、多式联运经营人的义务和责任以及货物灭失或损坏的通知与诉讼等。《联合国国际货物多式联运公约》迟迟未能生效的原因主要是因为多式联运人不愿意接受公约规定的统一赔偿限额，如果货物发生损坏的运输区段所适用的赔偿限额低于公约规定的限额，联运人却需要按照公约规定的最低赔偿限额赔偿，联运人就要受到损失。所以 1975 年《国际商会规则》采用了网状责任制，即多式联运承运人对全程运输负责，各区段适用的责任原则按照适用于该区段的法律来确定，但是，规则对无法确定区段的货物损失和货物损失发生的区段没有强制适用的国际公约和相关国内法的情形又作出了相应的规定，所以该规则的责任形式与纯粹的“网状责任制”有差别。

（3）《联合国贸易与发展会议/国际商会多式联运单证规则》。该规则由联合国贸易与发展会议和国际商会于 1991 年共同颁布，全文共 13 条 32 款，内容主要有：规则的适用范围、多式联运单证、多式联运经营人的赔偿责任、多式联运经营人的赔偿责任限额、多式联运经营人赔偿责任限额丧失的规定、托运人的赔偿责任以及货物灭失或损坏的通知与诉讼等等。《联合国贸易与发展会议/国际商会多式联运单证规则》和《联合国国际货物多式联运公约》的制定目标不同，它只是一个供国际货物多式联运当事人选择适用的规则，具有示范法的性质。

（三）多式联运承运人的责任

多式联运人对其责任期间的货物的灭失、毁损和迟延承担责任，除非多式联运经营人可以提供证据证明其为避免事故的发生和后果采取了一切合理的措施。《联合国国际货物多式联运公约》第 16 条 1 款规定：如果造成灭失、损坏或迟延交货的事故发生于公约规定的多式联运经营人掌管的期间，多式联运经营人对于货物的灭失、损坏和迟延交付所引起的损失，应负赔偿责任，除非联运经营人证明其本身、受雇人或代理人、或为履行多式联运合同而使用其服务的任何其他人为避免事故的发生及其后果已采取一切所能合理要求的措施。《联合国贸易与发展会议/国际商会多式联运单证规则》也采用了过错推定的归责原则，但是该规则在 5.4 条又规定：“多式联运经营人对海上或内河运输中由于下列原因造成的货物灭失或损坏以及迟延交付不负赔偿责任：承运人的船长、船员、引航员或受雇人在驾驶和管理船舶中的行为、疏忽或过失；火灾，除非由于承运人的实际过失或私谋造成”的免责条款，这和《海牙—维斯比规则》的归责原则基本相同。

《联合国国际货物多式联运公约》采用“修正后的统一责任制”的责任形式，《国际商会多式联运单证统一规则》采用了“修正的网状责任制”的责任形式，《联合国贸易与发展会议/国际商会多式联运单证规则》6.1 条规定：“除非在多式联运经营人接管货物之前，已由托运人对货物的性质和价值作出声明并已在单证上注明，多式联运经营人在任何情况下对货物灭失或损坏的赔偿额不得超过每件或每单位 666.67SDR 或者毛重每公斤 2SDR，以其高者为准。”6.3 条规定：“尽管有上述规则，如果按照多式联运合同，多式联运不涉及海上或内河运输的，多式联运经营人的赔偿责任以不超过灭失或损坏货物毛重每公斤 8.33SDR 为限。”6.4 条又规定：“如果货物的灭失或损坏发生在多式联运中的某一特定区段，则适用于该区段的国际公约或强制性的国家法律规定了另一项责任限额，如同对这一特定区段订有单独的运输合同一样，则多式联运经营人对此种灭失或损坏的赔偿责任限制应当按照公约或强制性国家法律的规定计算。”该规则和《联合国国际货物多式联运公约》采用了相同的责任形式，只是将“单独的运输合同”作为适用区段赔偿责任限额的考虑因素。我国《海商法》规定的是网状责任制，多式联运经营人对于在某一区段发生的货物灭失、损坏的赔偿责任和赔偿责任限额，适用该区段运输方式的有关法律规定。

本章详细介绍了国际海上货物运输、航空货物运输、铁路货物运输和多式联运等主要运输方式中的运输单据制度、承运人责任制度以及相关法律规则。其中国际海上货物运输相关法律是本章的重中之重。

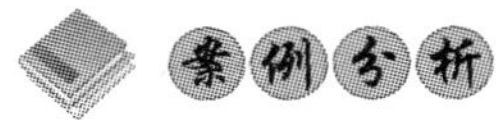

关于船舶沉没，保险人拒赔

1. 案情介绍

原告：上海中福轮船公司

被告：中国人民保险公司上海市分公司

被告中国人民保险公司上海市分公司（以下简称“上海人保”）就“仲宇”轮的保险向原告上海中福轮船公司（以下简称“中福轮船”）开具定期“沿海内河船舶保险单”，载明：被保险人为中福轮船；险别为一切险。保单“一切险”条款约定：保险人承保因碰撞、触碰等事故引起船舶倾覆、沉没，造成的船舶全损或部分损失；但对于船舶不适航造成的损失不赔偿；被保险人应当确保船舶的适航性，否则保险人有权终止合同或拒绝赔偿。中福轮船是“仲宇”轮的船舶经营人。该轮载重吨 1 300 吨，核定舱载量为前货舱 655 吨，后货舱 645 吨。

“仲宇”轮装载 1 260 吨货物（前货舱约 510 吨，后货舱约 750 吨）从宁波北仑港出发驶往上海港，宁波海事局签发了出港签证。次日，该轮行至乌龟岛附近水域时沉没。其时船舶国籍证书、船舶检验证书、船舶营运证书均在有效期内。吴淞海事处的“水上交通事故责任认定书”认定，“由于瞭望疏忽、对流压估计不足及操纵不当，船舶右舷中后部触碰水下障碍物，导致二舱破损进水，致使船舶沉没。”但上海人保认为，“仲宇”轮后货舱超载约105吨，船舶沉没是其本身不适航所致，且中福轮船不是该轮所有人，无可保利益。双方争执因而成讼。

法院经审理认为：(1) 中福轮船为“仲宇”轮的船舶经营人，对该轮具有可保利益；(2) 该轮沉没原因系触碰水下障碍物，属保险合同约定的一切险承保范围；(3) 该轮开航时的吃水情况与核定设计要求的差距极小，属正常范围，总体上并未超载。前货舱载货约510吨，后货舱载货约750吨，为配载严重不当。但在未超载情况下，仅以货物配载不当认为船舶不适航，依据不足。上海人保不能证明自己符合免责条件，依法应承担保险赔偿责任。据此，判决上海人保赔偿中福轮船船舶全损人民币279.50万元及其利息。

2. 案例分析

(1) 船舶经营人对船舶具有保险利益。

我国《保险法》第12条规定：投保人“对保险标的应当具有保险利益”；“保险利益是指投保人或者被保险人对保险标的具有的法律上承认的利益”。因为如果允许被保险人或投保人就与自己没有利害关系的财物进行投保，并以保险事故的发生来预测自己获得保险金的概率，这无异于以他人财物上的风险作“赌博”。所以，法律规定具有保险利益是被保险人获得保险赔偿的前提。

如何认定有保险利益呢？一般而言，船舶的所有权人对该船舶当然有保险利益。但保险利益不限于所有权，它泛指被保险人与保险标的有法律上的利害关系。以船舶为例，如果某人在有一定风险的船舶营运过程中因船舶的保存而获利，或相反因船舶的灭失、损坏而受到损失，或因此对他人承担赔偿责任，则他与该船舶之间具有利害关系。中福轮船作为船舶经营人，即是与船舶具有这种利害关系之人。中福轮船有权以自己的名义经营管理船舶，对船舶进行占有、使用、收益；同时也要承担经营管理船舶过程中产生的法律义务、责任和风险。船舶是其实现经营目的、获得预期利润的物质基础。船舶之损毁将阻碍其权益的实现，影响其法律上的地位，亦有可能使其对船舶所有人产生法律责任。所以，中福轮船与“仲宇”轮的保存或损毁有密切的、法律上的利害关系即保险利益。

(2) 船舶不适航与保险人的责任免除。

在一切险的情形下，碰撞、触碰事故致船舶沉没，即使船长或船员对此有过失，保险人仍应按照保险合同约定进行赔偿。这是因为被保险人是船舶所有人或船舶经营人，而船长、船员不是被保险人，也不是其代表，船长、船员的过失行为不是被保险人的过失行为，故由此造成的船舶损失仍属于保险人承保的责任范围。所以，虽然涉案航行中船长或船员“由于瞭望疏忽、对流压估计不足及操纵不当”，使船舶触碰水下障碍物而沉没，保险人仍应负赔偿责任。

当然，如果船舶不适航，保险人可以免除赔偿责任。依据我国《海商法》第47条规定，承运人应当谨慎处理使船舶处于适航状态，包括船体、船机的结构和性能，船员的配备，雷达、海图等装备和资料，燃料等供应品，可以使船舶正常航行及作业，并抵御航程中通常或能合理预见的风险。如果船舶因不符合上述条件而受损，则保险人有权拒绝赔偿。有时，船舶适航性也与货物装载情况有关。当货物超载，或积载、配载不当，影响到船舶的稳定和操纵性，导致船舶发生事故时，保险人亦有权以船舶不适航为由拒赔。如果货物超载或积载、配载不当只影响货物而不影响船舶的安全，则不构成船舶保险中的船舶不适航性。而且，“仲宇”轮沉没是因船长或船员过失致使触碰水下障碍物造成的。即使保险人主张的船舶不适航有据，但该不适航与船舶沉没之间也没有因果关系。所以，保险人仍应承担赔偿之责。

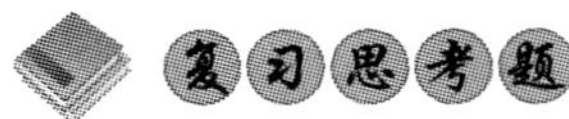

1. 国际货物运输的特点有哪些？
2. 提单的性质与作用分别是什么？
3. 国际多式联运承运人的性质及责任范围是什么？

第七章 国际货物运输保险法

本章重要知识点

△国际货物运输保险的概念与原则
△承保的风险与损失
△国际海上货物运输保险条款
△海上货物运输保险合同的基本内容
△其他方式货物运输保险

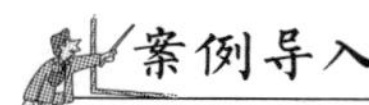

案例导入

我国某外贸公司以FOB价格条件出口棉纱3 000包。某轮船载货起航后，在航行途中不慎发生搁浅，后经反复倒船，强行起浮，但船上轮机受损并且船底划破，致使海水渗入货舱，造成货物部分损失。该船行驶至邻近的港口船坞修理，暂时卸下大部分货物，前后花费了8天时间，增加支出各项费用，包括员工工资。当船修复后装上原货起航后不久，某船舱起火，船长下令对该舱灌水灭火。灭火后发现该船舱装载1 000包棉纱，其中300包被焚毁，另外700包被水浸湿。

讨论：

1. 试分别说明以上各项损失的性质。
2. 在投保何种险别的情况下，保险公司才负责赔偿?

国际货物运输保险是以对外贸易货物运输过程中的各种货物作为保险标的的保险。投保人通过投保相应的国际货物运输保险来减少国际贸易中的潜在损失。从这个意义上讲，国际货物运输保险有利于推进国际贸易活动的顺利进行。国际货物运输保险条款规定了货物运输保险的范围和险别，国际货物运输保险的相应法规则规范了国际货物运输保险活动的进行。学习国际货物运输保险法，具有重要的现实意义。

第一节　国际货物运输保险概述

保险（insurance），以对被保险标的遭受的损失提供经济补偿为目的。国际保险是指在国际经济活动中，对财产因意外灾害或人身因伤亡所造成的经济损失的一种互助性质的经济补偿制度。被保险人根据合同以缴纳保费的方式将风险转移给保险人；保险人根据合同收取保险费，建立保险基金，履行合同规定的损失补偿或给付保险金的责任。

国际货物运输保险是由保险人同被保险人双方订立保险合同，经被保险人缴付约定的保险费，当货物在国际运输途中遭受保险事故所致的损失，由保险人负责经济补偿的一种保险。国际货物运输保险属于财产保险的范畴，以流动中的财务为保险标的，保险关系涉及对外因素，不仅承保国际运输中的货物，而且包括各种运输中的物资，如行李、用品等。国际货物运输保险的作用就在于，集中分散的资金来补偿国际货物买卖中的买方或卖方的意外损失，以保障国际贸易的顺利进行。因此，可以说国际货物运输保险是国际货物贸易不可或缺的重要环节。

国际货物运输的运送主要包括海上运输、陆上运输以及航空运输等多种途径。因此，国际货物运输保险的种类根据保险标的的运输工具种类大致分为三类：海上货物运输保险、陆上货物运输保险以及航空货物运输保险。在国际货物运输保险中，历史最悠久、业务量最大、影响最深远的是海上货物运输保险。其他种类的保险均参照海上货物运输保险的做法。因此在本章中将重点讲述海上货物运输保险。

国际货物运输方式的种类决定了国际货物运输保险法的种类，主要有海上货物运输保险法、陆上货物运输保险法以及航空货物运输保险法等。

第二节　海上货物运输保险

一、海上货物运输保险概述

海上货物运输保险是保险人和被保险人通过协商，对船舶、货物及其他海上标的可能遭遇的风险进行约定，被保险人在交纳约定的保险费后，保险人承诺一旦上述风险在约定的时间内发生并对被保险人造成损失，保险人将按约定给予被保险人经济补偿的商务活动。

（一）海上货物运输保险原则

海上货物运输保险原则是指在海上货物运输保险活动中当事人应当遵循的行为准则。海上货物运输保险活动作为一种独立的经济活动类型，基于自身的特点和适用范围，逐步在长期的发展过程中形成了一系列基本原则。根据国际惯例，这些基本原则可归纳为：可保利益原则、损失补偿原则、近因原则、最大诚信原则和代位求偿原则。

1. 可保利益原则

可保利益原则是指被保险人对保险标的所具有的合法利害关系。投保人只有对保险标的具有可保利益，与保险人所签订的海上货物运输保险合同才具有法律效力，保险人才依法承担保险责任。可保利益使被保险人无法通过不具有保险利益的保险合同获得额外利益，使可保利益成为保险人履行保险责任的前提。

2. 损失补偿原则

损失补偿原则是指承保标的遭受保险责任范围内的事故，造成财产损失，保险人对其遭受的实际损失应当进行充分的补偿。

保险人在履行赔偿义务时应遵循的赔偿原则有：保险人的赔偿限额不得超过保险金额；保险人的赔偿要以实际损失为限，被保险人不得从损失中获益；在履行赔偿时，被保险人必须对保险标的享有可保利益。海上货物运输保险属于补偿性的财产保险合同，保险人只赔偿实际损失，因为保险的目的在于补偿。

3. 近因原则

近因原则是为了明确事故与损失之间的因果关系，明确认定保险责任而专门设立的一项基本原则。它的含义是指保险人对于承保范围内的保险事故作为直接的、最接近的原因所引起的损失应当承担保险责任，而对于承保范围以外的原因造成的损失，不负赔偿责任。

如何认定其致损的近因尚无统一标准，具体的论证方法多种多样，主要有三种：一种是最近时间论，它将各种致损原因按发生的时间顺序进行排列，以最后一个时间作为近因；二是最后条件论，它区别于前一方法，是将致损所不可缺少的各个原因列出，以最后一个条件作为近因；三是直接作用论，即将对于致损具有最直接最重要作用的原因作为近因，这一方法为大多数人所认可。

4. 最大诚信原则

最大诚信原则是指签订保险合同的各方当事人必须最大限度地按照诚实与信用精神协商签约。海上货物运输保险合同当事人应当做到：

（1）告知，也称“披露”，通常指的是被保险人在签订保险合同时，应该将其知道的或推定应该知道的有关保险标的的重要情况如实向保险人进行说明。因为如实告知是保险人判断是否承保和确定保险费率的重要依据。

（2）申报，也称“陈述”。申报不同于告知，具体是指在磋谈签约过程中，被保险人对于保险人提出的问题进行如实答复。由于申报内容也关系到保险人承保与否，涉及海上货物运输保险合同的真实有效，故成为最大诚信原则的另一基本内容。

（3）保证。保证是被保险人向保险人作出的履行某种特定义务的承诺。在海上货物运输保险合同中，表现为明示保证和默证两类。明示保证主要有开航保证、船舶状态保证、船员人数保证、护航保证、国籍保证、中立性保证、部分不投保保证等。而默示保证则主要包括船舶适航保证、船舶不改变航程和不绕航的保证、船货合法性保证等。

5. 代位求偿原则

代位求偿原则是从补偿原则中派生出来的，只适用于财产保险。代位求偿是指，保险标的的损失是由第三者的责任造成时，并且该损失属于保险责任范围内，保险人向被保险人履行了损失赔偿的责任后，保险人有权在保险赔偿的范围内向第三者追偿。被保险人应将向第三者要求赔偿的权利转让给保险人，并协助其向第三者索偿。

在赔付部分损失的情况下，如果保险公司的追偿所得大于赔付给被保险人的金额，保险公司应将多余部分返还给被保险人。在赔付全部损失的情况下，保险公司在取得代位权的同时还取得残存货物的所有权。在这种情况下，即使残存的货值大于保险公司的赔付额，超出部分仍归保险公司所有。

在各国保险业务中，保险公司并非对所有海上风险承保，一般各国保险公司会将其承保的各种基本险别明确加以规定。因此，了解海上货物运输保险承保风险对于顺利开展国际海上货物运输十分必要。

（二）海上货物运输保险承保的风险

并非所有海上风险保险公司都予以承保，为了明确责任，各国保险公司都会对其承保的风险加以规定。海洋货物运输保险中保险人承保的风险主要分为海上风险和外来风险。其中海上风险又包括自然灾害和意外事故。以下是对各风险内容的说明：

1. 海上风险（perils of sea）

（1）自然灾害（natural calamities）。

自然灾害是指不以人的意志为转移的异常的自然界的力量所引起的灾害。但在海上货物运输保险中，保险人承保的自然灾害并不是泛指一切由于自然界力量引起的灾害事故，具体而言，包括以下几种：

第一，恶劣气候。一般是指海上的飓风、大浪暴雨等。这些灾害会引起船体颠簸倾斜，由此而引起的船上所载货物的相互挤压、碰撞所导致的货物的破碎、渗漏、凹瘪等损失。

第二，雷电。海上货物运输保险承保的雷电风险是指货物在海上或陆上运输过程中由于雷电直接造成的或者由于雷电引起的火灾造成的货物的灭失和损害。

第三，海啸。海啸是由地震或风暴所造成的海面的巨大涨落现象。海啸会因为其剧烈震荡而导致货物损失。

第四，浪击落海。浪击落海通常指存放在舱面上的货物在运输过程中受海浪的剧烈冲击而落海造成的损失。我国现行的海上货物运输保险条款的基本险条款不保此项风险，这项风险可以通过附加投保舱面险而获得保障。

第五，洪水。海上货物运输保险承保由于异常短时间内的江河泛滥、暴雨等灾害导致的被保险货物遭受浸泡、冲散等损失。

第六，地震。海上货物运输保险承保由于短时间内地壳剧烈变化而导致的地面震动、塌陷等造成的被保险货物的损失。

上述洪水和地震实际上并非真正发生在海上的风险，但由于这些风险是随附海上航行而产生的，而且危害性往往很大，为了满足被保险人的实际需要，逐渐地把它们列入海上货物运输保险承保的风险范围之内。

（2）意外事故（fortuitous accidents）。

意外事故一般是指外来的、突然的、非意料之中的事故。该事故不仅局限发生在海上，也包括发生在陆地上。意外事故具体包括以下几种：火灾、爆炸、搁浅、触礁、沉没、碰撞、触礁、失踪等。

2. 外来风险

外来风险一般是指海上风险以外的其他外来原因所造成的风险，包括一般外来风险和特殊外来风险两种。

(1) 一般外来风险。一般外来原因所造成的风险为一般外来风险，主要包括偷窃、渗漏、短量、碰损、破碎、钩损、生锈、沾污、串味、淡水雨淋、受热受潮等。

(2) 特殊外来风险是指由于社会政治原因所造成的风险，主要包括战争、罢工、拒收以及交货不到等。

(三) 海上货物运输保险承保的损失

承保的损失是指货物在海上运输过程中，由于海上风险所造成的损坏或灭失，简称海损。根据各国海运保险业务的一般解释，凡与海陆连接的陆运过程中所发生的损坏或灭失，也属海损。海损按照货物损失的程度可以分为全部损失与部分损失；按照货物损失的性质又可分为共同海损和单独海损。在保险业务中，共同海损与单独海损都属于部分损失。

1. 全部损失与部分损失

全部损失 (total loss) 简称“全损”，指货物在运输过程中全部损失，它分为实际全损和推定全损。

实际全损 (actual total loss)，也可称为绝对全损，指保险标的物在运输过程中全部灭失或等同于全部灭失。构成实际全损一般有以下几种情况：

(1) 保险标的灭失。例如，载货船只发生大火，保险货物被大火焚烧，全部烧成灰烬。

(2) 保险标的受损严重，已完全丧失原有商业价值和用途。例如，水泥被海水浸湿后结成硬块而失去原有的属性和用途。

(3) 保险标的物的物权完全丧失或已无法挽回，即被保险人无可弥补地失去对保险标的的实际占有、使用、受益和处分等权利。例如，运输货物被海盗抢劫。

(4) 载货船舶失踪，相当时间内杳无音信。

推定全损 (constructive total loss) 是指货物遭受风险后受损，尽管未达实际全损的程度，但实际全损已不可避免，或者为避免实际全损所支付的费用和继续将货物运抵目的地的费用之和超过了保险价值。推定全损需要经保险人核查后认定。

下列情况为推定全损：由于实际全损似乎无法避免，或为避免实际全损所支付的费用将超过被保险财产的价值而将被保险财产委付；当被保险人因承保的危险丧失对被保险财产的占有，而无法恢复占有或意图恢复占有的费用太高时；或当对被保险财产的修复费用太高时。

部分损失指货物的损失尚未达到全部损失的程度。部分损失按其发生的性质不同，分为共同海损与单独海损两种。

2. 共同海损与单独海损

共同海损 (general average) 是指载货船舶在海运途中遇到危难时，船方为了维护船舶和所有货物的共同安全或使航程得以继续完成，有意和合理地作出的特殊牺牲或支出的特殊费用。由此可见，共同海损包括两种情况：特殊牺牲和牺牲费用。

(1) 必须确有危及船、货共同安全的危险存在，不能凭主观判断可能有危险发生而采取措施。

（2）作出的牺牲和费用必须是有意的。所谓有意指共同海损的发生必须是人为的，有意识的行为的结果，而非某种意外损失

（3）牺牲和费用均须是特殊的。若为了履行运输合同而作出的正常牺牲或费用不在共同海损之列。

（4）处置必须合理。这里合理系指在采取共同海损行为时，必须符合当时实际情况的需要，既是有成效的，又是节约的。

共同海损的牺牲及费用均是使船舶、货物和运费免于遭受损失而支出的，因此应当由获得安全的财产，即由幸存的船舶、货物和运费按其获救后的价值按比例进行分摊。这种分摊称为共同海损分摊。为了计算共同海损的牺牲和费用的金额，需要进行共同海损理算。目前国际上大都按照 1974 年《约克—安特卫普规则》来进行这项工作。

船舶在海上航行遇难，其他经过船舶有自动给予救助的义务，遇难船负责支付一定的救助报酬，称为救助费用。该项费用亦列入共同海损，由船舶、货物、运费三方面按获救价值的比例分摊。各国海运保险单都按各自承保的标准按所应分摊的比例负责偿付。

单独海损（particular average），是指保险标的物由所承保的风险引起的，不属于共同海损的部分损失。单独海损是由意外发生的事故而非人为有意行为所引起的，它只能由遭受损失的一方单独负担此种损失，或者应向对引起该种损失承担责任的人（如承运人）请求赔偿。

与共同海损相比较，单独海损的特点是：它不是人为有意造成的部分损失；它是保险标的物本身的损失；单独海损由受损失的被保险人单独承担，但其可根据损失情况从保险人那里获得赔偿。根据英国海商法，货物发生单独海损时，保险人应赔金额的计算，等于受损价值与完好价值之比乘以保险金。

（四）海上货物运输保险承保的费用

为了避免或减轻事故给被保险货物带来的损失，当被保险货物在运输途中遭遇货物运输保险承保内的事故时，往往还会产生其他的费用和支出，这些费用和支出也可以通过保险公司获得赔偿。保险公司赔偿的费用和支出主要分为两个部分，即施救费用和救助费用。

1. 施救费用（sue and labor expenses）

施救费用，是指保险标的在遭遇保险责任范围内的灾害事故时，被保险人或其代理人、雇佣人及受让人根据保险合同中施救条款的规定，为了避免或减少保险标的的损失，采取各种抢救与防护措施而支出的合理费用。

保险人对被保险人所支出的施救费用承担赔偿责任，赔偿金额以不超过该批被救货物的保险金额为限，并在保险标的的赔偿之外另行支付。被保险人及其雇佣人或代理人按照保险人的指令，采取抢救措施而支出的费用，无论抢救措施是否成功，保险人都要承担该项费用损失。

保险人支付施救费用的条件如下：

（1）施救费用是一种单独费用，是纯粹为避免或减轻某一利益方的损害而支出的费用，也就是说，仅仅是为了被保险人或保险人的利益，而不是为了航行中的船货等多方利益。

（2）施救行为是被保险人、其代理人或雇佣人员为了避免或减少损失直接行使的抢救行为，而不是第三方采取的行为。第三方参加的抢救属于救助行为，产生的费用应在救助

费用项下解决，不得向保险人索赔。

（3）施救费用必须是承保的风险引起的，否则保险人不承担施救费。

（4）施救费用的支出是为了避免责任范围内的损失。如果只承保了全损险，而发生了部分损失，对部分损失的施救所产生的施救费用，保险人不负责赔偿。

（5）施救费用的支出必须合理谨慎。被保险人对受损财产必须全力施救且合理支出施救费用。否则，保险公司不予赔偿。

2. 救助费用（salvage charge）

救助费用，是指被保险标的遭遇保险责任范围以内的灾害事故时，由保险人和被保险人以外的第三者采取救助行为而支付的费用，被称为救助费用。随着航海事业的发展，国际上普遍采用的是契约救助，通常采纳的是英国劳合社的“无效果、无报酬”（No cure, no pay）契约格式。该契约在救助前对遇难船舶和救助人之间报酬的确定、支付办法等做了合理明确的规定，尽管这样，救助费用的确定仍非易事，事成后往往需要由仲裁而定。

保险人对救助费用的赔偿责任须同保险标的本身的赔偿责任结合起来，不得超过保险金额，而且要按照保险金额与被救价值的比例承担应负的赔偿责任。

二、国际海上货物运输保险惯例

在国际货物运输保险中，海上货物运输保险历史最悠久、影响最深远。这主要是由于商船在海洋航行中的风险大、海运事故频发所致。各国对海上货物运输保险所涉及的海上风险及损失等都有自己的界定。由于多式联运的出现、海上设施及责任的增加，现代海上保险已经由海洋扩展到内河、陆地和空中，保险种类也不断增加。

现代意义的保险法产生于14世纪之后。当时的意大利的一些商业城市，由于海上贸易较发达，海上保险业务成为一种通常的交易，且保险纠纷不断增加。15世纪，随着资本主义萌芽，有了海上保险的法律。1369年的《热那亚法令》的规定中已涉及保险业务。1425年西班牙《巴塞罗那法令》规定了海上保险的承保规则和损害赔偿程序，把西方海运世界的保险业务予以系统化，这是最早的海上保险法。到了19世纪，欧洲的主要海运国家都把海上保险作为海商法的重要组成部分编入商法典。其中，具有代表性的是1807年的《法国商法典》和1861年的《德国商法典》。

对现代海上保险影响最大的是英国《1906年海上保险法》（Marine Insurance Act 1906，简称MIA 1906）。它是Mackenizie Dalzell Chalmers爵士在1894年完成起草的，并于1906年获得上议院通过。该法制定的目的在于调整海上保险合同，承认其法律效力，解释其法律含义并赋予法律上的其他支持。该法的规定相当完整，包括海上保险合同的定义、形成、形式要件、基本法律特征、默示内容、合同条款的法律界定及适当解释。另外，在其第30条中规定了标准保险单格式需要作为海上保险法的附件。英国《1906年海上保险法》是西方国家中影响最为深远的一部海上保险法，目前全世界约有2/3国家的海上保险法是参照了英国《1906年海上保险法》而制定，它是许多国家制定本国海上保险法的范本。

另外，目前国际上适用最广泛的共同海损理算规则是《约克—安特卫普规则》，于1974年国际海事委员会汉堡会议通过。最近的一次修订是由于国际海上保险联盟认为

1994年《约克—安特卫普规则》共同海损范围太广，理算过于烦琐，因而于2004年国际海事委员会第38届大会通过了《约克—安特卫普规则》。《约克—安特卫普规则》由四组不同性质的条文组成，全文共32条，扩大了船方的赔偿额，减少了货方的共同海损分摊。《约克—安特卫普规则》不是国际公约，而只是一种国际贸易惯例规则，但由于它在很多问题上基本统一了欧美各国海损理算的做法，并曾取得国际法协会的认可，因此已被国际海运、贸易和保险界所接受，在海洋运输提单、租船合同和保险契约中约定采用，目前，它的适用范围比较广泛，国际上凡是载运国际贸易商品的海轮发生共同海损事故，一般都按照《约克—安特卫普规则》进行理算。

三、国际海上货物运输保险规则及险别

（一）英国协会货物保险条款

《英国伦敦协会海运货物保险条款》，一般简称为《伦敦协会货物条款》（Institute Cargo Clause，ICC）。伦敦保险业协会最早的海上货物运输保险条款可以追溯到1963年的《伦敦协会货物保险条款》，简称ICC旧条款，也就是以前的平安险条款、水渍险条款和一切险条款。由于国际贸易事业的发展、运输方式的改变，原条款已经不适合于形势发展的需要，于1982年1月1日修改为《伦敦协会货物条款（A）》［Institute Cargo Clauses（A）］、《伦敦协会货物条款（B）》［Institute Cargo Clauses（B）］和《伦敦协会货物条款（C）》［Institute Cargo Clauses（C）］。一般统称为《伦敦协会货物条款》。原旧条款的结构主要依附于英国S. G. 保险单。新条款以自己独立的一种条款适用于新的海上保险单格式。新条款改变了原旧条款的一切险、水渍险和平安险的名称，以ICC（A）、ICC（B）、ICC（C）条款分别代替之，共8项19条。包括承保范围、除外责任、保险期限、赔偿、保险利益、减少损失、防止延迟和法律实施。

2009年，伦敦保险业协会又对1982年条款重新进行了一些完善和改进，2009年的条款顺应了航运市场的新发展，普遍性的修改主要是删除了1982年条款某些表达不全面的副标题，如除外条款中的战争除外条款、罢工除外条款，直接以除外条款6、除外条款7命名；并且将以前的一些措辞古老、有时候很难正确理解其含义的词语表达规范化，使条款的含义表达更加清楚，如用employee代替servant，用insurers代替underwriters。这些都不会影响到保险合同双方的实质性权利和义务。2009年条款的实质性修改主要体现在运送条款、航程改变条款和除外责任条款，这些修改会影响到双方权利义务的划分。总的来说，新条款的修改使得保险合同双方的责任更加明确，在利益平衡方面更加注重保护被保险人的利益。

1. 除外责任条款

除外责任条款包括一般除外责任、船舶不适航和不适货除外责任、战争险除外责任、罢工险除外责任、核风险除外责任。

2. 基本险条款

（1）《伦敦协会货物条款（A）》。

承保“除外责任”各条款规定以外的一切风险所造成的保险标的损失；承保共同海损

和救助费用；根据运输契约订有“船舶互撞”条款应由货方偿还船方的损失。ICC（A）承保的范围最大。

ICC（A）条款规定的除外责任包括一般除外责任和特殊除外责任。

(2)《伦敦协会货物条款（B)》。

《伦敦协会货物条款（B)》承保的范围是因自然灾害及重大与非重大意外事故造成的保险标的的损失和损害。ICC（B）承保的风险较ICC（A）小，在内容上除承保的风险与除外责任与ICC（A）不同外，其余各条均与ICC（A）相同。

ICC（B）条款对承保风险的规定采用列明风险的方法，即在条款的首部把保险人所承保的风险一一列出。保险标的物的灭失或损坏可合理地归因于下列任何之一者，保险人予以赔偿：火灾或爆炸；船舶或驳船搁浅、触礁、沉没或倾覆；陆上运输工具的倾覆或出轨；船舶、驳船或运输工具同除水以外的任何外界物体碰撞；在避难港卸货；地震、火山爆发、雷电；共同海损牺牲；海水、湖水或河水进入船舶、驳船、运输工具、集装箱、大型海运箱或贮存住所；货物在装卸时落海或摔落造成整件的全损。

ICC（B）与ICC（A）的除外责任有以下两项区别：

第一，ICC（A）除对被保险人的故意不法行为所造成的损失、费用不负赔偿责任外，对被保险人之外任何个人或数人故意损害和破坏标的物或其他任何部分的损害，要负赔偿责任；但ICC（B）对此均不负赔偿责任。

第二，ICC（A）把海盗行为列入风险范围，而ICC（B）对海盗行为不负保险责任。

(3)《伦敦协会货物条款（C)》。

ICC（C）承保的风险比ICC（A)、ICC（B）要小得多，它只承保“重大意外事故”，而不承保“自然灾害及非重大意外事故”。其具体承保的风险有：火灾、爆炸；船舶或驳船触礁、搁浅、沉没或倾覆；陆上运输工具倾覆或出轨；在避难港卸货；共同海损牺牲；抛货。

ICC（C）的除外责任与ICC（B）完全相同。

在《伦敦协会货物条款》中，除以上所述的ICC（A)、ICC（B)、ICC（C）三种险外，还有战争险、罢工险和恶意损害险三种。应注意的是，其“战争险”和“罢工险”不同于中国保险条款的一定要在投保了三种基本险别的基础上才能加保的规定，而是可以作为独立险别投保的。恶意损害险所承担的是被保险人以外的其他人（如船长、船员等）的故意破坏行为所致被保险货物的灭失和损害。它属于ICC（A）的责任范围，但在ICC（B)、ICC（C）中，则被列为“除外责任”。

此外，《伦敦协会货物条款》三种基本险别ICC（A)、ICC（B)、ICC（C）的保险责任起讫，仍然采用“仓至仓条款”，同中国保险条款的规定大体相同，只是规定得更为详细。战争险的保障期限仍采用“水上危险”原则。同时，罢工险的保险期限与ICC（A)、ICC（B)、ICC（C）的保险期限完全相同，即也采用“仓至仓”原则。

（二）美国协会货物保险条款

2004年，美国海上保险人协会推出《美国协会货物保险条款》(American Institute Cargo Clauses，AICC2004)。在这个条款中，美国改变了以往的单一货物保险条款的格式，而进一步将其划分为四套保险条款，即为“一切险”条款（all risks，AR)，“负责单独海损赔偿”

条款（with average，WA）“单独海损不赔—美国条件”（free of particular average-american conditions，FPAAC），与“单独海损不赔—英国条件”（free of particular average-english conditions，FPAEC），以供被保险人依其实际需要选择使用。

与英国《伦敦协会货物条款》相比，《美国协会货物保险条款》更具独立性。

（三）国际海上货物运输保险险别

世界上大多数国家和地区都使用英国伦敦保险业协会制定的 ICC 旧条款，即其之前的平安险条款、水渍险条款和一切险条款。

1. 基本险

基本险一般包括平安险、水渍险和一切险。这三种险别都是海上货物运输的基本险别，被保险人可以从中选择一种投保。我国参照过去《伦敦协会货物条款》制定的海洋运输条款，相对应采用平安险、水渍险和一切险三种险别。

（1）平安险。

平安险（free from particular average，F. P. A.）又称“不保单独海损险”，《伦敦协会货物条款》用 ICC（C）代表平安险。其英文原意是指单独海损不负责赔偿，根据国际保险界对单独海损的解释，它是指部分损失。这一险别的责任范围主要包括：

第一，在运输过程中，由于自然灾害和运输工具发生意外事故，造成被保险货物的实际全损或推定全损。

第二，运输工具遭遇搁浅、触礁、沉没、互撞或与其他物体碰撞以及失火、爆炸等意外事故造成的保险货物的全部或部分损失。

第三，只要运输工具曾经发生搁浅、触礁、沉没、焚毁等意外事故，无论这个意外事故发生之前或者以后曾在海上遭恶劣气候、雷电、海啸等自然灾害所造成的被保险货物的部分损失。

第四，在装卸转船过程中，一件或数件被保险货物落海所造成的全部损失或部分损失。

第五，运输工具遭遇自然灾害或意外事故，在避难港卸货所引起被保险货物的全部损失或部分损失。

第六，运输工具遭遇自然或灾害或意外事故，需要在中途的港口或者在避难港口停靠，因而引起的卸货、装货、存仓以及运送货物所产生的特别费用。

第七，发生共同海损所引起的牺牲、公摊费和救助费用。

第八，发生了保险责任范围内的危险，被保险人对货物采取抢救、防止或少损失的各种措施，因而产生合理施救费用。

（2）水渍险。

水渍险（with particular average，W. P. A.）又称“单独海损险”，英文原意是指单独海损负责赔偿，这里的“海损”是自然灾害及意外事故导致货物被水淹没引起的货物损失。承保范围：

第一，被保险货物在运输途中由于恶劣气候、雷电、海啸、地震、洪水等自然灾害造成整批货物的实际全损或推定全损。被保险货物用驳船运往或运离海轮的，每一驳船所装的货物可视作一个整批。

第二，由于运输工具遭受搁浅、触礁、沉没、互撞、与流冰或其他物体碰撞以及失火、爆炸等意外事故造成货物的全部或部分损失。

第三，在运输工具已经发生搁浅、触礁、沉没、焚毁意外事故的情况下，货物在此前后又在海上遭受恶劣气候、雷电、海啸等自然灾害所造成的部分损失。

第四，在装卸或转运时由于一件或数件整件货物落海造成的全部或部分损失。

第五，被保险人对遭受承保责任内危险的货物采取抢救、防止减少货损的措施而支付的合理费用，但以不超过该批被救货物的保险金额为限。

第六，运输工具遭遇海难后，在避难港由于卸货所引起的损失以及在中途港、避难港由于卸货、存仓以及运送货物所产生的特别费用。

第七，共同海损的牺牲、分摊和救助费用。

第八，运输契约订有“船舶互撞责任”条款，根据该条款规定应由货方偿还船方的损失。

第九，被保险货物由于恶劣气候、雷电、海啸、地震、洪水自然灾害所造成的部分损失。

水渍险承保责任起讫期限采用“仓至仓条款”，如未抵达保险单所载明的仓库或储存处所，则以被保险货物在最后卸载港全部卸离海轮后满 60 天为止；如在上述 60 天内被保险货物需转运至非保险单所载明的目的地时，则以该项货物开始转运时终止。

（3）一切险。

一切险（all risks）是海上货物运输保险的主要险别之一，其负责的范围很广泛。它除了承保平安险和水渍险的各项责任外，不论全损或部分损失，除对某些运输途耗的货物，经保险公司与被保险人双方约定在保险单上载明的免赔率外，保险公司都给予赔偿。外来原因通常所致的损失有：偷窃、提货不着、淡水、雨淋、短量、混杂、玷污、渗漏、碰损、破碎、串味、受潮受热、钩损、包装破裂、锈损等。上述外来原因所致的损失，也可以选择其中一项或数项在平安险或水渍险的基础上加保。英国 1982 年新修订的《伦敦协会货物条款》已将原来的“一切险”改称为 ICC（A）条款。

在一切险、平安险和水渍险三种基本险别中，明确规定了除外责任。所谓除外责任是指保险公司明确规定不予承保的损失或费用。中国保险条款规定保险公司有以下除外责任：

第一，被保险人故意行为或过失所造成的损失。

第二，属于发货人责任所引起的损失。

第三，在保险责任开始前，被保险货物已存在的品质不良或数量短差所造成的损失。

第四，被保险货物的自然损耗、本质缺陷、特性以及市价跌落、运输延迟所引起的损失和费用。

第五，属于海上运输货物战争险和罢工险条款规定的责任范围和除外责任。

2. 一般附加险

一般附加险是指不能单独投保，只能附加于基本险投保的保险险种，基本险因失效、解约或满期等原因效力终止或中止时，附加险效力也随之终止或中止。

（1）偷窃提货不着险（theft piferage and non-delivery，T. P. N. D.）：保险有效期内，

保险货物被偷走或窃走，以及货物运抵目的地以后，整件未交的损失，由保险公司负责赔偿。

（2）淡水雨淋险（fresh water rain damage，F. W. R. D.）：货物在运输中，由于淡水、雨水以至雪溶所造成的损失，保险公司都应负责赔偿。淡水包括船上淡水舱、水管漏水以及汗等。

（3）短量险（risk of shortage）：负责保险货物数量短少和重量的损失。通常包装货物的短少，保险公司必须要查清外装包是否发生异常现象。

（4）混杂玷污险（risk of intermixture or contamination）：保险货物在运输过程中，混进了杂质所造成的损坏。

（5）渗漏险（risk of leakage）：流质、半流质的液体物质如油类物质，在运输过程中因为容器损坏而引起的渗漏损坏。

（6）碰损破碎险（risk of clash or breakage）：碰损主要是对金属、木质等货物来说的，破碎则主要是对易碎性货物来说的。

（7）串味险（risk of odor）：例如茶叶、香料、药材等在运输途中受到一起堆储的皮革、樟脑等异味的影响使品质受到损失。

（8）受热受潮险（damage caused by heating or sweating）：例如，船舶在航行途中，由于气温骤变，或者因为船上通风设备失灵等使舱内水汽凝结、发潮、发热引起货物的损失。

（9）钩损险（hook damage）：保险货物在装卸过程中因为使用手钩、吊钩等工具所造成的损失，例如粮食包装袋因吊钩钩坏而造成粮食外漏所造成的损失，保险公司应予赔偿。

（10）包装破裂险（loss for damage by breakage of packing）：因为包装破裂造成物资的短少、沾污等损失。此外，对于因保险货物运输过程中续运安全需要而产生的候补包装、调换包装所支付的费用，保险公司也应负责。

（11）锈损险（risk sourest）：保险公司负责保险货物在运输过程中因为生锈造成的损失。不过这种生锈必须在保险期内发生，如原装时就已生锈，保险公司不负责任。

上述11种附加险不能独立承保，它必须附属于基本险别下。也就是说，只有在投保了基本险别以后，投保人才允许投保附加险。投保一切险后，上述险别均包括在内。

3. 特别附加险

特别附加险是以导致货损的某些政府行为风险作为承保对象的，它不包括在一切险范围内。我国保险公司开办的特别附加险有以下6种：

（1）交货不到险。该险承保自被保险货物装上船舶时开始，在6个月内不能运到原定目的地交货。不论何种原因造成交货不到，保险人都按全部损失予以赔偿。

（2）进口关税险。该险承保的是被保险货物受损后，仍得在目的港按完好货物交纳进口关税而造成相应货损部分的关税损失。但是，保险人对此承担赔偿责任的条件是货物遭受的损失必须是保险单承保责任范围内的原因造成的。

（3）舱面货物险。该附加险承保装载于舱面的货物被抛弃或海浪冲击落水所致的损失。一般来讲，保险人确定货物运输保险的责任范围和厘定保险费时，是以舱内装载运输为基础的。但有些货物因体积大或有毒性或有污染性或根据航运习惯必须装载于舱面，为对这类货物的损失提供保险保障，可以加保舱面货物险。

(4) 拒收险。当被保险货物出于各种原因，在进口港被进口国政府或有关当局拒绝进口或没收而产生损失时，保险人依拒收险对此承担赔偿责任。

(5) 黄曲霉素险。该附加险承保被保险货物（主要是花生）在进口港或进口地经卫生当局检验证明，其所含黄曲霉素超过进口国限制标准，而被拒绝进口、没收或强制改变用途所造成的损失。按该险条款规定，经保险人要求，被保险人有责任处理被拒绝进口或强制改变用途的货物或者申请仲裁。

(6) 出口货物到香港（包括九龙）或是澳门存仓火险责任扩展条款。这是中保财产保险公司所开办的一种特别附加险。它对于被保险货物自中国内地运抵香港（包括九龙）或澳门，卸离运输工具，直接存放于保险单载明的过户银行所指定的仓库期间发生火灾所受的损失，承担赔偿责任。该附加险是一种保障过户银行权益的险种。

第三节　海上货物运输保险合同

一、海上货物运输保险合同概述

海上货物运输保险合同（marine insurance contract）是指被保险人支付保险费，由保险人按照合同规定的承保范围，对被保险人遭受保险事故造成保险标的之损失以及产生之责任进行赔偿的合同。海上货物运输保险合同的保险标的是海上财产及其利益、运费和责任等。海上货物运输保险合同属于财产保险合同的一种，但又在保险标的的多样性、保险事故的复杂性、保险利益主体的多变性等方面具有特殊性。

（一）海上货物运输保险合同关系人

海上货物运输保险关系人主要包括：投保人、被保险人、保险人、保险代理人。

(1) 投保人。投保人是向保险人申请，与保险人就保险合同进行洽谈，签订保险合同，并负有交纳保险费义务的人。投保人可以是法人，也可以是自然人，但在大多数海上货物运输保险合同中，投保人是法人。

(2) 被保险人。被保险人是受海上货物运输保险合同保障的人，是在保险标的遭受保险事故后发生损害，因而有权按照保险合同向保险人请求赔偿的人。被保险人若不是投保人则不一定需要具有行为能力。

(3) 保险人。保险人是保险合同的一方当事人，是按照保险合同规定收取保险费，并负责对保险标的发生保险事故后遭受的损失给予经济补偿的人。在海上保险业务中，保险人一般都是法人。

(4) 保险代理人。保险代理人是根据代理合同或授权书，在指定地区以保险人的名义为保险人经营海上保险业务，并向保险人收取代理手续费的人。

另外，海上货物运输保险合同还可能涉及保险经纪人和保险公证人。前者是指基于投保人利益，为投保人与被保险人订立保险合同、提供中介服务并依法收取佣金的人。后者则是指受保险当事人委托，向委托人收取佣金，办理受损标的的勘察、检验、鉴定、估损与赔偿理算并予以证明的人。

（二）海上货物运输保险合同的法定内容

各国海上保险法关于海上货物运输保险合同的内容规定不一，根据我国《海商法》和《保险法》的有关规定，海上货物运输保险合同至少应当包含以下内容：

（1）保险人名称和住所。

（2）投保人、被保险人名称和住所。

（3）保险标的。

（4）保险价值和保险金额。

（5）保险责任和除外责任。

（6）保险期间。

（7）保险费以及支付办法。

（8）保险金赔偿或给付办法。

（9）违约责任和争议处理。

（10）合同订立的时间。

投保人和保险人可以在上述内容的基础上，就具体保险标的和保险风险的有关事项作出约定。

（三）海上货物运输保险合同的标的

海上货物运输保险合同的保险标的是指保货物和货物的预期利润等保险合同指向的物或其他经济利益与责任。

（1）货物。作为海上保险标的的货物，必须是处于海洋运输过程中的货物。“海洋运输过程”是在双方约定情况下的正常运输过程，海上、陆上、内河和驳船运输均包括在内。

（2）船舶。海上保险中所指的船舶和我国日常所说的船舶，在要领上并不完全一致。多国海商法所指的船舶是指在海上航行的商务船。我国《海商法》第3条规定，船舶是指海船和其他海上移动装置，但是用于军事、政府公务的船舶和20总吨以下的小型船艇除外。船舶的保险价值是保险责任开始时船舶的价值，包括船壳、机器、设备的价值，以及船上燃料、物料、索具、给养、淡水的价值。

（3）船舶营运收入。船舶营运收入是指船舶在运输营业中可以期望获得的收入，包括运费、租金和旅客票款。

（4）货物预期利润。货物预期利润指货物运达目的地卖出或转卖后，预期可以取得的利润。

（5）船员工资和其他报酬。在海上运输过程中，如果船舶发生全损或者船舶在航运途中发生部分损失，从而被迫进行修理时，船员工资和其他报酬就无法收回。因此，被保险人可以就这笔费用进行保险。

（6）对第三者的责任。对第三者的责任是指船舶所有人因海损事故对第三方应负的赔偿责任。作为海上保险标的的第三者责任主要有两种形式，即违约责任和侵权责任。

（7）由于发生保险事故可能受到损失的其他财产和产生的责任及费用。这是一条概括性的规定，对上述具体列明的海上保险标的的内容做了补充，有利于保险人和被保险人通过平等协商，确定保险标的的范围。

在实践中通常针对不同的标的制定不同的保险合同，或综合上述几项组成一份保险合同。如海上货物运输保险合同主要是针对货物，附带考虑货物的预期利润；船舶保险合同则针对船舶、船舶营运收入、第三人责任等。

（四）海上货物运输保险合同的变更

海上货物运输保险合同的变更是指保险合同当事人就为适应具体情势的变化而改变保险合同的具体内容所作出的一致协议。这种变更的内容大致包括：风险变更（航程变更、中途绕航、船舶变更、延误开航、延误续航等）、标的数量和质量以至保险价值变更、险别变更和保险期限变更等。

保险合同变更必须经过以下程序：

（1）投保人发出更改请求；

（2）保险人就更改请求进行审核；

（3）保险人通知投保人审核结果；

（4）保险人在保险合同上签发批单或加贴附加条款；

（5）投保人支付手续费，并在必要时加付保险费。

（五）海上货物运输保险合同的转让

海上货物运输保险合同的转让通过保险单的转让来实现。货物运输保险合同的转让不必先取得保险人的同意。海上货物运输保险单之所以可自由转让，就在于货物一经启运，作为被保险人的货主就失去了对货物的直接控制，被保险人的变更对运输途中的损失风险不具有实质性的影响。

按海上货物运输保险的惯例和法律，被保险人以背书方式将保险单随同货物所有权一起转让给受让人。此时保险单的受让人与保险人之间的权利和义务不发生变化。国际贸易中买卖双方若采用CIF方式成交，每一单交易都会产生保险合同的转让。卖方负责投保货物运输险，并经背书将全部单据转让给买方。如果投保的货物发生了承保范围内的货损、货差，买方有权凭卖方转让给他的保险单向保险人索赔。保险人不能以保险合同经过转让为由而拒绝赔偿。

海上货物运输保险合同转让时，如发生保险费交付问题，受让人和被保险人应负连带责任，保险人既可以向受让人收取保险费，也可以向被保险人收取保险费。但不得超过合同规定的保险金额。例如我国《海商法》第229条规定，合同转让时尚未支付保险费的，被保险人和合同受让人负连带支付责任。

（六）海上货物运输保险合同的解除

如果在海上货物运输保险合同的有效期间出现了一些特定的情况，可以解除海上货物运输保险合同。解除海上货物运输保险合同的原因可以分为以下几类：

（1）自然解除，即在规定的时间和范围内，保险标的没有遭遇任何保险事故而发生损失；或者保险标的虽然有损失，但造成损失的原因不是保险合同承保的风险。这是绝大多数保险合同解除的原因。

（2）履约，即在规定的时间和范围内，保险标的遭遇到保险事故而发生损失，保险人根据保险合同给予了赔偿。

（3）违约，即因为一方或双方当事人违反约定，使保险合同实际无法履行，造成合同解除。

(4) 欺诈，欺诈的表现形式为被保险人违反告知义务和被保险人或受益人谎称发生了保险事故或者故意制造保险事故。

(5) 重大变更。

(6) 双方约定。

二、海上货物运输保险合同的国际法规范

英国《2015 年保险法》(The Insurance Act 2015) 被视为英国 100 年来，即自英国《1906 年海上保险法》以来，英国保险法最重要的变革。它是关于海上货物运输保险合同的最为重要的国际法律，

英国《2015 年保险法》从要约及承诺、缔约能力、对价（约因）和建立法律关系的意图四个方面规定了有效合同的要求，并在保险责任划分及保险原则等方面做了规定。

与英国《1906 年海上保险法》相比，《2015 年保险法》的修改指向最大诚信、保证及条件和保险欺诈。除了规定被保险人的“合理告知”义务外，限制了违反保险法中的保证对被保险人的苛刻规定，并进一步明确了欺诈性索赔问题。

三、国际货物运输保险单证

(一) 国际货物运输保险单证的内容及法定分类

保险单 (insurance policy) 是载有保险合同内容的书面文件。它在形式上确定了双方当事人之间的保险权利义务关系，是保险公司对被保险人保险标的承保的证明。在被保险货物受损时，保险单是被保险人索赔和保险人理赔的主要依据，是银行结汇的重要单据。保险单内容一般包括：

(1) 保险单号码；

(2) 被保险人姓名；

(3) 保险的标的物和承保的风险；

(4) 保险的航次和期间；

(5) 保险金额；

(6) 保险人名称；

(7) 船名；

(8) 保险费；

(9) 本保险适用的条款和批单。

(二) 国际货物运输保险单证的法定分类

海上保险单是保险合同成立的依据，是保险人已接受保险的正式凭证，也是被保险人向保险人索赔的重要依据。海上保险单通常分为以下几类：

(1) 按保险价值，可分为定值保险单与不定值保险单。

定值保险单是指载明保险标的约定价值的保险单，通常为货物在起运地成本价格基础

上再加上一定的运费、保费和预期利润。不定值保险单指未载明保险标的的价值的保险单，但受保险金额制约，按前述规定将保险价值留待以后确定。

(2) 按保险期限，分为航程保险单、定期保险单和混合保险单。

航程保险单是指以一次或多次航程为期限的保险单。定期保险单是指保险人的责任期限以保险人与被保险人约定的期限为限的保险单。约定时间由双方当事人在订立合同时商定，并在保险单上载明。定期保险多用于船舶保险和运费保险，货物运输保险中较少采用。混合保险单是指承保人既承保保险标的物的特定航程，又在一定时间内对之负责的保险单。由于其兼有航程和定期保险单的性质，故称为混合保险单。

(3) 按船名是否确定，分为定名保险单、流动保险单、预约保险单及总括保险单。

定名保险单是指投保时船舶名称已经确定，并在保单上注明船舶名称和开船日期的保单。通常使用最多的是这个保单。流动保险单是指保险人与被保险人就总的承保条件，如承保风险、费率、总保险金额、承保期限等事先予以约定，细节留待以后商定的保单。预约保险单，又称开口保单，与流动保单类似，只是在保单中未规定保险总金额。总括保险单是保险人在约定的保险期间内，对一定保险标的的总承保单，适用于整批成交多次分批出运、运输距离短、每次出运货物的种类及价值相近的货物保险。

(4) 重复保险单，是指被保险人在同一保险期间内与数个保险人，就同一保险利益、同一保险事故分别订立数个保险合同。

(5) 保险凭证 (insurance certificate)，是一种简式保险合同。通常仅载有正式保险单正面的条款，而对保险单背面有关保险人和被保险人权利义务的条款则不予登载。

第五节　其他方式货物运输保险

一、陆上货物运输保险

陆上货物运输保险是指保险人与投保人之间达成的，以陆上货物运输过程中的货物作为保险标的，由保险人对于被保险货物因自然灾害或意外事故造成的损失承担赔偿责任的协议。国际陆上货物运输保险合同适用于国际贸易的进出口货物及其他涉外经济活动的物品，在跨越国界的陆地上进行的运输活动。在我国，国际陆上货物运输保险合同习惯称为陆运保险合同。仅限于使用火车、汽车进行的运输活动，使用其他陆上运输工具的货物运输活动则不予承保。

(一) 陆运保险的基本险别

陆运保险的基本险别有陆运险和陆运一切险。另外制定的陆运冷藏货物的专门险别——陆上运输冷藏货物险，也属基本险。在投保陆运基本险的基础上，保险人还可以根据情况，加保附加险。附加险与海上货物运输保险一样，分为一般附加险和特殊附加险。

1. 陆运险的保险责任

(1) 因被保险货物在运输途中遭受暴风、雷电、洪水、地震等自然灾害，或由于运输工具遭受碰撞、倾覆、出轨，或在驳运过程中因驳运工具遭受搁浅、触礁、沉没、碰撞，或由于遭受隧道坍塌、崖崩或失火、爆炸等意外事故造成的全部或部分损失。

（2）被保险人对遭受承保责任内危险的货物采取抢救措施以防止或减少货损而支付的合理费用，但以该批被救货物的保险金额为限。

2. 陆运一切险的保险责任

陆运一切险的保险责任除包括上述陆运险的保险责任以外，还负责被保险货物在运输途中由于外来原因造成的短少、短量、偷窃、渗漏、碰损、破碎、钩损、雨淋、生锈、受潮、发霉、串味、玷污等全部或部分损失。

3. 陆上运输冷藏货物险

陆上运输冷藏货物险是陆上货物运输保险的一个专门险别。其责任范围是：陆运全部保险责任范围：由于冷藏机器或隔温设备在运输途中损坏，而使被保险货物解冻、融化、腐烂所造成的损失。

4. 陆上运输货物战争险

该险别是陆上货物运输保险的一种附加险，投保人只有在投保了基本险之后才能投保附加险。附加该种险别必须加收保险费。陆上运输货物战争险的责任范围是：陆运途中的货物因为战争、类似战争行为和敌对行为、武装冲突所致的损失，以及各种常规武器所致的损失。但是，对于敌对行为使用原子武器和热能武器所致的损失和费用，以及根据执政者或其他武装集团的扣押引起的承保运程的损失和挫折所造成的损失除外。

5. 陆上货物运输保险的除外责任

陆上货物运输保险对下列损失不负赔偿责任：

（1）被保险人的故意行为或过失所造成的损失。

（2）属于发货人责任所引起的损失。

（3）在保险责任开始前，被保险货物已存在的品质不良或数量短差所造成的损失。

（4）被保险货物的自然损耗、本质缺陷、特性以及市价跌落、运输延迟所引起的损失或费用。

（5）陆上运输货物战争险条款和货物运输罢工险条款规定的责任范围和除外责任。

（二）陆上货物运输保险责任起讫期限

陆运险的责任起讫期限也采用“仓至仓”条款。保险人的责任自被保险货物运离保险单所载明的起运地仓库或储存处开始生效。包括正常陆运及有关水上驳运，直至货物送达保险单所载明的目的地收货人仓库或储存处或被保险人用作分派、分配的其他储存处为止。如未抵达上述仓库或储存处，则以被保险货物运抵最后卸载的车站满 60 天止。如在中途转车，不论货物在当地卸车与否，保险责任从火车到达中途站的当日午夜起满 10 天为止。如果被保险货物在 10 天内重新装车续运，则保险责任继续生效。

在投保陆运保险时，还可以加保一种或若干种附加险。如陆运战争险，它是指承保直接由于战争、类似战争行为以及武装冲突所造成的损失，保险人的具体责任同海运战争基本险相似，即仅以铁路运输为限，其责任起讫不是“仓至仓”，而是以货物置于运输工具为限。加保陆运战争时，保险人的责任起讫期限为自货物装上火车时开始，到在目的地卸离火车为止。如果被保险货物不卸离火车，则以火车到达目的地当日午夜日起算，满 48 小时为止。

此外，陆上货物运输罢工险也是一种陆运附加险，其保险手续的办理也与海上货物运输罢工险相同，在加保战争险的同时加保罢工险，不另收费，若仅要求加保罢工险，则按战争险费率收费。

二、航空货物运输保险

航空货物运输保险是以航空运输过程中的各类货物为保险标的，当投保了航空货物运输保险的货物在运输途中因保险责任造成货物损失时，由保险公司提供经济补偿的一种保险业务。

（一）航空货物运输保险的险别及保险责任

我国航空货物运输保险分为航空运输险和航空运输一切险两种。

1. 航空运输险

航空运输险的承保范围包括：

（1）被保险货物在运输途中遭受雷电、火灾、爆炸或由于飞机遭受恶劣气候或其他危难事故而被抛弃，或由于飞机遭碰撞、倾覆、坠落或失踪意外事故所造成的全部或部分损失。

（2）被保险人对遭受承保责任内危险的货物采取抢救、防止或减少货损的措施而支付合理费用，但以不超过该批被救货物的保险金额为限。

2. 航空运输一切险

除包括上列航空运输险责任外，航空运输一切险还负责被保险货物由于外来原因所致的全部或部分损失。

3. 航空货物运输保险的除外责任

航空货物运输保险对下列损失不负赔偿责任：

（1）被保险人的故意行为或过失所造成的损失。

（2）属于发货人责任所引起的损失。

（3）保险责任开始前，被保险货物已存在的品质不良或数量短差所造成的损失。

（4）被保险货物的自然损耗、本质缺陷、特性以及市价跌落、运输延迟所引起的损失或费用。

（5）航空运输货物战争险条款和罢工险条款规定的责任范围和除外责任。

（二）航空货物运输保险责任起讫

航空货物运输保险的责任起讫期限也采用“仓至仓”条款。保险人的责任自被保险货物运离保险单所载明的起运地仓库或储存处开始生效，包括正常运输过程中的运输工具在内，直至货物送达保险单所载明的目的地收货人仓库或储存处或被保险人用作分派、分配的其他储存处为止。

如未抵达上述仓库或储存处，则以被保险货物在最后卸载地卸离飞机满 30 天止。如在上述 30 内被保险的货物需转送到非保险单所载明的目的地时，则以该项货物开始转运时终止。

由于被保险人无法控制的运输延迟、绕道、被迫卸货、转载或承运人运用运输契约赋予的权限所做的任何航行上的变更或终止运输契约，致使被保险货物运到非保单所载的目的地时，在被保险人及时将获知的情况通知保险人，并在必要时加缴保险费的情况下，本保险仍继续有效，保险责任按下列规定终止：

（1）被保险货物在非保单所在的目的地出售，保险责任至交货时为止。但不论任何情况，均以被保险的货物在卸载地卸离飞机后满30天为止。

（2）被保险货物在上述30天期限内继续运往保险单所载目的地或其他目的地时，保险责任仍按上述规定终止。

三、国际货物多式联运保险

国际货物多式联运保险（international combined transport cargo insurance）是以国际货物多式联运的货物为保险标的的保险。

（一）国际集装箱多式联运保险涉及的范围

多式联运保险中，在以集装箱进行多式联运时，保险利益所涉及的范围有所扩大。主要的保险利益人归纳如下：

1. 海运经营人

如果集装箱由船公司拥有，则由船公司进行投保，包括延长集装箱船舶保险期、扩大承保范围、单独的集装箱保险等。在实际业务中，单独的集装箱保险比延长船舶保险期应用得更为广泛。

2. 陆上运输经营人

通常指国际货运代理人、公路承运人、铁路承运人等，其为货主提供联运服务时，通常都由自己对集装箱进行投保。

3. 租箱公司

在选择租箱运输时，都应确定由谁对集装箱进行投保。较为实际的做法都是由租箱公司继续其保险，再向承租人收取费用。

4. 第三方责任

在集装箱多式联运过程中，除因箱子损坏而产生经济损失外，还有可能对第三方引起法律责任。由于对第三方的损失责任可能发生在世界任何用箱地，因此，其签订的保险单也必须是世界范围内的。

（二）多式联运经营人的责任保险和货物保险之间的关系

在多式联运条件下，多式联运经营人应对多式联运全程负责，但多式联运经营人对于运输过程中造成的货物损坏或灭失的赔偿责任，通常以货物赔偿责任保险向保险公司或赔偿协会投保。

货物运输保险可分为两种形式：一种是货物保险，由货主向货物保险公司投保；另一种是责任保险，由承运人（经营人）向互保协会（TTCLUB）投保。

实际业务中，多式联运经营人的多式联运责任保险所承担的风险取决于他签发的提单所规定的责任范围，即货物保险承保的是货主所承担的风险，而责任保险所承担的则是多式联运经营人所承担的风险。根据有关的国际公约和规则的规定可以看出，两者之间既存在共同承保货物运输风险的关系，也有互为补充的关系。例如，在多式联运提单下，由于不可抗力以及罢工、战争原因所造成的损害是免责的，而在全损险和战争险、罢工险条件下的货物保险则包括上述事项。不论把多式联运经营人的责任扩大到什么范围，或严格到什么程度，货主都不会不需要货物保险。

另外，责任保险是以由运输合同约束的货主与承运人（经营人）之间的权利、义务为基础的保险。与此相对，货物保险则是由有无损害发生的事实约束的货主与保险人之间以损害赔偿合同约定的保险。因承运人保留权利而不得不由货主负担的各种风险，理所当然地属于货物保险的范围。

（三）国际货物多式联运保险的责任划分

海上货物运输保险与国际货物多式联运保险的风险保护，在某种意义上说是一致的。目前，以国际贸易运输货物为承保对象的英文保险单大都是以英国《1906 年海上保险法》为依据的。在货物运输过程中，货物运输保险应就运输全程所发生的危险向被保险人提供连续、不间断的保险。从这一传统的海上货物运输保险的基本概念来看，海上货物运输保险与因集装箱化而出现的真正意义上的多式联运过程中所发生的货物风险，从体制上讲是相适应的。

从构成保险合同的条款和保险期限等方面看，海上货物运输保险也能提供适应于集装箱化和国际多式联运下的“门到门”运输的全程货物保险体制。以目前世界各国保险市场上广泛使用的英国《伦敦协会货物条款》为例，根据协会的“仓至仓”条款，不论贸易当事人之间对货物的风险、责任转移的时间和地点等约定有什么差异，从货物离开起运地仓库或其他场所时开始，至进入最终目的地仓库时止，货物运输保险均应对货物运输给予全程保险。

本章小结

国际货物运输保险是以对外贸易货物运输过程中的各种货物作为保险标的的保险。分为海上货物运输保险、陆上货物运输保险以及航空货物运输保险。本章主要对海上货物运输保险做了重点介绍。另外，本章还涉及海上货物运输保险合同的基本内容及国际货物运输保险单证的相关知识。

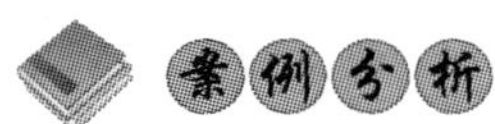

案例分析

1. 案情介绍

2012 年 5 月 12 日，我国辽宁省新兴隆昌进出口公司与美国雷恩有限公司签订一份进出口买卖合同，约定由新兴隆昌进出口公司提供 20 000 双皮手套，FOB 大连，合同总值为 310 000 美元，双方约定收到信用证后 20 天内发货。2012 年 5 月 18 日，雷恩公司致电新兴隆昌进出口公司，要求代其以发票金额 110%将货物投保至美国纽约的一切险。2012 年 6 月 25 日，新兴隆昌进出口公司收到雷恩公司开来的信用证及派船通知后，按雷恩公司要求代其向 A 保险公司投保，保险单的被保险人是新兴隆昌进出口公司，保险单上所载明的起运地为供货厂商所在地旅顺，目的港为美国纽约。但是，三天后货物自旅顺运往大连港的途中，由于发生了意外，致使20%的货物受损。

事后，辽宁新兴隆昌进出口公司以保险单中含有“仓至仓”条款为由，向A保险公司提出索赔要求，但遭到拒绝。后辽宁省新兴隆昌进出口公司又请美国雷恩有限公司以买方的名义凭保险单向A保险公司提出索赔，同样遭到拒绝。在此情况下，辽宁新兴隆昌进出口公司以自己的名义向辽宁中级人民法院提起诉讼，要求保险公司赔偿其损失。法院判决其败诉。

2. 案例分析

本案例是一则国际货物运输保险的纠纷，可以看出，如果辽宁新兴隆昌进出口公司能够熟知国际货物运输保险的规则，正确选择和运用国际货物运输保险，那么当风险发生时，通过获得保险公司的赔偿就能够避免或降低这种损失。

上述案例中，由于以FOB大连成交，FOB术语以装运港船舷作为划分买卖双方所承担风险的界限。即货物在装运港越过船舷之前的风险，包括在装船时货物跌落码头或海中所造成的损失，均由卖方承担；货物在装运港越过船舷之后，包括在运输过程中所发生的损坏或灭失，则由买方承担。在本案例中，虽然卖方在货物发生意外时，对该保险标的享有保险利益，保险单中也含有“仓至仓条款”，但保险单的被保险人为买方，保险公司和买方之间存在合法、有效的保险合同关系，而辽宁新兴隆昌进出口公司即卖方不是保险单的被保险人或合法持有人，故其没有索赔权。另外，虽然买方即美国雷恩有限公司是本案保险单的被保险人和合法持有人，但货物在装运港越过船舷之前，如果受到损失，被保险人不会受到利益影响，即其不具有保险利益，因此，尽管保险单中也含有“仓至仓”条款，但买方无权就货物在装运港越过船舷之前的损失向保险公司索赔。

办理国际货物运输保险时，如何正确选择货物运输保险是专业性较强的工作。在国际货物运输保险中，保险公司对索赔人承担赔偿责任，必须同时符合下列条件：保险公司和索赔人之间必须有合法、有效的合同关系，即索赔人必须是保险单的合法持有人；向保险公司行使索赔权利的人，必须享有保险利益；被保险货物在运输过程中遭受的损失必须是保险公司承保范围内的风险造成的。

1. 简述国际货物运输保险最大诚信原则的主要内容。
2. 简述海上货物运输保险承保风险的种类。
3. 简述共同海损与单独海损的区别和联系。
4. 简述海上货物运输保险合同的转让与解除。
5. 简述国际货物联运险的主要保险利益人。

第八章

国际服务贸易法

本章重要知识点

△国际服务贸易分类

△《服务贸易总协定》的基本原则

△国际金融服务贸易

案例导入

由于海运、航空等运输业顺差的减少，以及境外观光、留学等逆差的大幅增加，2006年韩国服务贸易进出口逆差增势迅猛。全年服务贸易进出口总额为1 225.1亿美元，比2005年增长17.9%。其中，出口518.7亿美元，增长20.2%；进口706.4亿美元，增长14.9%；逆差187.6亿美元，增幅达37.4%。

思考：

1. 为什么韩国服务贸易出现了大量逆差？

2. 韩国服务贸易的发展对我国服务贸易发展有什么启示？

如今，服务业的发展已经成为影响经济增长、出口竞争力和人民生活水平的关键因素。服务贸易比货物贸易增长更为迅速，并且，在过去30年中，服务贸易在总体贸易中的份额一直在增加。在服务贸易中，商业服务如金融服务、通信服务等特别有活力。目前世界经济中超过三分之二的部分由服务贸易提供。从国家角度来看，服务贸易在高收入国家国内生产总值（GDP）中占72%，中等收入国家占53%，而在低收入国家占46%（WDI数据库）。1977—2007年间，国际服务贸易在全球GDP中增加了约12%。[①] 服务业的经济权重变化反映了近代伟大的城市化进程，它与经济繁荣成正相关关系。

① Olivier Cattaneo, Michael Engman, Sebastián Sáez, and Robert M. SternHarold, *International Trade in Services—New Trends and Opportunities for Developing Countries* (Washington, DC: The International Bank for Reconstruction and Development / The World Bank, 2010), pp. 3-4.

虽然服务贸易发展迅速，但作为国际贸易法的一个新分支，国际服务贸易法的体系和具体内容都还处于形成和发展之中。本章对国际服务贸易的概念、特点、分类以及《服务贸易总协定》(General Agreement on Trade in Services，GATS) 规范提要等基本理论进行了研究，并分行业介绍了国际服务贸易法律制度。

第一节　国际服务贸易法概述

一、国际服务贸易的概念及分类

服务贸易是以服务的转换或流动为交易的基本形态，国际服务贸易是指国家间服务的输入和输出的一种贸易方式。服务贸易内容包括运输（货运和客运），旅游，通信服务（邮寄、电话、卫星等），建筑服务，保险和金融服务，计算机和信息服务，特许权使用费，其他商业服务（商贸经营不包括租赁、技术和专业服务等），文化娱乐服务，以及政府服务。服务贸易推动思想的交流、知识和技术的进步，虽然它往往受到国内规章壁垒的限制。

《关税及贸易总协定》乌拉圭回合谈判所签订的《服务贸易总协定》按照服务的提供方式，将国际服务贸易解释为跨境提供、境外消费、商业存在、自然人流动。《服务贸易总协定》的解释是一个权威性的定义，被普遍接受。这些交易活动的具体解释是：

（1）跨境提供（cross-border supply）。从一成员方境内向另一成员方境内提供服务，其中的“跨境”是指“服务”过境，通过电信、邮电、计算机联网等实现，至于人员和物资在现代科技环境下则一般无须过境。例如，国际金融中的电子清算与支付、国际电信服务、信息咨询服务、卫星影视服务等。

（2）境外消费（consumption abroad）。在一成员方境内向另一成员方的服务消费者提供服务。例如，本国病人到外国就医、外国人到本国旅游、本国学生到外国留学等。

（3）商业存在（commercial presence）。一成员方的服务提供者通过在另一成员方境内的商业实体提供服务。它是四种服务提供方式中最主要的方式，也是服务贸易活动中最主要的形式。它主要涉及市场准入和直接投资，即允许一成员方的服务提供商在另一成员方境内投资设立机构并提供服务，包括投资设立合资、合作和独资企业，该机构的服务人员既可以从提供商母国带来，也可以从东道国雇佣。例如，外国公司到中国来开酒店、建零售商店和开办律师事务所等。

（4）自然人流动（movement of natural persons）。一成员方的服务提供者通过自然人的实体在另一成员方境内的商业现场提供服务。进口方允许个人入境来本国提供服务。例如，外国教授、工程师或医生来本国从事个体服务。

二、国际服务贸易的特征

国际服务贸易所表现出来的特征不仅是服务产品本身的特征所决定的，也是由不同于国内环境的国际特殊环境所决定的。受服务产品这些特征制约的服务贸易具有以下几个基本特征：

（1）信息不完全和信息不对称问题更为突出。

（2）服务交易有时会出现“系统性失灵”（systemic failure）问题。

（3）宏观层面及非经济特征。

不同于国际货物贸易，国际服务贸易有如下特征表现，这些表现是由前面讨论的服务贸易的基本特征所决定的：

（1）贸易标的一般具有无形性。

（2）交易过程与生产和消费过程的国际性。

（3）贸易主体地位的多重性。

（4）服务贸易市场具有高度垄断性。

（5）贸易保护方式更具刚性和隐蔽性。

（6）服务贸易的惯例、约束具有相对灵活性。

（7）营销管理具有更大的难度和复杂性。①

三、国际服务贸易法

国际服务贸易法是调整国际服务贸易的特殊法律体系，其核心在于对输入、输出服务的保护与管理。由服务贸易多边性决定，国际服务贸易法的表现形式可以包括国内法规范和国际法规范。协调跨国流动的服务贸易关系是国际服务贸易法的主要目标，规范国际服务提供者在开放的幅度内实践服务行为是国际服务贸易法的基本内容。国际服务贸易包括国内法规范和国际法规范双重形式。②

（一）国际服务贸易领域的法律架构

国际服务贸易法律体系中，国内法占很大比重，当今各国对服务贸易的管制普遍存在，有些国家严格保护其国内部分服务业，不主张开放市场，形成了相应的法律障碍。不仅使服务贸易难以流动，而且使已流动的服务容易产生适用法的冲突。

世贸组织的法律是迄今为止国际贸易法的主要成分。世贸组织达成了有关货物贸易（GATT 1994）、知识产权（TRIPs）和服务贸易几种贸易协定。随着国际服务贸易的迅速发展，特别是进入20世纪90年代以后，在货物贸易和国际投资的带动与高新科技的引领之下，服务贸易逐渐成为世界经济增长的重要动力。在此背景之下，全球范围内规制国际服务贸易的多边规则与框架体系——《服务贸易总协定》也因势而生，最终各成员达成了世界范围内规范服务贸易的第一套多边规则体系。《服务贸易总协定》是综合覆盖所有服务的最大协议。

《服务贸易总协定》确立的一系列原则、规则，形成服务贸易法的基本框架，它试图使各国在基本无差别的前提下，对市场准入方面作出承诺，并公开其服务贸易方面管制的法律法规和政策，所以《服务贸易总协定》已努力为国际服务贸易提供一部最基本的总体性多边规则。虽然这部协定中有些规则仍需要不断磋商、调整，但毕竟服务贸易的统一工

---

① 程大中．国际服务贸易法［M］．上海：复旦大学出版社，2007.

② 任际．国际服务贸易法与《服务贸易总协定》：特质与宗旨［J］．武汉大学学报（哲学社会科学版），2002，55（4）．

作已经发展为从个别规定到双边条约，再到形成较有普遍意义的国际协议的阶段。无论这套规则是否足以适用、是否足以应付复杂多样的服务贸易活动，尚待各项谈判内容的具体化，但它在国际服务贸易领域的协调作用不容忽视：它的意义还在于演示出国际社会期望服务贸易活动有秩序发展的需求。除《服务贸易总协定》这一全球性法律文件之外，还有一些区域性文件，如《北美自由贸易协定》等，但就影响力而言，《服务贸易总协定》辐射最强。

（二）GATS 对国际服务贸易发展的价值评析

1.《服务贸易总协定》的积极意义

《服务贸易总协定》不仅是人类历史上第一个关于国际服务贸易的全球性的具有法律约束力的多边国际协议，而且也是人类历史上第一个关于国际投资的全球性的具有法律约束力的多边国际协议。它极大地丰富了国际贸易法律的内容，是国际法领域的重大发展，处于服务贸易法律金字塔的顶端。①

它具有如下积极作用：

（1）促进全球服务贸易领域的投资和扩大就业；

（2）提高各成员方服务提供者的竞争效率和增进服务消费者的福利；

（3）扩大国际贸易额和促进世界经济的发展；

（4）促进广大发展中国家更加积极地参与国际服务贸易；

（5）改善成员方政府管理宏观经济的方式以及防止政府官员的腐败；

（6）推进国际经济一体化进程，促进各成员方经济生活的国际化；

（7）推动世界科技进步，促进国际分工的深化和发展。②

2.《服务贸易总协定》的不足

当然，该协定也存在不少缺陷与不足，依据国际贸易法准则、WTO 基本原则，对《服务贸易总协定》的负面评价主要如下：

（1）《服务贸易总协定》中部分规定的适用范围有限，这对国际服务贸易自由化目标的尽快实现会产生一定的不利影响。

（2）对《服务贸易总协定》中的最惠国待遇原则作出了太多的例外性规定，而且其中的一些例外性规定具有极大的随意性。

（3）最惠国待遇原则的豁免期间不确定。

（4）《服务贸易总协定》中规定的最惠国待遇的定义是一种无条件的最惠国待遇，而实践中的最惠国待遇却是一种有条件的最惠国待遇，因此出现了令人困惑不解的自相矛盾现象。

（5）各成员国承诺表的设计造成其所作承诺整体上缺乏透明度。

（6）《服务贸易总协定》中的一些规定严重缺乏服务贸易统计资料的支撑，这就使得这些规定的针对性大打折扣，也在一定程度上造成该协定采用“点菜式”肯定清单方式作出旨在实现服务贸易自由化的具体承诺。

---

① 王传丽．国际贸易法［M］．北京：法律出版社，1998．p737．

② 任德发．服务贸易总协定研究［D］．黑龙江：黑龙江大学法律系，2005．

(7)《服务贸易总协定》为实现国际服务贸易自由化而采取了“点菜式”肯定清单方式。

(8)《服务贸易总协定》中的一些规定尚需各成员方进一步协商谈判，从而在一些方面留下了很大的空白和不确定性。

(9)《服务贸易总协定》中各成员方的权利义务事实上存在不平衡。

(10)《服务贸易总协定》中最惠国待遇的自我豁免权始终只是原始成员方的一项特权。

(11) 国民待遇的识别标准比较模糊，缺乏确定性。

(12)《服务贸易总协定》的涵盖面具有不周严性。

(13) 市场准入约束力软弱。

(14)《服务贸易总协定》中对发展中国家的一些优惠性规定对发达成员方来说只是一些指导性的要求，而非其必须遵守的法律义务，因此缺乏可操作性，在实际贯彻落实中会遇到很大的困难和障碍。

(15)《服务贸易总协定》对发达国家的出价没有规定限额，结果给发达国家以对等借口，影响了整体自由化水平；其他规定对发展中国家来说属于形式上的优惠，并没有真正在帮助它们，只是一种政治意愿。①

第二节 《服务贸易总协定》规范提要

一、《服务贸易总协定》的基本原则

《服务贸易总协定》是第一个涵盖了服务贸易的多边贸易协定。它的达成是1986—1993年间乌拉圭回合贸易谈判的重大成就之一。《服务贸易总协定》是1947年《关税及贸易总协定》(GATT) 生效后近半个世纪出现的、对应商品贸易的一个新的协定。

所谓《服务贸易总协定》的基本原则指的是贯穿整个《服务贸易总协定》始终，统率、规范、指导和协调《服务贸易总协定》的，内在的、稳定的原理和准则，也是该协定的具体法律规范的基础。其特点是：它不预设任何确定而具体的事实状态，也没有规定具体的权利、义务和责任。《服务贸易总协定》的基本原则集中体现了该法律的基本精神，在价值上更为重要、在功能上调整范围也更为广泛。《服务贸易总协定》确定了六大基本原则，即最惠国待遇原则、国民待遇原则、市场准入原则、透明度原则、发展中国家更多参与原则以及逐步自由化原则。②

二、基本构架

《服务贸易总协定》由如下几部分构成：

(1) 正文部分，又称《服务贸易总协定》框架协议。它确定了国际服务贸易的一般规

---

① 王传丽．国际贸易法［M］．北京：法律出版社，1998.

② 任际．国际服务贸易法与《服务贸易总协定》：特质与宗旨［J］．武汉大学学报（哲学社会科学版），2002，55（4）.

则和纪律，是《服务贸易总协定》的基本内容，在该协定中处于核心地位。它由一个序言和六个部分组成，共29条，规定了所有成员方的基本权利和义务。

（2）正文附件，又称框架协议附件，共有8个，分别是《关于第二条豁免附件》《本协定下提供服务的自然人流动附件》《空运服务附件》《金融服务附件》《金融服务第二附件》《海运服务谈判附件》《电信服务附件》《基础电信谈判附件》。

（3）各成员方政府关于服务贸易自由化的具体承诺表和最惠国待遇豁免清单，它们对各成员方具有法律约束力。通过这些承诺表或豁免清单，人们可以清楚地了解到提交它们的世界贸易组织成员在哪些服务部门或分部门以什么样的条件实施《服务贸易总协定》的市场准入、国民待遇、最惠国待遇、透明度等各项基本原则。

三、一般义务和纪律

这是《服务贸易总协定》的核心部分之一，包括第2条到第25条共24条内容。规定了各成员必须遵守的普遍义务与原则。①

（1）最惠国待遇；

（2）透明度；

（3）发展中国家的更多参与；

（4）经济一体化；

（5）国内法规；

（6）承认；

（7）垄断和专营服务提供者；

（8）商业措施；

（9）紧急保障措施；

（10）支付和转移；

（11）确保国际收支平衡的限制措施；

（12）政府采购；

（13）普遍例外；

（14）补贴；

（15）市场准入；

（16）国民待遇。

第三节　行业国际服务贸易法律制度

一、国际金融服务贸易

（一）金融服务贸易的概念

伴随着经济结构调整，服务贸易的组成结构和发展重心也在慢慢地发生变化。在服务贸

① 秦成德．国际商法［M］．北京：科学出版社，2012．

易中，金融服务贸易所占的比重越来越大，并对其他服务贸易产生了积极而深远的影响。

在1986年开始的《关税及贸易总协定》乌拉圭回合谈判中，金融服务贸易的概念被首次提出，并将范围界定为：一是保险及相关服务，包括人寿和非人寿保险、保险中介（如经纪和代理）以及对保险的辅助性服务；二是银行及其金融服务（保险除外），包括接受公众存款和其他需偿还基金、所有类型的贷款、金融租赁、所有支付和货币交割服务、担保与承兑、自行或代客金融资产交易、参与各类证券的发行、货币经纪、资产管理、金融资产的结算和清算服务、金融信息的提供与交换及金融数据处理、金融咨询中介和其他辅助性金融服务等。[①]

（二）国际金融服务贸易自由化

国际金融服务贸易自由化是指一个国家或地区逐步减少和消除各种金融服务的贸易限制和贸易壁垒，使金融服务贸易活动逐步纳入自由竞争法则的轨道，使贸易体制逐步由保护贸易体制向自由贸易体制转变的过程和状态。

需要注意的是，国际金融服务贸易自由化与国际金融自由化存在着差别。前者侧重于强调一国金融服务市场对外采取自由化态度，进行金融服务业的对外开放和国际化经营，而后者则既包括对外自由化，也包括对国内金融体系实施自由化措施，放松管制。由此可见，国际金融服务贸易自由化只是国际金融自由化的一个方面。当然，二者并不能截然分开，因为对内开放和对外开放是相辅相成、不可偏废的。[②]

（三）中国金融服务贸易发展现状

由于我国的金融市场开放较晚，基础比较薄弱，产品比较单一，因此，从国内行业间来看，我国的金融服务贸易占总服务贸易的比重较小，从国际的角度来看，我国的金融服务贸易占服务贸易的比重排名也比较落后。[③] 关于商业存在模式下的金融服务贸易，宏观指标和微观指标都表明，中国的银行业不论是与“金砖四国”的其他成员相比，还是与东亚的经济体（除日本以外）相比，都具备了较强的竞争力，但与发达经济体相比，特别是美国、日本、德国和英国，还有较大的差距。[④]

因此，在现阶段的金融全球化高速发展的时代，如何使金融服务贸易在短时间内又好又快地增长，在国内服务业中的比重提升，在国际上占比排名跻身世界前列，便是当前的主要任务，而顺利完成该任务的首要条件，便是从各个角度，例如拓宽资金来源、提升人员素质、改进管理模式等等来提高我国金融服务贸易水平、稳定金融服务增长率，努力向金融服务贸易顺差迈进。

二、国际电信服务贸易

（一）基本概念

电信服务贸易是WTO服务贸易框架下的重要组成部分，是近年来对外服务贸易中发

① 黄满盈，邓晓虹．金融服务贸易模式——国际竞争力与政策选择［J］．改革，2009（8）．

② 王颖．国际金融服务贸易自由化效应分析及其对发展中国家的启示［D］．吉林：吉林大学国际贸易系，2004．

③ 周博威．我国金融服务贸易国际竞争力研究［D］．北京：首都经济贸易大学大学国际贸易系，2013．

④ 黄满盈，邓晓虹．中国金融服务贸易国际竞争力分析——基于BOP和FATS统计的分析［J］．世界经济研究，2010（5）：7．

展较快的部分。根据乌拉圭回合《服务贸易总协定》中关于电信服务附录的定义，“电信服务就是指传送与接受任何电磁信号的服务”，更进一步解释，电信服务是指通过电信基础设施，为客户提供的实时信息（声音、数据、图像等）传递活动。① 国际电信服务贸易中的电信服务一般指公共电信传递服务，包括明确而有效地向广大公众提供的任何电信传递服务，如电话、电报、电传和涉及两处或者多处用户提供信息的现实传递，以及由用户提供的信息，无论在形式上还是内容上两终端不许变化的数据传送。将电信服务的提供范围在地域上从国内扩展到全球范围，就产生了国际电信服务贸易的概念。

（二）我国电信服务贸易市场准入的占有状况

随着全球经济一体化进程的加快，通信与信息技术的飞速发展，社会主义市场经济体系的逐步建立和完善，我国电信所面临的国际国内市场环境均发生了重大变化，从国际上看，以信息化、全球化、自由化为特征的全球经济一体化进程逐步加快，以电信业为代表的信息经济已成为全球经济的重要组成部分，电信业的发展又加速了全球经济一体化进程。②

中国被普遍公认为是“世界上最后也是最大一块电信市场”。改革开放以来，国外著名的电信设备生产商如 SIEMENS、NORTEL、ALCTEL、NOKIA 等已经进入中国，在电信服务业方面，它们是外资电信进入的先遣部队，早在中国改革开放初期就在北京设立了临时代办处。③

三、国际海运服务贸易

（一）相关概念

海运服务贸易指的是服务的提供者使用船舶或其他运输工具，通过海上航线运送货物和旅客并获取收益的运输服务方式，以及与这种运输服务方式相关的辅助活动的总称。④根据《服务贸易总协定》的附则《关于海运服务贸易谈判的部长决议》中对海运服务贸易的分类，海运服务贸易分为海上运输服务贸易、海运辅助性服务及港口的进入和使用三个方面。⑤

（二）我国海运服务贸易发展现状

凭借我国庞大的货物进出口贸易，我国海运服务贸易整体呈现逐年递增的趋势，总额从 2001 年的 89.07 亿美元增加到 2012 年的 938.08 亿美元，年均增长 25.79%；在世界海运服务贸易总额中所占比重从 2001 年的 3.73%升至 2011 年的 13.65%。

改革开放以来，我国海运服务贸易进出口额均以较快速度增长，这对我国经济和服务贸易的增长都极为有利，我国海运服务贸易在世界海运市场中的作用也持续上升，海运企业已经有两家排在世界前十位，多数港口在集装箱吞吐量和货物吞吐量方面已位居前二十之

① 杜振华．国际电信服务贸易［M］．北京：北京邮电大学出版社，2006：81.

② 王俊豪．论自然垄断产业的有效竞争［J］．经济研究，2004（7）：69.

③ 张振亮，王凯东．关于我国电信立法的若干问题探讨［A］．南京邮电大学学报，2004（6）：8.

④ 王婧祎．WTO 国际海运服务贸易与我国海运业开放［J］．上海经济研究，2008（11）：1.

⑤ 宋旸．我国海运服务贸易逆差影响因素研究［D］．大连：大连海事大学经济系，2010.

列，远洋货运量和周转量不断加大，与此同时，我国海运服务贸易的逆差额也在持续增加。然而，以上问题均与我国海运服务贸易目前的国际竞争力水平有极大关联。因此，我们需对它进行系统、深入的测算与分析。[①]

四、国际专业服务贸易

（一）概念

根据联合国服务贸易统计数据库所采用的 EBOPS（扩大的国际收支服务分类），专业服务是其他商务服务（other business services）中的一部分，被称为“各种各样的商务专业技术服务”（miscellaneous business，professional，and technical services），具体分为 7 类：法律、会计、管理咨询和公关服务；广告、市场研究和民意调查服务；研究与开发服务；建筑、工程和其他技术服务；农业、矿业和现场处理服务；其他商务服务；关联企业间服务。

（二）中国专业服务贸易发展现状

在过去 30 多年间，我国服务贸易持续高速增长，服务进出口总额年均增长 17.48%，远高于同期全球年均增速（8.66%）。进入 21 世纪以来，与参照国家相比，无论是贸易规模、贸易增速，还是贸易收支、贸易比重，我国专业服务贸易的发展均表现出众。[②]

（1）专业服务贸易规模持续扩大，世界排名不断靠前。

（2）专业服务贸易增速总体呈放缓趋势，但始终快于欧美发达国家平均水平。

（3）中国专业服务贸易收支长期为逆差，近期扭亏为盈。

（4）专业服务贸易占总服务贸易比重较低，但占比提高较快。

五、国际劳动力服务贸易

劳务输入可能涉及长期移民的问题，因此有劳务输入的国家会有一系列的法律和政策措施来加以规范或限制，即使一国对外国劳务者开放了劳务市场，政府还可使用一些管理限制措施对外国劳务者进行限制，使他们不能在平等的基础上与国内劳务者竞争。

（1）生活条件和公民权限制。对外国劳务者的居住地、居住条件的限制；对外国劳务者及其家属在东道国内迁移的限制；外国劳务者无选举和被选举权，不能参加劳工委员会与工会，其利益得不到这些组织的保护。

（2）家属权利限制。若外国劳务者的家属随同劳务者一起入境，也会受到权利的限制。

（3）对外国劳务者的汇款限制，主要是指对货币转移与汇兑限制。

（4）对外国劳务者的福利限制。一国政府也往往限制外国劳务者在本国享受医疗保险与其他社会保障福利（包括养老金、人身保险等）。[③]

---

① 张琪．我国海运服务贸易国际竞争力研究［D］．山东：中国海洋大学经济学院，2014.

② 鲍晓华，高磊．中国专业服务贸易：发展现状、国际经验及政策建议［J］．外国经济与管理，2014（9）.

③ 秦成德．国际商法［M］．北京：科学出版社，2012.

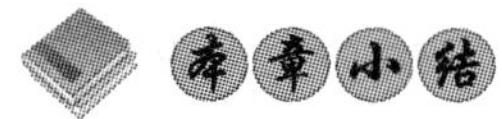

本章主要介绍了国际服务贸易的基本概念，重点阐述了《服务贸易总协定》的基本原则和主要内容，并从行业的角度对国际贸易服务发展进行了分析。

1. 案情介绍

1997 年之前，墨西哥的国内长途和国际电信服务一直由 Telmex 公司所垄断；1997 年之后，墨西哥政府授权多个电信运营商可以提供国际电信服务，但根据墨西哥国内法，在国际电信市场上对外呼叫业务最多的运营商有权利与境外运营商谈判线路对接条件，而 Telmex 公司作为墨西哥对外呼叫业务最多的运营商，自然就享有了该项谈判权利，事实上就拥有了排除外部竞争者的权利，从而引发了希望大举进入墨西哥市场的美国电信业巨头的不满。

2000 年 8 月 17 日，美国以墨西哥的基础电信规则和增值电信规则违背了墨西哥在 GATS 中的承诺为由，向墨西哥提出磋商请求，之后，美墨双方进行了两次磋商，但未能达成共识。2002 年 4 月 17 日，根据 DSU 第 6 款，成立了专家组，因双方未能在规定期限内就专家组的组成达成一致意见，2002 年 8 月 26 日，WTO 总干事最终任命了以 Ernst、Ulrich、Petersman 为首的三人专家组。另有澳大利亚、巴西、加拿大、欧共体、古巴、日本、印度、危地马拉、洪都拉斯和尼加拉瓜等十个国家或地区提交了它们的书面意见。专家组分别于 2003 年 11 月 21 日和 2004 年 4 月 2 日提交了中期报告和最终报告。2004 年 6 月 1 日，经过再次磋商，墨西哥放弃了上诉，正式接受了专家组的最终报告，并最终就此电信服务争端与美国达成协议。协议中，墨西哥同意废除本国法律中引起争议的条款，并同意在 2005 年引进用于转售的国际电信服务；美国同意墨西哥继续对国际简式电信服务进行严格限制，以组织非授权的电信传输。

2. 案例分析

本案涉及的电信服务是 WTO 体制的服务贸易中一直以来的重要领域，它不仅涉及微观层面的两成员电信商之间的贸易条件，也涉及宏观层面一成員调整其引进国外电信服务的许可、竞争等方面的政策。面临日趋激烈的电信业的竞争，我国政府和有关电信服务企业还应努力熟悉 GATS 下的争端解决机制，勇敢面对潜在的一些争端，争取使我国电信服务企业能在激烈的市场竞争中争得一席之地并获得长足的发展。我国应按 GATS 及其有关电信服务的附件的要求和中国电信改革开放的方向，加快制定和出台有关的电信法律法规，建立健全完善的电信服务贸易方面的法律体系。

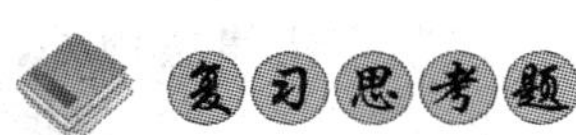

1. 《服务贸易总协定》是如何定义国际服务贸易的？国际服务贸易有哪些特征？
2. 试分析我国金融服务贸易发展现状。

第九章 知识产权保护法

△知识产权法的调整范围
△各知识产权国际公约的基本原则及规范内容
△《与贸易有关的知识产权协定》的内容
△知识产权相关法律

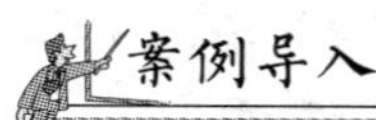

旅行产品行业的全球领导者Cabeau品牌拥有Evolution记忆海绵枕头专利设计，具有全方位头和下巴支撑以及压缩旅行袋等八项功能。Cabeau知识产权部门发现，杰克琼斯正在中国商店及其在线销售平台销售一款抄袭Cabeau世界知名的Evolution设计的产品。Cabeau随后迅速采取法律行动，向中国地市级法院提起诉讼。2015年11月，Cabeau针对中国杰克琼斯（Jack & Jones）品牌授权持有者绫致时装（天津）有限公司的侵权诉讼获胜。根据本案终审，杰克琼斯销售的枕头与Evolution枕头非常相似，会使公众产生混淆。该法院要求杰克琼斯向Cabeau赔偿经济损失，具体金额保密，并立即停止生产和销售这款侵权产品。杰克琼斯因本次诉讼暂停了这款枕头的所有生产及销售并支付了相关赔偿金。

随着国际贸易的不断发展，含有知识产权的产品在国际贸易中所占的比重越来越大。但由于各国对知识产权的保护水平不一致，法律法规不协调，假冒商品、盗版书籍和盗版电影等侵犯知识产权的现象时有发生，加强与贸易有关的知识产权保护势在必行。目前知识产权国际保护已经成为全球性的重要话题，除各国国内法对知识产权制定法律法规外，许多国家都参加了相关知识产权国际条约。本章从知识产权法概述、知识产权的国际保护及知识产权相关法律等方面来介绍国际知识产权法。

第一节　知识产权法概述

一、知识产权的概念及特征

“知识产权”一词的出现相比其他民事权利来说较晚，1986年在《中华人民共和国民法通则》民事权利一章中首次以法律规定的形式确定下来。目前，“知识产权”一词已被国际和我国各界广泛接受，然而由于不同国家之间不同的经济、科技环境，各国对知识产权的理解也各不相同，导致法律条文中对“知识产权”的定义也有所不同。

知识产权有广义和狭义之分。广义上，保护知识产权的国际公约中一般通过划定知识产权的涵盖范围来明确其含义。公约的涵盖范围概括来说有两大类：一类是创造性成果权利，包括专利权、版权、外观设计权等；另一类是识别性标记权利，包括商标权、商品名称权等。世界贸易组织制定的《与贸易有关的知识产权协定》中规定：“对于本协定，‘知识产权’术语系指版权与有关权、商标、地理标志、工业品外观设计、专利、集成电路布图设计、未披露过的信息的保护等。”狭义上，也称传统的知识产权，包括工业产权和著作权两大部分，可以概括为公民、法人或者其他组织对其在科学技术和文学艺术等领域内，主要基于脑力劳动创造完成的智力成果和工商业标记所依法享有的专有权利。工业产权包括专利权、商标权、禁止不正当竞争权等，著作权包括作者权和传播权等。

知识产权的特征包括无形性、专有性、地域性、时间性和可复制性。无形性是知识产权区别于物权等民事权利的首要特征，因为它的权利客体是不具有具体物质形态的智力成果。专有性是指权利所有人对其智力成果所享有的法定的垄断、排他性权利，非经权利所有人许可或法律规定，任何人不得占有、使用、处分知识产权。地域性是指按照一国法律取得的知识产权仅在该国主权领土范围内有效，在其域外没有法律效力。不同国家对知识产权的规定不尽相同，要想获得他国知识产权的保护，则必须依照有关国际条约、协议等的规定办理。这也就是国际知识产权法的必要性。时间性是指法律在确定知识产权的时候明确规定其受到的保护期是有限的，一旦超过保护期，该知识产权权利消灭，其智力成果成为人类共有财富。知识产权作为无形财产，必须通过一定的有形载体表现出来，这就是知识产权的可复制性。

二、知识产权法概述

概括来说，知识产权法有广义和狭义之分。广义上一切调整智力成果权和工商业标记的社会关系的法律规范都可以看作是知识产权法。狭义上，则仅指专利法、商标法和著作权法等传统知识产权的范围。各国立法中一般将知识产权法限定为与知识产权有关的社会关系的法律规范。我们可以认为，知识产权法是确认知识产权的所有权形式和管理知识产权，保护其不受侵犯等活动中所产生的社会关系的法律规范的总称。

知识产权法所调整的法律关系是在知识产权产生、使用、保护、管理等活动中形成的、以权利义务为内容的社会关系。知识产权法律关系主体是指参加知识产权法律关系，并在其中享有权利和承担义务的人，包括自然人、法人和其他组织。知识产权法律关系客体指知识产权法律关系主体的权利和义务指向的对象，可称为“知识产品”。知识产权法律关系内容是指知识产权法律关系主体具体所享有的权利和应当承担的义务。

第二节　知识产权的国际保护

一、知识产权的国际保护概述

对知识产权进行国际保护，是知识和技术交流日趋国际化的客观需要。通常所说的知识产权的国际保护是指以多边国际条约为基本形式，以政府间国际组织为协调机构，通过对各国国内知识产权法律制度进行协调使之趋于一致的国际保护制度，即以履行国际条约或国际公约的形式而实现的一种国内保护。所谓知识产权法，是指以国际条约为主要渊源、国际组织为合作形式，用以协调各国知识产权制度，促使各国在知识产权领域进行多边合作的法律制度。

总体来说，知识产权国际保护的主要途径有单方保护、互惠保护、双边条约保护和多边国际公约四种。单方保护是一国单方面对外国知识产权实行保护。互惠保护是指对外国知识产权的保护以该外国保护本国知识产权为条件，实行对等互惠原则。互惠保护主要为一些知识产权立法滞后或有差异的国家所采用。双边条约保护是指双方通过签订双边协定的方式，相互保护对方的知识产权。这种途径实施过程中容易受到地域范围的限制。多边国际公约包括世界性公约和区域性公约，是知识产权国际保护中最重要的途径。

知识产权的多边国际公约可分为设立知识产权国际保护的政府间组织签订的公约、规定著作权保护的国际公约、关于工业产权保护的国际公约以及国际贸易产生的知识产权国际保护协议等。其中，1883 年制定的《保护工业产权巴黎公约》是知识产权国际保护的开端。1967 年《成立世界知识产权组织公约》在瑞典斯德哥尔摩签订。世界知识产权组织于 1970 年 4 月成立，1974 年成为联合国的一个专门机构，主管工业产权、著作权及商标注册的国际合作。现行的知识产权国际公约主要有：1883 年缔结、1884 年生效的《保护工业产权巴黎公约》，1970 年缔结、1978 年生效的《专利合作公约》，1891 年缔结、1892 年生效的《商标国际注册马德里协定》，1886 年签订、1887 年生效的《保护文学艺术作品伯尔尼公约》，1971 年签署、1973 年生效的《保护表演者、录音制品制作者与广播组织公约》，1971 年签订、1975 年生效的《国际专利分类斯特拉斯堡协定》和 1989 年签署但仍未生效的《集成电路知识产权公约》等。

在上述诸多知识产权相关国际公约中，影响最大的是《保护工业产权巴黎公约》《保护文学艺术作品伯尔尼公约》《与贸易有关的知识产权协定》，下面我们分别对上述三个公约进行介绍。

二、《保护工业产权巴黎公约》

《保护工业产权巴黎公约》（以下简称《巴黎公约》）于 1883 年 3 月 20 日在法国首都

巴黎缔结，1884 年 7 月 7 日正式生效。缔结后，先后进行了六次修改，目前绝大多数国家适用的是 1967 年在瑞典斯德哥尔摩会议通过的最后一次修订本。截止到 2014 年 12 月，已有 176 个国家正式加入了《巴黎公约》。中国于 1985 年 3 月 19 日正式成为《巴黎公约》的缔约国。《巴黎公约》缔结时，缔约国的意图是使其成为统一的工业产权法，但由于各国利害关系不同，各国国内立法制度差别也较大，因而无法达成统一，《巴黎公约》最终成为各成员国制定有关工业产权法时必须共同信守的原则，并可起到协调作用。《巴黎公约》是知识产权领域第一个世界性多边公约，即知识产权国际保护的开端，也是现今保护工业产权最主要的公约。保护的对象是专利、实用新型、外观设计、商标、服务标记、厂商名称、货源标记、原产地名称以及制止不正当竞争。

《巴黎公约》的基本原则有：国民待遇原则，即其成员的国民在保护工业产权方面享受与本国国民同样的待遇。如果非缔约国国民在一个缔约国领土内有永久性住所或真实有效的工商营业所，也享受与成员国国民同样的待遇。优先权原则，即成员国的国民向一个缔约国提出专利申请或注册商标申请后，在一定期限内（发明、实用新型规定为 12 个月，外观设计、商标为 6 个月）享有优先权。当向其他缔约国又提出同样的申请，则后来的申请视作是在第一申请提出的日期提出的。临时保护原则，即公约成员国应按其本国法律对在任一成员国领土上举办的官方的或经官方认可的国际展览会展出的商品中可以取得专利的发明、实用新型、工业品式样和商标，给予临时保护。独立性原则，即公约成员国对同一发明或商标授予、撤销或终止专利权或商标权是互不相干、彼此独立的，即由各有关缔约国根据各自的法律自行决定，其结果如何都不会影响其他成员国。

三、《保护文学艺术作品伯尔尼公约》

《保护文学艺术作品伯尔尼公约》（以下简称《伯尔尼公约》）于 1886 年 9 月在瑞士伯尔尼首次签订，之后曾进行八次修订，1971 年形成的巴黎文本是成员国较多采用的文本。截至 2014 年 12 月 2 日，该公约缔约方总数达到 168 个国家，1992 年 10 月 15 日中国成为该公约成员国。该公约与《巴黎公约》一起并称为全世界范围内保护经济“硬实力”和文化“软实力”的两个根本法。《伯尔尼公约》的产生，标志着国际版权保护体系的初步形成，是著作权领域第一个世界性多边国际公约，在国际著作权保护中发挥着重大作用。

现行的《伯尔尼公约》的核心是规定了每个缔约国都应自动保护在伯尔尼联盟所属的其他各国中首先出版的作品和保护其作者是上述其他各国的公民或居民的未出版的作品。

《伯尔尼公约》的基本原则有：国民待遇原则，即联盟任何一成员国公民的作者，或者在任何一成员国首次发表其作品的作者，其作品在其他成员国应受到保护，此种保护应与各国给予本国国民的作品的保护相同。自动保护原则，指作者在成员国中享受和行使《伯尔尼公约》规定的权利不需要履行任何手续。独立保护原则，即各国依据本国法律对外国作品予以保护，不受作品来源国版权保护的影响。另外，《伯尔尼公约》要求各成员国对著作权的保护必须达到公约规定的最低标准，即最低保护限度原则。

四、《与贸易有关的知识产权协定》(TRIPs)

《与贸易有关的知识产权协定》(Agreement on Trade-Related Aspects of Intellectual Property Rights，以下简称《知识产权协定》)，是《关税及贸易总协定》乌拉圭回合谈判的21个最后文件之一，由各国代表于1994年在摩洛哥马拉喀什签字，并于1995年1月1日生效，是世界贸易组织管辖的一项多边贸易协定。该协议即1994年签署、1995年1月1日生效的《与贸易有关的知识产权协定》。与以往的单纯涉及工业产权和版权保护的国际公约相比，《知识产权协定》扩大了知识产权客体的保护范围，而且规定了更高的保护水平。另外，《知识产权协定》对知识产权执法措施、透明度以及WTO成员间知识产权争端的解决机制作出了明确规定，加大了该协议的约束力。

《知识产权协定》全文共73个条款，除序言外包括7个部分。序言部分阐述了各成员方就该协议达成的共识，说明了其缔约的目的在于促进对知识产权有效和充分的保护；通过促进知识产权的保护以减少国际贸易中的障碍；强调通过多边程序解决与贸易有关的知识产权问题争端等。下面分别阐述各部分的具体内容。

(一)一般规定和基本原则

《知识产权协定》第1条第1款规定："成员均应使本协议的规定生效"，即各成员政府必须无保留地在其区域内，通过立法、行政与司法实施，使《知识产权协定》各规定成为有效的法律制度。这一规定明确了该协议的各项规定均应成为成员国知识产权国内立法的最低标准。其目的在于使各成员国知识产权的保护水平均达到《知识产权协定》的水平。

国民待遇原则是世界贸易组织的首要基本原则。根据《知识产权协定》规定，凡是符合《巴黎公约》(1967)、《伯尔尼公约》(1971)、《保护表演者、音像制品制作者和广播组织罗马公约》(以下简称《罗马公约》)(1964)和《关于集成电路的知识产权条约》(1989)所列明的保护标准项下的自然人或法人，就应该享受《知识产权协定》的国民待遇，即各成员在知识产权保护上，对其他成员的国民提供的待遇，不得低于本国国民。可见，该协定使知识产权国民待遇扩大到世界贸易组织135个成员的范围，大大地扩大了知识产权的保护范围。

《知识产权协定》国民待遇的适用范围是有限制的，除了已经在《巴黎公约》《伯尔尼公约》《罗马公约》《关于集成电路的知识产权条约》中规定的例外，还包括有关知识产权在司法和行政程序方面的例外。但是，这些例外不能对正常贸易构成变相限制，也不能与《知识产权协定》的义务相抵触。国民待遇也不适用于由世界知识产权组织主持所缔结的多边协议中有关获得及维持知识产权的程序方面的规定。

世界贸易组织的另一首要基本原则是最惠国原则。《知识产权协定》第4条规定："任何一成员就知识产权保护提供给另一成员国民的利益、优惠、特权或豁免应当立即、无条件地给予所有其他成员的国民"。这种最惠国待遇是无条件的、多边的、永久性的，但只适用于"知识产权"的保护方面。

世界贸易组织视最惠国待遇为国与国之间经贸关系的重要基石，《知识产权协定》要求在其管辖的知识产权范畴内，在《巴黎公约》《伯尔尼公约》《罗马公约》《关于集成电路的知识产权条约》已有的国民待遇的基础上，将最惠国待遇原则纳入知识产权保护之中，这的确是知识产权领域国际保护方面的重大变化，对世界贸易组织成员间实行非歧视贸易提供了重要的法律基础。

最惠国待遇规定也有例外，具体来说，以下四种情况不适用《知识产权协定》的最惠国待遇原则：由一般性司法协助及法律实施的国际协定引申出的且并非专为保护知识产权的特权或优惠；《伯尔尼公约》和《罗马公约》允许的按照互惠原则提供的优惠；《知识产权协定》未加规定的表演者权、录音制作权和广播组织权；世界贸易组织相关协定生效之前已生效的保护知识产权国际协定中产生的优惠。

除上述两个基本原则外，还有权利用尽原则。《知识产权协定》规定，根据本决定进行争端解决时，在符合国民待遇和最惠国待遇规定的前提下，不得借助本协定的任何条款去涉及知识产权用尽问题。关于专利权的用尽，大多数国家专利法规定，专利权人制造或经专利权人授权许可制造的专利产品销售之后，其他人无须经过许可就可以有权使用或再销售该专利产品。关于商标权的用尽，绝大多数国家都规定注册商标所有人及被许可人的商品出售后，第三人在本国合法使用或出售的这些商品上使用该商标不构成侵权，即商标权人的权利用尽。他不能阻止第三人在该商品上使用该注册商标。关于版权的用尽，各国的分歧较大，一些国家版权法规定，如果版权人本人或经其授权，将其有关作品的复制本投入国内外市场后，这一批复制本随后的发行、销售等，权利人都无权干涉，这就是“版权用尽”。

（二）知识产权的效力范围和行使标准

《知识产权协定》第二部分详细界定了在以下几个方面知识产权的效力范围和标准，这就是它的核心内容。

1. 版权和相关权利

版权保护方面，各成员应遵守《伯尔尼公约》第 1 条至第 21 条及其附录的规定。除此之外，《知识产权协议》在以下几个方面对其进行了补充：在知识产权客体方面，将无论以源代码或以目标代码表达的计算机程序和内容的选择或安排构成智力创作的数据汇编纳入保护范围；在权利内容方面，增加了计算机程序和电影作品的出租权；除摄影作品和实用艺术作品外，延长了某些作品的保护期。

《知识产权协定》对版权相关权利（著作邻接权）的规定很大程度上参考了《罗马公约》的内容。并在其基础又在两个方面提高了对版权相关权利的保护水平，延长了权利保护期限。规定了对表演者和录制者的保护期限，应从录制或节目表演当年年底算起至少持续 50 年，对广播组织的保护期限，应从广播开始之年年度算起至少持续 20 年；将《伯尔尼公约》第 18 条关于追溯力的规定比照适用于表演者权及录音制品制作者权。

2. 商标

《知识产权协定》定义商标为任何能够将一企业的商品或服务与其他企业的商品或服务区分开的标记或标记组合。协定确认了《巴黎公约》第 6 条第 5 款列举的拒绝商标注册的理由。此外，还规定不应以使用作为提出申请或作为注册的条件，不能以使用商标的商品或服务的性质为理由，拒绝商标注册。商标一旦批准注册，其所有人就应享有专有权。

但上述权利不应损害任何已经存在的在先权利，在承认根据使用可获得商标权的成员中，在先权利中还包括根据使用获得的商标权。

与《巴黎公约》相比，《知识产权协定》加大了对驰名商标的特殊保护。关于驰名商标的保护原则扩大适用于服务标记，确认某一商标是否驰名，要看相关公众对它的知晓程度。同时将相对保护扩大为绝对保护，即驰名商标特殊保护的规定还应比照适用于与该商标注册的商品或服务不相类似的商品或服务。

商标首次注册以及每次续展，其期限均不得少于7年。商标的注册可无限地续展。在商标的转让问题上，《知识产权协定》完全允许商标权人自行决定是否连同商标所属的经营一道转让其商标。这一规定比《巴黎公约》更为灵活，对商标权人更为有利，进一步肯定了商标作为一种独立的无形资产的法律地位，这也是知识产权理论发展的一个体现。

3. 地理标志

《知识产权协定》对地理标志给出了明确定义："本协议的地理标志，系指下列标志：其标示出某商品来源于某成员地域内，或来源于该地域中的某地区或某地方，该商品的特定质量、信誉或其他特征，主要与该地来源相关联。"

在《知识产权协定》之前，《巴黎公约》中曾提到"产地标志"，二者的区别在于：产地标志仅仅是表明商品的来源，而地理标志的主要意义在于将某种商品的特定品质、名声或特色通过地理标志表现出来。

根据《知识产权协定》，各成员有义务对地理标志提供法律保护，使利害相关各方能阻止在商品的名称或外观上使用任何方法，以一种误导公众关于产地的方式明示或暗示有关商品来源于真正来源地以外的地区的行为，以及《巴黎公约》第10条第2款所规定的不公平竞争行为。

鉴于对酒类商品的地理标志保护具有特别的重要性，《知识产权协定》特别要求各成员采用法律手段，防止任何人使用一种地理标志来表示并非来源于该标志所指地方的葡萄酒或烈酒。

4. 工业品外观设计

《知识产权协定》要求各成员对独立创作的、具有新颖性或原创性的工业品外观设计提供保护。受保护的工业品外观设计的所有人有权阻止第三人未经其许可，为商业目的而制造、复制或进口载有或体现有受保护的外观设计的复制品或实质上是复制品的货物。但《知识产权协定》也允许成员对工业品外观设计的保护规定有例外，只要在顾及第三方合法利益的前提下，该例外并未与受保护设计的正常利用不合理地冲突，也未不合理地损害保护设计所有人的合法利益。

5. 专利

首先是专利保护客体。关于这个问题，《知识产权协定》规定：一切技术领域内具有新颖性和创造性，并能付诸工业应用的任何发明，不论是产品还是方法，均有可能获得专利，而且专利的保护和专利权的享有，不能因发明地点、技术领域、产品是进口或在本地制造而有任何歧视。

《知识产权协定》规定专利客体的例外包含如下两项：一是为人类或动物的治疗所用的诊断方法、治疗方法和外科手术方法；二是植物和动物（不包括微生物）以及生产植物或动物的主要是生物的方法。但成员应对植物新品种提供法律保护。

其次是专利权的内容。与《巴黎公约》相比，《知识产权协定》在专利权内容方面增加了专利进口权、提供销售权，并且还要求成员将对方法专利的保护至少延及依该方法而直接获得的产品。专利进口权是指进口国的专利权人有权阻止他人未经许可进口与其专利相同的产品，不管进口的产品在国外是否享有合法的专利权。提供销售权是指在非法销售行为实际进行前所进行的一些特定行为，包括发布广告、展览、公开演示、寄送价目表、拍卖公告、招标公告以及达成销售协议等表明销售专利产品意向的行为。

最后，关于专利的保护期，《知识产权协定》规定应不少于自提交专利申请之日起的20年年终。

6. 集成电路布图设计

最先对集成电路的布图设计专门立法实施知识产权保护的是美国1984年的《半导体芯片保护法》，1989年在世界知识产权组织的主持下于华盛顿缔结了《关于集成电路知识产权条约》。

《知识产权协定》对集成电路布图设计保护水平的提高表现在以下几个方面：第一，扩大了权利保护范围。《知识产权协定》在吸纳《关于集成电路的知识产权条约》关于保护标准的规定时，不仅保护布图设计和含有受保护布图设计的集成电路，最终还将保护对象扩大到了含有受保护集成电路的物品。第二，将《关于集成电路的知识产权条约》8年的保护期延长为10年。此外，《知识产权协定》还允许成员将布图设计的保护期限规定为自创作完成之日起15年。第三，对善意侵权作出了补充规定。规定善意侵权人在收到该布图设计系非法复制的明确通知后，仍可以就其现有存货或订单继续实施其行为，但有责任向权利持有人支付报酬，其数额应与根据自由谈判达成协议应支付的许可费相当。

7. 对未披露的信息的保护

《知识产权协定》规定，未披露的信息要得到保护必须符合三个条件：第一，信息在一定意义上属于秘密，即信息整体或者其中内容的确切组合不是通常从事该信息行业界的人所普遍知悉或容易获得的；第二，该信息因为秘密而具有商业上的价值；第三，合法控制信息的人为了保守该信息的秘密性，已经根据情况采取了适当的措施。

合法控制符合上述条件的信息的自然人和法人有权制止他人未经其许可，以违反诚实的商业惯例的方式公开、获得或使用该信息。如果成员要求呈送未公开的试验或其他数据，作为批准农业化学产品上市销售的条件，如果这种数据的获得包含了相当大的努力，则有关成员应当加以保护，以防止不正当的商业使用或公开。

8. 许可证协议中对反竞争行为的控制

《知识产权协定》对“反竞争的惯例”列举了三个例子，即排他性的反授条款；阻止对知识产权的有效性提出异议的条款；强制性的一揽子授予许可。《知识产权协定》明确规定，各成员可以立法，规定在有关市场的特定情形下，在授予许可中某些对竞争有不利影响的惯例或条款构成对知识产权的滥用。各成员可以根据其有关法律和条例，采取适当措施，防止或控制这种惯例。

（三）知识产权的实施

与涉及知识产权实施的规定很少的《巴黎公约》和《伯尔尼公约》不同，《知识产权协定》的第三部分专门作出了知识产权实施的相关规定，具体措施部分涉及一般义务、民事与行政程序及救济、临时措施、有关边境措施的专门要求、刑事程序等。这些措施的出台使得各成员对于该协议的执行力度加大，也使得该协议的实体规定能够切实发挥作用。

1. 一般义务

各成员应保证其国内法能提供协定第三部分所规定的执法程序，以便能采取有效行动，制止任何侵犯协定所规定的知识产权的行为。这种执法程序必须包括迅速防止侵权的救济和遏制进一步侵权的救济。此外，知识产权的执法程序应当公平合理，不应当有不必要的复杂程序或花费过高，或者规定不合理的期限或不应当的拖延。

2. 民事和行政程序及救济

各成员应向权利持有人提供关于执行知识产权的民事司法程序，包括及时得到足够详细的书面通知，委托代理人，举证的权利，陈述的机会等。一旦发生侵权，成员的司法机关应有权责令停止侵权，向权利持有人支付损害赔偿，对侵权的商品进行处理，禁止其进入商业渠道或命令将侵权商品予以销毁。

3. 临时措施

各成员的司法机关应当有权在侵权行为发生之初采取临时措施，以制止侵权行为继续进行或防止有关证据被销毁。

4. 关于边境措施的特殊要求

权利持有人如有适当的证据怀疑假冒商标的商品或盗版商品有可能进口，可以书面向进口国主管行政或司法当局提出，由海关中止放行被怀疑侵权的商品。申请人应提供保证金或相当的担保，其数额应足以保护被告和该主管机关，并防止滥用。申请人对因错误扣押商品而造成的进口方的损失应予以赔偿。

5. 刑事程序

各成员必须规定刑事程序和刑罚，而且应至少适用于商业规模的故意假冒商标或版权盗版。适用的救济包括：监禁、罚金、扣押、没收、销毁侵权产品以及主要用于犯罪的任何材料和工具。

（四）知识产权的取得和维持

各成员可以要求将符合合理手续和遵守合理程序作为获得或维持知识产权的一个条件。但这些程序和手续应与《知识产权协定》的规定相一致。如果知识产权的获得需要经过授权或注册，各成员应保证，其在符合获得权利的实质性条件的前提下，授权或注册的程序能在合理的期间内批准授权或注册，以免不正当地缩短保护期限。已经在一个成员正式提出服务标记注册申请的人，为了在其他成员提出申请，在6个月的期间内应享有优先权。有关获得和维持知识产权的程序，以及由一些国内法所规定的行政撤销程序和诸如异议、无效和取消的双方当事人程序，都应保证程序是合理的和公平的，且对案件是非曲直的判决应采用书面方式，依据证据，并陈述决定的理由。

（五）争端的防止与解决

《知识产权协定》对于防止争端的一个重要方法是提出了透明度原则。它规定各成员所施行的与协定内容有关的法律、条例以及普遍适用的终局司法判决和行政决定，均应以本国语言公布，或者能够使公众以本国语言得到。成员一方与他方之间的与协定内容有关的协议也应公布。

有关《知识产权协定》的争端，除协定另有规定外，均应按照 1994 年《关税及贸易总协定》第 22 条和第 23 条的规定达成的“关于争端解决规则和程序的谅解”予以解决。其解决方法包括斡旋、协商或调解，成立专家小组、交叉报复等。

（六）过渡协议

为了使发展中国家和不发达国家在实施《知识产权协定》前有准备时间，协议在第六部分“过渡协议”作出了相关规定：任何成员在《建立世界贸易组织的马拉喀什协定》生效之日（即 1995 年 1 月 1 日）起 1 年内均无义务适用本协定的规定；任何发展中国家成员以及正处于从中央计划经济向市场经济过渡过程以及正在进行知识产权制度结构性改革，而面临知识产权法律的准备和实施的特殊问题的任何成员，有权在规定的 1 年之外再延迟 4 年适用本协定；最不发达国家成员，不要求它们在《建立世界贸易组织的马拉喀什协定》生效之日起 10 年内适用本协定；如果某发展中成员按照本协定有义务将产品专利的保护扩大到适用本协定之日前在其他领域内不受保护的技术领域，则其在该技术领域适用本协定第二部分关于专利保护的规定可再延迟 5 年，即总共可延迟 10 年适用本协定。

（七）机构安排与最终条款

与贸易有关的知识产权理事会监督该协定的运作，特别是各缔约方依据该协定所应尽的义务，并为缔约方提供就与贸易有关的知识产权问题进行协商的机会。缔约方同意相互合作，以便消除侵犯知识产权的国际性货物贸易，它们应建立和通报其国内行政管理中的联系渠道，并随时交换有关侵权货物贸易的情报。协定还对已有客体的保护作出了相关规定。不经其他缔约方同意，对协定的任何条款均不得提出保留。

第三节　知识产权相关法律

一、专利法

专利是一国政府主管部门根据申请人的申请，进行审查后授予发明创造人或合法申请人在一定期限内对其发明创造享有独占的权利，未经权利人许可，他人不得使用该专利。专利分为发明、实用新型和外观设计专利权。

（一）国际专利法

从国际上来说，20 世纪以来，专利制度开始向国际化、统一化、协调化的方向发展。最重要的是以法国为首的十几个国家发起签订了《巴黎公约》。此外，1970 年《专利合作条约》以及 1971 年《国际专利分类斯特拉斯堡协定》等的签订也促进了专利制度的国际化速度。

《巴黎公约》关于专利权的规定有：其成员的国民在保护工业产权方面享受与本国国民同样的待遇。优先权原则，即成员国的国民向一个缔约国提出专利申请或注册商标申请后，在一定期限内享有优先权，当向其他缔约国又提出同样的申请，则后来的申请视作是在第一申请提出的日期提出的。独立性原则，即各成员国授予的专利权和商标专用权是彼此独立的，各缔约国只保护本国授予的专利权和商标专用权。强制许可专利原则，指某一项专利自申请日起的 4 年期间，或者自批准专利日起 3 年期内（两者以期限较长者为准），专利权人未予实施或未充分实施，有关成员国有权采取立法措施，核准强制许可证，允许第三者实施此项专利。

《专利合作条约》旨在改善对发明的法律保护，使之完备，简化取得保护的手段并使之更加经济。它主要涉及专利申请的提交、检索、审查以及其中包括的技术信息的传播的合作性和合理性的一个条约。它是在《巴黎公约》下只对《巴黎公约》成员国开放的一个特殊协议。1994 年 1 月 1 日，中国正式成为该条约成员国。

《国际专利分类斯特拉斯堡协定》签订于 1971 年，并于 1979 年 10 月 2 日进行了修订。适用该协定的国家组成专业联盟，对发明专利、发明认证书、实用新型和实用证书采用相同的分类法，即已知的“国际专利分类法”。协定对《巴黎公约》缔约国开放，我国于 1997 年 6 月 19 日正式加入该协定。

（二）我国专利法

1984 年 3 月 12 日中华人民共和国第六届全国人民代表大会常务委员会第四次会议通过的《中华人民共和国专利法》是我国第一部专利法，该法于 1985 年 4 月 1 日起实施。至今经历过三次修订，现行《专利法》是于 2008 年 12 月 27 日第十一届全国人民代表大会通过，2009 年 10 月 1 日开始施行的。

1. 总则

《中华人民共和国专利法》旨在保护专利权人的合法权益，鼓励发明创造，推动发明创造的应用，提高创新能力，促进科学技术进步和经济社会发展。本法中的发明创造是指发明、实用新型和外观设计。对违反法律、社会公德或者妨害公共利益的发明创造，不授予专利权。

2. 专利权授予条件

授予专利权的发明和实用新型，应当具备新颖性、创造性和实用性。新颖性，是指该发明或者实用新型不属于现有技术，也没有任何单位或者个人就同样的发明或者实用新型在申请日以前向国务院专利行政部门提出过申请，并记载在申请日以后公布的专利申请文件或者公告的专利文件中。创造性，是指与现有技术相比，该发明具有突出的实质性特点和显著的进步，该实用新型具有实质性特点和进步。实用性，是指该发明或者实用新型能够制造或者使用，并且能够产生积极效果。

授予专利权的外观设计，应当不属于现有设计；也没有任何单位或者个人就同样的外观设计在申请日以前向国务院专利行政部门提出过申请，并记载在申请日以后公告的专利文件中。授予专利权的外观设计与现有设计相比，应当具有明显区别。授予专利权的外观设计不得与他人在申请日以前已经取得的合法权利相冲突。

3. 专利的申请

申请发明或者实用新型专利的，应当提交请求书、说明书及其摘要和权利要求书等文件。申请外观设计专利的，应当提交请求书、该外观设计的图片或者照片以及对该外观设计的简要说明等文件。申请人自发明或者实用新型在外国第一次提出专利申请之日起 12 个月内，或者自外观设计在外国第一次提出专利申请之日起 6 个月内，又在中国就相同主题提出专利申请的，依照该外国同中国签订的协议或者共同参加的国际条约，或者依照相

互承认优先权的原则，可以享有优先权。

4. 专利的审查和批准

国务院专利行政部门收到发明专利申请后，经初步审查认为符合本法要求的，自申请日起满 18 个月，即行公布。国务院专利行政部门可以根据申请人的请求早日公布其申请。

发明专利申请自申请日起 3 年内，国务院专利行政部门可以根据申请人随时提出的请求，对其申请进行实质审查；申请人无正当理由逾期不请求实质审查的，该申请即被视为撤回。

5. 专利权的期限、终止和无效

发明专利权的期限为 20 年，实用新型专利权和外观设计专利权的期限为 10 年，均自申请日起计算。没有按照规定缴纳年费的和专利权人以书面声明放弃其专利权的，专利权在期限届满前终止。自国务院专利行政部门公告授予专利权之日起，任何单位或者个人认为该专利权的授予不符合本法有关规定的，可以请求专利复审委员会宣告该专利权无效。宣告无效的专利权视为自始即不存在。

6. 专利实施的强制许可

国务院专利行政部门根据具备实施条件的单位或者个人的申请，可以对下述两种情况给予实施发明专利或者实用新型专利的强制许可。其一，专利权人自专利权被授予之日起满 3 年，且自提出专利申请之日起满 4 年，无正当理由未实施或者未充分实施其专利的；其二，专利权人行使专利权的行为被依法认定为垄断行为，为消除或者减少该行为对竞争产生的不利影响的。

7. 专利权的保护

发明或者实用新型专利权的保护范围以其权利要求的内容为准，说明书及附图可以用于解释权利要求的内容。外观设计专利权的保护范围以表示在图片或者照片中的该产品的外观设计为准，简要说明可以用于解释图片或者照片所表示的该产品的外观设计。

未经专利权人许可实施其专利，即侵犯其专利权引起纠纷的，由当事人协商解决；不愿协商或者协商不成的，专利权人或者利害关系人可以向人民法院起诉，也可以请求管理专利工作的部门处理。

二、商标法

商标是用来区分商品生产者和经营者的特殊标记。商标权是指商标所有人在法律确认后对商标所享有的专有使用权。

（一）国际商标法

国际上，有关商标的国际条约有《巴黎公约》、《商标国际注册马德里协定》及该协定有关议定书、《有关商标注册用商品和服务国际分类的尼斯协定》（以下简称《尼斯协定》）等。

《巴黎公约》中关于商标的规定有：某一成员国已经注册的商标必须加以使用，只有经过一定的合理期限，而且当事人不能提出其不使用的正当理由时，才可撤销其注册。凡是已在某成员国注册的商标，在一成员国注册时，对于商标的附属部分图样加以变更，而未变更原商标重要部分，不影响商标显著特征时，不得拒绝注册。另外，公约要求，任何成员国，在本国法律允许的条件下，对其他成员国主管机关认定的驰名商标，有义务给予保护。未注册的驰名商标的使用人享有禁止他人使用的权利。商标主管机关对抢注的商标可以拒绝或撤销注册。

《商标国际注册马德里协定》于 1967 年 7 月 14 日在斯德哥尔摩签订，于 1989 年 5 月 25 日生效。该协定保护的对象是商标和服务标志。主要内容包括商标国际注册的申请、效力、续展、收费等。该协定规定：商标的国际注册程序是首先在其所属国或居住或设有营业所的成员国取得商标注册，然后通过该国商标主管机构，向世界知识产权组织国际局提出商标的国际注册申请。如果申请得到核准，由国际局公布，并通知申请人要求给予保护的有关成员国。经国际局注册的商标享有 20 年有效期，并且可以不限次数地续展。协定便利了其成员国国民在协定的其他成员国取得商标注册。

《尼斯协定》的目的是建立一个商标注册用商品和服务的国际分类并保证这个分类的实施。《尼斯协定》建立了商标注册用商品和服务的国际分类，规定协定成员国的商标注册机关在审查国内商标注册申请时，应当在商标注册或者公告中标明商品或者服务的国际分类类别号。同时，按照《商标国际注册马德里协定》及其议定书办理的商标国际注册，也必须使用尼斯分类。

（二）我国商标法

1963 年 4 月 10 日国务院公布的《商标管理条例》是我国最早关于商标的法律。1982 年 8 月 23 日，第五届全国人民代表大会常务委员会第二十四次会议通过了《中华人民共和国商标法》，并于 1983 年 3 月 1 日起施行，根据 2013 年 8 月 30 日第十二届全国人民代表大会常务委员会第三次修正，为我国现行商标法。

1. 总则

为了加强商标管理，保护商标专用权，促使生产、经营者保证商品和服务质量，维护商标信誉，以保障消费者和生产、经营者的利益，促进社会主义市场经济的发展，特制定此法。国务院工商行政管理部门商标局主管全国商标注册和管理的工作。自然人、法人或者其他组织在生产经营活动中，对其商品或者服务需要取得商标专用权的，应当向商标局申请商标注册。申请注册的商标，应当有显著特征，便于识别，并不得与他人在先取得的合法权利相冲突。

2. 商标注册的申请

商标注册申请人应当按规定的商品分类表填报使用商标的商品类别和商品名称，提出注册申请。商标注册申请人自其商标在外国第一次提出商标注册申请之日起 6 个月内，又在中国就相同商品以同一商标提出商标注册申请的，依照该外国同中国签订的协议或者共同参加的国际条约，或者按照相互承认优先权的原则，可以享有优先权。为申请商标注册所申报的事项和所提供的材料应当真实、准确、完整。

3. 商标注册的审查和核准

对申请注册的商标，商标局应当自收到商标注册申请文件之日起 9 个月内审查完毕，符合本法有关规定的，予以初步审定公告。申请商标注册不得损害他人现有的在先权利，也不得以不正当手段抢先注册他人已经使用并有一定影响的商标。对驳回申请、不予公告的商标，商标局应当书面通知商标注册申请人。

4. 注册商标的续展、变更、转让和使用许可

注册商标的有效期为10年，自核准注册之日起计算。注册商标有效期满，需要继续使用的，商标注册人应当在期满前12个月内按照规定办理续展手续；在此期间未能办理的，可以给予6个月的宽展期。每次续展注册的有效期为10年，自该商标上一届有效期满次日起计算。期满未办理续展手续的，注销其注册商标。注册商标需要变更注册人的名义、地址或者其他注册事项的，应当提出变更申请。转让注册商标的，转让人和受让人应当签订转让协议，并共同向商标局提出申请。受让人应当保证使用该注册商标的商品质量。商标注册人可以通过签订商标使用许可合同，许可他人使用其注册商标。许可人应当监督被许可人使用其注册商标的商品质量。被许可人应当保证使用该注册商标的商品质量。

5. 注册商标的无效宣告

已经注册的商标，违反本法规定的，或者是以欺骗手段或者其他不正当手段取得注册的，由商标局宣告该注册商标无效。

6. 商标使用的管理

本法规定将商标用于商品、商品包装或者容器以及商品交易文书上，或者将商标用于广告宣传、展览以及其他商业活动中，用于识别商品来源的行为。商标注册人在使用注册商标的过程中，自行改变注册商标、注册人名义、地址或者其他注册事项的，由地方工商行政管理部门责令限期改正；期满不改正的，由商标局撤销其注册商标。

7. 注册商标专用权的保护

注册商标的专用权，以核准注册的商标和核定使用的商品为限。另外，有下列行为之一的，均属侵犯注册商标专用权：未经商标注册人的许可，在同一种商品上使用与其注册商标相同的商标的；未经商标注册人的许可，在同一种商品上使用与其注册商标近似的商标，或者在类似商品上使用与其注册商标相同或者近似的商标，容易导致混淆的：销售侵犯注册商标专用权的商品的；伪造、擅自制造他人注册商标标识或者销售伪造、擅自制造的注册商标标识的；未经商标注册人同意，更换其注册商标并将该更换商标的商品又投入市场的；故意为侵犯他人商标专用权行为提供便利条件，帮助他人实施侵犯商标专用权行为的；给他人的注册商标专用权造成其他损害的。

三、著作权保护法

著作权又称版权，其对象是作品，是指文学、艺术和科学领域内具有独创性并能以某种有形形式复制的智力成果。

（一）国际著作权法

1886年9月在瑞士伯尔尼签订的《伯尔尼公约》是世界上第一个著作权国际保护方面的多边条约。1952年通过的《世界版权公约》同时兼顾了欧洲大陆法系和美洲国家的立法习惯。1996年12月20日由世界知识产权组织主持在外交会议上缔结了《世界知识产权组织版权条约》，主要为解决国际互联网络环境下应用数字技术而产生的版权保护新问题。

《伯尔尼公约》界定了“文学艺术作品的范围”，并确立了如下原则：为一切文学、科学与艺术作品提供保护，作品的表现形式或方式不影响对该作品的保护。公约规定，受保护的作者在成员国至少应享有的经济权利有翻译、复制、表演、广播、公开朗诵和改编等权利。享有的精神权利包括作者身份权和维护作品完整权。

《世界版权公约》确定了成员国至少保护的七种具体作品，即文学作品、音乐作品、戏剧作品、电影作品、绘画作品、雕刻作品和雕塑作品。其基本原则包括国民待遇原则、附条件的自动保护原则和独立保护原则。一般情况下，受公约保护的作品的保护期限不得少于作者有生之年及其死后25年。

《世界知识产权组织版权条约》规定，版权保护的客体主要包括计算机程序和数据或数据库编程两个方面。该条约新增加了向公众传播的权利，作者有权许可将其作品以有线或无线方式向公众传播，包括将其作品向公众提供，使公众中的成员在其个人选定的地点和时间可获得这些作品。条约要求缔约各方应在法律中规定，未经权利人许可或法律准许，规避（包括破解）由权利人为实现版权保护而采取的技术措施为侵权行为。

（二）我国著作权法

《中华人民共和国著作权法》于1990年9月7日第七届全国人民代表大会常务委员会通过，1991年6月1日开始实施，此后经过2001年和2010年两次修正。2012年3月31日，国家版权局在官方网站公布了《中华人民共和国著作权法（修改草案）》，并征求公众意见。下面介绍《中华人民共和国著作权法》的内容。

1. 总则

为保护文学、艺术和科学作品作者的著作权，以及与著作权有关的权益，鼓励有益于社会主义精神文明、物质文明建设的作品的创作和传播，促进社会主义文化和科学事业的发展与繁荣，根据宪法制定本法。中国公民、法人或者其他组织的作品，不论是否发表，依照本法享有著作权。本法所称的作品，包括以下列形式创作的文学、艺术和自然科学、社会科学、工程技术等作品：文字作品；口述作品；音乐、戏剧、曲艺、舞蹈、杂技艺术作品；美术、建筑作品；摄影作品；电影作品和以类似摄制电影的方法创作的作品；工程设计图、产品设计图、地图、示意图等图形作品和模型作品；计算机软件；法律、行政法规规定的其他作品。

2. 著作权

著作权人包括作者和其他依照本法享有著作权的公民、法人或者其他组织。著作权包括发表权、署名权、修改权、保护作品完整权、复制权及发行权等。作者的署名权、修改权、保护作品完整权的保护期不受限制。本法还规定了可以不经著作权人许可，不向其支付报酬，但应当指明作者姓名、作品名称且不得侵犯著作权人依照本法享有的其他权利的情况。

3. 著作权许可使用和转让合同

使用他人作品应当同著作权人订立许可使用合同，本法规定可以不经许可的除外。以著作权出质的，由出质人和质权人向国务院著作权行政管理部门办理出质登记。许可使用合同和转让合同中著作权人未明确许可、转让的权利，未经著作权人同意，另一方当事人不得行使。

4. 出版、表演、录音录像、播放

图书出版者出版图书应当和著作权人订立出版合同，并支付报酬。且对著作权人交付出版的作品，按照合同约定享有的专有出版权受法律保护，他人不得出版该作品。表演者（演员、演出单位）使用他人作品演出，演出组织者组织演出，录音录像制作者使用他人作品制作录音录像制品，广播电台、电视台播放他人未发表的作品，均应当取得著作权人许可，并支付报酬。

5. 法律责任和执法措施

本法对著作权侵权行为作出了规定，若侵权，应当承担停止侵害、消除影响、赔礼道歉、赔偿损失等民事责任。著作权纠纷可以调解，也可以根据当事人达成的书面仲裁协议或者著作权合同中的仲裁条款，向仲裁机构申请仲裁，也可以直接向人民法院起诉。

四、计算机软件保护法

计算机软件是指计算机程序及其有关文档，它不同于传统的文学艺术作品。计算机软件相对于其他产品来说更容易被盗用和复制，因此所有权人在转让技术时需要订立一些特殊保护条款。计算机软件保护包括对计算机软件版权和专利的保护。

（一）国际计算机软件保护

国际上，《与贸易有关的知识产权协定》第 10 条规定："计算机程序，无论是原始资料还是实物代码，应根据《伯尔尼公约》（1971）作为文学作品来保护"。世界知识产权组织于 1996 年 12 月 20 日通过了《世界知识产权组织版权条约》，其第 4 条明确规定：不论计算机程序表达方式或表达形式如何，均作为《伯尔尼公约》第 2 条意义上的文学作品受到保护。二者为国家间计算机软件版权保护提供了统一的标准和依据。涉及计算机软件专利保护的国际性公约有两个：一个是 1979 年 6 月开始实施的欧洲专利公约，它规定对软件专利的审查标准要注重实质，一项同软件有关的发明如果具有技术性就可能获得专利；另一个是 1978 年 1 月 24 日生效的专利合作条约，它规定了软件专利的地域性限制，要求一个软件在他国获得专利的前提是进行专利申请。

（二）我国计算机软件保护法

我国在《中华人民共和国著作权法》第 3 条中明确将计算机软件作为"作品"而予以保护。《计算机软件保护条例》于 2001 年 12 月 20 日由中华人民共和国国务院公布，1991 年 6 月 4 日国务院发布的《计算机软件保护条例》予以废止。自 2002 年 1 月 1 日起施行，分别经过 2011 年、2013 年两次修订。下面对现行《计算机软件保护条例》的内容进行阐述。

1. 总则

为了保护计算机软件著作权人的权益，调整计算机软件在开发、传播和使用中发生的利益关系，鼓励计算机软件的开发与应用，促进软件产业和国民经济信息化的发展，根据《中华人民共和国著作权法》，制定本条例。本条例所称计算机软件，是指计算机程序及其有关文档。受本条例保护的软件必须由开发者独立开发，并已固定在某种有形物体上。

2. 软件著作权

软件著作权人享有发表权、署名权、修改权、复制权、发行权、出租权、信息网络传播权、翻译权及应当由软件著作权人享有的其他权利。软件著作权人可以许可他人行使其软件著作权，并有权获得报酬；也可以全部或者部分转让其软件著作权，并有权获得报酬。软件著作权属于软件开发者，本条例另有规定的除外。软件著作权自软件开发完成之日起产生。

3. 软件著作权的许可使用和转让

许可他人行使软件著作权的，应当订立许可使用合同。许可使用合同中软件著作权人未明确许可的权利，被许可人不得行使。许可他人专有行使软件著作权的，当事人应当订立书面合同。转让软件著作权的，当事人应当订立书面合同。中国公民、法人或者其他组织向外国人许可或者转让软件著作权的，应当遵守《中华人民共和国技术进出口管理条例》的有关规定。

五、商业秘密相关法律

商业秘密是指不为公众所知悉、能为权利人带来经济利益，具有实用性并经权利人采取保密措施的技术信息和经营信息。因此商业秘密包括两部分：技术信息和经营信息。

（一）国际商业秘密相关法律

各国法律对商业秘密保护在保护依据、程度及方式等方面具有较大差异，不利于国际贸易的发展。因此，一些国际组织一直试图在世界范围统一保护商业秘密的基本原则。如国际商会 1961 年制定了《有关保护 know-how 的标准条款》；联合国 1974 年制定了《联合国国际技术转让行动守则草案》；《巴黎公约》1967 年斯德哥尔摩文本第 10 条第 2 款对不正当竞争行为所做的原则性规定，是 TRIPs 要求保护商业秘密的基础，即凡在工商业活动中违反惯例的竞争即构成不正当竞争行为，应取缔不正当竞争；TRIPs 第 39 条要求成员在依上述规定为反不正当竞争提供有效保护的过程中，应保护“未披露信息”（即商业秘密）和向政府或政府的代理机构提交的数据，并规定了未披露信息的构成条件、侵犯未披露信息的行为等方面的内容。“未披露信息”是指由自然人或法人合法控制的符合下列条件的信息：其在某种意义上属于秘密，即其整体或者要素的体现或组合，未被通常涉及该信息有关范围的人普遍所知或者轻易获得；由于是秘密而具有商业价值；是在特定情势下合法控制该信息之人的合理保密措施的对象。在 TRIPs 之后签署的、对商业秘密做了界定的较有影响的国际公约《北美自由贸易协定》和世界知识产权组织公布的《反不正当竞争示范法》，只是将“未披露信息”更名为商业秘密，具体内容基本继续了 TRIPs 的规定。

（二）我国商业秘密相关法律

《中华人民共和国反不正当竞争法》规定，经营者不得采用下列手段侵犯商业秘密：以盗窃、利诱、胁迫或者其他不正当手段获取权利人的商业秘密；披露、使用或者允许他人使用以前项手段获取的权利人的商业秘密；违反约定或者违反权利人有关保守商业秘密的要求，披露、使用或者允许他人使用其所掌握的商业秘密。第三人明知或者应知前款所列违法行为，获取、使用或者披露他人的商业秘密，视为侵犯商业秘密。

《中华人民共和国技术合同法》规定，技术合同条款应包括“技术情报和资料的保密”

内容，违反合同约定的保密义务，“应当支付违约金或者赔偿损失”。《合同法》在总则第43条规定：“当事人在订立合同过程中知悉的商业秘密，无论合同是否成立，不得泄露或者不正当地使用。泄露或者不正当地使用该商业秘密给对方造成损失的，应当承担损害赔偿责任。”

保护知识产权的国际公约中一般通过划定知识产权的涵盖范围来明确其含义。公约的涵盖范围概括来说有两大类：一类是创造性成果权利，包括专利权、版权、外观设计权等；另一类是识别性标记权利，包括商标权、商品名称权等。知识产权的特征包括无形性、专有性、地域性和时间性。我国自1978年后才有关于知识产权的立法。

一般来说，知识产权的国际保护就是一国对来自外国的知识产权实行的保护。保护方式大致有单方保护、互惠保护、双边条约保护和多变保护四种。知识产权的国际保护中，影响和约束力较大的有《与贸易有关的知识产权协定》《保护文学艺术作品伯尔尼公约》和《保护工业产权巴黎公约》。

知识产权的相关法律包括专利法、商标法、计算机软件保护法律、商业秘密相关法律等。有关专利的国际条约有《保护工业产权巴黎公约》《专利合作条约》《国际专利分类斯特拉斯堡协定》等。有关商标的国际条约有《保护工业产权巴黎公约》《商标国际注册马德里协定》《有关商标注册用商品和服务国际分类的尼斯协定》《商标注册条约》。有关计算机软件的国际条约有《与贸易有关的知识产权协定》《世界知识产权组织版权条约》等。有关商业秘密的国际条约有《有关保护 know-how 的标准条款》《联合国国际技术转让行动守则草案》《保护工业产权巴黎公约》。

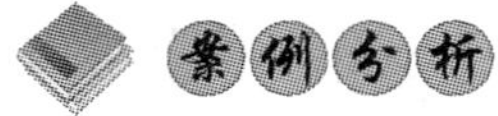

1. 案情介绍

1992年5月10日福建省某乡镇企业化通服装厂在25类服装上申请“苹果”商标作为注册商标，商标局经初步审定，予以公告，刊登在5月份的《商标公告》上。

7月20日，美国苹果公司委托我国的商标代理机构向商标局提出了“苹果”（APPLE）的商标注册申请，请求核定使用的商品也为25类服装。商标局经审查，认为其申请注册的商标与化通服装厂申请的经初步审定并予以公告的商标相同，且又都用于服装上，不符合《中华人民共和国商标法》的规定。据此，商标局裁定，驳回苹果公司的注册申请。

苹果公司在收到商标局的《驳回注册申请通知》后，表示不服，委托原来的商标代理机构向商标评审委员会提出复审申请。其理由是：“‘苹果’（APPLE）商标是我公司服装上使用的商标，我公司于1992年3月10日就向美国的商标注册机构提出了‘APPLE’商标的注册申请。为了拓展海外业务，将商品打入中国大陆，我公司决定同时也在中国大陆申请商标注册，我公司向中国提出申请的日期虽然晚于贵国化通服装厂提出商标注册申请的日期，但是美国和中国都是《保护工业产权巴黎公约》的成员国，据该公约的有关规定，我公司在申请日上是享有优先权的，即贵国商标局应把我公司在美国申请商标注册的日期作为在贵国申请注册的日期，即为1992年3月10日。该日期是早于贵国化通服装厂的申请日期5月10日的，所以获准注册的商标应是我公司申请的商标。请求商标评审委员会撤销商标局作出的对化通服装厂的商标注册申请初步审定的决定，核准我公司的商标注册申请。”

商标评审委员会在收到苹果公司的复审申请后，驳回化通服装厂的“苹果”商标注册申请，对美国苹果公司的注册申请予以初步审定，并加以公告。

2. 案例分析

我国和美国均是《巴黎公约》的成员国，因此在涉及两国工业产权方面的法律问题时，我国有义务根据该条约履行一定的国际义务。该公约第4条规定，优先权是指如果某个可享有国民待遇的人以一项商标提出了注册申请，该申请提出之日起6个月内，如果他在别的成员国也提出了同样的申请，则这些成员国都必须承认该申请的第一个国家递交的日期为本国的申请日。我国应承认和尊重在申请日方面相互给予的优先权。苹果公司在6个月之内（从其在本国申请注册之日起算）向我国提出商标注册申请，在美国的申请日应视为优先权日，是早于化通服装厂的申请日的。因此，苹果公司的注册申请应优先保护。据此，终局裁决：驳回化通服装厂的“苹果”商标注册申请，对美国苹果公司的注册申请予以初步审定，并加以公告。

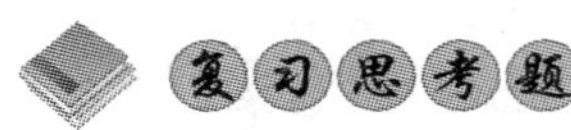

1. 何谓知识产权及其法律特征？
2. 简述《伯尔尼公约》规定“最低保护标准”的主要内容。
3. 简述《巴黎公约》的基本原则。
4. 简述《商标国际注册马德里协定》的主要内容。
5. 试述《知识产权协定》的主要内容及其基本原则。

第十章 国际技术贸易法

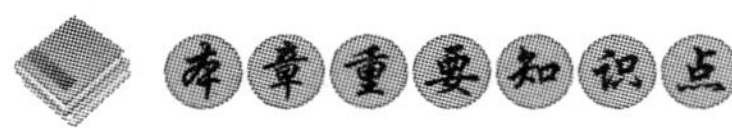

△国际技术贸易法的概念、主要法律规范

△国际技术转让的标的、形式

△《中华人民共和国技术进出口管理条例》的主要内容

△国际许可证协议相关内容

△限制性商业条款的内容

案例导入

某省钻头厂与美国史密斯公司签订技术许可合同，从美国史密斯公司引进某种类型的地矿钻头生产专利技术，许可合同中的鉴于条款规定："史密斯公司拥有某地矿钻头生产专利，能够合法地向引进方授予制造某地矿钻头的生产许可证"。许可合同签订后，在双方的密切合作下，很快生产出合格的合同产品，但当该产品销往美国后，美国休斯公司提出诉讼，指控某省钻头厂的产品侵犯其专利权。根据鉴于条款的规定，应责成美国史密斯公司应诉。因为鉴于条款主要说明双方当事人签订许可合同的目的和愿望、受方引进技术的目标、供方转让技术使用权的合法性和该项技术是否具有实际生产经验等，一旦双方因合同发生纠纷，仲裁机构或法院就可以根据这些保证，解释其他有关条款。在本案中，供方史密斯公司对其转让的某地矿钻头生产专利技术的合法性作出保证，一旦受方某省钻头厂的合同产品被第三方指控为侵权行为，该公司即负有不可推卸的责任。由于供方史密斯公司的违约行为而造成受方某省钻头厂的经济损失，受方有权向供方提出赔偿损失的请求。

随着各国经济发展与开放，国际贸易蓬勃发展，而且不再单纯地以资本输出为主，国际技术贸易在其中占据着重要的地位。伴随着技术贸易竞争愈加激烈，一方面促使了技术贸易的进一步发展；而另一方面，国家之间技术贸易过程中出现大大小小的纠纷也在所难免。那么，我们需要借助相应的法律法规和国际公约来规范、调整国际技术贸易中的纠纷。本章从国际技术贸易、国际技术转让及国际许可证协议等方面来介绍国际技术贸易法相关内容。

第一节 国际技术贸易概述

一、技术的含义与特点

技术广义上是指人类在认识自然、改造自然的反复实践中所积累起来的有关生产劳动的经验和知识，也泛指其他操作方面的技能、技巧。狭义上是指为实现生产过程和为社会生产需要服务的手段。世界知识产权组织在《供发展中国家使用的许可贸易手册》中规定：技术是制造一种产品的系统知识、所采用的一种工艺或提供的一项服务，不论这种知识是否反映在一项发明、一项外形设计、一项实用新型或者一种植物新品种上或者反映在技术情报或技能中，或者反映在专家为设计、安装、开办或维修一个工厂或为管理一个工商业企业或活动而提供的服务或协助等方面。技术包括产品、工艺方法和服务三方面的知识，可以以书面或非书面形式存在，并存在于生产、管理、销售、金融、财会和科学研究等各个领域。

技术的特点包括：无形性，技术知识相对于有形资产而言，是非物质的、无形的；系统性，技术是一整套知识和经验，并且是一个动态的系统工程；可实施性，技术必须能够实施，并且是能产生经济效益的知识；可传授性，技术是可以传授的，无法传授的专门技艺都不是技术；商业性，除已进入公共领域的共有技术外，技术是一种私有财产，可以作为“商品”在技术市场上进行交易。技术是一种特殊的商品，具体表现在：技术商品必须具有经济性、私人占有性、选择性。

二、国际技术贸易

国际技术贸易是指不同国家的企业之间进行的有偿技术转让或技术使用权许可行为。技术贸易是否具有国际性与转让和受让双方的国籍无关，完全取决于转让技术是否“跨越国境”。知识产权与国际技术贸易之间存在如下关系：受知识产权法律保护的智力成果及其创造者所享有的权利可以成为技术贸易对象；技术贸易合同必须符合知识产权法律保护原则；知识产权法保护的对象并不都属于技术贸易的范畴。

国际技术转让是指技术供应方将技术越过国境转让给技术取得方的行为。国际技术转让法调整的是具有涉外因素的技术转让活动。使国外的技术转让到国内，就是技术引进。技术引进是指一个国家或企业引入国外的技术知识和经验，以及所必须附带的设备、仪器和器材，用以发展本国经济和推动科技进步的做法。

国际技术转让以无形的技术知识作为转让的对象，有专利、商标、计算机软件及专有技术等。转让的内容是技术的使用权而非所有权，技术的所有权仍为技术供应方所有。而且按照法律规定，技术的使用权还可以多次转让。国际技术转让除适用合同法原则外，同时适用技术转让法律的特殊限制。这是因为技术转让不仅仅涉及两个企业的利益，还与一国的发展战略和国民经济的发展密切相关，直接关系到国家利益。国际技术转让的形式有：单纯引进技术知识、引进技术知识与购买成套设备相结合、引进技术知识与合作生产和经营相结合等。

技术转让或技术使用权许可需要通过签订国际许可证协议，又称为国际许可协议或许可合同，是指技术所有人作为许可方（出让方），通过与被许可方（受让方）签订许可合同，将其所拥有的技术授予被许可方，允许被许可方按照合同约定的条件使用该项技术，制造或销售合同产品，并由被许可方支付一定数额的使用费的技术转让行为。它是国际技术转让主要和基本的形式，是平等当事方之间的一种授权协议，而非代表法律所赋予某个当事人为某种行为的资格。

国际许可证协议具有明确的地域性。无论何种许可证协议，通常都要明确规定地域性条款，即被许可方在哪些地域范围内享有使用权、制造权和合同产品的销售权。许可证协议的地域范围往往就是平衡价格和预期利益的结果。同时，国际许可证协议还具有严格的法律性。国际许可证协议涉及的法律内容非常广泛，不但要遵守国际公约，还受到一国国内合同法、专利法、商标法等法律法规的调整和管辖。另外，世界多数国家都要求国际许可证协议经过有关部门批准方可生效。

三、国际技术贸易法

国际技术贸易法是指调整跨国技术有偿转让关系的法律规范的总和。它包括国际公约、国际商业惯例、国内判例、国际组织内部决议以及一国有关技术进出口的法律。国际技术贸易法的范围包括国内法规范与国际法规范。从技术转让上讲，对技术享有的权利或知识产权权利本是一种私权，如同其他民事权利一样，当事人可以自由处分。但由于知识产权的垄断性，国际技术贸易的当事人实际上处于不平等的交易地位，技术的转让方可能会滥用其技术优势地位。因此，在受让方国家，国家对技术贸易的干预强于对货物贸易的干预；而转让方国家为保护其国民的权利，也会对国际技术贸易进行干预。

第二节　国际技术转让法

一、中国的技术转让法律

我国的国际技术转让贸易是在 20 世纪 70 年代末确立对外开放基本国策以后发展起来的。在我国，有关技术进出口的法规首先是 1985 年《中华人民共和国技术引进合同管理条例》及其实施细则，但是已于 2002 年 1 月 1 日废止，由根据 2011 年 1 月 8 日《国务院关于废止和修改部分行政法规的决定》修订的《中华人民共和国技术进出口管理条例》取代。此外，还有 2004 年 4 月 6 日修订通过、2004 年 7 月 1 日生效的《中华人民共和国对外贸易法》，以及 2009 年根据《中华人民共和国技术进出口管理条例》公布修订的《禁止出口限制出口技术管理办法》《技术进出口合同登记管理办法》。

（一）《中华人民共和国技术进出口管理条例》

为了规范技术进出口管理，维护技术进出口秩序，促进国民经济和社会发展，根据

《中华人民共和国对外贸易法》及其他有关法律的规定，制定了该条例。条例规定，技术进出口是指从中华人民共和国境外向境内，或者从境内向境外，通过贸易、投资或者经济技术合作的方式转移技术的行为。其中包括：专利权转让、专利申请权转让、专利实施许可、技术秘密转让、技术服务和其他方式的技术转移。

条例要求引进的技术必须先进适用，并且应当符合下列一项以上的要求：能发展和生产新产品；能提高产品质量和性能，降低生产成本，节约能源或材料；有利于充分利用本国的资源；能扩大产品出口，增加外汇收入；有利于环境保护；有利于安全生产；有利于改善经营管理；有助于提高科学技术水平。属于禁止进口的技术，不得进口。属于限制进口的技术，实行许可证管理；未经许可，不得进口。条例鼓励成熟的产业化技术出口。属于禁止出口的技术，不得出口。属于限制出口的技术，实行许可证管理；未经许可，不得出口。

《中华人民共和国技术进出口管理条例》明确了双方当事人的权利义务，供方的主要义务是保证所提供的技术或者文件资料完整、准确、有效，能够达到合同规定的技术目标。保证自己是所提供技术的合法拥有者，或者保证自己有权转让或者许可该项技术。受方使用转让或者许可的技术生产或者销售产品如被第三方指控侵权，应当由供方负责应诉；如被第三方指控的侵权成立，受方的经济损失由供方负责赔偿；供方应当按照中华人民共和国税法的规定纳税。

受方的主要义务为按照合同的规定支付技术的价款或报酬；对供方提供或者传授的专有技术和有关技术资料，受方应当按照合同约定的范围和期限承担保密义务。在受方承担保密义务期限内，由于非受方原因技术被公开，受方承担的保密义务即行终止。合同规定供方在合同有效期内向受方提供其发明和改进技术的，受方可以在合同期满后继续承担保密义务，保密期限自供方提供该项技术之日起计算，但该期限不得超过原合同规定的期限。

进口或者出口属于禁止进出口的技术的，或者未经许可擅自进口或者出口属于限制进出口的技术的，擅自超出许可的范围进口或者出口属于限制进出口的技术的，伪造、变造或者买卖技术进出口许可证或者技术进出口合同登记证的，以欺骗或者其他不正当手段获取技术进出口许可的，以欺骗或者其他不正当手段获取技术进出口合同登记的，均应追究法律责任。

（二）《禁止出口限制出口技术管理办法》

该办法旨在规范我国技术出口的管理。列入《中国禁止出口限制出口技术目录》（另行发布）中禁止出口的技术，不得出口。国家对列入《中国禁止出口限制出口技术目录》的限制出口技术实行许可证管理，凡出口国家限制出口技术的，应按本办法履行出口许可手续。核技术、核两用品相关技术、化学两用品相关技术、生物两用品相关技术、导弹相关技术和国防军工专有技术的出口不适用此办法。

限制出口技术的贸易审查应包括以下内容：是否符合我国对外贸易政策，并有利于促进外贸出口；是否符合我国的产业出口政策，并有利于促进国民经济发展；是否符合我国对外承诺的义务。

限制出口技术的技术审查应包括以下内容：是否危及国家安全；是否符合我国科技发

展政策，并有利于科技进步；是否符合我国的产业技术政策，并能带动大型和成套设备、高新技术产品的生产和经济技术合作。

（三）《技术进出口合同登记管理办法》

本办法旨在规范自由进出口技术的管理，建立技术进出口信息管理制度，促进我国技术进出口的发展。技术进出口合同包括专利权转让合同、专利申请权转让合同、专利实施许可合同、技术秘密许可合同、技术服务合同和含有技术进出口的其他合同。自由进出口技术合同登记的主要内容为：技术供受方及技术使用方、合同名称、金额、有效期和支付方式等。

二、《国际技术转让行动守则（草案）》

在国际公约方面，从20世纪70年代初开始，联合国贸易和发展会议开始着手进行国际技术转让方面的立法，并于1978年拟定了《联合国国际技术转让行动守则（草案）》（以下简称《守则草案》）交与会的成员讨论。虽然《守则草案》至今未获正式通过，但其制定本身就意味着国际技术贸易已引起各国普遍的重视，并为各国制定本国的相关法律及进一步进行双边或多边的国际性协作打下了良好的基础。《守则草案》的内容主要包括序言和九章内容。序言明确了行动守则制定的背景及宗旨，并在其后的内容中具体确定了其目标和原则。

（一）定义和适用范围

《守则草案》对技术转让的定义如下："技术转让是指转让一项产品，用一项工艺或提供一项服务的系统知识，但不包括只涉及货物出售或出租的交易。"《守则草案》对该守则的适用范围规定为：技术转让越过国境将其技术转让给技术受让方的交易。

（二）目标和原则

《守则草案》明确规定，行动守则的目标是制定普遍、平等的标准，作为技术转让当事方之间和有关各国政府间关系的基础，同时考虑到它们的合法利益，并对发展中国家实现经济和社会的发展目标的特殊需要给予应有的承认；促进当事各方间及其政府间的互相信任；鼓励在交易中各方当事人的谈判地位均等，从而达到满意的协定；便利和促进技术情报；促进和增加技术资料的国际交流；增强各国参与国际生产和贸易的能力。为达到上述目标，《守则草案》规定了如下几项普遍适用的原则：

（1）行为守则普遍适用于技术转让领域。

（2）各国有权采取一切促进和管制技术转让的适当措施，其方式应符合其国际义务，考虑到所有有关当事方的合法利益，同时鼓励按照彼此同意的公平、合理的条件进行技术转让。

（3）便利和规范技术转让交易，应当承认国家主权和政治独立（包括对外政策和国家安全的要求）原则以及国家主权平等的原则。

（4）各国应当就国际技术转让进行合作以推动整个世界，尤其是发展中国家经济增长。

（5）技术转让交易当事人各自的责任与非作为当事人的政府各自的责任之间，应当明确区分。

(6) 技术转让方和受让方必须互利互惠，以便维持和促进技术的国际交流。

(7) 促进和增加以同意的公平合理条件取得技术的机会，特别是发展中国家的这种机会。

(8) 确认国家法律给予工业产权的保护。

(9) 技术转让方在技术受让方国家里的经营活动，应尊重该国的主权和法律，适当地考虑到该国所宣布的发展政策和优先次序，努力为技术受让方国家的发展作出实际贡献。

(三) 技术转让交易的国内法规

各国有权制定和修改有关调整国际技术转让关系的法律、条例、规则以及政策，每个国家在制定有关保护工业产权的法规时应考虑到本国的经济和社会发展需要，并应保证其国家法律授予的工业产权及其国家法律确认的其他权利得到有效的保护。《守则草案》叙述了在制定和修改国家法律、条例、规则和政策时需要考虑的一般性标准，列举各国管制技术转让交易方面可能采取的各种具体措施。

(四) 限制性商业条款

《守则草案》将以下 14 项列入加以管制：

(1) 单方面的回授条款，即要求受方在排他基础上，或者在无供方补偿或互惠的条件下，将源于受让技术的改进技术转让给或回授给供方，或供方指定的任何其他企业。

(2) 对技术有效性不允许提出异议，即不合理地要求受方不能对转让中包含的专利及其他形式的发明保护的有效性或者对供方声明或取得的其他这类转让标的有效性提出异议。

(3) 独家经营，即非为保证合法利益的获得，特别是非为保证转让技术的保密性或者保证全力帮助或促进的义务所必需，而限制受让方就有关相似或竞争性技术或产品签订销售、代理或制造协议或者取得竞争技术的自由。

(4) 对研究和发展的限制，指不合理限制受方从事旨在吸收和修改转让技术以使其适于当地条件的研究和发展工作或者制定实施与新产品、新工艺或新设备有关的研究和开发方案。

(5) 对使用人员方面的限制，即在为保证技术转让的效率及使技术投入使用所必需的期限外，或者对技术受让国人员的使用不利的情况下，不合理地要求受方雇用供方指派的人员。

(6) 限定价格，即不公平地强迫受方在技术转让所及的相应市场内就使用供方技术制造的产品或提供的服务遵守价格规则。

(7) 对改进转让技术的限制，即不合理地阻止受方修改进口技术以适应当地条件或对之进行革新，或者当受方基于自己的责任并且在没有使用技术供方的名字、商标、服务标记或商名情况下进行修改时，强迫受方采用其不愿采用或不必要的设计或规格变动，除非这种修改不适当地影响到提供给供方、供方指定的人或其他被许可人的产品或制造产品的工艺，或者被用作供应供方客户的产品的零部件。

(8) 附带条件的安排（搭售行为），迫使受方接受其不愿接受的额外技术、将来的发明及改进、货物或服务，或者限制技术、货物或服务的来源，以此作为购买供方要求提供的技术的条件，而该技术并不是当受方使用供方的商标或服务标记或其他标记时为保持产品或服务的质量所必需的。

（9）出口限制，即许可方通过某种方式限制受方合同产品的出口。其主要方式有：禁止被许可方合同产品出口，限制被许可方产品出口的国别或地区、数量、价格及渠道等。

（10）包销或独家代理的限制，即要求受方以包销权或独家代理授予供方或供方指定的任何人，除非当事方在分包安排或制造安排中已同意，根据技术转让安排生产的全部或部分产品由供方或其指定的任何人销售。

（11）共享专利或互授许可协定及其安排，即以技术供方之间的共享专利或交叉许可协议或其他国际技术转让交流协议中对地域、数量、价格、客户或市场的限制，不当地减少受方接近新的技术进步的机会，或者导致滥用某一行业或市场的支配力量，从而造成对技术转让的不利影响。附于合作协议的适当限制，如合作研究安排，不在此列。

（12）对广告或宣传的限制，即不合理地规定对受方进行广告宣传的限制。但是，当广告宣传利用了供方的名字、商标或服务标记、商名或其他标记是为防止损害供方的商誉或信誉所必需的，或者供方当可能由其承担产品责任时基于避免此责任的合法理由所要求的，或者适当情况下为了安全的目的或为了保护消费者的利益，或者为了保证转让技术的保密性所必需的对广告宣传的限制，不在此列。

（13）工业产权保护期满后的付费和其他义务；因继续使用业已失效、被撤销或有效期届满的工业产权而要求付款或强加其他义务。承认对任何其他问题，包括就技术的其他付款义务，应依照适当的适用法以及与该法一致的协议条款来解决。

（14）技术转让协定期满后的限制。

（五）当事人各方的责任和义务

《守则草案》规定了在技术转让协定的谈判阶段和合同阶段，当事人各方应共同承担的担保、责任和义务。当事各方在谈判和缔结技术转让协定时，应按照相关的规定，配合当事各方本国，特别是技术取得方国家的经济和社会发展目标，当事各方并应在谈判、缔结和执行技术转让协定时，遵守公道、诚实的商业惯例，同时应考虑到个别的具体情况并应确认某些情况，特别是技术的发展阶段、当事各方的经济和技术能力、交易的性质和类别，如当事各方之间正在进行的或持续进行的任何技术交流。

（六）对发展中国家的特殊待遇

《守则草案》要求给予发展中国家的特殊待遇必须配合它们在经济和社会不同发展阶段中的经济和社会发展目标。发达国家政府在直接或通过有关国际组织帮助促进对发展中国家，特别是对最不发达国家转让技术时，应把这作为发展援助和合作计划的一部分。这包括：便利发展中国家取得关于可能有助于它们达到其经济社会发展目标的技术的供应情况、具体内容、所在地点，以及估计费用等现成资料；让发展中国家有最自由、最充分的机会取得不需要经由私人决定而转让的技术；合作开发发展中国家的科技资源，包括培养其创新能力；通过创立和支援实验室、试验设施、训练机构、研究所等，帮助发展中国家加强其技术能力，特别是国民经济中基本部门的技术能力；在国际协作方面给予发展中国家帮助，培养其本国技术人员；通过国际组织进行技术交流，采取措施减轻技术成本；鼓励企业间的技术合作，以促进发展中国家的技术进步。

（七）国际协作

《守则草案》要求各国承认，各国政府、各政府间机构、联合国系统内各组织和机构，包括《守则草案》规定的国际性体制机构，彼此间有必要进行适当的国际协作，以期在考虑到《守则草案》的目标和原则下，促进更多的国际技术交流，加强世界所有国家的技术能力，并促使《守则草案》条款得到有效执行。

（八）国际性体制机构

《守则草案》要求建立专门的国际性体制机构负责审议守则的法律约束力，并对其职责及工作内容进行了设定。国际性体制机构在执行其职责时，既不能起到法庭的作用，也不能以其他方式对各国政府或各个当事方就某一项技术转让交易进行的活动或行为作出裁决。当某一项交易的当事方发生争端时，该国际性体制机构应当避免卷入。

（九）法律适用和争端的解决

关于使用法律的条款、解决争端的司法、行政及仲裁途径等问题，长期以来谈判各方一直未能就此达成一致，因此《守则草案》将各个集团提出的建议案均收入附录之中。

三、国际技术转让中的限制性商业条款

（一）含义

限制性商业条款又称限制性商业惯例，是进行技术转让许可活动中带有普遍性的问题。限制性商业条款是指在国际许可证协议中由技术许可方向被许可方施加的、法律所禁止的、造成不合理限制的合同条款。限制性条款实际上是以保护行使专利、商标等合法权利为借口，以获取高额利润为目的，而不合理地滥用市场力量的支配地位，限制竞争，向其潜在竞争对手提出的一种单向权利限制。

关于“限制性商业惯例”的解释，发达国家与发展中国家存在普遍分歧。发达国家认为，凡构成或导致市场垄断、妨碍自由竞争的做法都属于限制性商业行为；发展中国家则认为，限制性商业行为不仅包括构成或导致市场垄断、妨碍自由竞争的做法，而且本身并不直接导致垄断或削弱竞争，但显然不利于技术接受方经济和技术发展的做法，也应认为属于限制性商业行为。现在绝大多数国际许可协议中都包含限制性商业惯例的条款，究竟哪些算是限制性商业惯例，有关国际公约以及我国法律法规都有所规定。

（二）特征

（1）国际技术转让中的限制性商业条款具有隐蔽性。与其他贸易的限制性商业条款相比，国际技术转让中的限制性商业条款更加复杂和难以识别。这主要是由于国际技术转让法律关系的客体是智力成果，是一种无形商品。

（2）国际技术转让中的限制性商业条款缺乏规范性。国际技术转让中的某些限制性做法在许多国家的国内法律上并未明文禁止，因而这些依法受到保护的做法，或多或少地会在许可合同中表现为一定的带有垄断性或限制性的条款，这是基于正当权利的合法限制。因而，限制性商业条款必须是法律明文禁止的。

（3）国际技术转让中的限制性商业条款的手段主要表现为技术转让方对技术受让方进行各种限制，如通过直接影响市场，削弱竞争或通过诸多要价过高、强加参与管理等方法来限制技术受让方。

（三）国际技术转让法中关于限制性商业条款的规定

《国际技术转让行动守则（草案）》中规定的单方面的回授条款、对技术有效性不允许

提出异议和独家经营等14种限制性商业条款在前文中已经做了详细介绍。

我国2002年实行的《中华人民共和国技术进出口管理条例》规定，技术进口合同中，不得含有下列限制性条款：要求被转让方接受并非技术进口必不可少的附带条件，包括购买非必需的技术、原材料、产品、设备或者服务；要求被转让方为专利权有效期限届满或者专利被宣布无效的技术支付使用费或者承担相关义务；限制被转让方改进让与人提供的技术或者限制被转让方使用所改进的技术；限制被转让方从其他来源获得与让与人提供的技术类似的技术或者与其竞争的技术；不合理地限制被转让方购买原材料、零部件、产品或者设备的渠道或者来源；不合理地限制被转让方产品的生产数量、品种或者销售价格；不合理地限制被转让方利用进口的技术生产产品的出口渠道。

第三节　国际许可证协议

一、国际许可证协议的种类

国际许可证协议根据不同分类标准可以分成不同种类。一般来说，有以下两种分类：

1. 根据国际许可协议转让的客体不同划分

(1) 专利许可证协议。这类协议的目的是许可使用专利保护的发明。

(2) 商标许可证协议，即以商标使用权作为协议的标的。在国际许可协议中，商标许可协议包含一定技术贸易内容，假冒商标一般都不能达到原商标的质量标准。

(3) 专有技术许可证协议。实践中，专有技术在很多情况下被采用。凭专利公开的说明书并不能使采用该技术的人顺利使用。只有引进专有技术，才能真正把生产需要的各项先进技术、经验和知识引进来，达到预期目的。

(4) 计算机软件使用许可协议，是指软件所有人与用户就转让软件使用权而达成的协议。它包括两种方式：使用许可合同和生产许可合同。由于计算机软件的特殊性质，合同中一般也包含某些特殊的条款，如：对软件包的功能叙述，对软件环境和软件性能的说明，对软件环境的叙述以及软件生产支持和检验验收条款等。

(5) 混合许可协议，是指包含以上技术转让许可标的两项以上的合同。应当指出，在国际许可协议中最常见的就是这种混合许可合同。

2. 根据许可方授予被许可方技术使用权的内容和范围的大小及是否有限制划分

(1) 独占许可证协议，是指许可方授予对方在合同规定的某一地区内和合同有效期间，对许可项下的技术享有独自占有和使用、制造和销售相关产品的权利。在签订这种协议的情况下，不论任何第三者还是许可方都不得在该许可证有效期内。在该地区内使用该项技术制造或销售产品，尽管工业产权属于许可方。此合同可使受让方以合同项下技术产品垄断市场，故售价较高。

(2) 排他许可证协议，是指被许可方按合同约定的某地区或在合同有效期内，对许可证项下的技术享有独占的使用权，许可方在合同期间排除任何第三者拥有使用权，但许可方自己仍可在该地区使用该项技术制造或销售产品。由于被许可方通过该合同所获得的该技术的使用权利比独占许可证要小，因此其技术使用报酬比独占许可低。

（3）普通许可证协议，指在协议规定的时间和地域范围内，被许可方、许可方和第三方都可使用该项技术。因此它是指除了合同双方在约定地区对许可项下的技术享有使用权外，许可方还有权将该合同许可项下的技术使用权再卖给第三者。通过这种协议被许可方获得的权利最小，该许可证的价格一般要比前两种低。

（4）交叉许可证协议，又称互换许可证协议，是指技术许可方和被许可方可以按价值对等的技术，交叉取得双方的技术使用权、制造权和销售权，它一般是在合作生产等条件下才使用，因此，交换许可更多的是一种合作关系，而非单纯买卖。常用于原发明的专利权人和派生发明的专利权人之间。

（5）可转让的许可证协议，也称从属许可证协议，指被许可方可以将许可项下的技术使用权或商标使用权再转让给第三人，其再转让的前提是经原许可方的同意，或在原许可合同中有明确规定，被转让的第三人亦称分售许可人。

二、不同标的国际许可证协议的共有内容

国际许可证协议的内容是指许可方和被许可方达成的规范双方权利义务的合同条款。在国际技术转让过程中，双方当事人履行合同以及解决合同纠纷，都要依据合同规定条款来执行。国际许可证协议根据其转让标的的不同，条款内容也存在差异，首先我们介绍各许可证协议的共有条款。

（一）合同的前言

前言是国际许可证协议的开头语，它包括协议的名称、签约时间和地点、双方当事人的基本情况、法律单位以及鉴于条款。鉴于条款是指合同正文开始处用以说明双方交易意图和转让技术合法性的条款。这一条款不仅仅能说明双方的交易意图，其更主要的作用是要当事人双方（主要是许可方）在合同一开始就明确地作出某些法律上的保证，一旦发生纠纷，仲裁机构或法院可以根据这一条款判断责任归属。

（二）关键词语的定义

在国际许可证贸易中，由于当事人双方所在的国家有着不同的语言、文化背景以及适用法律，因此，在签订协议时需要对协议中所使用的关键性名词术语作出明确规定，从而避免在执行合同的过程中，由于各国法律以及习惯的不同理解，造成执行协议过程中的分歧。

（三）价格与支付条款

合同价格条款亦称使用费条款，是整个许可证协议的核心。在国际许可证贸易的实践中，国际许可证协议中的计价方式主要有以下三种。

（1）统包价格，即在签订国际许可证协议时，一次算清各项技术项目所应付的费用，由双方当事人确定一个固定的金额，并在合同中明确加以规定。采用统包价格对被许可方来说风险最大，一般适用于非尖端的技术转让，而且往往是不要求转让方继续提供有关技术援助的情况下采用，因此实践中使用不多。

（2）提成价格，又称滑动价格，即在合同中规定，在项目建成投产后，按合同产品的产量、净销售额或利润（统称为提成基础）提取一定百分比（提成率）的费用作为技术转让的酬金。提成分为固定提成和滑动提成，前者在合同的有效期内是固定的，后者在合同

有效期内将随着净销售额的增加或提成年限的推后而逐年降低，采用提成价格对被许可方最为有利。

(3) 固定与提成相结合，即将协议价格分为固定和提成两部分。固定部分为入门费，是在合同生效后立即支付的。提成部分是指项目投产后按规定在一定年限内支付的提成费。这种计价方式综合了统包价格和提成价格的优势，风险由双方共同承担，比较合理，因此在国际上使用较广。

(四) 合同的范围条款

合同的范围条款又称为合同的标的或许可授权条款，主要明确许可适用的对象、所转让的技术的具体内容、所适用的领域以及相关的技术资料，许可协议是独占许可还是普通许可、许可授权的性质、范围以及被许可方行使使用权、制造权和销售权的时间和地域范围。

(五) 技术资料的交付

在国际许可证贸易中，技术资料是顺利完成许可证贸易的媒介和桥梁。技术资料交付条款通常包括以下内容：(1) 技术资料的清单与份数；(2) 技术资料交付的时间、方式及实际交付日的确定。被许可方收到技术资料后，必须在规定时间内对资料进行清点，并检查清晰度以及是否齐全，如发现与协议规定不符，应在规定的期限内通知许可方补寄、重寄或更换。

(六) 技术服务、改进条款

技术服务通常包括设计和工程服务、管理服务以及技术人员培训服务等，技术服务是实现技术真正转让的重要程序，特别是技术人员的培训是使技术资料应用于实际操作的不可缺少的步骤。因为被转让方往往是技术落后的一方，如果只依据图纸或其他技术资料难以掌握受让的技术，因此许可方应提供技术服务和技术培训。技术都处在不断完善进步的过程中，许可方和被许可方需事先约定好技术改进的成果归何方所有，以及双方是否有互换技术改进成果的义务等。

(七) 考核和验收条款

考核验收指的是被许可方对按许可方提供的技术资料制造的产品是否符合许可证协议规定的技术性能指标，有权进行考核和验收，其目的是保证被许可方能够掌握转让技术，实现预期的目标。

(八) 保密条款

保密条款主要是指专有技术的转让中，许可人要求被许可人承担保密义务；否则，一旦泄露，将给许可人造成巨大损失。

(九) 保证和索赔条款

国际许可证贸易中的“保证”指的是许可方对其转让技术的合法性、可靠性和有效性所提供的保证，其目的在于维护被许可方的合法权益。一般包括以下内容：(1) 保证许可方是转让技术的合法所有人或持有人，并确实有权向被许可方转让，如在合同履行过程中出现第三方指控侵权，应由许可方负责与第三方交涉，并承担由此引起的一切法律和经济责任；(2) 保证协议所涉及的知识产权（主要是专利）在协议有效期内是有效和合法的，保证按协议规定的方式和时间交付技术资料，并保证技术资料的完整、清晰、准确、有效，如内容有误或不完整，有义务更换或补齐；(3) 保证被许可方正确使用技术资料后能够生产出符合协议规定技术标准和性能的产品；(4) 保证提供良好的技术服务，当许可方未能履行上述保证时，即构成违约，应当承担违约责任，被许可方对违约行为有权提出索赔；(5) 有些情况下，保证与索赔条款也可规定被许可方应承担的保证责任，如保证机器设备符合合同约定，保证如期付款等。

(十) 违约救济条款

这一条款主要规定违约行为的构成以及违约救济方法，如果一方当事人在签订协议后不按约定履行或不完全履行，违约一方应当承担责任。常用的违约救济方法有实际履行、损害赔偿、解除合同、支付罚金等。

(十一) 争议解决与法律适用条款

国际许可证贸易的实践中，争议解决的方式主要有协商、调解、仲裁和司法诉讼四种。协议中应当规定协议所适用的法律，通常来说，双方当事人都希望选择自己国家的法律。但大多数发展中国家规定应强制适用被许可方所在国法律。

(十二) 合同有效期和生效时间

国际许可证协议的有效期约定有两种方式：其一是不明确限定合同的有效期，只在有效期条款中规定当事人双方的权利和义务结束后合同自动失效，适用于那些难以规定时间的项目；其二是在合同中明确规定一个有效期，有效期满后，合同自动失效。此外，应确定签字日期和生效日期，因为有的协议只有在签订后一定期限内呈报政府主管部门批准后才能生效。

三、不同标的许可证协议的特有内容

(一) 专利许可证协议

除前文所述基本内容外，专利许可证协议通常还包括维持专利有效性，不得反控和使用专利标记等特有内容。实践中，这些内容一般都作为几个独立的条款出现在合同之中。

维持专利有效性条款是指在合同中规定许可方有义务按照法律规定缴纳专利年费（或专利维持费），以维持专利的有效性。如果因为许可方未缴纳专利年费而导致专利失效，专利许可证协议将因此而解除，被许可方将不再支付专利许可费用。

不得反控条款，又称权利不争条款，是指被许可方在获得了许可方的专利技术后，在整个合同有效期内，不得对该专利提出异议或进行无效诉讼。

使用专利标记条款一般要求被许可方在自己生产的专利产品上标明专利标记，其主要作用是警告他人不得仿造，否则构成侵权。在某些国家，专利标记的使用还可以作为专利侵权诉讼中的初步证据使用。

(二) 商标许可证协议

质量监督条款是商标许可证协议最具特色的条款。商标许可证贸易使被许可方可以利用许可方有一定知名度的商标推销自己的产品，以获得经济效益。对许可方来说，一方面，通过商标许可可以获得使用费；但另一方面，许可方也要承担一旦被许可方商品质量低劣，自己商标信誉将受影响的风险。许可方一般要求写入质量监督条款，即要求被许可方保证使用商标商品质量的一致性和符合合同规定的质量标准，许可方有权监督、检查被许可方的产品和原材料，有权到其工厂检查生产过程，有权要求其定期将产品样品送交许可方检查等。

商标标识的管理条款一般包括三项具体内容：第一，商标标识的获得。商标标识可以由许可方提供，但多数情况下由被许可方印制。第二，商标标识的使用。一般规定被许可方在首次出售载有许可方商标的产品前，应得到许可方的书面确认。不合格产品不得使用商标标识或不得销售，已经销售的许可方有义务追回。第三，合同终止后对商标标识的处理。通常规定合同终止时库存的尚未使用的商标标识，应当销毁或作价转让给许可方或其指定的第三方。在合同终止日前被许可方已生产的产品，如载有该商标标识，应允许其继续销售，直到售完为止。

（三）专有技术许可证协议

专有技术在《中华人民共和国技术引进合同管理条例施行细则》第 2 条中被定义为：未公开过，未取得工业产权法律保护的制造某种产品或应用某项工艺以及产品设计、工艺流程、配方、质量控制和管理等方面的技术知识。

由于各国政治、经济利益的分歧，专有技术相关法律至今未得以实施。现在主要还是由各国国内法对专有技术提供保护，但由于各国也无专门的立法保护，因此，在专有技术受到侵害时，主要是通过合同法、侵权行为法、反不正当竞争法有关规定进行保护。

合同法对专有技术的保护主要体现在两方面。一方面是专有技术转让合同。专有技术转让一般通过专有技术转让协议来实现。协议除普通技术许可的一般条款外，还须详细制定特殊条款，明确各当事人的权利与义务。我国《合同法》第 348 条规定，“技术秘密转让合同的受让人应当按照约定使用技术，支付使用费，承担保密义务。”另一方面是劳动合同。专有技术对直接运用技术的雇员是无法保密的。所以在劳动合同中，一般明确规定雇员在受雇期间及解雇或离职后一定时期内，对其因职务上的原因所接触到的一切技术秘密，承担保密义务。

侵权行为法。专有技术作为财产权，当权利受到侵害时，可直接运用民法中的侵权行为法对其加以保护。如英美等承认专有技术为财产权的国家均有此立法。对于德国、日本等不承认专有技术为财产权的国家来说，当专有技术受到侵害时，只能以公平竞争的权利受到侵害而间接获得侵权行为法的保护。

专有技术许可证协议以转让专有技术的使用权为目的，由于专有技术的某些特性，使得专有技术使用权的转让日益重要，含有专有技术使用许可的协议在国际许可证贸易中所占比例也越来越大。由于专有技术的特殊性，其许可协议也有许多特有的内容。

在专有技术许可证协议中，合同范围条款要详细描述转让技术的具体内容，必要时还有说明书、流程图作为合同的附件。此外，协议中往往有一专门的技术保证条款，由许可方对技术资料的完整、正确、清晰，技术服务和人员培训，相关设备的性能以及合同工厂的正常运行和合同产品的性能等事项作出保证。

保密条款也是专有技术许可证协议不可或缺的内容。专有技术之所以具有经济价值，其根本原因在于其不公开性，因此，专有技术的被许可方承担保守专有技术秘密的责任，即使合同中没有明确规定也应承担相应责任。

（四）计算机软件许可证协议

实践中，计算机软件的许可主要包括使用许可和生产许可两种形式。由于计算机软件许可证协议及其相关协议的种类繁多，如计算机硬件买卖合同与计算机软件许可证协议相结合的合同、使用他人计算机合同、使用他人计算机存储数据的合同、硬件维修合同、软件服务合同、软件包的销售合同等，这些合同各有特色，需当事人对相关必备条款详细规定，以减少或避免争议的发生。

（五）商业秘密许可证协议

在技术转让合同中，转让方和受让方可对涉及的商业秘密订立保密条款，规定技术受让方获得了转让方的商业秘密后，即负有保密义务。如技术受让方将商业秘密泄露给他人，将构成违约行为，违约者应承担法律责任。保密条款一般规定以下几方面：

（1）保密的范围。在签订合同时应区分哪些属于商业秘密，应承担保密义务；哪些属于一般性的技术资料，可不承担保密义务。

（2）保密的地区。关于技术保密地区的规定，一般有两种情况：一是规定合同项下的技术不得向引进国以外的地区泄露，即表明该项技术在国内可以扩散；二是规定合同项下的技术不得透露给第三方，即限制在引进技术的国内传播。

（3）保密的期限。保密期限要视技术的性质及发展进程而定。同时还应规定，转让方在合同期满以前已将该项技术公开，受让人即不再承担保密义务。

国际技术贸易是指不同国家的企业之间进行的有偿技术转让或技术使用权许可行为。技术贸易是否具有国际性与转让和受让双方的国籍无关，完全取决于转让技术是否“跨越国境”。伴随着技术贸易竞争愈加激烈，国家之间技术贸易过程中很容易出现纠纷。所以，需要国际技术贸易法来调整跨国技术有偿转让关系。

国际技术转让是指技术供应方将技术越过国境转让给技术取得方的行为。国际技术转让法调整的是具有涉外因素的技术转让活动。国际技术转让的标的有专利、商标、计算机软件及专有技术等。我国目前关于技术转让方面的法规主要是2001年通过并于2002年1月1日起施行的《中华人民共和国技术进出口管理条例》。国际技术转让中的国际保护是《国际技术转让行动守则（草案）》。

国际许可证协议是指知识产权的所有人作为许可方（出让方），通过与被许可方（受让方）签订许可合同，将其所拥有的知识产权授予被许可方，允许被许可方按照合同约定的条件使用该项知识产权，制造或销售合同产品，并由被许可方支付一定数额的知识产权使用费的知识产权转让行为。各不同标的的许可证协议内容各不相同。多数许可证协议中都存在限制性商业条款，国际公约和我国分别对限制性商业条款作出了列举性规定。

1. 案情介绍

2009年8月，我国某技术设备公司（受让方）与德国某有限公司（转让方）签订了一份引进新型液压泵生产设备和制造还新型液压泵专有技术的合同。该合同主要有以下规定：

（1）转让方在2010年5月前将受让方所需的一整套新型液压泵生产设备装船运至中国大连港。（2）在受让方收到约定设备后，转让方将派遣技术人员，指导中方人员对该设备的操作，并负责培训中方人员掌握约定的技术。（3）技术资料将随进口的液压泵设备一起交给受让方。（4）对那些总机构是在中国以外注册的液压泵用户，假如与转让方的利害关系无冲突，那么这些液压泵的生产和交货是可以进行的。如上述情况须经双方协商最后判断，与转让方是否存在利害关系的冲突，将由转让方单方决定。（5）受让方应付引进设备的费用总额为36.75万元，技术资料及人员培训费19.35万元，合同价格共计56.10万元。

受让方在签订合同前对合同条款并未做认真审查，到合同实际履行时才发现，上述第四项合同内容几乎将受让方出口该合同产品的权利剥夺殆尽。受让方要出口合同产品，都必须得到转让方的同意，而转让方为了维护己方的国际市场，必然会以此项出口与转让方的利害关系有冲突为由，拒绝同意受让方出口该合同产品，即使同意，也会借机索取高额补偿费用。

于是受让方试图与转让方磋商，以求修改合同中这一不公平条款，遭到转让方拒绝。受让方遂诉至法院，以显失公平和转让方有欺诈意图为由，请求法院认定该合同无效。最终，转让方取消该争议条款，受让方向转让方支付12万元的补偿金。

2. 案例分析

本案中主要争议为，合同中有关产品出口的条款是否为不合理的限制性条款。出口限制条款也是国际技术贸易中一种常见的限制性条款，它是指技术受让方合同产品的出口加以限制。在本案中，上述合同内容第四项实质上是一个限制性条款，是对受让方用引进技术生产产品出口加以不合理限制的条款。由于转让方握有能否出口的单方决定权，而转让方毫无疑问会利用在这一权利竭力维护自己在国际市场的份额，组织受让方出口产品，因此这个条款实际上剥夺了受让方的出口自由。出口限制条款这种不合理的限制，导致被许可方的出口受到许可方的主观因素的牵制，势必会削弱被许可方产品的竞争力，不利于技术的推广和发展改进，因此，世界各国对于出口限制条款是加以禁止的。

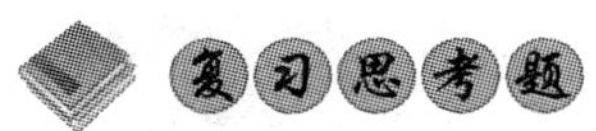

1. 简述国际技术贸易及技术贸易法的概念。
2. 国际许可证协议可分为哪些类型？
3. 国际许可证协议的特征有哪些？
4. 简述不同标的国际许可证协议的共有内容。
5. 简述专利许可证协议的特有内容。
6. 试述国际许可证协议与我国技术贸易协议中的限制性商业条款。

第十一章 国际支付结算法

△国际结算的概念与特点
△国外票据法的编制及体系
△国际结算支付工具：汇票、本票和支票
△电子支付的特征及分类；电子支付的法律问题及监管
△汇付结算方式的特点和基本程序；汇付方式的分类及风险防范
△托收方式的种类、当事人及《托收统一规则》的规定
△信用证的概念、当事人、种类及相关惯例以及各惯例间的法律关系
△其他国际结算方式的概念、类别及国际法规范

案例导入

我国纺织品企业华纹天成公司与韩国韩伊公司达成一项出口纺织品的合同，付款条件为D/P45天付款。当汇票及所附单据通过托收行寄抵韩国代收行后，韩伊公司及时在汇票上履行了承兑手续。货物抵达韩国目的港后，代收行借得单据，先行提货转售。在汇票到期时，韩伊公司由于经营不善，无法进行偿付。代收行以汇票付款人拒付为由通知托收行，并建议由我方公司直接向韩伊公司索取款项。

讨论：

1. 代收行的拒付理由是否正当？
2. 这笔款项应该由谁进行偿付？

随着世界经济一体化的发展，国际结算在促进世界经济贸易、货币金融发展方面发挥的积极作用越来越大。国际结算工具和方式的创新、电子支付的发展，丰富了国际结算的内容与形式。国际结算法通过对国际结算相应内容的规范，对于国际贸易和国际结算活动的有序进行，具有重要的推进意义。

第一节　国际贸易支付结算概述

国际结算（international settlement）是国际金融的一个重要分支，是指处于不同国家的当事人通过银行办理的两国货币收付业务。即运用一定的金融工具（汇票、本票、支票等），通过一定的方式（汇款、托收、信用证等），借助一定的渠道（通信网络、计算机网络等），通过一定的媒介机构（银行或其他金融机构等），进行国与国之间的货币收付行为，从而使国家间债权债务得以清偿或实现资金的转移。由以上定义可知，国际结算共包含工具、方式、渠道和机构四个基本要素。

国际贸易经常发生贷款外结算，以结清买卖双方间的债权债务关系，被称为国际贸易结算。它是建立在商品交易货物与外汇两清基础上的结算，又称为有形贸易结算。它是以票据为基础，单据为条件，银行为中枢，结算与融资相结合的非现金结算体系。而无形贸易引起的国际结算为非贸易结算。本章所讲的国际支付结算法主要针对的是国际贸易结算。

一、票据概述

（一）票据的概念

票据有广义和狭义之分。广义的票据是指商业上的权利单据，即用来表明某人对不在其实际控制下的资金或物资所有权的书面凭证，如债券、股票、提单、汇票等。

狭义的票据仅指《中华人民共和国票据法》（以下简称《票据法》）上规定的资金单据，即出票人根据《票据法》签发的，由自己无条件支付确定金额或委托他人无条件支付确定金额给收款人或持票人的有价证券。国际结算中的票据就是指这种狭义的票据。这里的票据主要指汇票、本票及支票。

（二）票据的法律特征

为了促进票据的流通，保障票据交易的有序进行，各国在票据法中都确立了票据的基本原则。根据这些法律原则，票据的法律特征如下：

1. 设权性

票据是创设权利，而不是证明已经存在的权利。票据一经作成，票据上的权利便随之而确立。票据权利的发生，必须以票据的设立为前提。

2. 流通性

票据在到期前，可以通过背书方式转让而流通。票据的流通性是票据的基本特征。票据若不能流通，就不能称其为票据。

另外，票据转让无须通知票据的债务人，债务人不得以未接到转让通知为由拒绝清偿；受让人获得票据后，就享有票据规定的全部法律权利；以善意并已支付对价获得的票据，受让人可不受前手权利缺陷的影响。

3. 要式性

票据为要式证券，票据的格式是由法律规定的，必须根据法律规定的必要形式制作，票据才能有效。如我国《票据法》规定了汇票、本票、支票必须记载的事项，未记载规定事项的，票据无效。另外，处理票据的行为，如出票、背书、承兑等也要符合法律规定。

4. 无因性

票据是一种不用过问票据产生原因的债权凭证。票据的成立与否不受原因关系的影响，票据当事人的权利义务也不受原因关系的影响。票据的持票人行使票据权利时，可不明示取得票据的原因，只要出示票据就可以向付款人（即受票人）请求支付票据金额。至于取得票据的原因，持票人无说明的义务，付款人也无须审查，即使取得票据的原因关系无效，对票据关系也不发生影响。票据的无因性有利于保障持票人的权利和票据的顺利流通。

5. 提示性

票据的提示性是指票据的持票人必须在法定期限内向付款人出示票据，请求付款人履行票据义务，并经付款人确认后才能要求承兑或付款。否则，付款人没有履行付款的义务。无提示的票据是无效的。

6. 返还性

票据的返还性是指付款人履行债务后，持票人把票据交还付款人，作为付款人已付清票款的凭证。付款人对汇票进行注销，从而该票据退出流通市场。票据的返还性说明票据的流通是有期限的。

7. 文义性

票据的文义性是指票据上的一切权利义务均以票据上记载的文字为依据，不受票据所载文字范围以外的事由的影响。如果票据上的记载与事实不符，也要以记载为准。

（三）票据的功能

票据是金融工具的一种，它是商业信用的载体。作为国际商事活动中重要的流通工具，票据具有多种功能，一般可归纳为以下几个方面：

1. 支付功能

支付是票据的原始职能，也是票据的基本职能。票据作为支付手段，具有代替现金的作用。以汇票作为支付工具，可以节省通货，减少国家的货币发行量，还可以减少不必要的携带和检点现金的麻烦，达到迅速、安全转移现金的目的。票据也可以作为异地支付的工具，因此具有汇兑作用。票据的汇兑作用，以汇票最为显著。

2. 信用功能

这是票据作为商业信用工具的体现。在市场经济中，利用信用发展经济是各企业通用的手段，而票据就是“信用的证券化”。在现代经济交往中，买卖双方的延期付款和个人借贷，都可以利用票据这一信用关系。票据的信用作用还表现在票据贴现和以票据担保债务上。以票据贴现时，票据持有人可以把未到期的票据提交银行贴现以取得现款，使未来的可用资金变为现实的可用资金。以票据承担债务时，债务人向债权人借款，为使债权人得到保障，债务人签发汇票时请求具有信用的人在汇票上承兑，这样来使票据的付款得到保障，也就是增加了债务人的信用。

3. 结算功能

票据的结算功能是指当事人之间互相持有对方的票据，双方加以互相抵销清算，其实

质是支付功能的延伸。票据的结算功能起到了简化手续、提高效率、节约流通货币、保障交易安全的作用，因而在贸易中使用非常广泛。

4. 融资功能

票据的融资功能主要是通过票据贴现来实现的。所谓票据贴现，是指对未到期票据的买卖行为，也就是说持有未到期票据的人通过卖出票据来得到现款。票据贴现这一业务出现后，票据的融资功能日益突出。这一功能有助于解决持票人在票据到期日之前发生的资金困难等情况，也可以使收买并转卖票据的人在买卖差价中获利。

二、票据权利与票据抗辩

（一）票据权利

1. 概念

我国《票据法》规定，票据权利是指持票人向票据债务人请求支付票据金额的权利，包括付款请求权和追索权。付款请求权又称第一次请求权，是指持票人对票据主债务人（如汇票的承兑人、本票的发票人、支票的保付人等）行使请求其支付票据金额的权利。追索权是指因持票人行使付款请求权没有或者无法实现的情况下，对票据的其他付款义务人（如汇票、支票的发票人，汇票、本票的保证人，票据的背书人等）行使请求偿还票款的权利。

2. 票据权利的取得与丧失

票据权利与票据同时存在，不持有票据就不能行使权利，凡是善意取得票据的人也就取得了票据权利。善意取得票据必须具备以下条件：

（1）必须依票据上的转让方法而取得，即以背书或直接交付而取得。

（2）取得票据时无恶意，无重大过失。

（3）支付对价。

票据权利的丧失是指以下两种情况：

（1）票据记载不合格或已过期。

（2）超过保全票据权利的期限。

（二）票据抗辩

1. 概念

票据抗辩是票据债务人享有的一项权利。根据我国《票据法》的定义，票据抗辩是票据债务人可以对票据权利人的权利主张提出对抗，从而拒绝履行票据债务的情形。票据债务人用以对抗票据权利主张的事由，被称为抗辩原因；其依法提出抗辩，阻止票据权利人行使票据权利的权利，则被称为票据抗辩权。

2. 票据抗辩种类

在票据法理论上，根据抗辩原因及抗辩效力的不同，票据抗辩分为对物抗辩和对人抗辩。

所谓对物抗辩（real defence），是指债务人基于票据本身的内容有瑕疵而进行的抗辩。所谓票据本身的内容，是指票面上记载的事项以及票据的性质。对物抗辩是票据债务人可以对抗一切票据债权人的抗辩。属于对物抗辩的包括：（1）票据欠缺应记载的内容；（2）票据到期日未到；（3）票据已经依法付款；（4）票据经判决为无效；（5）票款已依法提存；（6）欠缺票据行为能力；（7）票据系伪造及变造；（8）票据因时效而消灭；（9）与票据记载不符的抗辩等。对于前五项，任何票据债务人都有权拒绝支付票款。对于后四项，只限于特定债务人可以对所有债权人进行抗辩。例如对于伪造票据，由于被伪造者并未在票据上签字，因而被伪造者可以对任何债权人进行抗辩。

所谓对人抗辩（personal defence），是指债务人对特定的债权人的抗辩。这种抗辩是基于当事人之间的特定关系而产生的，一旦持票人发生变更，就不得再进行抗辩。对人抗辩又分为两种，一种是票据上的一切债务人都可以提出，但只能向特定的债权人行使的抗辩；另一种是特定的票据债务人可以向特定的债权人行使的抗辩。属于对人抗辩的包括：（1）票据原因关系不合法，比如为支付赌债而签发的支票；（2）原因关系不存在或消灭，比如为购货而签发票据但对方没有发货；（3）欠缺对价，比如持票人未按约提供与票款相当的商品或劳务等。

3. 票据法对抗辩的限制

票据的抗辩是为了防止不法行为，保护债务人的合理权益。但为了避免有关票据债务人随意抗辩影响票据的流通，需要对票据的抗辩加以限制。对此我国《票据法》对抗辩作出限制：“票据债务人不得以自己与出票人或者与持票人的前手之间的抗辩事由，对抗持票人。但是，持票人明知存在抗辩事由而取得票据的除外。票据债务人可以对不履行约定义务的与自己有直接债权债务关系的持票人，进行抗辩。”

但是，这种抗辩有两个方面的例外：（1）持票人取得票据是出于恶意时不适用限制抗辩；（2）持票人是以无对价或以不相当的对价取得票据的，也不适用限制抗辩。

三、票据行为

票据行为是以票据权利义务的设立及变更为目的的法律行为。广义的票据行为是指票据权利义务的创设、转让和解除等行为，包括票据的签发、背书、承兑、保证、参加承兑付款、参加付款、追索等行为在内。狭义的票据行为专指以设立票据债务为目的的行为，只包括票据签发、背书、承兑、保证、参加承兑等。主要的五种票据行为是：出票、背书、承兑、保证和付款。

根据前述票据的法律特征，票据行为是文义的、要式的、独立的行为。其中，独立性是指如果在票据上签名的某一行为人为无行为能力的人，不影响其他签名人的权利和义务。另外，作为一种民事法律行为，票据行为可以由代理人代理。但是在代理人签名时，必须在票据上记载本人的意旨，否则他就要负担票据上的责任。

四、票据的伪造与变造

票据作为国际结算中一种重要的支付凭证，在其使用过程中存在着诸多风险。票据风险是指由于诸如票据的伪造、变造，票据的取得不当，是出于恶意或重大过失取得，票据行为无效或缺陷，以及有关人员工作上的经验不足或能力不够等原因引起的，给有关当事人造成利益损失。其中，票据的伪造、变造是最常见的票据风险。

（一）票据的伪造

票据的伪造是指无权限的当事人假冒他人名义进行的票据行为。票据的伪造有两种情况：一是票据本身的伪造，也叫狭义上的票据伪造；一是票据签名的伪造，也叫广义上的票据伪造。票据本身的伪造如伪造发票人的签名或盗盖印章而进行的发票行为，是假冒他人名义进行的发票行为。票据签名的伪造是假借他人名义而为发票以外的票据行为，如背书签名的伪造、承兑签名的伪造等。

票据本身的伪造是一种明显的非法行为，是无效的，且要追究伪造人的法律责任。但如果票据是真实的，只有背书是伪造的，对伪造背书的法律后果，各国的票据法有不同的规定。《英国票据法》规定，在票据上伪造签名是无效的，伪造背书不能产生票据权利。因此，即使被背书人对伪造背书之事毫不知情并且支付了对价，真正的所有人仍可以以伪造背书无效为由控告被背书人；如果银行对伪造背书的票据付款，由银行自行负责。只有当银行是在正常业务中善意地对伪造的票据付款时，银行才不负责任。《关于统一汇票和本票法公约》（即《日内瓦公约》）与《德国票据法》则认为，善意的、没有重大过失而通过连续不断的背书取得票据的持票人，即使背书是伪造的，他仍可取得票据上的权利。作为付款人的银行只对背书的连续性负责，对背书签字的真伪不负责任。

（二）票据的变造

票据的变造是指无票据记载事项变更权的人，以实施票据行为为目的，对票据上除签章以外的记载事项进行变更，从而使票据权利义务关系内容发生改变的行为。票据变造的内容不属于法律禁止变更的记载事项，即变造后的票据仍须为形式上有效的票据。票据变造增记绝对有害记载事项导致票据无效的，则构成票据的毁损而不产生变造的结果。在票据上签章的人要以其在票据上签章时的记载事项来确定其票据责任。对于变造的票据来说，在变造之前签章的人，仅对原记载事项负责。在变造后签章的人，仅对票据被变造后的记载事项负责。如果不能辨认当事人的签章是在变造前作出的，还是在变造后作出的，票据法规定，视同该当事人是在变造前作出的签章，按原记载事项承担票据责任。

五、票据法律体系和法的冲突的处理原则

票据法是规定票据种类、票据形式、票据行为及票据当事人权利义务关系的法律规范的总称。绝大多数国家都制定了各自的票据法，将票据流通规则法律化。票据法体系则是指根据票据法的历史传统和特色，把具有相同或相通基本特征的不同国家的票据立法，进行学理归类而形成的票据法派系。西方各国都制定了票据法，但各国票据法的编制体例不尽相同。从形式上看，英国、德国等国采取单行法的做法，专门制定了关于票据的单行法规。法国、日本等国则将其列入商法典内作为商法典的一个组成部分。美国各州原来都有各自的票据法，后来各州相继采用了《统一商法典》，该法典将有关票据的法律编入第三篇，称为商业票据。各州相继通过立法程序采用该法典，故美国各州的票据法现在已基本趋于统一。瑞士则把票据法编入税务法典内。

（一）各国票据法的编制及其体系

虽然各国票据法在实质上是相同的，但各国票据法之间都存在着不少分歧和差异，在《日内瓦公约》制定之前，大致可以分为以下三个法系：

1. 德国法系

德国法系，又称日耳曼法系，以德国 1971 年 4 月 16 日颁布的《德国票据法》为代表。该法实行票据法与支票法相分离的体系，其内容仅包括汇票和本票两种，《德国支票法》于 1908 年另行颁布。《德国票据法》注重票据作为流通工具和信用工具的作用，强调票据关系与基础关系相分离，对票据的形式采取严格的要式主义，严格约束了票据效力的产生条件。它是欧洲大陆法系票据法的典型代表。属于德国法系的国家主要有丹麦、荷兰、意大利、西班牙、瑞士、瑞典以及日本等。

2. 法国法系

法国法系，又称拉丁法系，以 1807 年《法国商法典》为代表。《法国商法典》采取票据法与支票法相分离的体系。由于法国票据法制定较早，受所处时代影响，当时票据主要作为一种替代现金便于运送的工具，因而票据作为流通和信用工具的作用尚未显现出来，只是强调票据的流通性。根据《法国商法典》，票据关系与其基础关系不能截然分离。具体表现为：票据必须载明文句，注明已收到对价，否则不能产生票据法上的效力；另外，汇票的出票人与付款人之间要有资金关系，付款人之所以为出票人付款，是因为出票人在付款人处存有资金。如果出票人能证明他已将资金交付给付款人，就可解除责任，免于追索。法国票据法对欧洲大陆各国的票据法产生过重大影响。然而，随着时间的推移以及商业的发展，法国票据法的某些原则已不再适应近代经济发展的需要，原来某些效仿法国票据法的国家，如意大利、西班牙、比利时等国舍弃法国，转而采用德国的票据立法原则，不再要求出票人与付款人之间必须有资金关系。法国也根据《日内瓦公约》于 1936 年颁布施行新的票据法。

3. 英美法系

英国于 1882 年颁布施行《英国票据法》，对汇票和本票做了法律规定，并将支票作为汇票的一种。此后，英国政府于 1909 年、1914 年和 1917 年先后三次对该法进行了修订，直至现在仍使用该法。1957 年英国政府另行制定了《支票法》，作为票据法的补充。《英国票据法》适用性强，其中绝大多数条款长期有效不变。

美国及大部分英联邦成员国如加拿大、印度、澳大利亚等都以此为参照制定本国的票据法。美国在 1952 年制定《统一商法典》，其中第三章商业证券，即是关于票据的法律规定，也就是美国的票据法，它在英美法系国家的票据法中也具一定的代表性和影响力。

（二）关于票据的统一法

各国票据法的不统一导致的法律冲突，不仅影响了票据的国际使用，也为国际贸易活动的发展带来了不利影响。规划国际商事行为的任务之一就是避免法律冲突。19 世纪后期开始，关于票据法的国际统一化运动逐渐兴起。

1. 海牙会议

1910 年和 1912 年，在荷兰政府的倡导下，票据法统一会议于海牙召开，会议决议《汇票和本票统一规则》共 80 条、《票据法统一协定》共 30 条，及《支票法统一规则草案》34条。海牙会议由30国参加，均承认统一票据规则。后因第一次世界大战爆发，各国政府批准工作未及完成，票据法统一活动因此终止。海牙统一票据规则未能生效。

2. 日内瓦国际票据法统一会议

第一次世界大战结束后，票据法统一问题又一次成为重大的国际事务。在国际联盟理事会主持下，分别于1930年、1931年两次在日内瓦举行国际会议，解决统一票据法问题。1930年的第一次会议产生了三个公约，即《关于统一汇票和本票法公约》《关于解决汇票和本票若干法律冲突的公约》《汇票本票印花税公约》。1931年的第二次会议，专门解决支票统一问题，通过了三个公约，即《关于统一支票法公约》《关于解决支票若干法律冲突的公约》《支票印花税公约》。大陆法系的多数国家参加了该公约体系，而且以此为标准修改了自己的国内法。此后，大陆法系各国的票据法逐步趋于统一，法国法系和德国法系之间的分歧已逐步消失。但是，英美法系国家一直没有参加上述公约体系，因此曾经的三大法系演变为如今并存的《日内瓦公约》体系和英美法系两大票据法体系。

为了消除两大体系之间关于票据问题的巨大差异，联合国国际贸易法律委员会开展了国际票据法的统一工作。经过多次修订，于1988年12月9日在纽约联合国第43次大会上通过了《联合国国际汇票和国际本票公约》(简称《国际汇票本票公约》)，并开放供签署。按该公约的有关规定，该公约须经至少10个国家批准或加入后方能生效。该公约目前尚未生效。

由于国际结算中的票据流通可能涉及多个国家，而世界各国对票据和票据行为的法律规定有所不同，从而存在以哪个国家的法律为准的问题，由此产生了法律的冲突问题。

为了使票据的国际流通不受不同票据法的影响，国际上通行票据的行为地法律原则，及票据的完善与否以出票地的国家法律为准；其他票据行为的正确与否以该行为发生地点所在国的法律为准。事实上，出票是最基本的票据行为，因此，行为地原则可以简单地概括为：各种票据行为的合法有效与否，均以该行为发生地所在国的有关法律规定为准。

第二节 汇票

国际贸易支付工具是指国家间因商品交换而发生的、以货款为主要内容的债权债务的清算工具，主要包括货币（现金）和票据。考虑到方便和安全因素，在国际贸易中经常采用的支付工具是票据。票据又称流通证券（negotiable instrument），是权利财产的一种，在各国一般是指具备一定格式、可以流通转让的货币债权凭据。狭义的票据包括汇票、本票和支票三种，国际贸易支付最常用的是汇票。

一、汇票的定义

根据我国的《票据法》第19条，汇票（bills of exchange/draft）是由出票人签发的，要求付款人在见票时或者在指定日期无条件支付确定的金额给收款人或者持票人的票据。汇票是国际结算中使用最广泛的一种信用工具。在信用证、托收等结算方式中，通常都需要提示汇票。

上述汇票定义指出的要项是：出票人、付款人、收款人或持票人、无条件支付的命令、确定金额的货币。此外，作为汇票的必要项目，汇票上必须有注明的“汇票”字样、付款人名称和付款地点、出票的日期和地点、出票人签名、收款人名称、付款期限。

其中，出票人、付款人和收款人是汇票的基本当事人。除了这3个基本当事人以外，汇票进入流通后，还会产生其他关系人，如背书人、承兑人、持票人、参加承兑人、保证人等。在国际贸易中，汇票的基本当事人的法律关系可以表述为：汇票的出票人对付款人来说是债权人，而对收款人来说则是债务人。汇票的流通使用要经过出票、背书、提示、承兑、付款等程序，如果汇票遭到拒付，那么持票人还要作成拒绝证书，依法行使追索权。

二、汇票的种类

汇票的种类较多，大致可以分为以下几种：

1. 按签发地和付款地的不同分为国内汇票和国外汇票

《英国票据法》第4条规定，凡是在英国境内出票并在境内付款或向境内居民付款的汇票称为国内汇票（bill of exchange or inland bill）。

根据《英国票据法》的规定，凡是在英国境外签发而在境内支付，或在境内签发而在外国（或地区）支付的汇票，称为国外汇票（draft，foreign bill）。

两者的区别在于：在退票的情况下，即拒绝承兑或付款时，是否必须作成拒绝证书。根据英美法系国家票据法的规定，在国内汇票退票的情况下，持票人的追索权不必以是否作成拒绝证书为必要条件；而在国外汇票退票时，则必须作成拒绝证书，以便为国外背书人提供退票的正式证明。

2. 按出票人的不同分为银行汇票和商业汇票

银行汇票（banker's draft）是出票人和付款人均为银行的汇票。银行汇票一般是汇款人将款项存入当地出票银行，由出票银行签发给收款人的当地银行，以便收款人向当地银行支取。

商业汇票（commercial draft）是出票人为企业法人、公司、商号或者个人，付款人为其他商号、个人或者银行的汇票。

3. 按有无附属单据分为光票汇票和跟单汇票

光票汇票（clean draft）本身不附带货运单据，银行汇票多为光票。

跟单汇票（documentary draft）又称信用汇票、押汇汇票，是需要附带提单、仓单、保险单、装箱单、商业发票等单据才能进行付款的汇票。商业汇票多为跟单汇票，在国际贸易中经常使用。

4. 按付款时间分为即期汇票和远期汇票

即期汇票（sight draft）指持票人向付款人提示后对方立即付款，又称见票即付汇票。它包括记明“见票即付”（on demand）的汇票、出票日为到期日的汇票与未记载到期日的汇票。

远期汇票（time draft）是在出票一定期限后或特定日期付款。在远期汇票中，记载

一定的日期为到期日，于到期日付款的，为定期汇票；记载于出票日后一定期间付款的，为计期汇票；记载于见票后一定期间付款的，为注期汇票；将票面金额划为几份，并分别指定到期日的，为分期付款汇票。

5. 按承兑人分为商业承兑汇票和银行承兑汇票

商业承兑汇票（commercial acceptance bill）是以银行以外的任何商号或个人为承兑人的远期汇票。托收中使用的远期汇票即属于此种。

银行承兑汇票（banker's acceptance bill）是以银行为承兑人的远期汇票。这种汇票多在信用证中使用。

6. 按收款人记载方式不同分为指示汇票、记名汇票与不记名汇票

指示汇票（order bill）是指除了在汇票上记载收款人和商号外，同时还附加记载“或其指定人”（or order）字样的汇票。例如，“请于 2012 年 3 月 20 日付给王小姐或其指定人”。

记名汇票（straight bill）是指在汇票上记载收款人或商号的汇票。例如，“请付 A 公司或张先生”。

不记名汇票（bearer bill），是指不在汇票上记载收款人或商号的汇票。对于不记名汇票，任何人只要是持票人，就有权向付款人请求付款。

三、汇票的出票

汇票使用过程中的各种行为都由票据法加以规范，主要有出票、背书、提示、承兑、付款等一系列行为，如果汇票遭到拒付，支票人还要作成拒绝证书，依法行使追索权。

我国《票据法》第 20 条规定：出票是指出票人签发票据并将其交付给收款人的票据行为。由该定义可知，汇票包括两方面内容：（1）出票人制作汇票并在其上签名；（2）交付汇票给收款人。只有两项内容同时具备，才算完成票据行为。

出票人在制作汇票时，必须依据有关国家票据法的规定，在汇票上完整记载法定内容，这样才能产生票据的效力。否则，该汇票不能认为有效。各国的票据法关于汇票必须记载的事项如下。

1. 载明“汇票”字样

英美法系各国不要求必须标明“汇票”字样。而德国法系各国及《日内瓦公约》都要求在汇票上必须注明“汇票”字样，以便于识别。

2. 汇票必须是无条件的支付命令

汇票的付款必须是无条件的。如果在汇票上规定收款人必须完成某种行为或履行某项义务后，付款人才予以付款，那这种汇票就是有条件的，就不能称为汇票。根据《英国汇票法》的规定，如果汇票指定必须在某项特定的资金内付款（payment out of a particular fund），例如，在汇票上规定，“在销售某批木材所得的收入中支付张某 6 万美元”，那么，这种记载就表明付款是有条件的，因而这种汇票即是无效的。因为这项规定意味着若这批木材无法卖出或销售所得价款不足 6 万美元，收款人就得不到汇票上规定的金额。

3. 载明确定的金额

汇票上所载明的金额必须是确定的。当汇票上记载的金额以文字和数字记载，而两者

金额不相符时，根据英国法系和《日内瓦公约》的规定，应以文字记载的金额为准。

根据《英国票据法》的规定，如果在汇票上载有利息条款、分期付款条款与利率条款，或在分期付款的情况下规定，倘若有一期不能按时付款，则全部金额应视为立即到期，都不影响票据金额的确定性，都是有效的。《日内瓦公约》不允许采取分期付款的办法。但是，《日内瓦公约》也认为，见票即付或见票后定期支付的汇票，出票人可以规定利息。应付利息的利率应在汇票上载明，如果未载明，则该项规定视为无记载，利息从出票之日起计算。

4. 必须载明付款人姓名

各国票据法都要求必须载明付款人的姓名和商号。付款人可以指定为银行或其他受托人，也可以指定为出票人自己。对于出票人以自己为付款人的汇票，英美法系认为，持票人有权把它作为本票或汇票处理。其他国家的法律则有的将其视为汇票，有的将其视为本票。

5. 汇票的受款人

对于汇票是否必须载明收款人的姓名，各国法律有不同规定。英美法系认为，汇票可以指定收款人，也可以不指定收款人，而仅填写“付给持有人”（to bearer）字样。对于这种无记名汇票或称来人式汇票，谁持有汇票，谁就有权要求付款人支付票据上所载的金额。《日内瓦公约》则要求在汇票上记载收款人姓名，原则上不承认无记名汇票。

6. 汇票的出票日期及地点

英美法系认为，出票日期和地点不是汇票绝对记载事项。如果汇票上没有填写出票日期，汇票仍然有效，允许持票人将其认为正确的日期补填在汇票上。如果汇票上没有载明出票地点，则可以将出票人的营业场所、住所或居住地作为出票地点。《日内瓦公约》则规定，汇票应当记载出票日期及地点，否则不得认为有效。但是有一个例外，即如果汇票上没有载明出票地点，则以出票人姓名旁的地点为出票地点。

对于国际汇票而言，出票地点关系到汇票的法律适用问题。根据《关于解决汇票和本票若干法律冲突的公约》与许多国家的法律冲突规则，汇票所适用的法律在许多方面都采用行为地法的原则，特别是有关汇票的形式和有效性问题，一般都是以出票地国家的法律为准则。

7. 汇票的到期日

汇票的到期日即汇票所载金额的支付日期。《日内瓦公约》规定汇票应载明付款的时间，但允许有例外，例如，未载明付款时间者，可视为见票即付，汇票效力不会因此受影响。而根据英国、美国等国家的法律规定，汇票到期日不是汇票的绝对记载事项，如果汇票未载明到期日，则作为见票即付的汇票处理。根据各国的法律规定，如果汇票的到期日恰遇公休节日或假日，可以顺延至下一个营业日。

《日内瓦公约》以四种方式规定了汇票的到期日，包括：（1）见票即付（sight bill），是指持票人一经提示汇票，付款人即应付款的汇票。（2）定日付款（fixed date），是指在汇票上载明特定的年月日为到期日的汇票。（3）出票后（after date）定期付款，是指自出票后经过一定时间，并以该期间的末日为付款到期日的汇票。（4）见票后（after sight）定期付款，是指汇票经付款人见票后经过一定期间而付款的汇票。而《英国票据法》则认为，票据的到期日可以是确定的期限或日期，也可以把将来肯定会发生但不能预先确定其发生的确切日期的事件作为汇票的到期日。例如，汇票上可以规定："于李某死亡后 3 个月内付款"。但如果汇票上规定"于李某生育后 3 个月内付款"，就不能作为汇票的到期日，因为李某可能选择终生不生育，这种情况下这张汇票将永远没有到期日。

8. 汇票的付款地点

关于汇票上是否必须载明付款地点的问题，各国的法律有不同的规定。《日内瓦公约》规定在汇票上应记载付款地点。但是，如果没有记载付款地点，则可以将付款人姓名旁的地点视为付款人所在地。《英国票据法》则认为，票据上不一定要载明付款地点，不管付款人在什么地方，只要持票人能找到他，就可以向他提示汇票，要求付款。

9. 必须载明由出票人签章

根据票据法的原则，只有在票据上签章的人，才对票据承担责任。因此，各国的票据法都规定，汇票上必须有出票人签章才能生效。欠缺出票人签章的汇票是无效的。

以上是汇票出票时所应载明的事项。总体来说，相对于《日内瓦公约》，英美法系在这一方面的规定更加灵活。

四、汇票的背书

（一）背书的概念

背书（endorsement）是指在票据的背面或粘贴单上记载有关事项并签章的票据行为。背书是转让票据权利的一种方式。转让人是背书人，受让人是被背书人。他们分别被称为"前手"和"后手"。被背书人可以将受让的票据通过背书而转让给他人，称为再背书。这种票据的连续转让，称为票据的流通。

在汇票经过不止一次转让时，背书必须连续，即被背书人和被背书人名字前后一致。对受让人来说，所有以前的背书人和出票人都是他的"前手"。对背书人来说，所有他转让以后的受让人都是他的"后手"，前手对后手承担汇票得到承兑和付款的责任。

关于汇票的转让方式，根据各国票据法规定，除无记名汇票仅凭交付即可转让外，记名汇票和指示汇票都必须以背书的方式进行转让。且背书必须记载于票面上。但对于是否必须记载于票据的背面，各国票据法的规定不一致。《日内瓦公约》只规定空白背书必须记载于背面，英美法系则没有规定必须在票据背面记载。

（二）背书的方式

背书的方式以在汇票背面是否记载被背书人的姓名和商号，分为记名背书和空白背书。

记名背书（special endorsement）又称完全背书。持票人在背书时除签上自己的姓名外，还要写上被背书人的姓名和商号，然后将汇票交付给被背书人。对于背书时是否必须记载背书的年、月、日的问题，英美各国法律认为载明日期并不是背书的必要条件，法国、意大利、比利时等国法律则要求背书时必须载明日期。

空白背书（blank endorsement）只需背书人在汇票背面签上自己的名字。空白背书的绝对应记载事项仅为背书人的签名。其任意记载事项与禁止记载事项与记名背书相同。目前，除我国《票据法》外，世界各国的票据法都承认空白背书是有效的。

（三）背书的连续性

背书连续，即第一次背书转让的背书人是票据上记载的收款人，前次背书转让的被背书人是后一次背书转让的背书人，依次前后衔接，最后一次背书转让的被背书人是票据的最后持票人，这一过程中间没有间断。如果在空白背书之后，再以背书方式转让时，则其后的背书人应视为因此项空白背书取得汇票的受让人，以便使背书的连续性不因出现空白背书而受影响。《日内瓦公约》及许多国家的票据法都规定汇票的持票人应以背书的连续性证明权利的成立。

（四）背书的权利义务关系

我国《票据法》规定，背书人以背书转让汇票后，即承担保证其后手所持汇票承兑和付款的责任。背书人在汇票得不到承兑或者付款时，应当依法向持票人清偿法律规定的金额和费用。

就持票人而言，只要所持票据上的背书为连续时，就应推定其为票据权利人，无须另行举证，即可行使票据权利。就票据债务人而言，当背书连续时，不必要求持票人提出证明，就可向持票人付款；只要票据债务人是善意，即使向非真正权利人的持票人付了款，也免除其付款责任，无须再向真正的权利人付款。

五、汇票的提示

提示（presentation）是持票人将汇票提交付款人要求承兑或付款的行为，是持票人要求取得票据权利的必要程序。提示又分付款提示和承兑提示。汇票可以分为承兑提示和付款提示两种。一般而言，远期汇票，包括定日付款的汇票、出票后定期付款的汇票和见票后定期付款的汇票，都应先向付款人作承兑提示，然后再于到期时作付款提示。即期汇票无须提示承兑，只须在到期日直接作付款提示。

无论是承兑提示还是付款提示，都必须在法定期限内进行，或根据票据上的记载办理。对于提示的期限，各国的法律有不同的规定。《日内瓦公约》第 23 条规定，见票后定期付款的汇票应在出票日起 1 年内作承兑提示；见票即付的汇票，应于出票后 1 年内作付款提示；出票人可以缩短或延长提示期限，背书人只能缩短而不能延长提示期限。英美法系规定提示应在“合理时间”内进行，没有规定具体的提示期限。

但是，汇票承兑人不得以持票人没有按时作付款提示而解除其对汇票的责任，因为他是汇票的主债务人，负有绝对的付款义务。因此，即使持票人因为没有及时提示而丧失了对前手的追索权，仍有权向承兑人要求付款。如果承兑人拒付，支票人可以对他提起诉讼，但必须在法定期限内提出诉讼请求。对于诉讼时效，各国法律规定不同，《日内瓦公约》规定为 3 年，《英国票据法》规定为 6 年。一旦超过上述诉讼期限，持票人将丧失票据上的一切权利。

六、汇票的承兑

（一）承兑的概念

承兑（acceptance）是指汇票的付款人接受出票人的付款委托，同意承担支付汇票金额的义务，而将此项意思表示以书面文字记载于汇票之上的行为。

承兑的前提是持票人对付款人的承兑提示。持票人向付款人作出提示后，付款人在汇票正面写明“承兑”（accepted）字样，注明承兑日期，于签章后交还持票人。付款人一旦对汇票作承兑，即成为承兑人以主债务人的地位承担汇票到期时付款的法律责任。其中，不可或缺的是付款人的签字。至于是否载明“承兑”字样及注明承兑日期，各国的法律有不同的规定。英国、美国等国的法律认为，承兑只需有承兑人的签名即可，不许加注“承兑”等字样。对于承兑日期，除墨西哥和西班牙等国家以外，大多数国家都不以载明承兑日期作为承兑生效的必要条件。但根据《日内瓦公约》的规定，对于见票后定期付款的汇票与特别约定提示承兑期限的汇票，承兑人必须注明承兑的日期。如未载明，持票人应在适当的时间内作成拒绝证书，以证明漏注的承兑日期。

（二）参加承兑

参加承兑（acceptance for honor）是为防止在到期日前行使追索权，而由预备付款人或其他第三人为特定票据债务人的利益而进行的票据行为。参加承兑者称为参加承兑人，因参加承兑而直接受益者称为被参加承兑人。汇票因被拒绝承兑，或因承兑人死亡、逃避或其他原因而无法作承兑或付款提示，或债务人受破产宣告时，持票人就会依法在到期日前作成拒绝证书行使追索权。这种不得已而为之的行为，无论是对持票人，还是对其前手都不利。参加承兑的目的，即是在到期日前防止追索权的行使，以维护出票人和背书人的权效。

参加承兑需要符合三个要件：（1）必须在票据到期日前发生追索事由。《日内瓦公约》规定，“参加承兑得于可为承兑之汇票到期日前，持票人得行使追索权时为之”。（2）参加人必须符合参加承兑的资格。根据《日内瓦公约》的规定，参加承兑人有两类：一类是预备付款人，另一类是预备付款人以外的第三人。（3）只有见票即付汇票以外的汇票才能参加承兑。因为见票即付汇票没有确定到期日。

参加承兑的记载内容一般包括：（1）参加承兑的意向。即在汇票正面记明参加承兑的意思。《英国票据法》和《日内瓦公约》都对此做了规定。《德国票据法》规定参加承兑应在誊本上记明。（2）被参加人的姓名。被参加承兑人是参加承兑人所担保的人。将其姓名记载于票据上，才能确定是为谁的利益而参加，并作为行使追索权时区分前、后手的依据。有的票据法规定，未记载被参加人姓名的，则视发票人是被参加人。（3）参加承兑的日期。

参加承兑的效力表现在两方面：（1）停止行使追索权。持票人允许参加承兑后，就不得在到期日前对被参加人及其前、后手行使追索权。（2）在到期前清偿。汇票只有在到期日前才能参加承兑，一经参加承兑，当付款人不付款时，参加承兑人应负责向持票人付款。

七、汇票的付款

汇票的付款（payment）是指付款人在汇票到期日，向提示汇票的合法持票人足额付款。持票人将汇票注销后交给付款人作为收款证明。汇票所代表的债务债权关系即告终止。

（一）提示付款的时间

作为付款的必要程序，持票人必须在法定的时间内向付款人作付款提示。对于提示付款的时间，各国的法律有不同的规定。根据《日内瓦公约》的规定，见票即付的汇票，持票人应该在出票后 1 年内向付款人作付款提示，对于定日付款或出票后定期付款或见票后定期付款的汇票，持票人应该在到期日或其后的 2 个营业日内作付款提示。而根据《英国票据法》的规定，见票即付的汇票，持票人必须在“合理的时间”内向付款人作付款提示。其他汇票，则必须在到期日向付款人做付款提示，否则持票人即丧失对出票人及前手背书人的追索权。

（二）付款人付款的时间

关于当持票人在汇票的到期日向付款人提示付款时，付款人是否必须于当天付款，有无一定的宽限期，各国法律有不同的规定。《英国票据法》规定，对于远期付款的汇票，可以有 3 日的优惠日（three days of grace)。《日内瓦公约》则没有关于优惠日的规定。但是根据各国的法律和习惯，如果汇票到期日为星期日或其他公休假日，则付款的日期可以顺延至下一个营业日。

（三）付款人付款的效力

根据票据法原理和我国《票据法》的规定，“付款人依法足额付款后，全体汇票债务人的责任解除”。这就是说，在付款人依票付款后；不仅由其负担的票据兑付债务消灭，而且在汇票上签章的全体第二债务人和保证人的担保付款责任亦随之免除，原票据上的权利义务关系全部消灭。然而，《票据法》上的这一规则实际上仅为原则规定，它仅仅指明了合法适当的汇票付款行为依法可产生的一般后果。从各国票据法的实践来看，票据法上关于汇票付款的上述一般规则实际上还应受到以下具体规则的限制或补充。

首先，付款人对汇票付款的行为受到合法适当履行规则的限制。《英国票据法》规定，“汇票经付款人或承兑人或受他们各自委托的人作适当付款而解除”。“适当付款”是指付款人在“汇票到期日或到期日后，向持票人善意所作的付款，同时对于该持票人在汇票所有权上的瑕疵概不知情”。我国《票据法》也认为，只有付款银行在依法审查汇票和提示人身份的基础上所从事的付款行为方可消灭票据关系，而“付款人及其代理付款人以恶意或者有重大过失付款的，应当自行承担责任”，即真实权利人的请求权并不因此而消灭。

其次，在担当付款人或代理付款人依法代理付款的情况下，我国未对相关当事人之间的权利义务关系加以规定。根据票据法原理和我国的民事代理法，在代理付款人依法进行了汇票审查并依法代理付款的情况下，汇票上的权利义务关系也将消灭；但该代理付款人仍有权向被代理的付款人要求票款退还。这就是说，在该代理关系外部，代理付款人的合法付款行为具有票据法上的效力；但在该代理关系内部，代理付款人的行为后果应当由被代理的付款人承担。

最后，在付款人经审票后合法付款，而出票人未按约提供票据资金或者票据资金不足时，相关当事人的权利义务关系问题，按照多数国家票据法奉行的票据关系无因性原则，在此情况下，付款人的付款行为仍属有效，原票据关系将消灭，但该付款人依票据资金关系或者民事合同关系仍可向出票人追偿，而该出票人则需要依法负担赔偿责任和惩罚性责任。由于我国《票据法》目前对于票据关系无因性原则采取了不确定的立场，在发生票据资金不足的情况时，付款人实际上有权依法规拒付票款，由此将导致票据追索权关系。这一做法实际上并没有解决付款银行在未收到资金情况下付款的追偿依据问题。

八、汇票的拒付

汇票的拒付行为不局限于付款人正式表示不付款或不承兑，在付款人或承兑人拒不见票、死亡、宣告破产或因违法被责令停止业务活动等情况下，使得付款在事实上已不可能，也构成拒付。

汇票的持票人向付款人提示时，拒付可能遭到拒绝付款或拒绝承兑两种情形。根据我国《票据法》，持票人提示承兑或提示付款被拒绝的，承兑人或付款人必须出具拒绝证明，或出具退票理由。对于远期汇票，当持票人向付款人提示时，如果付款人拒绝承兑，持票人就可以行使追索权，无须等到远期汇票到期再向付款人作付款提示并遭到拒付时，才行使追索权。

九、汇票的追索权

汇票的追索权（right to recourse），是指持票人在汇据到期不获付款或期前不获承兑或者发生其他法定事由时，在依法行使或保全了汇票权利后，向其前手请求偿还汇票金额、利息及其他法定款项的一种票据权利。

根据各国的票据法制度，票据追索权的发生须具备特定的法定条件。票据追索权实际上需要在完全具备了以下法定条件的基础上方可行使：

1. 汇票在提示期间经合法提示

持票人为保全其汇票追索权的效力，必须在汇票的承兑提示期内和付款提示期内向付款人依法进行了承兑提示和付款提示。但是，由于付款人或承兑人宣告破产，抑或付款提示付款人或承兑人死亡、逃避或其他原因，无法向其提示时，无须做上述承兑提示。

2. 汇票上遭到拒绝承兑或拒绝付款

汇票上兑付请求权被拒绝或者因法定事由而不能实现，是追索权行使的实质条件。

3. 必须在汇票遭到拒付后的法定期间内作成拒付证书

拒付证书是指由付款地的公证人或其他依法有权作出证书的法律机构对提交承兑或付款的汇票付款人拒不承兑或拒付所出具的证书，它是持票人向其“前手”进行追索的法律依据。

多数国家的法律规定，所有汇票在遭到拒付时都必须作成拒付证书，除非出票人已在汇票上注明不必作成拒付证书，如果持票人没有在法定期限内作成拒付证书，则丧失对其前手背书人与出票人的追索权。根据《日内瓦公约》的规定，拒付证书应于提示期内作成，如果提示日为提示期限的最后一日，则必须于其后的第一个营业日作成。但根据《英国票据法》的规定，国内票据在遭到拒付时，不一定要作成拒付证书，只有国外票据才必须在拒付之日或次日作成拒付证书。

第三节 本票与支票

一、本票

本票又称期票。它是一人向另一人签发的，保证即期或在可以预料的将来时间，由自己无条件支付给持票人或其指定的人一定金额的书面承诺。

根据《日内瓦公约》，本票的必要项目包括：注明“本票”字样、无条件支付承诺、出票人签字、出票日期和地点、确定的金额、收款人或其指定人姓名。

本票又可分为商业本票和银行本票。商业本票是由工商企业或个人签发的本票，也称为一般本票。商业本票可分为即期和远期的商业本票，一般不具备再贴现条件，特别是中小企业或个人开出的远期本票，因信用保证不高，很难流通。银行本票都是即期的。在国际贸易结算中使用的本票大多是银行本票。

作为流通票据，汇票和本票在性质及功能等方面有很多共同之处。汇票法中的相关规定大部分都适用于本票。因此，世界各国除了个别国家的票据法以本票为中心外，绝大多数国家都以汇票为中心。这些国家的票据法对汇票作出了详细规定，而对于本票则只做几条特别规定，其他事项均可以适用汇票的有关规定。

二、支票

（一）支票的概念

支票是以银行为付款人的见票即付的特殊汇票。具体而言，支票是银行存款户签发的授权银行对某人或其指示人或执票来人即期无条件支付一定金额的书面命令。因为支票仅限于见票即付，所以支票只具有支付功能，不具有信用功能。

支票出票人签发的支票金额，不得超出其在付款人处的存款金额。如果存款低于支票金额，银行将拒付给持票人。这种支票称为空头支票，出票人要负法律上的责任。

开立支票存款账户和领用支票，必须有可靠的资信，并存入一定的资金。根据《关于统一支票法公约》，支票的法定记载事项包括：注明“支票”字样、无条件支付委托、确定的金额、付款银行和地址、出票日期和地点、出票人签章。

（二）支票的种类

支票主要分为以下几类：记名支票、不记名支票、划线支票、保付支票以及转账支票。

1. 记名支票

记名支票（cheque payable to order）是在支票的收款人一栏，写明收款人姓名，如“限付某甲”或“指定人”。这种支票转让流通时，须由持票人背书，取款时须由收款人签章，方可支取。

2. 不记名支票

不记名支票（cheque payable to bearer），又称空白支票，支票上不记载收款人姓名，只写“付来人”。取款时持票人无须在支票背后签章，即可支取。此项支票仅凭交付而转让。

3. 划线支票

划线支票（crossed check），亦称横线支票，横线支票是出票人、背书人或持票人在支票正面划有两道平行线，或在平行线内载明银行名称的支票。此种支票的持票人不能提取现金，只能委托银行收款入账。这种支票有利于支票遗失、被窃后防止他人冒领票款。

4. 保付支票

保付支票（confirmed cheque）是为了避免出票人开空头支票，收款人或持票人可以要求付款行在支票上加盖“保付”印记，以保证到时一定能得到银行付款的支票。支票保付后，保付人就成为唯一的债务人，无论在任何情况下，其都负有绝对付款的义务。至于出票人及背书人等其他所有债务人都免责。

5. 转账支票

转账支票（transfer cheque）是发票人或持票人在普通支票上载明“转账支付”，以对付款银行在支付上加以限制的支票。转账支票只能用于转账。

（三）支票与本票、汇票的区别

支票与本票、汇票的相同之处在于三者具有同一性质，都是可以流通转让的无因、有价及文义证券。另外，三者功能相似，都具有汇兑、信用及支付功能。

支票与本票、汇票的主要区别在于：

（1）本票是自付证券；汇票是委托（委托他人付款）证券；支票是委托支付证券，但受托人只限于银行或其他法定金融机构。

（2）汇票和支票有三个基本当事人，即出票人、付款人、收款人；而本票只有出票人和收款人两个基本当事人。

（3）本票和支票出票人有直接支付责任；汇票出票人无直接支付责任，只有担保责任。

（4）本票付款期为1个月，逾期兑付银行不予受理。我国商业汇票必须承兑，因此，承兑到期，持票人不能兑付。支票付款期为5天。（背书转让地区的转账支票付款期为10天。从签发的次日算起，到期日遇惯例假日顺延。）

第四节　票据相关法律及公约

一、与汇票及本票相关的公约

前面提到，汇票法中的相关规定，大部分都适用于本票。为了使汇票和本票在国际结算中更好地流通和使用，减少各国法律差异的影响，国际上通过了一系列惯例，其中比较受关注的是《关于统一汇票和本票法公约》和《联合国国际汇票和国际本票公约》。

（一）《关于统一汇票和本票法公约》

1.《关于统一汇票和本票法公约》概述

《关于统一汇票和本票法公约》（Convention on the Unification of the Law Relating to

Bills of Exchange and Promissory Notes），又称《1930 年关于统一汇票和本票的日内瓦公约》，简称《日内瓦公约》，是关于统一各国汇票和本票的国际公约。1930 年 6 月 7 日由国际联盟在日内瓦召集的第一次票据法统一会议上通过，1934 年 1 月 1 日生效。其目的在于解决法国法系、德国法系和英美法系三大票据法体系的冲突对票据的国际交流带来的不便。

《日内瓦公约》规定，欠缺该公约所载任何要求的票据，无汇票效力，但下列各款规定的情况除外：未载付款日期的汇票，视为见票即付。如无特殊记载，付款人姓名旁记载的地点视为付款地；同时视为付款人的住所地。未载出票地的汇票，出票人姓名旁所载的地点视为出票地。汇票得开立为付给出票人的指定人。汇票得开立为付给出票人本人。汇票得为第三人开立。汇票得在第三人的住所付款，此第三人的住所，可以在付款人的所在地或其他地点。凡汇票为见票即付或见票后定期付款者，出票人得就应付的金额规定附加利息。至于任何其他汇票，此项规定视为无记载。利率应在汇票上标明；如未标明，上述规定视为无记载。除标明其他日期外，利息自出票日起算。

2.《关于统一汇票和本票法公约》的主要内容

（1）关于汇票的应记载事项。汇票主文内记载其为汇票的文句，并以汇票本文所使用的文字表明之；无条件支付一定金额的委托；付款人姓名；付款日期；付款地；收款人或其指定人的姓名；发票日期及发票地；发票人签名。

（2）关于汇票的发票。发票人可以签发指己汇票和对己汇票。汇票金额同时以文字和数码记载，而两者有差异时，以文字记载的金额为应付金额；如果不止一次用文字或数码记载，而两者有差异时，以较小的金额为应付金额。发票人担保承兑及付款。发票人可以免除自己担保承兑之责，但任何免除其担保付款的记载，均视为无记载。

（3）关于汇票的背书。所有汇票均得以背书转让，背书转移汇票上的一切权利。背书必须在汇票或者其粘单上为之，并必须由被背书人签名。背书必须无条件，附记条件的，其条件视为无记载。就汇票金额的一部分所为的背书，不生效力。允许空白背书、禁转背书。如无相反的规定，背书人担保承兑即付款。到期日后背书与到期日前背书有同一效力，但期限后背书仅有通常债权转让的效力。

（4）关于承兑。持票人于汇票到期日前，可以在付款人住所，向付款人为承兑提示。见票后定期付款的汇票，应自发票日起一年内为承兑提示。承兑时应于汇票上记载承兑或其他同义字样，由付款人签名。付款人仅在票据正面签名者，构成承兑。承兑应当是无条件的，但付款人可就票据金额的一部分为承兑。付款人承兑后，即应负到期付款的责任。

（5）关于到期日。汇票到期日的记载方式有四种：见票即付；见票后定期付款；发票后定期付款；定日付款。记载除此以外的到期日的汇票或者分期付款的汇票无效。

（6）关于付款。见票即付以外的汇票持票人，应于到期日或其后两个营业日中的一日为付款提示。付款人应负责查验背书的连续，但对背书人的签名，不负认定之责。

《日内瓦公约》的形成是由于法国、德国和英美三大票据法体系的对立。然而，《日内瓦公约》体系只解决了法、德两大票据法体系的冲突，票据法体系仍未统一。

（二）《联合国国际汇票和国际本票公约》

《日内瓦公约》未能达到统一各国票据法的目的，英美法系与《日内瓦公约》体系在许多问题上仍存在重大分歧。为促进各国票据法的协调与统一，联合国国际贸易法委员会经过大约15年的努力，最终出台了《联合国国际汇票和国际本票公约》(Convention on International Bill of Exchange and International Promissory Note of the United Nations)，简称《国际汇票本票公约》。该公约于1988年12月9日在纽约联合国第43次大会上通过，并开放供签署。按该公约的有关规定，该公约须经至少10个国家批准或加入后，方能生效。公约因没有满足生效条件而仍是一个书面公约，但是它在协调《日内瓦公约》体系和英美法系两大票据体系的法律冲突方面已经取得了建设性的成果。

1.《国际汇票本票公约》的适用范围

对于《国际汇票本票公约》的适用范围：只适用于载有“国际汇票（贸易法委会公约）”或“国际本票（贸易法委会公约）”标题并在文内有上述字样的国际汇票和国际本票，不适用于支票。《国际汇票本票公约》还要求在下列五个地点中，至少有两个地点位于不同的国家，但不是要求位于两个不同的缔约国：

(1) 汇票的开出地。

(2) 出票人签名旁示地。

(3) 付款人姓名旁示地。

(4) 收款人姓名旁示地。

(5) 付款地。

而且第(1)、(5)项两个地点均位于一个缔约国的境内，但不是要求必须位于同一缔约国境内。只有符合上述要求的汇票才是国际汇票。对于国际本票也有类似的要求。

2.《国际汇票本票公约》的成果

《国际汇票本票公约》是目前国际上规模比较大的国际条约形式的统一实体法。其目的即在于解决各国票据法律冲突，尤其是《日内瓦公约》体系与英美法系之间的法律分歧。目前，该公约主要在以下四方面取得了一致性成果。

(1) 票据背书伪造的法律后果。

在注重保障票据交易安全的英美法系，载有伪造背书的票据之受让方不管其主观上是否善意都没有资格主张票据权利，伪造背书的票据在英美法系里是无效的。唯一的例外是以银行为付款人的见票即付的支票，如果银行出于善意在正常的业务中对有伪造背书的支票付了款，则可以解除责任。根据英美法系的规定，伪造背书的风险最终是由直接从伪造者手中取得票据的人承担。而《日内瓦公约》体系的立法出发点则恰恰相反，其更加注重对善意持票人票据权利的保护，从而促进票据的流通。对于善意而且没有重大过失，并且通过一系列没有间断的背书而取得伪造背书的票据的人来说，这项背书仍然是有效的，他仍可享有票据上的权利，凡是在票据上有真实签名的人，包括出票人、承兑人、保证人等仍然必须对其负责。

联合国国际贸易委员会在这个问题的处理上选择了折中的立场。该公约承认了持有伪造背书票据者的请求支付票据金额的权利，但是同时赋予了因为伪造背书而遭受损失的当事人向伪造者或从伪造者手中受让票据者请求赔偿的权利。《国际汇票本票公约》第16条规定，凡是拥有经过背书转让给他或前手的背书为空白背书的票据，并且票据上有一系列连续背书的人，即使其中任何一次背书是伪造的或者是未经授权的代理人签字的背书，只要他对此不知情，就应当认为他是票据的持票人，从而受到法律的保护。同时，该公约第26条规定，如果背书是伪造的，则被伪造其背书的人或者在伪造发生之前签署了票据的当事人，有权对因受让伪造背书而遭受的损失向伪造人、从伪造人手中直接受让票据的人以及向伪造人直接支付了票据款项的当事人或付款人索取赔偿。但是，向伪造人直接支付了票据款项的当事人或付款人，如果在付款时对伪造背书一事不知情，则可以不承担上述赔偿责任。根据《国际汇票本票公约》规定，伪造背书的风险最终由伪造者承担。

（2）对立法体例的调和。

在立法体例方面，《国际汇票本票公约》充分考虑了英美法系和《日内瓦公约》体系的各自特点。在支票法和本票法的关系上，采取分离主义，体现了《日内瓦公约》体系的特征；在篇章设置上，取消了以票据种类区分为基础的篇章设置，将汇票和本票规定在一起，并以语言区别技术取代规则准用技术，体现了对美国票据法立法体系的采纳；在章节上，以当事人权利责任和流通顺序为基础进行安排，在形式上靠近美国票据法的相关内容，在内容上则吸收了《日内瓦公约》体系的规定。

（3）对票据形式严格性的把握。

相对《日内瓦公约》体系，英美法系对票据形式的要求比较灵活。例如，《日内瓦公约》体系规定，汇票上必须标明“汇票”字样，必须载明出票日期，不得开立无记名汇票，出票人不得在汇票上记载免除或限制其对持票人责任的条款等。英美法系则没有这些限制。在票据形式问题上，《国际汇票本票公约》基本上采用了英美法系的原则，使其具有一定的灵活性。

但是，《国际汇票本票公约》在这两个方面采纳了《日内瓦公约》的精神：汇票上必须载有出票日期；不得开立无记名式的国际汇票，但是背书人可以使用空白背书的方式，使汇票在实际上变为无记名汇票。

（4）对持票人的法律保护。

各国法律对善意或合法的持票人都给予有力的保护，但各国所要求的条件不完全相同。英国票据法把持票人分为持票人、付了对价的持票人和正当持票人。持票人（holder）即票据的收款人或被背书人，或空白汇票的持有人。付了对价的持票人（holder for value）是指在任何时候曾对票据付了代价的持票人。这里的对价（value）是指包括一切能使简式合同有约束力的对价。所谓正当持票人（holder in due course），是指善意地花了对价，取得一张表面完整、合格的未到期票据的持票人。英国法律给予正当持票人充分的保护，他可以享受优于其前手的权益，不受其前手对票据的任何权利瑕疵的影响。

《日内瓦公约》体系对“合法持票人”的条件作出了规定。根据《日内瓦公约》第16条与第17条的规定，所谓合法持票人，是指通过一系列不间断的背书证明其对票据有所有权的持票人。《日内瓦公约》体系没有“对价”的概念，也不以是否支付了对价作为合法持票人的必要条件。

《国际汇票本票公约》在关于持票人权利保护方面坚持流通性原则，采取的方法实际上是对大陆法系和英美法系的折中。《国际汇票本票公约》将持票人分为正当持票人和受保护的持票人两种。根据该公约规定，受保护的持票人（protected holder）在他成为持票人的当时，该票面上是完整的，而且是尚未过期的，不知道票据的任何当事人对票据有任何抗辩，也不知道票据曾有拒绝承兑或拒绝付款而遭退票的事实，此人即为受保护持票人。受保护持票人和《英国票据法》的正当持票人相近，但《国际汇票本票公约》对受保护的持票人不以支付对价为条件。

《国际汇票本票公约》对受保护的持票人给予强有力的保护，限制对受保护的持票人提出任何抗辩，但下列抗辩除外：(1) 关于票据上伪造签字的抗辩；(2) 关于票据曾发生重大变动的抗辩；(3) 关于未经授权签字或越权代理人在票据上签字的抗辩；(4) 关于汇票必须提示承兑而未能提示的抗辩；(5) 关于票据未作正当的提示付款的抗辩；(6) 关于票据如因不获承兑或不获付款而必须作成拒绝证书，但未正当地作成此项证书的抗辩；(7) 关于票据诉讼时效（四年）已过的抗辩；(8) 基于该当事人与持票人在票据项下的交易或由于持票人有任何欺诈行为而使该当事人在票据上签字而提出的抗辩；(9) 基于当事人不具备履行票据责任的行为能力的抗辩。

《国际汇票本票公约》的上述规定，有利于协调英美法系与《日内瓦公约》体系的分歧，促进票据的国际流通。

二、与支票有关的法律及公约

在关于支票的国际惯例中，影响力较大的三个公约为：《关于统一支票法公约》《关于解决支票若干法律冲突的公约》《支票印花税法公约》。这里主要介绍前两种。

（一）《关于统一支票法公约》

《关于统一支票法公约》(Convention Providing a Uniform Law of Cheques)，又称为《1931 年关于统一支票法的日内瓦公约》，是关于统一支票法的国际公约。1931 年 3 月 19 日国际联盟在日内瓦召开的第二次票据法统一会议上制定，1934 年 1 月 1 日生效。

《关于统一支票法公约》共 9 章，57 条。除了对支票的要项进行规定之外，《关于统一支票法公约》明确规定，支票必须对持有出票人存款的银行开出，并须符合出票人有权以支票方式处理该款之明示或默示之协议。但如不符合这些规定，所开票据作为支票仍有效。支票不得承兑。有承兑记载者视为无记载。支票得付给：确定的人，不论是否载有“可付指定人”字样；或确定的人，并载有“不可付指定人”字样或同等词语，或来人。凡付给确定的人并有“或来人”字样，或任何同等字样的支票，视为来人支票。未载收款人的支票视为来人支票。

（二）《关于解决支票若干法律冲突的公约》

《关于解决支票若干法律冲突的公约》1931 年 3 月 19 日在日内瓦国际会议通过，与《关于统一支票法公约》同时订立，是《关于统一支票法公约》的补充，被欧洲大陆国家广泛采用，1934 年生效。其主要内容有：支票持有人的行为能力依据当事人本国法。支票付款人行为能力依据付款地法。支票签字人行使追索期限依据票据成立地法。因支票所订契约形式依契约签订地法。拒绝证书的方式以及作成的期限，与其他用以执行有关支票追索权行为的方式，依行为所在地法。

付款地法决定下列事项：支票是否应为见票即付，或为见票后定期支付，以及支票上填以后日期的效力；提示期限；支票是否可以承兑、保付、证实、照付以及这类记载的效力等问题。

第五节　电子支付

一、电子支付概述

（一）电子支付的概念和特征

随着国际互联网在企业和家庭的普及，商业活动越来越多地依靠互联网来降低成本和创造更多的就业机会，从而电子商务得到发展。为适应电子商务这一市场潮流，电子支付随之发展起来。

电子支付是指单位或个人通过电子终端，直接或间接向银行业金融机构发出支付指令、实现货币支付与资金转移的行为。

与传统的支付方式相比，电子支付具有如下特征：

（1）电子支付采用现代技术，通过数字流转来完成支付信息传输，支付手段均是数字信息；而传统的方式则是通过现金的流转、票据的转让以及银行的转账等实体形式的变化实现的。

（2）电子支付是基于开放的系统平台（即互联网）的；而传统支付则在较为封闭的系统中运作。

（3）电子支付使用最先进的通信手段，因此对软硬件要求很高；传统支付对于技术的要求不如电子支付高，使用的是传统的通信媒介，且多为局域网络，无须联入互联网。

（4）电子支付可以完全突破时间和空间的限制，可以满足 24/7（每周 7 天，每天 24 小时）的工作模式，在很短的时间内以相当于传统支付的几十分之一，甚至几百分之一的支付费用完成整个支付过程。其效率之高是传统支付望尘莫及的。

（二）电子支付的类型

电子支付的业务类型按电子支付指令发起方式分为网上支付、电话支付、移动支付、销售点终端交易、自动柜员机交易和其他电子支付。

网上支付是目前电子商务行业最普遍也是被行业公认的支付方式。广义地讲，网上支付是以互联网为基础，利用银行所支持的某种数字金融工具，发生在购买者和销售者之间的金融交换，实现从买者到金融机构、商家之间的在线货币支付、现金流转、资金清算、查询统计等过程，由此为电子商务服务和其他服务提供金融支持。

电话支付是电子支付的一种线下实现形式，是指消费者使用电话（固定电话、手机、小灵通）或其他类似电话的终端设备，通过银行系统就能从个人银行账户里直接完成付款的方式。

移动支付是使用移动设备通过无线方式完成支付行为的一种新型的支付方式。移动支付所使用的移动终端可以是手机、PDA、移动 PC 等。

销售点终端交易即是在企业的商品转移到消费者或最终用户手上的发生地进行的交易，即通常说的刷卡消费。

自动柜员机交易也就是到银行设的自动柜员机根据提示办理转账支付。

（三）电子支付工具

随着计算机技术的发展，在支付交易过程中，纸基与电子化步骤不断结合，电子支付工具的种类越来越多。这些支付工具主要可以分为三大类：

1. 电子信用卡类支付工具

电子信用卡类支付工具包括信用卡、智能卡、借记卡等。

信用卡是主要的网上支付工具，是全世界最早使用的电子货币。信用卡起源于美国，已经有80多年的历史。其操作方法是通过专用网络或国际互联网以信用卡号码传送做交易，基本上持卡人就其所传送的信息先进行数字签章加密，然后将信息本身、数字签章经CA认证机构认证后，连同电子证书等一并传送至商家。信用卡按用户的信用限制事先确定一个消费限度，用户可花完卡中的余额，并支付一个最低费用，信用卡发卡银行将对未结清的赊账收取一定的利息。

智能卡与ATM卡的区别在于两者分别是通过嵌入式芯片和磁条来储存信息。而对于借记卡，持卡人只要在银行办理相关业务，即可使用借记卡进行网上支付。

2. 电子支票类支付工具

电子支票类支付工具包括电子支票、电子汇款（EFT）、电子划款等。

电子支票是一种借鉴纸张支票转移支付的优点、利用数字传递将钱款从一个账户转移到另一个账户的电子付款形式。这种电子支票的支付是在与商户及银行相连的网络上以密码方式传递的，多数使用公用关键字加密签名或个人身份证号码（PIN）代替手写签名。

电子汇款和电子划款都是利用先进的计算机网络传递款项信息，以银行金融机构为依托，实现现金划拨收付。

3. 电子货币类支付工具

电子货币类支付工具包括电子现金、电子钱包等。

电子现金是一种以数据形式流通的货币。它把现金数值转换成一系列的加密序列数，通过这些序列数来表示现实中各种金额的市值，用户在开展电子现金业务的银行开设账户并在账户内存钱后，就可以在接受电子现金的商店购物了。

电子钱包是电子商务活动中网上购物顾客常用的一种支付工具，是在小额购物或购买小商品时常用的新式钱包。电子钱包一直是全世界各国开展电子商务活动的热门话题，全球已有很多国家正在建立电子钱包系统以便取代现金交易的模式。电子商务活动中的电子钱包软件通常都是免费提供的，可以直接使用与自己银行账号相连接的电子商务系统服务器上的电子钱包软件，也可以从互联网上直接调出来使用，采用各种保密方式利用互联网上的电子钱包软件。

除了上述电子支付工具外，还有电子零钱、安全零钱、在线货币、数字货币、在线支票等电子支付工具。这些支付工具的共同特点都是将现金或货币无纸化、电子化和数字化，利于在网络中传输、支付和结算，利于网络银行的使用，利于实现电子支付。

二、电子支付存在的法律问题

近年来，电子支付系统的运用已经取得了迅速发展，电子支付日益成为我国支付市场和支付体系的重要组成部分。但其作为新型的金融交易工具面临着以下几方面的法律问题。

（一）电子支付的安全问题

安全问题仍旧是电子支付中最关键、最重要的问题。这个问题直接关系到交易各方的利益。电子支付系统在整个运作过程中包含的风险主要来自两个方面：第一，系统风险。包括系统故障、系统遭受外来攻击、伪币和欺诈等。这些风险可能来自不适当的操作和内部控制程序引起的电子支付系统故障，黑客的恶意或非恶意的攻击，或是通过窃取关键技术伪造的电子伪币。尤其是电子货币，会威胁到电子支付系统的稳定性，并有可能导致金融危机。第二，非系统风险。通常情况下，电子货币发行机构不会持有用于赎回电子货币的100%的传统货币，一旦由于某种原因电子货币发行机构陷入财务危机或破产时，其发行的电子货币会发生信用危机，发行机构可能就无法满足对货币的赎回要求而形成支付危机。

（二）电子支付的市场规范问题

近年来，第三方支付平台呈爆炸式增长。这些机构因为技术实力和经济实力的区别，提供的服务良莠不齐，发展很不平衡，并由此引发了不良竞争。同时，在电子支付中存在着若干种支付方式，每种支付方式都有其特点，且有时两种支付方式之间不能做到互相兼容。这样，当电子交易中的当事人采用不同的支付方式且这些支付方式又互不兼容时，双方就不可能通过电子支付的手段来完成款项支付，从而也就不能实现互联网上的交易。此外，就单种支付方式而言，也存在着标准不一的问题。如智能卡就存在多种标准问题。智能卡目前执行的通用标准是ISO7816和CEN726标准，这两个标准设计的目的是在智能卡和智能卡阅读器内部提供高效的操作，但没有考虑发挥智能卡应用程序的最大效率问题。

（三）电子支付的金融监管问题

在支付过程中，资金在第三方里面会出现一段时间上的滞留，如果在此过程中沉淀资金达到一定规模，很有可能引发系统性支付风险，并引发社会问题；网上发行的电子货币缺乏对其性质、发行主体、使用范围等方面的法律规定，其合法性有待明确。另外，由于对网上交易的真实交易背景难以查证，网上支付平台有可能成为不法分子资金非法转移、套现资金的便利工具。这些问题都需要监管当局对电子支付的发展过程进行全方位监管。

（四）电子支付的权利义务与责任区分问题

由于法律法规对网络银行与有关商家、客户的权利义务关系没有明确规定，也未明确规定网络银行在业务流程中对客户承担的义务种类以及适用范围，各方在电子支付中所应承担的法律责任不清晰，极易发生纠纷，而且，由于缺乏有关此类纠纷诉讼程序的法律规定，纠纷发生也因无法可依而不易及时解决。

三、电子支付的监管

随着电子支付的发展，国际关于电子支付服务监管的体系也逐渐健全。其中，美国颁布的一系列法律是中心。另外，联合国国际贸易法委员会1992年制定的关于“跨境电子支付”的《国际贷记划拨示范法》也具有重要的指引作用。还有就是两大国际信用卡组织维萨（VISA）国际组织、万事达（MasterCard）国际组织合作制定的安全电子交易协议（Secure Electronic Transaction，SET）定义了电子支付过程标准。

（一）美国电子支付立法

美国电子支付服务法律主要包括 1978 年的联邦《电子资金划拨法》与美联储 E 条例和美国《统一商法典》第 4A 篇。《电子资金划拨法》是世界上第一部关于电子支付的法律，该法为电子支付参与方的权利、义务以及责任提供基本框架，该法调整的主要对象是利用电子终端机、电话相关设备、计算机及磁性存储设备等进行的小额电子支付。根据《电子资金划拨法》的授权，联邦储备系统理事会制定了联邦 E 条例，以对该法内容进行细化。《电子资金划拨法》和 E 条例的内容涉及消费者与金融机构之间关系的各个方面，对消费者及电子资金转移服务的权利义务内容做了规定，并对各金融机构参与的相关活动、银行卡发行与银行卡信息管理等程序制定了标准。美国《统一商法典》第 4A 篇对非自然人间的大额电子资金划拨行为进行调整，排除了对小额电子资金即消费性电子资金的调整，并针对欺诈支付指令的风险责任承担，创设性地引入“支付命令与安全程序”这一概念，对电子资金划拨的风险负担作出规定。

（二）联合国国际贸易法委员会《国际贷记划拨示范法》

联合国国际贸易法委员会于 1992 年颁布的《国际贷记划拨示范法》是国际上规范跨境电子支付最为规范的法律文件。从结构上看，该示范法包括总则、各当事方的义务、贷记划拨未完成的后果、贷记划拨的完成等四章，共计 19 个条文。该示范法对于规范与统一贷记划拨法律有着重要的贡献，为各国电子支付服务立法提供了重要的参照蓝本。该示范法在跨境电子支付的适用范围、支付相关方的义务、贷记未完成或错误划拨或迟延划拨的法律结果及安全风险的责任划分等方面进行了较为全面的规定。但是，随着全球化的发展与深化及计算机信息技术的多样化，电子商务多样化的变革对电子支付服务提出了更高的要求。该示范法在跨境电子支付服务风险监管上的缺陷主要表现为缺少网上支付服务的相关规则及风险监管制度。

（三）安全电子交易协议

安全电子交易协议（Secure Electronic Transaction，SET）是由维萨国际组织、万事达国际组织创建，结合 IBM、Microsoft、Netscope、GTE 等公司制定的电子商务中安全电子交易的一个国际标准。其主要目的是解决信用卡电子付款的安全保障性问题。SET 是一种应用于互联网环境下，以信用卡为基础的安全电子交付协议，它给出了一套电子交易的过程规范。通过 SET 可以实现电子商务交易中的加密、认证、密钥管理机制等，保证了在互联网上使用信用卡进行在线购物的安全。

第六节　汇付

一、汇付方式概述

（一）汇付的概念

汇付（remittance），又称汇款，是指汇出行应汇款人的要求，通过一定的方式，把一定的金额，通过其国外联行或代理行作为汇入行，付给收款人的一种结算方式。汇付属于商业信用，采用顺汇法。

（二）汇付结算方式的应用

汇付结算方式完全是建立在商业信用基础上的结算方式。汇付的优点在于手续简便、费用低廉。但其存在风险大、资金负担不平衡的弊端。交易双方根据合同或实际需要可以选择货到付款或预付货款的结算方式。但不论哪一种方式，风险和资金负担都集中在一方。这种结算方式只有在交易双方高度信任的基础上才适用。汇付一般只用作支付订金货款尾数、支付佣金、归还垫款等用途，不是一种主要的结算方式。

（三）汇付的分类

汇款根据汇出行向汇入行转移资金发出指示的方式，可分为以下三类：电汇（T/T）、信汇（M/T）以及票汇（D/D）。

电汇是汇出行应汇款人的申请，使用加押电报、电传或通过 SWIFT 给在另一国家的分行或代理行（即汇入行）解付一定金额给收款人的汇款方式。电汇方式的优点在于速度快，收款人可以迅速收到货款。电汇是目前使用较多的一种方式，但其费用较高。

信汇是汇出行应汇款人的申请，用航空信函的形式，指示出口国汇入行解付一定金额的款项给收款人的汇款方式。信汇的优点是费用较低廉，但收款人收到汇款的时间较迟。

票汇是指汇出行应汇款人的申请，代汇款人开立以其分行或代理行为解付行的银行即期汇票，支付一定金额给收款人的汇款方式。

（四）汇付的当事人及其法律关系

汇付业务涉及的当事人有四个：汇款人、收款人、汇出行和汇入行。

汇款人，即付款人，指向银行交付款项并委托银行将款项付给收款人的人。在国际贸易中，付款人通常为进口商。

收款人，指被汇款人委托银行收取款项的对象。在国际贸易中，收款人通常为出口商。

汇出行，指接受汇款人的委托，办理汇出汇款业务的银行。在国际贸易中，通常为进口地银行。

汇入行，指受汇出行的委托办理汇款业务的银行。在国际贸易中，通常为出口地银行。

其中，汇款人与汇出行之间订有合约关系，汇款申请书被视为汇款人与汇出行之间的契约，汇出行有义务依汇款人的指示办理汇款业务，并通过代理行解付汇款；汇出行与汇入行之间订有代理合约关系，汇入行依该代理关系对汇出行承担解付汇款的义务。在信汇和电汇两种情况下，汇出行或汇入行与收款人没有直接的法律关系，收款人是上述代理关系的第三人。在票汇的情况下，汇付使用的是汇票。汇出行、汇入行与收款人是票据关系，分别是出票人、付款人和收款人。

二、汇付方式的特点与风险防范

汇付属于商业信用，一方面，它为国际贸易中进出口双方的款项往来提供了便利；另一方面，它也存在着较大的风险。了解汇付方式的特点，有助于更好地进行风险防范。

（一）汇付方式的特点

汇付方式的主要特点如下：

1. 以商业信用为基础的基本结算方式

汇付结算方式是以银行为中介来完成款项收付的。无论是其单独使用，还是与其他结算方式结合使用，资金的划拨本质上都是通过付款方式完成的，所以它是基本的结算方式。此外，银行虽然在款项汇出的全过程中承担收付委托款项的责任，并收取相应费用，但却并不介入买卖双方权利义务的提供和合同的履行，因而它属于商业信用。

2. 资金负担不平衡

无论是预付货款的买方还是货到付款的卖方，会承担整个交易过程的绝大部分资金，资金负担较重。

3. 风险不对称

无论对于货到付款的卖方还是预付货款的买方，使用汇付方式结算都存在着钱货两失的风险，交易进行完全依赖于双方信用。

4. 手续简单，费用低廉

整个汇付交易过程中，只有一笔数额较小的汇款手续费。因此，在大量的贸易是跨国公司的内部交易，以及外贸企业在国外有可靠的贸易伙伴和销售网络的情况下，汇付是主要的结算方式。

（二）汇付方式的风险防范

在现实的国际贸易结算中，汇付方式使用很广，尤其是在跨国公司内部。另外，在一些中小企业中，由于其资历有限，难以开出信用证，所以也更多地使用手续简便的汇付方式。但是，汇付方式作为商业信用，存在着上述一系列缺点和风险。所以，在实际使用过程中，要注意风险的防范。

从贸易角度来看，在客户资信不佳或不明时，尽量不要采用汇付结算方式，尤其是T/T；同时，为了保障权益，可以投保信用险，或在买卖合同中规定保障条款，以获得第三方的商业信用加入或获得银行信用担保。另外，企业要加强信用风险管理，加强客户资信调查、付款方式选择等方面的控制。

从银行角度来看，加强风险预防与控制，也是一项重要的工作。银行收到付款指示，对指示行所有的付款指示在确认已收到相应的头寸时方可解付，对经常发生头寸风险问题的国外汇款银行，更应格外注意，以避免问题发生。

第七节　托收

一、托收概述

（一）托收的概念

托收（collection）是收款人（出口人）对付款人（进口方）开立汇票，委托出口地银行通过它在进口地的分行或代理行代收款人收取货款的一种结算方式。托收属于商业信用，采用的是逆汇法。

（二）托收的分类

《托收统一规则》（URC522）根据托收时是否向银行提交货运单据，将托收分为光票托收和跟单托收两种。

1. 光票托收

光票托收（clean collection）是一种金融单据的托收，它仅凭卖方开出的汇票托收，不附任何发票或装运单据等商业单据。

2. 跟单托收

跟单托收（documentary collection）指的是凭汇票等金融单据和发票、提单、保险单等商业单据进行的托收。根据交单条件的不同，跟单托收又分为付款交单和承兑交单两种。付款交单（documents against payment，D/P）是指被委托的代收行必须在进口商付清款项以后，才能将货运单据交给进口商的一种托收方式。承兑交单（documents against acceptance，D/A）是指被委托的代收行根据托收指示，于付款人承兑汇票后，将货运单据交给付款人，付款人在汇票到期时履行付款责任的一种托收方式。其中，付款交单又根据委托人开立单据的不同，分为即期付款交单（D/P at sight）和远期付款交单（D/P at ×× days after sight）。

托收（无论 D/A 还是 D/P）均对于买方有利，卖方如果不了解买方信用而贸然采用托收来结算货款，常常会遭遇风险。因此，托收一般只在国际贸易的货款尾数、滞纳金催收以及卖方为推销积压存仓的货物或比较信任买方时才谨慎采用。

（三）托收的当事人及其法律关系

托收涉及四个主要当事人，即委托人、付款人、托收行和代收行。

委托人（principal），也称出票人（drawer），即开出汇票委托银行向国外付款人代收货款的人，通常为出口人；托收行（remitting bank），即接受出口人的委托代为收款的出口地银行；代收行（collecting bank），即接受托收行的委托代付款人收取货款的进口地银行；付款人（payer 或 drawee），汇票上的付款人即托收的付款人，通常为进口人。

在托收业务中，当事各方形成了如下的法律关系：委托人和托收行的法律关系是委托代理关系，托收行应该严格按照委托人的托收委托指示进行托收业务，根据《托收统一规则》的规定，银行应以善意和合理的谨慎行事。但是，托收行对于托收的款项并不承担必须收回的义务；托收行和代收行之间是委托代理关系，代收行应当按照托收行的指示行事。如果代收行违反托收指示，在付款人未付款的情况下擅自将单据交给付款人，就违反了合理谨慎义务，应对托收行承担违约责任；委托人与代收行之间并没有合同关系，因此，一旦代收行违反托收行指示行事，委托人也不能直接起诉代收行；付款人与代收行之间也没有法律上的权利义务关系，代收行对能否收到货款不承担责任。

二、《托收统一规则》的相关规定

为了规范国际支付中的托收业务，保护托收当事人的合法权利，国际商会于 1958 年出版了《商业票据托收统一规则》（Uniform Rules for Collection of Commercial Paper），以国际商会第 192 号出版物的方式公布，1967 年进行修订并以国际商会第 254 号出版物公布。为了适应国际商事活动中使用托收作为支付方式发展的需要，国际商会于 1978 年将该规则修订并改名为《托收统一规则》（Uniform Rules for Collection，URC），以国际商会第 322 号出版物公布（简称 URC322），于 1979 年 1 月 1 日开始实施。1995 年国际商会的第 522 号出版物再次修订了《托收统一规则》，于 1996 年 1 月 1 日起实施。《托收统一规则》自公布实施以来，被各国银行所采用，已成为托收业务的国际惯例。

《托收统一规则》分 7 部分，共 26 条。包括总则及定义，托收的形式和结构，提示方式，义务与责任，付款，利息、手续费及其他费用，其他规定。根据《托收统一规则》规定，托收意指银行根据所收到的指示，处理金融单据或商业单据，目的在于取得付款和/或承兑，凭付款和/或承兑交单，或按其他条款及条件交单。上述定义中所涉及的金融单据是指汇票、本票、支票或其他用于付款或款项的类似凭证；商业单据是指发票、运输单据、物权单据或其他类似单据，或除金融单据之外的任何其他单据。

需要注意的是，该规则本身不是法律，因而对一般当事人没有约束力。只有在有关当事人事先约定的条件下，才受该惯例的约束。

三、托收流程中要注意的法律问题

（一）跟单托收注意事项

出口商为了能够尽快收到货款，应注意单据的以下几点：汇票金额应一致；汇票出票人签字或盖章；汇票应背书；汇票的出票人和签发人应一致；汇票应与发票等单据保持一致；价格条款是 CIF，应有保险单，保险单的金额不应超过发票金额；运输条款与价格条款应保持一致；根据运输单据的要求，是否要求背书；各种单据中的货物描述，应保持一致。

（二）光票托收注意事项

光票托收应注意以下几点：票据的名称、种类、期限、金额、币种；收款人的名称和地址；付款人的名称和地址；票据是否背书；远期票据是否承兑；票据的利息条款；票据签发人的名称和签字；其他。

第八节　信用证

信用证（letter of credit，L/C）方式是银行信用介入国际货物买卖价款结算的产物。它的出现不仅在一定程度上解决了买卖双方之间互不信任的矛盾，而且还能使双方在使用信用证结算货款的过程中获得银行资金融通的便利，从而促进了国际贸易的发展。因此，信用证被广泛应用于国际贸易之中，成为当今国际商事活动中最重要的支付方式和支付工具。信用证结算方式付款的依据是“单据”，故一般称为“跟单信用证”（documentary letter of credit 或 documentary credit）。

一、信用证概述

（一）信用证的概念

信用证一般是指开证银行应开证申请人的请求，向受益人开立的在一定金额和一定期间内凭其规定的条件承诺付款的书面凭证。信用证属于银行信用，采用的是逆汇法。

国际商会《跟单信用证统一惯例》(UCP600：Uniform Customs and Practice for Documentary Credits）对信用证的定义为：信用证意指一项约定，无论其如何命名或描述，该约定不可撤销并因此构成开证行对于相符提示予以兑付的确定承诺。从定义上来看，信用证是一个承诺，开证行就自己的付款义务添附了条件。开证行承担着兑付的重要责任是一个附条件的法律行为，根据民法原理，附条件的法律行为在条件成就时生效，开证行所约定的该条件即是相符提示，即信用证单证一致。在单证一致的情况下，开证行的兑付义务即产生。

（二）信用证的法律特征

信用证的主要法律特征如下：

首先，信用证具有相对独立性。信用证不依附于买卖合同。虽然信用证是根据买卖合同的规定由买方向银行申请开立的，是以买卖合同为基础的，但信用证一经开立，就成为独立于买卖合同的新的约定。UCP600 明确规定："信用证按其性质与凭以开立信用证的销售合同或者其他合同，均属不同业务。即使信用证中援引这些合同，银行也与之毫无关系并不受其约束。"因此，银行在审单时强调的是信用证与基础贸易相分离的书面形式上的认证。

其次，信用证方式是纯单据业务。UCP600 中规定，在信用证业务中，各有关当事人处理的是单据，而不是单据所涉及的货物、服务或其他行为。因此，银行和有关各方在处理信用证业务时主要处理的是单据。卖方如果能根据信用证的要求，做到提交的单据在表面上和信用证的规定内容完全一致，而且所提交的所有单据之间表面也一致，即做到"单单相符，单证相符"，就能及时从银行获得贷款。而议付行则不需管买卖合同项下货物的实际情况如何，只要受益人议付时做到上述要求的"单单相符，单证相符"就应该付款。

最后，开证行负首要付款责任。信用证是一种银行信用，它是银行的一种担保文件。开立信用证之后只要受益人按照信用证表面规定的条件交付了相应的单据，开证银行就要无条件地承担付款责任。一份不可撤销的信用证开立之后，即使出现开证申请人突然破产，银行也要承担第一债务人的责任。

（三）信用证当事人及其法律关系

依据国际商会《跟单信用证统一惯例》，信用证支付业务的主要当事人有：

(1) 国际信用证业务的开证申请人（applicant)，即国际贸易中的进口商。

(2) 国际信用证业务的开证银行（issuing bank)，即接受开证申请人的委托开立信用证的银行，一般是进口商所在地银行。

(3) 国际信用证业务的受益人（beneficiary)，即国际贸易中的出口商。

信用证其他当事人包括：

(1) 通知行（advising bank)，即指受开证行的委托，将信用证通知出口人的银行，它是受益人所在地的银行。

(2) 保兑行（confirming bank)，是指受开证行委托对信用证以自己名义加具保兑的银行。

(3) 议付行（negotiating bank)，是指受开证行委托买入或贴现受益人提交的符合信用证规定的汇票及、或单据的银行。

(4) 偿付行（reimbursing bank），又称清算行，是指开证行指定的，代开证行向议付行或付款行、承兑行清偿垫款的银行。

(5) 付款行（paying bank），是指开证行授权进行信用证项下付款或承兑并支付受益人支付的汇票的银行。在多数情况下，付款行就是开证行。

(6) 承兑行（accepting bank），远期信用证如要求受益人出具远期汇票的，会指定一家银行作为受票行，由它对远期汇票作出承兑，这就是承兑行。如果承兑行不是开证行，承兑后又最后不能履行付款，开证行应负最后付款的责任。

以上主要当事人因为信用证业务形成了他们之间的权利和义务，即信用证当事人之间的法律关系。其具体表现如下：

(1) 开证申请人与受益人之间是买卖合同关系，申请人有义务按照合同要求按时向受益人开出信用证。

(2) 开证申请人和开证行之间是根据开证申请书建立的客户和银行之间的委托合同关系，开证申请书主要规定了开证行的权利和义务。

(3) 开证行与受益人之间受信用证的约束，在受益人交来的单据与信用证要求一致时，开证行需承担付款责任。而受益人必须严格按信用证的要求来交单。

(4) 开证行和通知行之间的关系是一种委托代理关系，通知行只负责传递信用证及合理审慎的辨别真伪的责任。

(5) 通知行和受益人之间并没有法律关系，只是通知关系。通知行负责核对信用证的印鉴或密押以判定真伪。

(6) 议付行与开证行之间没有委托代理的关系，彼此间是独立的。议付行买入受益人的跟单汇票是自愿的，没有必须义务的责任。

(7) 受益人与议付行是普通业务关系，议付行有权决定是否对受益人进行议付。

(8) 议付行与付款行是索偿关系。

(9) 保兑行与开证行之间是一种担保关系。保兑行有权决定是否按开证行要求加具保兑，但保兑行一旦对其他银行开立的信用证加具保兑，便对该信用证承担第一性付款的责任。

(四) 信用证的种类

信用证的种类很多，根据不同的性质可以划分为不同的种类。每一种信用证都是与进出口业务的实际需要紧密联系在一起的，在实际应用中注意选择使用。具体而言，信用证的种类主要可以进行如下划分：

1. 按基本性质分类

(1) 跟单信用证和光票信用证。

根据信用证项下的汇票是否附有货运单据，信用证划分为跟单信用证和光票信用证。

跟单信用证（documentary credit）是凭跟单汇票或仅凭单据付款的信用证。此处的单据指代表货物所有权的单据（如海运提单等），或证明货物已交运的单据（如铁路运单、航空运单、邮包收据）。国际贸易结算中使用的信用证绝大多数为跟单信用证。

光票信用证（clean credit）是凭不随附货运单据的光票（clean draft）付款的信用证。其主要用于非贸易项下，随着国际结算方式的不断演变和发展，其功能已被旅行支票和信用卡取代，现在已经很少见到。

（2）不可撤销信用证和可撤销信用证。

以开证行所负的责任为标准，信用证可以分为不可撤销信用证和可撤销信用证。

不可撤销信用证（irrevocable L/C），指信用证一经开出，在有效期内，未经受益人及有关当事人同意，开证行不能片面修改和撤销，只要受益人提供的单据符合信用证规定，开证行必须履行付款义务。

可撤销信用证（revocable L/C），指开证行不必征得受益人或有关当事人同意，有权随时撤销的信用证，应在信用证上注明“可撤销”字样。但在UCP600中，对于信用证有了更确切的定义：信用证指一项不可撤销的安排，无论其名称或描述如何，该项安排构成开证行对相符交单予以承付的确定承诺。UCP600确定了信用证的不可撤销性，以明确信用证特征、更好地保护受益人利益。

（3）保兑信用证和不保兑信用证。

以有无另一银行加以保证兑付为依据，信用证可以分为保兑信用证和不保兑信用证。

保兑信用证（confirmed L/C），指开证行开出的信用证，由另一家银行保证对符合信用证条款规定的单据履行付款义务。对信用证加保兑的银行称为保兑行，保兑行承担与开证行相同的第一付款责任。

不保兑信用证（unconfirmed L/C），指开证行开出的信用证没有经另一家银行保兑。当开证银行资信好和成交金额不大时，一般都使用不保兑的信用证。我国银行不开具要求另一家银行保兑的信用证，故我国进口企业通常不接受开立保兑信用证的要求。

（4）即期付款信用证、远期付款信用证、承兑信用证和议付信用证。

按照信用证付款方式，可以分为即期付款信用证、远期付款信用证、承兑信用证和议付信用证。

即期信用证（sight L/C），指开证行或付款行收到符合信用证条款的跟单汇票或装运单据后，立即履行付款义务的信用证。

远期信用证（usance L/C），指开证行或付款行收到信用证的单据时，在规定期限内履行付款义务的信用证。

承兑信用证（acceptance credit），指信用证指定的付款行在收到信用证规定的远期汇票和单据，审单无误后，先在该远期汇票上履行承兑手续，等到该远期汇票到期，付款行才进行付款的信用证。由于这种信用证规定的远期汇票是由银行承兑的，所以，也称为“银行承兑信用证”（banker's acceptance credit）。

议付信用证（negotiation credit），指信用证规定由某一银行议付或任何银行都可议付的信用证。开证行邀请其他银行买入汇票及/或单据，允许受益人向某一指定银行或任何银行交单议付。

2. 按附加性质分类

（1）可转让信用证和不可转让信用证。

根据受益人对信用证的权利可否转让，可分为可转让信用证和不可转让信用证。

可转让信用证（transferable L/C），指信用证的受益人（第一受益人）有权将信用证全部或部分转让给一个或数个受益人（第二受益人）使用的信用证。开证行在信用证中要明确注明“可转让”(transferable)，且只能转让一次。

不可转让信用证。指受益人不能将信用证的权利转让给他人的信用证。凡信用证中未注明“可转让”，即是不可转让信用证。

(2) 循环信用证。

循环信用证(revolving L/C)，指信用证被全部或部分使用后，其金额又恢复到原金额，可再次使用，直至达到规定的次数或规定的总金额为止。它通常在分批均匀交货的情况下使用。

(3) 背对背信用证。

背对背信用证(back to back L/C)，又称转开信用证，指中间商收到进口商开来的以其为受益人的原始信用证后，要求原证的通知行或其他银行以原证为基础，另开一张内容相似的、以其为开证申请人、开给另一受益人的新的信用证。背对背信用证的开证行只能根据不可撤销信用证来开立。背对背信用证的开立通常是中间商转售他人货物，或两国不能直接办理进出口贸易时，通过第三者以此种办法来沟通贸易。

(4) 对开信用证。

对开信用证(reciprocal L/C)，指两张信用证申请人互以对方为受益人而开立的信用证。两张信用证的金额相等或大体相等，可同时互开，也可先后开立。开立这种信用证是为了达到贸易平衡，以防止对方只进不出或只出不进。它多用于易货贸易或来料加工和补偿贸易业务。

(5) 假远期信用证。

假远期信用证(usance credit payable at sight)，指在买卖双方商定以即期信用证付款的交易中，开证申请人由于某种需要，要求受益人开具远期汇票，但受益人可以即期收到足额款项，由开证申请人承担贴现利息和有关费用的信用证。这种信用证对受益人来讲，实际上仍属即期收款。

(6) 带电汇条款信用证。

带电汇条款信用证(L/C with T/T reimbursement clause)也称为电汇索偿条款信用证，指允许议付行在议付后用电报通知开证行，说明各种单证与信用证要求相符，开证行接电后有义务立即将货款用电汇拨交议付行，使出口商尽快回收货款的信用证。

(7) 备用信用证。

备用信用证(standby credit)，又称商业票据信用证、担保信用证，指开证行根据开证申请人的请求对受益人开立的承诺承担某项义务的凭证。即开证行保证在开证申请人未能履行其义务时，受益人只要凭备用信用证的规定并提交开证人违约证明，即可取得开证行的偿付。它是银行信用，对受益人来说是备用于开证人违约时，取得补偿的一种方式。

二、与信用证有关的规定

(一) 信用证相关惯例

信用证是当前国际贸易中使用得最为广泛的一种结汇方式，其在国际贸易中的使用已有数百年的历史。为了协调各国、各地区在信用证业务方面的做法，国际商会曾制定和修改了一系列相关惯例及规则，最具代表性的3个分别是《跟单信用证统一惯例》《关于审核跟单信用证项下单据的国际标准银行实务》《国际备用证惯例》。

1.《跟单信用证统一惯例》

国际商会为明确信用证有关当事人的权利、责任、付款的定义和术语，减少因解释不同而引起各有关当事人之间的争议和纠纷，调和各有关当事人之间的矛盾，于1930年拟定了一套《商业跟单信用证统一惯例》(Uniform Customs and Practice for Commercial Documentary Credits)，并于1933年正式公布。随着国际贸易变化，国际商会分别在1951年、1962年、1974年、1983年、1993年进行了多次修订，称为《跟单信用证统一惯例》(Uniform Customs and Practice for Documentary Credits)，被各国银行和贸易界所广泛采用，已成为信用证业务的国际惯例。但其本身不是一个国际性的法律规章。现行的是2007年版本，从2007年7月起，《跟单信用证统一惯例（2007年修订本）》（第600号出版物）开始执行，简称为UCP600。

与之前的UCP500相比，UCP600的条款数由49条变为39条。其中第1至5条为总则部分，规定了UCP的适用范围、定义、解释规则等；第6至13条规定了信用证的开立、修改、各当事人之间的关系与各自责任等；第14至16条规定了审单标准、单证相符或不符的处理办法；第17至28条规定了对商业发票、运输单据、保险单据等商业单据的要求及掌握的原则；第29至32条规定了款项支取办法；第33至37条为银行免责条款；第38条规定了可转让信用证；第39条为款项让渡办法。

UCP600对UCP500的某些条款做了实质性变动，主要包括以下几点：

（1）改进议付的定义。

UCP500第10条b款规定，议付是指被授权议付的银行对汇票或单据付出对价，只核对单据而未付对价者不构成议付。UCP600第2条规定，议付指指定银行在相符交单的情况下，在其应获偿付的银行工作日当天或之前向收益人议付或同意议付货款，从而购买汇票或单据的行为。相比UCP500，UCP600取消了“支付对价”的表述，采用了“PURCHASE”即“购买”一词来重新定义议付。另外，UCP600还出现了一个新定义“兑付”。兑付包括了再延期付款。针对预付和承诺预付的时间问题的争议，在修订过程中加入了该融资行为不得晚于偿付该指定银行的到期之日。定义的变化承认了有一定争议的远期议付信用证的存在，同时将议付行对受益人的融资纳入了受惯例保护的范围。

（2）银行审核单据的时间缩短为“5个工作日”。

UCP500第14条d款规定，开证行、保兑行和指定银行必须在“不超过收单据翌日起最长不超过的7个工作日的合理时间”处理收到的单据。而在UCP600中改为“最多为收单翌日起的5个工作日内”。UCP500对“合理时间”并没有明确的判定标准，使得信用证各方在实务中往往对此存在较大的争议，“合理时间”给予了法院过大的裁判自由度，且这一概念容易受当地行业惯例的影响。这次修改把“合理时间”去掉，改为“不超过5个工作日”，使得银行在审单时间上得到一个合理清晰的平衡。另外，审单时间的缩短对受益人有益，加速了贸易进程。

(3) 删除了信用证可撤销的表述。

UCP500 第 6 条规定，信用证是可撤销或不可撤销的。因此，只有信用证在没有注明可撤销或不可撤销的情况下，信用证才是不可撤销的。而 UCP600 直接规定，即使在没有表明的情况下，信用证都是不可撤销的。也就是说，UCP600 里存在着不可撤销信用证的一种形式，直接删掉了之前的信用证可撤销的表述。可撤销信用证因无法对受益人提供任何保证，且开证行对受益人的付款责任一直处于不稳定的状态，信用证的“银行信用”丝毫得不到体现，不利于信用证业务的进一步发展和存在。这也是 UCP600 对“可撤销”表述进行删除的重要原因。

(4) 增加了银行对不符单据的处理方式。

UCP500 第 14 条规定开证行对于不符交单有两种处理方式：一是银行持有单据听候处理，二是退还交单人。但在银行实务中，开证行提出不符点并拒付后，并不必然退单，因为开证申请人不一定拒付。在 UCP600 中，增加了第 16 条 c 款（iii）“开证行持单直到开证申请人接受不符单据”，以及“单据按照交单人事先的指示处理”两种处理方式。加入这两个条款分别是考虑到受益人希望获得款项的目的，隐含了其希望申请人接受不符点并支付款项的意愿，以及出口商出于各种考虑不愿给予对方这种权利的情况。

(5) 审单标准更加明确。

UCP500 规定，单据之间“表面一致”，即视为单据表面与信用证相符。而 UCP600 则是“不必完全一致，但不冲突”，所用表述有了明显的改变，表明信用证的严格相符的原则更加明确。这其实是吸收了 ISBP645 第 24 条的为解决单据不一致问题而规定的内容。

(6) 改进了有关转让信用证的规定。

关于转让信用证，一是明确开证行可以作为转让行转让信用证。转让信用证实际是为了给中间商的交易提供便利，避免其重开信用证的麻烦以及其对资信的要求。但是，被指定的转让行并不必然有转让的义务，可能会拒绝办理转让。UCP600 中允许开证行作为转让行就是为了解决被指定银行拒绝转让的问题。二是规定转让行有权在第一受益人无法或疏于换单的情况下直接将收到的第二受益人的单据提交给开证行，旨在保护没有过错的第二受益人。三是明确第一受益人必须向转让行交单，即第二受益不得绕过转让行而直接向开证行交单，目的是保护第一受益人的利益。

从 UCP600 的内容变化来看，总体上遵循一个基本原则，即：扶持信用证在国际结算中的地位，对信用证业务的运行起到更好的规范作用。

2.《关于审核跟单信用证项下单据的国际标准银行实务》

《关于审核跟单信用证项下单据的国际标准银行实务》(International Standard Banking Practice for the Examination of Documents Under Documentary Credits，ISBP)，是国际商会在信用证审单业务领域的基本规范和标准，2002 年首次制定出台。ISBP 是国际商会继《跟单信用证统一惯例》之后在信用证领域制定的最为重要的国际惯例，其目的是统一和规范各国银行在审核信用证项下单据时的不同差异，以求最大程度地减少单据不符点，降低单据的拒付率，保证信用证交易的安全。

现行版本 ISBP745 于 2013 年正式启用。较 ISBP681 而言，ISBP745 更贴合实际，其根据审单实务的发展变化，对过去模糊不清或互相矛盾的信用证条款等相关问题进行了清楚的阐述并对若干审单标准作出了重大修订，同时也更好地补充和解释了 UCP600。

作为信用证审单的重要法律依据，ISBP 包括引言和 200 多个条文，对信用证制作和审核所应遵循的一般原则以及信用证审单实务中经常用到的条款作出了具体规定。其中，引言部分主要介绍了 ISBP 的产生、作用以及范围等相关问题。200 多个条款则分为 11 个部分，主要包括先期问题、一般原则、汇票与到期日的计算、发票、海洋/海运提单（港到港运输）租船合约提单、多式联运单据、空运单据、公路、铁路或内河运输单据、保险单据和原产地证明等。

3.《国际备用证惯例》

《国际备用证惯例》（International Standby Practice 1998），简称 ISP98。ISP98 是迄今为止唯一专门管辖备用证的国际惯例，反映了已被广泛接受的备用证惯例习惯和用法。

《国际备用证惯例》包括序言与 10 条正文，共 89 款。这 10 条为：总则（本规则的范围、适用、定义和解释，一般原则，术语）；义务；提示；审核；转让、让渡及因法律规定转让（提款权利转让，款项让渡的确认，因法律规定转让）；撤销；偿付义务；时间安排；联合开证及权益份额等。《国际备用证惯例》（ISP98）是根据《联合国关于独立保函和备用证的公约》，在参照国际商会《跟单信用证统一惯例》（UCP500）和《见索即付保函统一规则》（URDG458）的基础上根据备用信用证的特点制定的，它对常用的备用信用证，如履约备用信用证、预付备用信用证、投标备用信用证、反担保备用信用证、融资备用信用证、保险备用信用证、商业备用信用证和直接付款备用信用证等下了定义。

（二）信用证相关惯例间的法律关系

信用证相关惯例间的法律关系如下：

1. ISBP745 与 UCP600 的关系

总体而言，ISBP745 必须结合 UCP600 进行解读。在 ISBP745 第Ⅰ段即予以明确：本规则应当结合 UCP600 进行解读，不应孤立解读。具体而言，UCP600 是信用证领域的根本规则，而仅通过 ISBP745 的中文全称《UCP600 下信用证审单国际标准银行实务》这一名称即可看出，后者只是前者的下位规范，没有 UCP600，就没有 ISBP745。当二者的规定发生矛盾时，自然适用 UCP600 的规则。从内容上看，ISBP745 是 UCP600 的补充，其内容不涉及 UCP600 的信用证运作部分，主要是对 UCP600 的信用证审单实务进行解释。从适用上看，由于 ISBP745 在具体实务问题上的解释比 UCP600 的规定本身更加细化和详尽，更便于实务操作，实务界应当充分发挥 ISBP745 的条文规范作用；而当出现 ISBP745 内容规定未详尽的部分时，就需要结合 UCP600 的基本原则和规则进行解读，以后者作为适用的基础性标准，否则可能会产生适用矛盾。

2. ISP98 与 UCP500 的关系

《国际备用证惯例》（ISP98）是根据《联合国关于独立保函和备用证的公约》，在参照国际商会《跟单信用证统一惯例》（UCP500）和《见索即付保函统一规则》（URDG458）的基础上根据备用信用证的特点制定的。ISP98 无论从结构安排、制定风格和方法条款的设置及条款的实质内容上与 UCP500 均有不同之处，它不仅明确了 UCP500 模糊不清的条款，而且解决了以往用 UCP 500 规范备用证的不足。

ISP98 与 UCP500 在很多处理原则上遥相呼应，在规范备用证方面，ISP98 的法律地位高于 UCP500，如果一份备用证同时适用 UCP500 和 ISP98，则后者有优先管辖权。

第九节　其他结算方式

一、国际保理

国际保理，即国际保付代理业务，是银行作为保理商为国际贸易记账赊销方式（open account，O/A）提供出口贸易融资、销售账务处理、收取应收账款及买方信用担保合为一体的综合性金融服务。它对进出口商都有一定的好处，是对外贸易短期融资收取货款的重要方式。

（一）国际保理概述

1. 国际保理的概念

国际保理（international factoring），又称承购应收账款，指在以商业信用出口货物时（如以 D/A 作为付款方式），出口商交货后把应收账款的发票和装运单据转让给保理商，即可取得应收取的大部分货款，日后一旦发生进口商不付或逾期付款，则由保理商承担付款责任，在保理业务中，保理商承担第一付款责任。根据 1995 年生效的国际统一私法协会《国际保付代理公约》第 2 条的规定，保理是指一方当事人（供应商）与另一方当事人（保理商）之间存在的一种合同关系。

2. 国际保理的分类

（1）按参与保理业务的保理商的多少，国际保理可分为单保理和双保理。

单保理指由同一保理商在出口商、进口商之间进行保理业务；双保理指两个不同保理商通过业务连接分别与本地区的出口商或进口商操作保理业务。各种保理业务都是以保理协议为基础的，如在双保理中，包括出口商与出口保理商之间的出口保理协议和出口保理商与进口保理商之间的相互保理协议。

（2）根据保理商是否保留追索权，分为无追索权保理（non-recourse factoring）和有追索权保理（recourse factoring）。

无追索权保理是指保理商购买进出口商的票据，承购出口商的债权，无条件地向出口商支付票据全额并承担全部票据风险的保理业务。由于保理商是通过对出口商进行资信调查并在核定的信用额度内为出口商提供坏账担保，所以保理商对这部分应收账款的收购没有追索权。国际保理业务大多是这类无追索权保理。有追索权保理中，保理商不负责审核买方资信，不确定信用额度，不提供坏账担保，只提供包括贸易融资在内的其他服务。如果因债务人清偿能力不足而形成呆账、坏账，保理商有权向出口商追索。

（3）常见的还有融资保理及到期保理。融资保理是指当出口商将代表应收账款的票据交给保理商时，保理商立即以预付款方式向出口商提供不超过应收账款 80%的融资，剩余 20%的应收账款待保理商向债务人（进口商）收取全部货款后，再行清算。到期保理指出口商将其应收款出售给保理商后，保理商在发票到期日从债务人手中收回债款，扣除服务费后，把款项付给出口商。国际保理服务的范围主要有：资金服务、信用保险服务、管理服务、资信调查服务等。

3. 国际保理的当事人及法律关系

一笔国际保理业务涉及的当事人通常有四个：出口商、进口商、出口保理商以及进口保理商。出口保理商是根据保理协议接受供应商转让账款的一方。进口保理商是指接受出口保理商转让账款的一方，是出口保理商在进口地的代理人。在国际保理业务中，保理关系呈多元化特点，不同当事人之间的权利、义务是不同的。

（1）在出口商与进口商之间是货物买卖合同关系。

（2）在出口商与出口保理商之间是根据出口保理协议建立的一种合同关系。出口保理协议是国际保理交易中的主合同。依该协议，出口商应将出口保理商协议范围内的所有合格应收账款转让给出口保理商，使出口保理商对这些应收账款获得真实有效而且完整的权利，以便从实质上保证应收账款是有效的和具有相应价值的并且不存在也不会产生任何障碍。

（3）出口保理商与进口保理商之间是相互保理合同关系。进出口保理商之间应签订相互保理协议，双方具有债权转让人与受让人间的法律关系，即出口保理商将从供应商手中购买的应收账款再转让给进口保理商即再保理而形成法律关系。

（4）在进口商与进口保理商之间是一种事实上的债权债务关系。从法律意义上说，进口商与进口保理商之间没有合同上的法律关系，但由于进口保理商最终收购了出口商对进口商的应收账款，只要出口商与进口商之间的买卖合同或其他类似契约未明确规定该合同或契约项下所产生的应收账款禁止转让，保理商就可以合法有效地获得应收账款，而无须事先得到进口商的同意，与进口商之间事实上形成债权债务关系。

（二）国际保理的国际法规范

对于国际保理的国际法规范，主要包括以下几种：

1.《国际保理业务惯例规则》

国际保理商联合会（Factors Chain International，FCI）1988 年颁布了《国际保理业务惯例规则》，现行文本是 1997 年 6 月修订后颁布的，共 31 条。《国际保理业务惯例规则》已成为世界保理业务运行所必须遵循的法律依据。其主要内容包括信用风险的承担；付款责任；保理商的代理、保证及其他责任；应收账款转让的合法性；预付款、期限、保理中的 EDI（电子数据交换）标准的适用等方面。这些规定详细明确，有利于确定业务的具体操作和当事人的权利义务。

2.《国际保理公约》

《国际保理公约》（The Convention on International Factoring），1988 年 5 月由国际统一私法协会通过。它是目前世界上唯一的专门调整国际保理法律关系的国际公约，为国际保理业务提供了一个基本的框架。《国际保理公约》全文分为 4 章，共 23 条。第一章是公约的适用范围和总则，包括第 1 条至第 4 条。第二章对当事人各方的权利和义务作出了规定，自第 5 条到第 10 条，是整个公约的核心条文。第三章由第 11 条和第 12 条组成，是关于保理合同再转让的规定。第四章是公约的最后条款，自第 13 条到第 23 条，规定了公约的加入、生效、批准、保理等事项。国际保理的目的是“提供一个旨在促进国际保理的法律框架，同时保持国际保理各当事人利益的公正平衡”。《国际保理公约》中的保理定义是：保理系指卖方或供应商或出口商与保理商之间存在的一种契约关系。根据该契约，卖方（供应商、出口商）将其现在或将来的基于其与买方（债务人）订立的货物销售、服务合同所产生的应收账款转让给保理商，由保理商为其提供下列服务中的至少两项：

（1）贸易融资；

（2）销售分账户管理；

（3）应收账款的催收；

（4）信用风险控制与坏账担保。

由此可见，保理实际上是一种融结算、管理、担保、融资为一体的综合性服务业务，本质上是一种债权转让。

《国际保理公约》严格地要求只有保理商至少提供融资、账户管理、账款催收、坏账担保四项职能中的两项时才被认定为提供了国际保理服务，才有可能适用《国际保理公约》。同时，根据《国际保理公约》第 3 条、第 3 条之规定，公约适用于：一是“营业地位于不同国家的供应商和债务人之间订立的货物销售合同于任何时候所产生的、并根据保理合同所转让的应收账款，并且需要同时满足以下两个条件之一，即这些国家和保理商营业地所在国均为缔约国；或者货物销售合同与保理合同均受某一缔约国的法律管辖”。二是“当事人可以自由地排除公约的适用，公约的适用不具有强制性”。

3.《联合国国际贸易应收账款转让公约》

《联合国国际贸易应收账款转让公约》（United Nations Convention on the Assignment of Receivables in International Trade，以下简称《应收账款转让公约》）是联合国国际贸易法委员会（UNCITRAL）下的合同惯例，工作组历经 5 年时间具体制定成形，于 2000 年召开的第 33 届会议上讨论通过。2001 年 12 月 12 日开放签字并在第五个国家批准后正式生效。

《应收账款转让公约》的目标和宗旨是：“就应收账款制定原则和通过规则，从而建立确定性和透明度，促进应收账款融资的法律现代化，同时保护现有的转让惯例并便利新惯例的发展，在平等互利的基础上促进国际贸易的发展”。由于国际保理的核心和法律基础就是应收账款转让，所以《应收账款转让公约》也是国际保理的一个重要的法律渊源。

《应收账款转让公约》分 6 章，共 47 条。第一章主要界定了公约的适用范围，明确指出该公约适用于国际应收账款的转让和应收账款的国际转让；第二章总则主要对一些用语如“应收账款转让”“通知”“优先权”等概念作出了统一的解释，并对公约的解释明确了解释原则；第三章对应收账款转让的效力做了规定；第四章对各方当事人、转让人、受让人、债务人之间的权利和义务作出了统一的规定；第五章“独立适用的法律冲突规则”，规定了冲突规范和优先权问题；第六章最后条款规定了公约的保存、批准、加入、生效等问题。与《国际保理公约》相比，《应收账款转让公约》涉及的业务面更广，除了保理业务以外，该公约也适用于与应收账款转让有关的福费廷业务、证券化、项目融资和再融资的转让。《应收账款转让公约》比《国际保理公约》的内容更加翔实、规定更加细致，而且对《国际保理公约》未涉及的优先权问题、法律冲突问题有了较清晰的规定，因此，《应收账款转让公约》比《国际保理公约》有更强的实用性。

二、银行保函

国际贸易中，跟单信用证为买方向卖方提供了银行信用作为付款保证，但不适用于需要为卖方向买方作担保的场合，也不适用于国际经济合作中货物买卖以外的其他各种交易方式。然而在国际经济交易中，合同当事人为了维护自己的经济利益，往往需要对可能发生的风险采取相应的保障措施，银行保函和备用信用证就是以银行信用的形式所提供的保障措施。

（一）银行保函概述

1. 银行保函的定义及基本内容

保函（letter of guarantee，L/G），又称保证书，是指银行、保险公司、担保公司或担保人应申请人的请求，向受益人开立的一种书面信用担保凭证，保证在申请人未能按双方协议履行其责任或义务时，由担保人代其履行一定金额、一定时限范围内的某种支付或经济赔偿责任。

银行保函是由银行开立的承担付款责任的一种担保凭证，银行根据保函的规定承担绝对付款责任。其主要内容根据国际商会第 458 号出版物《见索即付保函统一规则》规定：

（1）有关当事人（名称与地址）；

（2）开立保函的依据；

（3）担保金额和金额递减条款；

（4）要求付款的条件。

2. 银行保函的当事人及其法律关系

银行保函业务中涉及的主要当事人有三个：委托人（principal）、受益人（beneficiary）和担保人（guarantor），此外，往往还有反担保人、通知行及保兑行等。这些当事人之间形成了一环扣一环的合同关系。保函与跟单信用证相比，当事人的权利和义务基本相同，所不同的是跟单信用证要求受益人提交的单据是包括运输单据在内的商业单据，而保函要求的单据实际上是受益人出具的关于委托人违约的声明或证明。具体而言，银行保函各当事人的法律关系如下：

（1）委托人与受益人之间基于彼此签订的合同而产生的债权债务关系或其他权利义务关系。此合同是它们之间权利和义务的依据，相对于保函协议书和保函而言是主合同，它是其他两个合同产生和存在的前提。如果此合同的内容不全面，会给银行的担保义务带来风险。因而银行在接受担保申请时，应要求委托人提供他与受益人之间签订的合同。

（2）委托人与银行之间的法律关系是基于双方签订的《保函委托书》而产生的委托担保关系。《保函委托书》中应对担保债务的内容、数额、担保种类、保证金的交存、手续费的收取、银行开立保函的条件、时间、担保期间、双方的违约责任、合同的变更、解除等内容予以详细约定，以明确委托人与银行的权利义务。《保函委托书》是银行向委托人收取手续费及履行保证责任后向其追偿的凭证。因此，银行在接到委托人的担保申请后，要对委托人的资信、债务及担保的内容和经营风险进行认真的评估审查，以最大限度降低自身风险。

(3) 担保银行和受益人之间的法律关系是基于保函而产生的保证关系。保函是一种单务合同，受益人可以以此享有要求银行偿付债务的权利。在大多数情况下，保函一经开立，银行就要直接承担保证责任。

3. 银行保函的基本分类

(1) 根据保函与基础交易合同的关系，银行保函可分为从属性保函和独立性保函。

从属性保函（letter of accessory guarantee），是指保函是基础合同的一个附属性契约，其法律效力随基础合同的存在而变化、灭失。担保人的责任是属于第二性的付款责任，只有当保函的申请人违约，并且不承担违约责任时，保证人才承担保函项下的违约责任或赔偿责任。独立性保函（letter of independence guarantee），是指保函虽然是依据基础合同开立，但一经开立，便具有独立的效力，担保人对受益人的索赔要求是否支付，只依据保函本身的条款。

(2) 根据保函索赔条件的不同，分为无条件保函和有条件保函。

无条件保函（unconditional L/G），即见索即付保函。是指是担保人凭在保函有效期内提交的符合保函条件的要求书（通常是书面形式）及保函规定的任何其他单据支付某一规定的或某一最大限额的付款承诺。见索即付保函是一种独立的付款保证。银行保函大多属于“见索即付”，是不可撤销的文件。

有条件保函（conditional L/C），是指保证人向受益人付款是有条件的，只有在符合保函规定的条件下，保证人才予以付款。可见，有条件保函的担保人承担的是第二性的、附属性的付款条款。

(3) 根据保函的使用范围不同，可以分为履约保函和还款保函。

在一般货物进出口交易中，履约保函又可分为进口履约保函和出口履约保函。

进口履约保函是指担保人应申请人（进口人）的申请开给受益人（出口人）的保证承诺。保函规定，如出口人按期交货后，进口人未按合同规定付款，则由担保人负责偿还。这种履约保函对出口人来说，是一种简便、及时和确定的保障。

出口履约保函是指担保人应申请人（出口人）的申请开给受益人（进口人）的保证承诺。保函规定，如出口人未能按合同规定交货，担保人负责赔偿进口人的损失。这种履约保函对进口人有一定的保障。

还款保函又称预付款保函或定金保函。是指担保人应合同一方当事人的申请，向合同另一方当事人开立的保函。保函规定，如申请人不履行他与受益人订立合同的义务，不将受益人预付或支付的款项退还或还款给受益人，担保人向受益人退还或支付款项。

（二）银行保函的国际法规

银行保函作为一个有效的担保工具，在国际贸易以及国际工程承包项目中被广泛运用。由于各国关于银行保函的立法各不相同，保函纠纷时有发生，在一定程度上阻碍了银行保函业务的顺利开展。因此，迫切需要制定统一的国际担保规则来规范银行保函的运用。正是在这样的背景下，国际商会（ICC）组织专家先后制定了多个与银行保函有关的国际规则。目前，有较大影响的相关银行保函国际惯例主要包括：

1.《见索即付保函统一规则》

《见索即付保函统一规则》（The Uniform Rules for Demand Guarantees ICC Publication

No. 458. 1992 Edition)，国际商会第 458 号出版物，简称 URDG458，是国际商会制定的调整保函的国际惯例。现行版本为《见索即付保函统一规则 2010》(The Uniform Rules for Demand Guarantees ICC Publication No. 758. 2010 Edition)，国际商会第 758 号出版物，简称 URDG758，是国际商会在 URDG458 的基础上，借鉴近年来保函及相关业务的实践发展经验，引入全新的术语体系修订的，于 2010 年 7 月 1 日正式实施。

URDG758 共 35 条，相比 URDG458，URDG758 的条文编排更为合理，其按照银行保函实务操作流程来排列，体系更为清晰。除了条文形式的变化外，URDG758 在内容上也进行了大幅调整和修订。其创新之处包括强调保函的独立性；强调反担保函的独立性并明确反担保函的运用；严格索赔条件的单据化；完善关于不可抗力的相关条款；明确规定保函转让的条件。

随着独立保函在国际经济贸易往来中占据着越来越重要的地位，传统的从属性保函已经不能适应国际贸易的需要而渐渐退出历史舞台，独立保函正在逐步取代从属保函。而调整独立保函行为的 URDG758，将在实践中发挥越来越重要的作用。

2.《联合国独立保函和备用信用证公约》

《联合国独立保函和备用信用证公约》(United Nations Convention Independent Guarantees and Stand-by Letters of Credit)，1995 年 12 月 11 日于联合国大会通过，2000 年 1 月 1 日起生效。公约旨在促进使用独立担保和备用信用证，尤其是在传统上只使用其中一种票证的情况下的使用。公约确认了独立担保和备用信用证的共同基本原则和共有特点。

《联合国独立保函和备用信用证公约》共 7 章（适用范围，解释，保函之形式与内容，权利、义务及抗辩，临时性法院措施，冲突法，最后条款），29 条。公约规定，适用范围是独立保函或备用信用证。公约所涉及的担保书具有独立性、单据性和不可撤销性，即该公约不适用于“附属的”或“有条件的”保函。公约对“保证”“保证人”“单据”等做了解释。对保证的开立、形式、变更、转让与让渡、保证效力的终止，保证的到期日，保证人和受益人的权利与义务，拒绝付款的例外，申请人的救济，适用法律等作出了规定。

三、备用信用证

（一）备用信用证概述

备用信用证（standby letters of credit，SBLC），又称担保信用证，是指不以清偿商品交易的价款为目的，而以贷款融资或担保债务偿还为目的所开立的信用证。

备用信用证的种类很多，根据在基础交易中备用信用证的不同作用主要可分为以下 8 类：

1. 履约保证备用信用证

履约保证备用信用证（performance standby），支持一项除支付金钱以外的义务的履行，包括对由于申请人在基础交易中违约所致损失的赔偿。

2. 预付款保证备用信用证

预付款保证备用信用证（advance payment standby），用于担保申请人对受益人的预付款所应承担的义务和责任。这种备用信用证通常用于国际工程承包项目中业主向承包人支付的合同总价10%～25%的工程预付款，以及进出口贸易中进口商向出口商支付的预付款。

3. 反担保备用信用证

反担保备用信用证（counter standby），又称对开备用信用证，它支持反担保备用信用证受益人所开立的另外的备用信用证或其他承诺。

4. 融资保证备用信用证

融资保证备用信用证（financial standby）支持付款义务，包括对借款的偿还义务的任何证明性文件。目前外商投资企业用以抵押人民币贷款的备用信用证就属于融资保证备用信用证。

5. 投标备用信用证

投标备用信用证（tender bond standby），用于担保申请人中标后执行合同义务和责任，若投标人未能履行合同，开证人必须按备用信用证的规定向收益人履行赔款义务。投标备用信用证的金额一般为投保报价的1%～5%（具体比例视招标文件规定而定）。

6. 直接付款备用信用证

直接付款备用信用证（direct payment standby），用于担保到期付款，尤指到期没有任何违约时支付本金和利息。其已经突破了备用信用证备而不用的传统担保性质，主要用于担保企业发行债券或订立债务契约时的到期支付本息义务。

7. 保险备用信用证

保险备用信用证（insurance standby）支持申请人的保险或再保险义务。

8. 商业备用信用证

商业备用信用证（commercial standby），是指如不能以其他方式付款，为申请人对货物或服务的付款义务进行保证。

根据备用信用证是否可以撤销，可以分为可撤销的备用信用证和不可撤销的备用信用证。可撤销的备用信用证是指附有申请人财务状况，出现某种变化时可撤销或修改条款的信用证。这种信用证旨在保护开证行的利益，开证行是根据申请人的请求和指示开证的。如果没有申请人的指示，开证行是不会随意撤销信用证的。不可撤销的备用信用证是指开证行不可以单方面撤销或修改的信用证。对受益人来说，开证行不可撤销的付款承诺使其有了更可靠的收款保证。

（二）备用信用证的国际法规

关于备用信用证的国际法规主要包括：

1. UCP600对备用信用证的适用规定

UCP600第1条适用范围中规定，“在其可适用的范围内，包括备用信用证”，明确其可适用于备用信用证；并规定：“除明确修改或排除，惯例各条文对信用证所有当事人均具有约束力”。UCP600中适用备用信用证的内容主要有备用信用证的跟单性、独立性、不可撤销性，以及银行的审单标准、银行的免责等。

由于备用信用证是产生于跟单信用证的，因此，备用信用证适用《跟单信用证统一惯例》毋庸置疑。自《跟单信用证统一惯例》将备用信用证纳入其调整范围，促进了备用信用证的广泛使用，拓展了其国际使用空间。然而，毕竟《跟单信用证统一惯例》不是为备用信用证量身定做的，因此，UCP600 的很多条款并不适用于备用信用证，如有关运输单据、其他单据等规定，因为备用信用证不需要提交运输单据，有些规定甚至阻碍了备用信用证交易的发展，但总体来说，UCP600 作为在国际范围内广泛应用的国际惯例，其对备用信用证的适用是不可忽视的。

2.《联合国独立保函和备用信用证公约》对备用信用证的规定

《联合国独立保函和备用信用证公约》第 2 条将独立保函和备用信用证统称为承保，其适用于国际性承保。

3.《国际备用信用证惯例》（ISP98）

随着备用信用证在国际商事活动中的广泛应用，《跟单信用证统一惯例》和《联合国独立保函和备用信用证公约》越来越不能满足备用信用证发展的需要，在这个背景下，作为专门适用于备用信用证的权威国际惯例，1999 年 1 月 1 日，国际商会第 590 号出版物《国际备用信用证惯例》正式生效实施。

ISP98 规则部分一共包括 10 条 89 款。其第一次在国际惯例中明确界定了备用证的性质：备用信用证在开立后即是一项不可撤销的、独立的、要求单据的、具有约束力的承诺。同时 ISP98 根据备用信用证在基础交易中的不同作用，对其进行了描述性的分类，还使用了大量篇幅对有关用语进行了解释和界定。另外，ISP98 对备用信用证的操作做了详尽的规定，并且，鉴于电子商务的蓬勃发展，ISP98 就有关电子提示的术语进行了界定。

四、福费廷

（一）福费廷概述

福费廷（forfeiting），又称买断，是银行根据客户（信用证受益人）或其他金融机构的要求，在开证行、保兑行或其他指定银行对信用证项下的款项作出付款承诺后，对应收款进行无追索权的融资。

福费廷业务主要提供中长期贸易融资，利用这一融资方式的出口商应同意向进口商提供期限为 6 个月至 5 年甚至更长期限的贸易融资，同意进口商以分期付款的方式支付货款。

福费廷业务的基本当事人包括出口商、进口商、包买商、担保行。大的福费廷业务可由几个包买商形成包买商辛迪加，共同从事大笔业务。汇票在出售给包买商的过程中，一定要背书注明“免受追索”，只有这样才能达到出口商彻底转移风险的目的；本票（由进口商签发）不存在这个问题，因此实务中常用本票。

福费廷业务的特色是出口商转嫁风险的依据。做福费廷业务的企业需具有进出口经营权并具备独立法人资格。

（二）福费廷的国际法规

涉及福费廷的国际法规主要是《福费廷统一规则》。

《福费廷统一规则》（Uniform Rules for Forfeiting），由国际商会银行技术与实务委员会协同国际福费廷协会共同起草，并于 2013 年 1 月 1 日起正式生效。《福费廷统一规则》产生之前，关于福费廷本身并没有形成统一的成体系的国际惯例，且国际贸易金融日益国际化与高风险化，发展趋势已经突破了原规则。在这种背景下，《福费廷统一规则》应运而生。

《福费廷统一规则》共有 14 个条文和 4 个附件，其中 14 个条文分别规定了规则的适用范围，术语定义，无追索权，一级市场的交易条件和福费廷协议，二级市场的交易条件、福费廷交易确认书、合规文件，付款，当事人责任，通知事项，第 4 条和第 13 条主要关于无追索权规则。其中 4 个附件均为福费廷协议样本，分别为福费廷总协议、单笔福费廷协议、SWIFT 格式的福费廷协议、二级市场的福费廷交易确认书。

《福费廷统一规则》是任意性、契约性的规范，《福费廷统一规则》第一条规定："在福费廷交易时当事方明确表示援引本规则，则本规则适用于交易并约束各方当事方，除非在交易协议书上作出了明确的修改或者排除。"它是建立在福费廷当事方的意思自治或契约自由、约定必须信守基础上的。

本章小结

本章从国际支付结算的概念和特点入手，主要介绍了票据法体系及国际支付结算工具汇票、本票、支票的相关惯例；新兴电子支付方式的法律问题及监管；汇付、托收的相关国际法规定；信用证制度及相关惯例间的法律关系；其他结算方式的相关国际条款。

案例分析

1. 案情介绍

2009 年 5 月 6 日，我国杭州佳品制衣外贸公司与英国特尔公司签订女装出口销售订单。订单中规定：进口商特尔公司必须于 2009 年 7 月 6 日前开立信用证，A 公司于 2009 年 11 月 30 日前装运货物。佳品制衣公司于 2000 年 6 月 29 日收到英国 Z 银行用 SWIFT MT700 报文格式开出的即期付款信用证。该信用证开证申请人（进口商）为特尔公司，受益人（出口商）为杭州佳品制衣公司，金额为 GBP32 000.00，贸易术语为 FOB ANY CHINESE PORT AS PER INCOTERMS 2010，装运港为 ANY CHINESE PORT，卸货港为 FELIXSTOWE PORT UK，信用证有效期为 2009 年 12 月 13 日，到期地点为开证行所在地，装运期限为 2009 年 11 月 12 日到 2013 年 11 月 30 日，规定交单期限为提单日后 15 天，禁止分批装运，允许转运。信用证规定托运人为受益人，收货人为 TO ORDER。信用证规定每个不符点费用为 GBP60.00。

杭州佳品制衣公司接到信用证后立即安排生产、备货。船期将至，杭州佳品制衣公司再三联系特尔公司指定的货代公司，其均未安排装运。后经佳品制衣公司强烈催促，货代公司终于安排在 12 月 4 日装船，但是已经过了信用证规定的最迟装运期。杭州佳品制衣公司联系特尔公司修改信用证，特尔公司以信用证修改手续麻烦及费用高为由，承诺交单时接受不符点付款赎单。2009 年 12 月 5 日杭州佳品制衣公司将单据交到交单行。审单后，交单行在寄单面函上表提单据不符点：延迟装运。当日交单行将单据寄往开证行。2009 年 12 月 7 日开证行英国 Z 银行发来 SWIFT MT734 拒付通知，提出了 3 个不符点：延迟装运；提单显示装运港为香港，非信用证规定的中国任何港口；卸货港为FELIXSTOWE，未注明国别。并声明银行留存单据听候交单人的进一步指示。杭州佳品制衣公司多次联系特尔公司要求其付款赎单。特尔公司称其资金周转出现问题，无法立即赎单，需要缓几天。杭州佳品制衣公司一次次地催促，特尔公司却一直拖延。交单行也不断发电催付，开证行不予理会。后来开证行将单据寄回。经调查，特尔公司已提货，船公司无单放货。因订单中无违约责任条款，杭州佳品制衣公司也无从追索，最终杭州佳品制衣公司钱货两空。

2. 案例分析

根据《国际贸易术语解释通则2010》的规定，FOB船上交货是由进口商租船订舱或是进口商指定船舶，出口商在通常条件下，代为租船订舱，风险和费用由进口商承担。FOB贸易术语以“船上为界”作为风险划分点，同时也是责任和费用的划分点。特尔公司未按时派船接货导致杭州佳品制衣公司未能履行义务，特尔公司应承担按照交货时起货物灭失或损坏的一切风险。自约定之日即2009年11月30日起货物灭失或损坏的一切风险就转移给了特尔公司，所以耽误船期的损失应该由特尔公司承担。

虽然损失应该由特尔公司承担，但是该订单的结算方式是信用证。信用证与作为其开立基础的销售合同或订单是相互独立的交易。UCP600第5条规定：“银行处理的是单据，而不是单据可能涉及的货物、服务或履约行为。”风险和损失虽然由特尔公司承担，但是因为提单存在迟装运这个不符点，会导致开证行拒付，出口商杭州佳品制衣公司也就无法凭单据取得信用证项下的款项。为了避免单据被拒付，杭州佳品制衣公司应该据理力争，坚持让特尔公司修改信用证，将信用证的有效期和最迟装运期延后。而不是听信于特尔公司贸然发货，陷入被动。

另外，两个不符点的准确性值得商榷。其一，提单显示装运港为香港，非信用证规定的中国任何港口，这个不符点不成立。众所周知，早在1997年我国就对香港恢复行使主权，属于中国的特别行政区。但海内外对于规定装卸港为中国任一港口的信用证项下单据审核一直是标准模糊、争议不断。2013年4月17日在ICC银行委员会里斯本春季会议上已经通过了官方意见TA770 REV2，明确规定了如果信用证规定装货港或卸货港为中国港口（ANY CHINESE PORT，ANY PORT IN CHINA）或交货地点为中国，对显示实际装卸港口或交货地为香港的相符交单不能进行拒付，按照此意见，拒付无效，国际商会将不予支持。由此看出，这个不符点不成立。其二，提单的卸货港为FELIXSTOWE（费利克斯托），未注明国名，此不符点不成立。国际商会银行委员会于2009年11月底在布鲁塞尔召开的年会上讨论并通过的意见TA701 REV中规定：“运输单据上显示的收货地、装运港、卸货港等地点后无须加注国别名称。”如果显示国别，可以显示国别的ISO代码，使用ISO代码来代替国别并不导致矛盾或冲突。

复习思考题

1. 简述票据的法律特征及票据法体系。

2. 简述国际结算支付工具。

3. 简述电子支付的特征及监管法规。

4. 简述汇付方式的类型及特点。

5. 简述 UCP600 的实质性变动。

6. 简述信用证相关惯例的法律关系。

第十二章 产品责任法

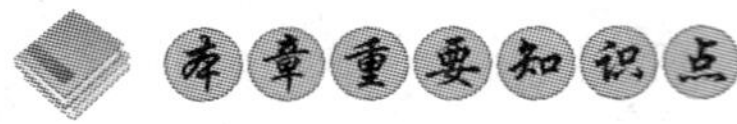

△产品责任的概念和性质
△美国产品责任法中的重要术语和产品责任理论
△欧盟《产品责任指令》的主要内容
△《产品责任法律适用公约》的主要内容

案例导入

我国某玩具进出口外贸公司向美国某玩具公司出口塑料弹弓。出口后不久，就被反映存在质量问题。称美国儿童使用弹弓时弓柄断裂，并已发生多起伤害事件，甚至有的儿童眼睛致残。经法院审理，美方提出证明表示，我方出口的弹弓所使用的材料不安全，仅经受9磅拉力弓柄就断裂，而香港同类弹弓弓柄能承受60磅拉力。

问题：出口弹弓是否为缺陷产品？我国出口商是否应该承担产品责任？

产品责任法是指调整产品的生产者和销售者与消费者和使用者之间，因为产品缺陷而形成的侵权赔偿关系的有关法律规范的总称。产品责任法与货物买卖法既有联系，也有区别。

第一节　产品责任法概述

一、产品责任法的产生和发展

产品责任法是20世纪以来西方国家新兴的法律部门，它是随着现代工业的发展，新产品不断投入市场，销售者受到的伤害事件日益增多，产品责任法便由此形成和发展起来，目的是保护消费者的权益。

在200多年前，由于当时商品经济尚不发达，生产、销售和消费之间的关系相对稳定，产品的功能和结构比较简单，生产者往往扮演着销售者的角色，产品买卖多数以合同关系为纽带，合同条款是保证产品质量的有效法律手段，有关产品责任法的法律规定主要体现在货物买卖法中，所以，产品消费者只能以买方的身份向卖方提起违反明示担保或存在过错、欺诈之由的民事赔偿诉讼。

但是随着社会分工的发展，一件产品由生产者到消费者手中需要经过生产、运输、销售一系列复杂的过程，一旦发生产品责任事故，在受害人同责任者之间很难找到合同关系。因此，英美法系的国家在 20 世纪二三十年代开始使用侵权行为的理论，将产品责任由合同法概念转向侵权行为来加以确定。即以侵权行为法中的疏忽责任原则来作为生产者和销售者承担产品责任的原则，从而形成了现代的产品责任法。

大陆法系国家则到 20 世纪 70 年代之后才开始形成上述转变，形成了大陆法系的产品责任法。

1970 年以来，由于产品制造的高度技术化和产品功能化，以及产销的多层化和产品的国际化，涉外产品责任事件不断出现，因此，各国不仅纷纷制定国内产品责任法，而且也签订了一些有关的国际条约，使国际产品责任法逐步形成。

二、产品与产品责任

（一）产品

关于产品责任法中使用的产品范围，各国有不同的规定。在美国产品责任法中，产品是指任何经过工业处理用于销售的物品，包括可移动的和不可移动的各种有形物和无形物及天然产品。这种产品含义的范围十分广泛。基于这一概念，作为产品责任法中的产品必须具备三个要件：（1）必须是由生产者生产的物品；（2）必须是已投入流通的物品；（3）必须是可供使用的物品。

（二）产品责任的概念及构成条件

产品责任是指由产品缺陷导致消费者、使用者或第三人人身、财产受到损害时，该产品的生产者或销售者所应承担的损害赔偿责任。产品责任的构成条件包括以下三点：

1. 产品缺陷

产品缺陷是指产品不符合要求，具有不合理的危险性，不能给消费者提供有权期待的安全。产品缺陷可分为以下几类：

（1）制造缺陷（manufacturing defect）。制造缺陷是指产品在制造过程中形成的缺陷。它是在生产过程中产生的，因原材料选择或产品生产、装配的不当，致使个别产品质量未达到设计或预期的要求。如一些机器、电器产品及交通工具等的某些零部件漏装或安装不牢会造成伤害事故。

（2）设计缺陷（defect in design）。设计缺陷是指产品的设计存在着不合理的危险性。它往往是导致整批产品存在潜在危险的根本原因。当卖方按照合理预见的方式使用时，一件产品不能提供普通消费者所期望的安全性，或该产品的设计作为一个整体产生的利益小于其固有的危险时，这种产品在设计上就有缺陷。

（3）指示缺陷。指示缺陷是指由于产品提供者对产品适用过程中的危险没有做必要的

说明，或说明不当而对使用者构成的不合理危险性。许多产品本身并无任何缺陷，但如果使用不当也会有风险。通常认为，产品的制造者或销售者必须在产品投入流通领域时，针对可合理预见的产品使用者，对产品可能产生的危险及其预防方法，以具体规范的用语尽最大可能详尽地予以警告和说明，否则，他就必须对因违反其警示义务而造成的损害承担责任。

产品缺陷还有一种被称为发展的或科学技术不能发现的缺陷。这种缺陷是以当时的科学技术水平无法发现而后又被证明确实存在的缺陷。

2. 存在人身伤害或损害的事实

产品缺陷造成的损害是产品责任构成的要件之一，只有在缺陷造成消费者、使用者或第三人实际的人身和财产损害时，才能追究生产者、销售者的产品责任。如果仅有缺陷而无伤害事实，就不能追究产品责任，而是构成合同的责任问题。

3. 产品缺陷与损害之间的因果关系

产品缺陷与损害之间的因果关系是指造成消费者、使用者或第三人的损害事实必须由产品缺陷所致。如果损害是由受害者自身的原因或其他人的错误所造成的，与产品缺陷无关，就不构成产品责任。

三、产品责任法

（一）产品责任法的概念

产品责任法是调整生产者、销售者和消费者、使用者或第三人之间因产品缺陷而发生的社会关系的法律规范的总和，它是商品经济发达、科学技术加速发展和法律相应发展的产物。订立产品责任法的目的是确定产品的生产者和销售者对其生产或销售的产品所应承担的责任，以保护消费者、使用者或第三人的利益。

（二）产品责任法的特征

（1）调整的范围是消费者因缺陷产品所遭受的人身或除缺陷产品以外的其他财产损害的赔偿关系。这种损害是指因所使用的产品存在缺陷从而造成消费者、使用者或第三人所遭受的人身伤害或财产损失，不包括单纯的产品本身的损失。

（2）产品责任法调整的对象是没有合同基础的侵权关系。即可依据侵权关系使用产品责任法，对于存在合同关系的购买者遭受的损害也可以适用产品责任法，但他也可以根据合同法或买卖法得到救济。

（3）产品责任法调整的手段为强制性。这是产品责任法与买卖法的一个显著区别，产品责任法体现了现代商法法典的发展趋势——具有公法性和强制性，为体现国家对于处于弱势地位的公众消费者的保护意志，产品责任的产生不以约定为先决条件，也不得因为无约定而排除。例如，产品生产者或销售者在出售商品时以店堂告示声称出现任何问题概不负责，即使消费者以默示表示同意，该声明也是无效的。

（三）产品责任法的作用

产品责任法在创设和保护民事权益方面发挥着极为重要的作用，它旨在加强生产者和销售者的责任，维护消费者的合法权益，具有重大的社会经济意义。

1. 保护消费者的合法权益

产品责任法从加强经营者责任的角度，使产品的生产者和销售者对于他们提供的缺陷产品给无过失的消费者造成的损害承担赔偿责任。之所以要求产品的生产者和销售者承担这种仅因产品存在缺陷，而并非他们自身存在过错，给他人造成损害的赔偿责任，是因为他们比普通消费者更有能力防止损害的发生并承担因此所造成的损失。因此，产品责任法的这种索赔机制增强了消费者购买产品的安全感，给予消费者更好的保护。

2. 促进企业提高质量管理意识

由于经营者的责任加重，迫使企业为生存考虑，一定要向市场提供优质产品、安全产品，并不断消除自身的生产销售环节存在的各种可能影响产品安全性能的隐患。这样企业就必须建立质量监督体系，以提高产品的质量，促进自身的发展。

3. 有利于建立良好的社会经济秩序

产品在国际和国内的顺畅流通是以产品具有良好性能和品质为保障的。产品责任在国内国际立法，对生产者和销售者起到了警戒和惩戒的双重作用，使其尽可能地向市场和广大消费者提供符合消费安全的产品，减少或避免因产品欠缺合理的安全性而发生的索赔，节约了贸易中的机会成本和经济成本。

第二节　美国的产品责任法

一、美国产品责任法概述

根据美国《布莱克法律辞典》的规定，产品责任是指“生产者和销售者对于因其制造和出售有缺陷的产品而使该产品的购买者、使用者及第三者遭受人身伤害或财产损失而进行赔偿的法律责任”，调整这种法律责任而引起的权利义务关系的各种法律规范的总称就是产品责任法。

按照有关美国法律的解释，产品责任是一种侵权行为，因此产品责任法是侵权行为法的重要组成部分。然而它又具有不同于一般侵权行为法的特点。由于美国有的州法认为产品责任的承担可以建立在完全独立的严格责任基础之上，这种严格责任既区别于过错责任，也不等同于一般侵权法上的无过失责任，受害人可以仅通过证明产品存在缺陷，并且这种缺陷造成了对受害人的损害，而无须证明生产者或销售者对缺陷的存在具有过失，即可请求他们给予赔偿。因此美国的产品责任法是一种以严格责任为主要归责原则的特殊的侵权行为法。

美国的产品责任的立法表现形式多样，既有习惯法（common law），又有成文法（statute law），包括联邦产品责任法、各州产品责任立法及判例以及适用于各州的有关产品责任的规定、判例，也包括对司法实践有着指导作用的有关产品责任的示范法。为了统一各州产品责任法，美国商务部于 1979 年 1 月公布了《统一产品责任示范法》（Model Uniform Product Lability Act），作为专家建议文本，供各州在立法及司法中参考适用。此外，美国参议院商业科学和运输委员会下设的消费特别委员会于 1982 年公布的《产品责任法草案》以及美国法学会编撰的《第二次侵权法重述》（1965 年版）在统一各州的产品责任法方面也起到了重要作用。特别是 1997 年 5 月 2 日，美国法学会通过了新的产品责任法重述——《法律重述（第三次），侵权：产品责任》，标志着美国产品责任法的发展又进入了一个新阶段。

二、产品责任法的几个概念解析

对于瑕疵或缺陷产品所造成的损害承担赔偿责任，是产品责任的要旨。因此准确界定“产品”“瑕疵或缺陷”“责任主体”及“请求赔偿主体”等概念的内涵和外延是产品责任法规范的主要内容，也是产品责任法得以适用的前提条件。

（一）产品的概念

产品，从经济学上讲，是指具有价值和使用价值的人类生产劳动的成果，既包括物质劳动成果，也包括智力精神成果。但是产品责任法所调整的产品的范围则与经济学上的不尽一致。美国 1979 年《统一产品责任示范法》第 102 条（c）项将“产品”定义为：“具有真正价值的，为进入市场而生产、能够作为组装整件或作为部件、零件交付的物品。但人体组织、器官、血液组成成分除外”，“本法所称‘相关产品’是指引起产品责任索赔的产品及其部件和零件”。然而在司法实践中，法官出于各种对保护消费者和公共利益的考虑，常常会作出比法律条文更为宽松、灵活的解释。在美国，凡经过某种程度、某种方式的加以处理的东西，包括任何可销售的（有偿转让）、可使用或可移动的制成品，无论是工业的还是农业的，也不论是整件的还是部件、原材料等，只要由于使用它们或通过使用它们造成损害，都可归为产品责任法调整的“产品”范畴。不仅如此，美国产品责任中的“产品”概念已扩展到无形资产及土地上，甚至为了使消费者能够依据严格责任原则获取赔偿，越来越多的法院把房屋和出租的公寓等不动产视为产品。

（二）瑕疵或缺陷

1. 瑕疵或缺陷的含义

产品责任制度的核心在于对“缺陷”的解释和定义，因为缺陷是任何权利要求的基础，无缺陷则无责任。因此美国虽然没有明确的立法定义，但在《侵权行为法重述（第二版）》（Restatement of the law of Toms，2d）第 402 条 A 款规定：“凡销售有不合理的危险的缺陷产品者应对最终使用者或消费者因此而遭受的人身或财产损失承担赔偿责任”，可见“不合理的危险”是美国产品缺陷的核心概念。对于那些在正常用途范围内存在的不可避免的危险，属于合理的危险，并不构成产品的缺陷，比如雷管、炸药、各种运输工具、药品等。只有当产品的危险是应该避免而且能够避免而未避免的危险，才被认为属于不合理的危险性（unreasonable danger），也就是说，产品存有缺陷，缺陷产品的制造者或销售者对此应承担责任。

2. 产品缺陷的种类

关于产品缺陷的种类，美国《统一产品责任示范法》第 104 条有明确的规定，具体界定为：“产品制造、设计上存在不合理的不安全性，未给予适当警示或不符合产品销售者的品质担保致使产品存在不合理的不安全性”。

（1）产品制造缺陷（manufacturing defect）。

产品制造缺陷是指产品在制造过程中，因质量管理不善、技术水平差等原因而使个别产品中存在的不合理的危险性。一般可分为原材料、零部件及装配方面的缺陷。例如，在 1973 年，布兰登伯格诉丰田汽车销售美国分公司及丰田总公司（*Brandenburger V. Tayota Motor Sales. U. S. A Inc. and Toyota Motor Co.，Ltd.*）案中，美国法官对于在高速公路上高速行驶的丰田汽车因翻车而车顶破裂，乘客被抛出车外造成死亡的事件，认为汽车车顶的构造有缺陷而判决制造商和销售商负赔偿责任。

（2）产品设计缺陷（defect in design）。

产品设计缺陷是指产品的设计中存在不合理的危险性，它往往是导致整批产品存在潜在危险的根本原因。设计缺陷一般由配方、处方的错误、原理的错误、结构设计的错误等方面造成。与制造缺陷相比，一般来说，产品设计缺陷造成的危害比较严重，判断较为困难且不被保险公司在责任险中承保。例如，1956 年，*Mattew V. Lawnlite Company* 一案中，原告马修打算购买铝制椅子，在试坐旋转时，椅子回旋部分将原告手指切断。法官认为，切断原告手指的机构装置部分是椅子构造的必要部分，被告应在其危险部分装上保护装置，否则应负设计缺陷的责任。

（3）产品的警示缺陷（a product is defective due to inadequate instructions or warning）。

产品警示缺陷是指产品提供者对产品的危险性没有作出必要的（适当的、明确的、易理解而且细的说明）警告或安全、使用方面的指导，从而对使用者构成不合理的危险。警示缺陷一般是与产品的生产者或销售者违反法律规定的告知义务相关联的。一般认为产品的制造者或销售者必须在产品投入流通领域时，针对可合理预见的产品使用者，对产品可能产生的危险及其预防方法以具体规范的用语尽可能详尽地予以警告和说明，否则他就必须对因违反其警示义务而造成的损害承担责任。但是如果产品的危险是明显的或众所周知的，产品提供者得因此免责，即所谓“已知危险不得追究或完全排除的规则”。但是如果危险的性质和程度大大超出了使用者的期望时，仍应承担警示义务。

三、美国产品责任法的归责理论

产品责任的归责理论（doctrine of liability fixation）是指产品缺陷的生产者或销售者承担责任的责任基础（basis of liability）；从裁判的角度而言，也就是指法官以何种责任理论来认定缺陷产品提供者的法律责任。产品责任的归责理论是产品责任法中的核心制度。相比较世界上的其他国家，美国的产品责任规则理论最具代表性，其主要包含以下三种，即疏忽责任理论、违反担保说和严格责任理论。

（一）疏忽责任理论

疏忽责任是指产品的制造者或销售者在生产或销售过程中因主观上的疏忽导致产品有缺陷，而造成产品的消费者或使用者遭受损害应当承担的责任。

它是一种侵权责任，因此，产品缺陷的受害人以疏忽责任为理由寻求法律救济时，应负有举证责任，即受害人必须证明以下事实：

1. 被告负有“合理注意”的义务

根据美国法律对“疏忽”的认定标准，认为如果产品提供者没有像“一个理智和谨慎的人”那样尽“合理注意”的义务，那么他就是疏忽的，应对这种疏忽造成的损害承担责任。由于这种制造者或销售者的“合理注意”的义务是法律所规定的，因此原告证明比较容易。

2. 被告没有尽“合理注意”的义务，即被告有疏忽之处

根据美国《侵权行为法重述》的规定，原告在证明这一事实时，可以从这样几个方面举证：第一，被告对已经预见或可以预见的产品缺陷未给予必要的提醒或警示；第二，被告没有认真充分地检查产品的缺陷和质量，导致产品缺陷的存在；第三，被告的生产或设计不合理或有明显的危险，或达不到工业产品的通常标准。

3. 由于被告的疏忽，造成原告的损害，即证明损害与使用缺陷产品有因果关系

由于疏忽责任是一种独立的侵权责任，因此它不要求依据疏忽责任提起损害赔偿之诉的原告与作为被告的产品提供者之间存在合同关系，这给非产品买方的受害人提供了法律保护的依据。但是，由于现代科技的发展使产品的生产和销售日益复杂，要求受害人对产品提供者的“疏忽”进行举证也是异常困难的，因此美国法律规定，缺陷产品的受害人可以通过证明产品提供者违反某项关于产品品质、质量、检验、推销等方面的法律或法规来证明其存有疏忽；或者在一些特殊的案例中，美国法院判决依疏忽责任提起的产品责任之诉适用举证责任倒置，即由被告证明自己对某一损害事实的发生没有过错，否则就承担责任。这样从衡平救济的角度来克服疏忽责任制度本身的缺陷。因此即便是在现今普遍采用严格责任的美国，以疏忽责任为依据进行产品责任诉讼的案件也并没有消失。

(二) 违反担保说

违反担保说是指产品存在某种缺陷或瑕疵，卖方违反了明示或默示担保，以致对买方或消费者造成了损害，应承担赔偿责任。

担保责任是合同法上的责任，根据美国《统一商法典》的规定，卖方对其交付的货物的品质负有保证符合合同条款要求的义务。担保义务分为明示担保和默示担保，前者是由订立合同的双方意思表示一致所决定的，后者是由法律所规定的。由于明示担保通常是记载于合同之内，或者记载于产品标签、广告或使用说明之上，特别是后者，对广大的消费者构成了一种广泛的品质担保。

在以违反担保作为责任基础要求产品提供者承担责任时，对受害人的有利之处在于他无须证明产品提供者有疏忽，而只须证明产品确有缺陷，而且由于这种缺陷使他遭到损失，他就可以要求产品提供者赔偿其损失。但是他仍然必须以产品提供者对产品作出了某种担保为前提，如果产品的缺陷没有包括在担保之中，但又造成了损害，则受害人无法利用担保责任原则要求损害赔偿。当受损害方为货物买卖合同的对方当事人时，他还可以依据合同上的违约提起赔偿要求，这时就发生了违约与侵权的责任竞合。

美国法律认为如果买方没有在发现或应当发现卖方违反担保义务之后的一段合理时间内就产品有缺陷的情况通知买方，就失去了以担保责任为由向卖方索赔的权利；但如果买方这样做了，那么他就拥有了选择权，既可以要求卖方承担违反担保的责任，也可以提起侵权之诉。另外，美国《统一商法典》中并未具体指明受害者可否直接起诉零售商以外的其他当事人，如该产品的批发商或制造商，但多数法院认为可以这样做。事实上许多缺陷产品的受害者都在直接起诉产品的生产者。

（三）严格责任理论

严格责任是指受害人只要能够证明产品有缺陷，产品的制造人或销售者就应承担赔偿责任的法律制度。严格责任最早是由美国创设的。1965 年《侵权行为法重述》第 402 条 A 款具体反映了严格责任理论的基本精神，该条规定：

（1）凡销售任何有缺陷的产品而给消费者或使用者带来不合理的危险的人，对因此给消费者或使用者的人身伤害或财产损害负有责任，如果销售者从事经营出售此种产品；预期转到消费者或者使用者手中时，其销售时的条件没有重大变化。

（2）即使有下述情况，仍适用前款规定：销售者在准备销售和出售其产品时已经尽到一切可能的注意；而且，消费者或使用者没有从销售者手中购买产品以及与销售者没有任何合同关系。

此后的 1979 年《统一产品责任示范法》、1982 年《统一产品责任议案》以及美国《统一商法典》都基本上采用了严格责任原则。一般认为严格责任就是侵权法上的无过失责任（strict liability in tort），但在美国，无过失责任是一种针对汽车、火车、飞机等的事故性伤害所采用的特定的责任方式。严格责任也不同于过错推定责任，原因在于后者仍属于过错责任范畴的概念，可在被告证明其无过错时获得免责，而严格责任原则给予被告抗辩的机会很少，并且在无过错的情况下被告也可能被判决承担责任。

但是这并不意味着严格责任原则下，原告就可以轻松获得赔偿。美国法律认为当缺陷产品的受害人以严格责任为基础要求产品提供者承担损害赔偿责任时，他必须证明：

（1）产品存在缺陷。并且根据《侵权行为法重述》的规定，受害人仅证明产品有缺陷也是不够的，还必须进一步证明产品的缺陷给消费者或使用者带来了不合理的危险。这在一定程度上增加了原告的举证困难，因为危险的“合理”与否是一个复杂的判断过程。

（2）产品出厂时缺陷已经存在。如果受害人无法以有效的方法证明产品的缺陷在出厂时业已存在，那么他也可用自己按照产品的使用说明正确地使用了产品的方法反证缺陷在出厂前已经存在。

（3）损害与产品缺陷之间有因果关系。

但总的来说，严格责任原则相对于一般的契约责任原则、疏忽责任原则、违反担保的责任原则而言，给消费者提供了更充分合理的保护方式。尽管在一些案例中表明适用如违反担保的责任原则更有利于受害人权利的保护，但依旧不能否认严格责任在消费者权益保护方面的意义和作用。

由于产品责任法律制度归责理论的复杂性，因此在美国各个归责理论被并行地由受害人选择适用，受害人可以选择他认为最有利的责任基础进行索赔，同时也意味着他同意使自己处于相应的举证地位，承担举证责任。

四、免责——美国产品责任法的诉讼依据

免责是指产品责任的承担者可以积聚法定的免责事由提出合理的抗辩以及对抗受害人损害赔偿的要求，免除自己的赔偿责任。在不同的产品责任归责理论体系中都规定了被告可以提出抗辩的事由，具体如下：

(一) 疏忽责任中的免责

根据疏忽责任理论的应有之意，被告得通过证明自己尽了“合理注意”的义务仍不能发现产品的缺陷证明自己无疏忽，从而不承担赔偿责任。但是被告同样可以通过证明损害是由于：(1) 原告自己的过失行为，如果双方均有过失，那么通过此项证明亦可相应地减少被告赔偿的数额；(2) 原告明知产品有危险仍自主或故意加以使用；(3) 原告明显的危险或非正常使用或擅自改动而造成的，则被告可以获得免责。

(二) 担保责任中的免责

根据美国《统一商法典》和《麦格纽森·默斯保证条例》的规定，卖方可在产品买卖合同或产品说明书或其他记载其品质担保义务的书面文件中对其担保责任进行限制或排除，如果卖方这样做了，那么他对限制或排除了担保内容所造成的损害得以免责。但是如果此项限制或排除是针对默示担保的，法律将不承认其排除的效力，同时法律禁止产品提供者对于人身伤害的责任进行排除或限制。

(三) 严格责任中的免责

由于严格责任对消费者而言是最有力的保障，因此，可以提供给被告的免责事由相当少，但这并不意味着依严格责任提起的诉讼，被告没有免责的可能。根据美国法律，作为被普遍运用的被告抗辩的理由同样也适用于依严格责任提起的诉讼，这些免责理由是：

(1) 生产者未将产品投入流通领域。

(2) 产品投入市场时引起损害的缺陷并不存在。

(3) 产品不是为了营利目的而生产、销售的。

(4) 产品的缺陷是由于遵循政府的强制性规定而导致的。

(5) 产品缺陷是将其投入流通时的科技水平尚不能发现的。

(6) 对于具有不可避免的危险性的产品，其缺陷不属于制造上的缺陷或该产品的提供者在采取了合理的行动，包括给予了充分的而适当的警示，才予以销售的情况下，产品的提供者对产品的不可避免的危险性造成的损害不负担责任。

五、产品责任的抗辩

产品责任的抗辩 (defense)，是指产品责任人主张减轻或免除责任的理由。由于美国各州之间的法律差异，产品责任的抗辩亦不存在统一的规定，一般都由各州的法院根据具体的案件事实、产品的缺陷以及原告的权利主张等因素确定具体适用的抗辩事由。同时在产品责任中，许多抗辩事由的认定亦与产品缺陷的认定有着非常紧密的联系，毕竟对于生产者或销售者而言，“产品没有缺陷”才是最根本的抗辩。在美国立法和司法实践中，常见的抗辩主要有以下几种：

(一) 担保的排除或限制

在产品责任诉讼中，如果原告以被告“违反担保”为理由对其起诉，被告如果已经在合同中排除了各种明示或默示担保，他就可以提出担保已排除作为抗辩。但是美国法律规定，为了保护消费者的利益，在消费交易中，卖方如有书面担保，就不得排除各种默示担保。此外，这项抗辩仅能对抗以“违反担保”为理由起诉的被告，而不能用来对抗以“疏忽”为理由起诉的原告。

（二）与有疏忽与相对疏忽

与有疏忽是指原告（受害者）在使用被告所提供的有缺陷的产品时也有疏忽之处，由于双方面的疏忽而使原告受到伤害。

相对疏忽是指尽管原告方面也有一定的疏忽，但是法院只是按原告的疏忽在引起损害中所占的比重，相对减少其索赔的金额，而不是像与有疏忽那样使原告不能向被告请求任何损害赔偿。

（三）自担风险

自担风险是指：（1）原告已经知道产品有缺陷或带有危险性；（2）尽管如此原告也甘愿将自己置于这种危险或风险的境地；（3）由于原告甘愿冒风险而使自己受到损害。

（四）非正常使用产品或误用、滥用产品

采用此抗辩时，法院往往对此加以某种限制，即要求被告证明原告对产品的误用或滥用已超过被告可能合理预见的范围。

（五）擅自改动产品

如果原告对产品或其中的零部件擅自加以变动或改装，从而改变了产品的状态或条件，致使自己遭受损害，被告就可以以此为理由提出抗辩，要求免除责任。

（六）带有不安全因素的产品

如果产品即使正常使用，也难以保证安全，而且权衡利弊，该产品对公众社会是有益的，而且利大于弊，则制造或销售这种产品的被告可以要求免除责任。其中，以药物最为典型。

六、损害赔偿的范围——原告可以请求赔偿的范围

美国产品责任法中的损害赔偿范围主要由美国各州的判决法所决定，因此损害赔偿的具体内容非常繁杂。美国的产品诉讼判决的赔偿金额相当高昂，普通案件动辄几十万乃至上百万美元，个别案例甚至高达上百亿美元。有时一个案例的判决足以构成对涉案企业的致命打击，甚至对整个产业产生重大影响。

美国的产品责任法中的赔偿范围一般包括：

1. 人身损害赔偿（damages for personal injury）

人身损害赔偿一般包括：

（1）受害人过去和将来必要、合理的医疗费用；

（2）受害人生计上的损失以及失去谋生能力的补偿；

（3）受害人肉体及精神痛苦的补偿等。

如果因产品缺陷致人死亡，根据有关法律规定，可由死者的遗嘱执行人或遗产管理人或死者的遗产继承人或受益人向产品提供者主张权利并获得赔偿。在司法实践中，美国法院对受害人人身损害赔偿判定的数额较大，往往大于实际支出的医疗费用及他的实际开支，并且对精神损害的赔偿额占赔偿总额的大部分。

2. 财产的损害赔偿（damages for property damage）

产品责任法上的财产损害通常是指缺陷产品之外的其他财产的损坏、毁灭，而对于产

品本身，则可依据买卖合同获得赔偿。财产损害的赔偿一般认为只是受到损害财产的直接经济损失，但1981年的《产品责任风险保留法案》已将间接损坏不能投入运营、因机器设备被损坏不能投入生产等丧失的营业收入，列入财产损害赔偿的范围，并在一些法院的判例中获得支持。

3. 惩罚性损害赔偿（punitive damages）

所谓惩罚性损害赔偿是指侵权行为人恶意实施某种行为，或对行为有重大过失时，以对行为人实施惩罚和追求一般抑制效果为目的，法院在判令行为人支付通常赔偿金的同时，还可以判令行为人支付高于受害人实际损失的赔偿金。惩罚性赔偿制度是美国产品责任法的一项重要制度。《统一产品责任示范法》第120条规定："原告通过明显的令人信服的证据证明，由于销售者对产品使用者、消费者或可能受到产品损害的其他人员的安全采取轻率漠视的态度，致使原告受到损害。原告可以得到惩罚性损害赔偿。"惩罚性损害赔偿在美国被广泛地加以应用，但是由于其对于加害人而言并非一个必须加以给付的赔偿，因此对惩罚性赔偿金的适用，法院要综合考虑一些因素后，才能确定是否给予惩罚性赔偿以及金额是多少，这些因素一般包括：

（1）在相关时间内，产品销售者的不当行为造成严惩损害的可能性；

（2）产品的销售者对上述可能性的认识（察觉）程度；

（3）不当行为对产品销售者盈利的作用；

（4）不当行为持续时间和产品销售者任何隐瞒行为；

（5）产品销售者在不当行为被发现后采取的态度及行为，以及不当行为是否已停止；

（6）产品销售者的经济条件或财务状况；

（7）产品销售者由于不当行为，已经或可能受到的其他处罚的综合惩罚效果；

（8）原告所遭受的损害是否亦是原告对自身安全采取轻率态度的结果。

第三节　欧洲的产品责任法

欧洲国家产品责任法的发展落后于美国，在20世纪80年代以前，欧洲各国都没有专门关于产品责任的立法，直至1985年7月，欧洲经济共同体理事会正式通过了《产品责任指令》，并要求各成员国通过本国立法程序将其纳入国内法予以实施。随着产品生产和销售的国际化，国家间的产品责任案件频繁发生，由于各国在产品责任的相关规定和做法不尽相同，由此产生了产品责任承担的不确定性。1987年英国率先立法，其后欧盟以及欧洲自由贸易区的一些国家，如比利时、丹麦、卢森堡、葡萄牙、希腊、意大利、奥地利、挪威、荷兰等国也颁布了本国的产品责任法，并采取严格责任原则。

一、产品和产品缺陷

各国对于适用产品责任法产品范围的规定是一致的，都认为任何产品均应在内。不过德国法律将未经初步加工的，包括种植业、畜牧业、养蜂业、渔业产品在内的农产品和狩猎产品排除在产品责任法之外。

对于产品缺陷，欧洲一些已订立产品责任的国家则在法律中对有关产品缺陷下了明确的定义，如英国在其《消费者保护法》第一章中规定："如果产品未提供给人们有权期待的安全，该产品即存在缺陷"。产品的"安全"包括组装进该产品的安全和与财产损害、人身伤害风险有联系的安全。

在确定产品是否提供人们有权期待的安全时，应当考虑与产品有关的所有情况，包括产品的外观、产品所使用的标志、产品的出售方式和目的、关于产品的使用说明和警告，可合理期待产品的用途或可合理期待的与产品有关的用途，生产者向他人提供该产品的时间。

二、产品责任主体

产品责任主体是指在产品责任诉讼中承担产品责任的当事人。英国《消费者保护法》对产品责任的主体作出了下列规定：产品的生产者和销售者对全部或部分的由产品缺陷造成的任何损害，应当承担法律责任。产品的责任主体包括产品的生产者；通过将其名字标示在产品上或使用某种商标或其他识别标志，以表明自己是该产品生产者的任何人；为了在其商业活动中向他人提供产品而将产品从非欧共体成员国进口到欧共体成员国的人；产品的提供者。

德国的《产品责任法》中的产品责任主体有：生产者，包括成品制造者，任何原材料的生产者和零部件的制造者，包括将其名字、商标或其他标识特征标示在产品上表示自己是生产者的人；任何在商业活动中，为销售、出售、租借或为经济目的的任何形式的分销，将产品进口到适用欧共体相关条约的人，也应当视为生产者；在产品生产者不能确认的情况下，供应者应当视为生产者。除非他在接到要求的 1 个月内将产品生产者的身份或向他供应产品的人告之受害者。

三、产品责任适用原则

产品责任适用原则是指各国在判定产品责任是否成立时所使用的原则，主要包括疏忽原则、违反担保原则和严格责任原则。各国均采取其中的一项或几项作为本国产品责任法的原则。不过各国的规定有所不同，分别介绍如下：

（一）英国法

在英国《消费者保护法》订立之前，英国法院的判例将产品责任分成有合同关系的产品责任和无合同关系的产品责任。对于有合同关系的产品责任，受害方可根据合同法中的有关规定要求对方当事人承担赔偿责任。在无合同关系的产品责任案件中，英国法院采取疏忽原则进行判决。然而，在实践中，由于原告要对被告的侵权行为进行举证，因此，原告的合法权益难以保障。为了更好地保护消费者权益，在《消费者保护法》中明确规定，原告无须证明被告是否存在疏忽，只要是由于产品存在缺陷而使其遭受损害，就可以向被告提起损害赔偿之诉，所以英国法在产品责任法中以严格责任作为其基本原则。

（二）德国法

根据《德国民法典》第 463 条和第 480 条的规定，卖方承担产品责任的前提是其对产品缺陷的存在具有过失，或故意隐瞒了产品缺陷。只有当卖方的过失致使产品存在缺陷或卖方有故意隐瞒产品缺陷的意图时，卖方才能提出损害赔偿的请求。因此德国法采取的是疏忽原则。如果卖方没有出现上述过失，即使卖方违反了品质担保义务，卖方也不能要求卖方承担产品责任，只能要求对方按违反合同的规定承担违约责任。

德国法对于无合同关系的产品责任问题，主要依据《德国民法典》中有关侵权行为法的条款以及德国法院的判例进行处理。根据《德国民法典》第823条规定，当发生产品责任事故时，受害人只要能举证证明有关产品存在缺陷，并因此造成了伤害，就推定该有关产品的生产者和销售者对产品缺陷的存在具有疏忽。除非生产者和销售者能举证证明它们并没有任何疏忽，否则，要由生产者和销售者依法承担损害赔偿责任。

四、产品责任损害赔偿及其范围

各国的产品责任法的目的是使受害人因缺陷产品而受到侵犯的人身权利、财产权利得以恢复原状。因此，产品责任中责任主体承担责任的方式就是赔偿缺陷产品所造成的损害。

一般产品的损害范围包括人身损害、财产损害，精神损害以及经济损失等。但是各国对损害赔偿的范围的规定又有所不用。各国有关产品责任损害赔偿及其范围的有关规定如下：

（一）英国法

英国法主要在其《消费者保护法》中对损害赔偿的范围作出规定，其规定为：产品责任的损害赔偿范围包括人身伤亡或任何财产的损害，但不包括：缺陷产品本身和由缺陷产品组装的任何财产的损失；损害的财产不是通常用作个人使用、占有、消费的产品；遭受损失或损害的人主要不是将产品用于个人使用、占有和消费。

（二）德国法

德国在其《产品责任法》中对损害赔偿范围作出规定，认定损害赔偿应包括：

（1）人身伤亡。包括医疗费用、丧葬费用及经济损失等。

（2）财产损害。仅限于供私人使用或消费者的财产损害，由于财产损害造成的受害人损失不超过一定欧元的不得依该法请求赔偿。

五、责任的减免与抗辩

责任的减免与抗辩是指依据法律规定的事由减轻或者免除责任者的赔偿责任。减免当事人的产品责任，要根据法律的明确规定，而不能依当事人的协议。以当事人的协议减免产品责任是法律明确禁止的。各国法律所规定的减免或抗辩的事由如下：

（一）英国法

根据英国《消费者保护法》，在英国产品责任诉讼中，被告可以提出以下抗辩理由：

（1）缺陷可归因于执行法律的强制规定或履行共同体义务；

（2）被告未向他人供应产品；

（3）被告不是在其商业活动中将产品提供给他人；

(4) 在相关的时间里，产品不存在缺陷；

(5) 在相关的时间里，科学技术尚未达到这种水平，以致该类产品的生产者不能够发现所控制的产品已存在缺陷；

(6) 缺陷构成了由该缺陷产品组装的后来产品的缺陷，并且完全是由于后来产品的设计而造成或产品生产者听从了后来产品生产者的指令而造成的。

(二) 德国法

根据德国《产品责任法》的规定，生产者不承担责任的事由有：

(1) 未将产品投入流通；

(2) 产品投入流通时，造成损害的缺陷并不存在；

(3) 产品既非为销售或为经济目的的任何形式的分销而制造，亦非在商业活动过程中制造或分销；

(4) 产品的缺陷是由于为使产品符合投入流通时的国家强制规定而造成的；

(5) 产品投入流通时，依当时的科学技术水平尚不能发现其缺陷。

生产者可减轻责任的事由有：

(1) 损害的原因可归因于受害人的过失；

(2) 在造成财产损害的情况下，财产的实际控制者的过失应视为相当于人身伤害中受害人的过失。

第四节　关于产品责任法的国际立法

随着国际经济贸易的深入发展以及产品生产和销售的国际化，国家间涉及不同国家当事人的产品责任诉讼案件不断增多，国际性的产品责任事故层出不穷。但是，由于各国的产品责任法不完全相同，对国际商品流通和国际自由贸易的发展是非常不利的。为了统一各国关于产品责任的法律冲突规则，妥善解决在这种法律冲突的情况下所发生的各种国际性的产品责任纠纷，20 世纪 70 年代以来，关于产品责任的国际立法逐渐增多，签订了一系列相关的国际公约，逐渐形成了国际产品责任法律体系。本节着重介绍三部最具有代表性的公约，即《海牙公约》《斯特拉斯堡公约》《产品责任指令》。

一、《海牙公约》

《海牙公约》由海牙国际司法会议于 1973 年 10 月 2 日制定通过，自 1978 年 10 月 1 日起生效。

(一)《海牙公约》的适用范围

1. 公约适用的产品责任类型

《海牙公约》的宗旨是在国际范围内解决产品责任法律适用的问题。它主要适用于有关产品责任的国际性诉讼案件，而且仅适用于无合同关系的当事人之间所发生的纠纷，即只适用于进口国的产品使用者而非产品购买者，在因所使用产品有缺陷而受到伤害后，依侵权理由起诉出口国的产品制造者或进口国的产品进口商以索取赔偿的情形。

2. 公约对产品、损害及产品责任主体的规定

(1) 公约对产品的规定。根据公约的规定，“产品”一词是指一切可供使用或消费的物，包括天然产品和工业产品，而不论是加工的还是未加工的，也不论是动产还是不动产。但它允许缔约国作出该公约不适用于未加工产品的保留声明。可见，《海牙公约》对产品所下的定义比较广泛。

(2) 公约对损害范围的规定。《海牙公约》规定，所谓损害，是指产品有缺陷，或产品虽然无缺陷，但由于对产品的错误说明或对其适用方法、性质等未作出合适的说明，而致使消费者遭受伤害及损失。这种伤害和损失包括对人身的伤害、对财产的伤害以及经济损失。但是，如果与其他损害有关，产品本身的损害以及由此而引起的经济损失，应包含在损害范围之内。反之，则不包括在内。

(3) 公约对产品责任主体的规定。《海牙公约》规定，下列人员为承担产品责任的主体：成品或零部件的制造者；天然产品的生产者；产品的供应者；在产品准备或销售等整个商业环节中的有关人员，包括修理员及仓库管理员；以上人员的代理人或雇员。

(二)《海牙公约》规定的法律适用原则

当几个国家对产品责任的准据法有不同的解释时，《海牙公约》采取重叠适用原则。公约规定了四个连接因素，且规定不以一个连接因素决定准据法，而是一个法律必须同时具备另个连接因素时，才能作为准据法使用。具体适用原则有以下三个：

(1) 以损害地所在国的国内法为基本的适用法律。《海牙公约》第 4 条规定，如果损害地国家同时又是：直接受害人的惯常居所地；被请求承担责任人的主营地；直接受害人取得产品的地点，则应适用损害地国家的国内法。

(2) 以直接受害人的惯常居所地的国内法为基本的适用法律。《海牙公约》第 5 条规定：尽管有上述第 4 条规定，但是如果直接受害人的惯常居所地国家又是：被请求承担责任人的主营业地；直接受害人取得产品的所在地，则仍应适用直接受害人的惯常居所地国家的国内法。

(3) 被请求承担责任人的主营业地所在国的国内法。《海牙公约》第 6 条规定：如果上述第 4 条和第 5 条指定适用的法律不适用，则除非原告基于损害地国家的国内法提出其请求，应适用被请求承担责任人的主营业地国家的国内法。

二、《斯特拉斯堡公约》

《斯特拉斯堡公约》的全称是《欧洲共同体关于造成人身伤害与死亡的产品责任的欧洲公约》，它由欧洲理事会拟定，于 1977 年 1 月 27 日在斯特拉斯堡正式签订。其主要内容如下：

(一) 适用原则

根据公约的规定，该公约的缔约国对产品责任适用严格责任原则。

(二) 适用范围

根据公约的规定，产品是指所有动产，包括天然动产和人工动产。无论是加工过的还是未加工过的，即使是组装在其他动产之内或组装在不动产之内，也属于产品的范畴。生

产者是指成品或零配件的制造商以及天然产品的生产者。消费者是指社会大众，包括产品购买者、使用者和第三人。

（三）关于免责的规定

根据公约的规定，对于个人伤害方面的情况，生产者无权用合同条款的方式来限制或免除自己的责任。

（四）关于诉讼时效

根据公约的规定，诉讼时效一般为 3 年，而且任何产品责任的请求应自该产品投入流通之时起 10 年内提起。

（五）关于损害赔偿的范围

根据公约的规定，公约对产品的损害赔偿范围仅限于人身伤亡，不包括财产损失。

三、《产品责任指令》

《产品责任指令》是《成员国有关缺陷产品责任的法律、法令及行政规定一致的理事会指令》的简称，该指令是欧共体理事会为协调欧洲经济共同体各成员国有关产品责任的法律，1985 年由欧共体理事会通过。《产品责任指令》的主要内容有以下几点。

（一）《产品责任指令》适用原则

《产品责任指令》规定产品责任适用原则，确定了客观责任原则或无过错责任原则，同时还规定若两个或两个以上者对同一损害负有责任，则应负连带责任。

（二）《产品责任指令》的适用范围

1. 产品

指可以移动的产品，不包括初级农产品和戏博用品。

2. 关于生产者的定义

《产品责任指令》中的生产者包括：制成品的制造者；任何原材料的生产者；零部件的制造者；任何进口某种产品在共同体内销售、出租、租赁或在共同体内以任何形式经销该产品的人；任何将其名称、商标或其他识别标志置于产品之上的人；如果不能确认谁是生产者，则提供该产品的供应者即被视为生产者。

（三）产品责任关于免责的规定

根据《产品责任指令》的规定，在产品责任诉讼中，被告可以主张以下事由免责：没有把产品投入市场；产品缺陷在产品投入市场时并不存在；制造该产品的目的非用于经济目的销售或经销；缺陷是由于遵守政府规定而引起的；按照产品投入市场时的科技水平，该缺陷不可能被发现。

（四）《产品责任指令》关于损害赔偿的范围

依《产品责任指令》规定，损害包括：消费者死亡或人身受到伤害；对消费者私有的或用于消费的财产的损害；指令并不限制各成员国按照本国法律的规定对非物质损害给予赔偿。但公约不适用于因核事故导致的损害或伤害。

（五）《产品责任指令》关于诉讼时效的规定

（1）受损害的权利自生产者将引起损害的产品投入市场之日起，10 年届满即告消灭，除非受害者已在此期间对生产者起诉。

（2）损害赔偿诉讼时效为3年。

第五节　中国的产品责任法

一、中国产品责任法概述

中国的产品责任法起步较晚，从20世纪80年代开始，中国才陆续颁布了一些与产品责任相关的法律。中国在产品责任立法上的正式开端是1986年制定通过的《中华人民共和国民法通则》中的相关规定，其中第122条规定："因产品质量不合格造成他人财产、人身损害的、产品制造者、销售者应当依法承担民事责任。"1993年2月22日我国制定通过了《中华人民共和国产品质量法》（以下简称《产品质量法》），该法自1993年9月1日起生效。

《产品质量法》是我国目前关于产品责任的最主要的法律渊源，此外还有其他相关法律法规对产品责任作出规定，如1993年10月31日第七届全国人民代表大会常务委员会第四次会议通过并颁布的《中华人民共和国消费者权益保护法》（以下简称《消费者权益保护法》），该法自1994年1月1日起正式实施。

二、中国产品责任法的主要内容

（一）产品的定义

《产品质量法》第2条规定："本法所称产品是指经过加工、制作，用于销售的产品。建筑工程不适用本法规定；但是，建设工程使用的建筑材料、建筑构配件和设备，属于前款规定的产品范围的，适用本法规定。"根据上述规定可以看出，我国《产品质量法》中产品范围较小，主要是指经过加工、制作等人工处理过的工业品，不包括自然物品，而且是必须用于销售的物品、必须是可移动的物品，不包括土地、房屋等不动产。

（二）产品责任规则原则

目前，我国关于承担产品责任原则的规定主要来自《产品质量法》。在产品责任的认定上，《产品质量法》对生产者和销售者采用了不同的归责原则。该法第41条规定："因产品存在缺陷造成人身、缺陷产品以外的其他财产损害的，生产者应当承担赔偿责任。"所以，生产者承担的是严格的无过失责任。

该法第42条规定："由于销售者的过错使产品存在缺陷，造成人身、他人财产损害的，销售者应当承担赔偿责任。销售者不能指明缺陷产品的生产者也不能指明缺陷产品的供货者的，销售者应当承担赔偿责任。"所以，销售者的产品责任属于过错责任。

（三）缺陷的定义

《产品质量法》第46条规定："本法所称缺陷，是指产品存在危及人身、他人财产安全的不合理的危险；产品有保障人体健康和人身、财产安全的国家标准、行业标准的，是指不符合该标准。"于是，我国对产品缺陷的定义采取双重标准，第一项标准是：产品缺陷指产品具有不合理的危险；第二项标准是：产品缺陷指产品不符合法定的安全标准——国家标准或行业标准。

（四）损害赔偿的范围

《产品质量法》第44条规定："因产品存在缺陷造成受害人人身伤害的，侵害人应当赔偿医疗费、治疗期间的护理费、因误工减少的收入等费用；造成残疾的，还应当支付残疾者生活自助费、生活补助费、残疾赔偿金以及由其抚养的人所必需的生活费等费用；造成受害人死亡的，并应当支付丧葬费、死亡赔偿金以及由死者生前抚养的人所必需的生活费等费用。因产品存在缺陷造成受害人财产损失的，侵害人应当恢复原状或者折价赔偿。受害人因此遭受其他重大损失的，侵害人应当赔偿损失。"由此可见，《产品质量法》还对精神损害赔偿做了规定。

（五）产品质量与包装的要求

《产品质量法》第26条规定："生产者应当对其生产的产品质量负责。产品质量应当符合下列要求：不存在危及人身、财产安全的不合理的危险，有保障人体健康和人身、财产安全的国家标准、行业标准的，应当符合该标准；具备产品应当具备的使用性能，但是，对产品存在使用性能的瑕疵作出说明的除外；符合在产品或者其包装上注明采用的产品标准，符合以产品说明、实物样品等方式表明的质量状况。"

《产品质量法》第27条规定：产品或者其包装上的标识必须真实，并符合下列要求：有产品质量检验合格证明。有中文标明的产品名称、生产厂厂名和厂址。根据产品的特点和使用要求，需要标明产品规格、等级、所含主要成份的名称和含量的，用中文相应予以标明；需要事先让消费者知晓的，应当在外包装上标明，或者预先向消费者提供有关资料。限期使用的产品，应当在显著位置清晰地标明生产日期和安全使用期或者失效日期。使用不当，容易造成产品本身损坏或者可能危及人身、财产安全的产品，应当有警示标志或者中文警示说明。

（六）免责事项

《产品质量法》第41条规定，生产者免除产品责任的事由，主要有以下三项：

（1）未将产品投入流通。生产者的产品未出厂销售，即使发生了损害，生产者也不承担责任。

（2）产品投入流通时，引起损害的缺陷尚不明显。

（3）将产品投入流通时的科学技术水平尚不能发现缺陷的存在。

生产者能够证明上述情形之一的，不承担赔偿责任。

（七）诉讼时效

在美国，各州对产品责任时效的起算方法有较大差异，故《统一产品责任示范法》建议，一般诉讼时效为2年，从原告发现或者在谨慎行事情况下应当发现产品的损害及其原因时起算。该法还通过规定产品的安全使用期来体现最长诉讼时效，即规定10年为最长责任期限，除非明示了产品的安全使用期长于10年。中国《产品质量法》在借鉴各国经验的基础上，对产品责任诉讼时效作出了与美国《统一产品责任示范法》基本相同的规定。

（八）争议的解决

《产品质量法》第47条规定："因产品质量发生民事纠纷时，当事人可以通过协商或者调节解决。当事人不愿通过协商、调解解决或者协商、调解不成的可以根据当事人各方的协议向仲裁机构申请仲裁；当事人各方没有达成仲裁协议或者仲裁协议无效的，可以直接向人民法院起诉。”由此可见，《产品责任法》认为产品损害赔偿属于民事责任，相关争议可以通过协商调解、仲裁、诉讼三种途径解决。

产品责任法是调整生产者、销售者和消费者、使用者或第三人之间因产品缺陷而发生的社会关系的法律规范的总和，它是商品经济发达、科学技术加速发展和法律相应发展的产物。订立产品责任法的目的是确定产品的生产者和销售者对其生产或销售的产品所应承担的责任，以保护消费者、使用者或第三人的利益。

严格责任是指受害人只要能够证明产品有缺陷，产品的制造人或销售者就应承担赔偿责任的法律制度。严格责任最早是由美国创设的。

美国的产品责任法是世界上最具代表性的责任法。美国的产品责任法在发展过程中，主要存在疏忽责任理论、违反担保说和严格责任理论。

目前欧盟的产品责任统一法主要由《斯特拉斯堡公约》《产品责任指令》《欧洲产品安全指令》等构成。

《海牙公约》是目前唯一的产品责任法律适用方面的全球性公约，其宗旨是在国际范围内解决产品责任法律适用的问题。

1. 案例介绍

我国南方某市某区人民法院接到消费者刘某的起诉，状告该市某一化妆品不合格，造成她脸部皮肤严重损伤，要求该化妆品厂赔偿她 20 000 元损失。在法庭上，化妆品厂承认刘某使用的化妆品确为该厂生产，但该产品是正在研制过程中的实验品，并没有投入市场，不清楚刘某是从哪里得到该化妆品的。刘某向法庭陈述：她使用的化妆品是其男朋友宋某送的，宋某是这家化妆品厂的产品检验员，并告诉她该化妆品下月将在市场上销售。法庭传讯了宋某，宋某向法庭证实：(1) 他是该化妆品厂的产品质量检验员，产品是从成品车间偷来送给女朋友的。(2) 该化妆品不是实验品，是下月将在市场出售的正式产品。宋某当庭出示了产品检验合格证书和该厂在下季度出售该产品的广告宣传。法院立即委托有关产品质量检验机构对该化妆品进行技术检验。检验结果为，该厂生产的化妆品不存在对人体皮肤有损害的缺陷，是合格产品。法院又请皮肤专家对受害人陈某进行皮肤测试，皮肤专家的结论是：陈某皮肤属特殊的过敏性皮肤，对某些化妆品的使用具有严重过敏性。法院再次开庭，经法庭辩论，法院判决化妆品厂不承担赔偿责任。

请对该案例作出点评。

2. 案例分析

根据《产品质量法》第 41 条第 2 款的规定，未将产品投入流通的，生产者不承担赔

偿责任。在本案中，化妆品厂职工宋某承认刘某使用的化妆品是其从成品车间偷来的，所以不存在化妆品已出厂销售的事实。受害人刘某虽使用了该厂合格产品造成皮肤损害，但宋某的行为证明化妆品厂在这一侵权损害行为中具有免责条件，刘某遭受的损害根据《民法通则》的有关规定，应该由其男友宋某负责。

根据《产品质量法》第 41 条第 2 款和第 3 款的规定，化妆品厂仍然可以免除赔偿责任。刘某指控其使用的化妆品是不合格产品就意味着产品存在危害人身健康的缺陷，事实上化妆品也确实危害了刘某的脸部皮肤。但法庭委托有关产品质量监督检验机构对该厂化妆品进行了检验。结果证明该化妆品为合格产品，不存在缺陷。皮肤专家对刘某皮肤进行测试后得出的结论是：刘某皮肤属特殊过敏性皮肤，所以法庭根据《产品质量法》第 41 条第 3 款的规定认定该化妆品属目前科学技术水平尚不能发现缺陷存在的产品，所以法院判决化妆品厂免除对受害者刘某的赔偿责任。

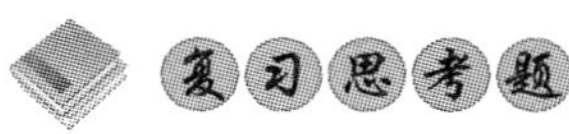

1. 什么是产品责任？产品责任的构成要件有哪些？
2. 美国产品责任法的基本理论有哪几种？
3. 简述欧盟《产品责任指令》中产品责任的抗辩事由。
4. 《海牙公约》关于产品责任法律适用规则的规定是什么？
5. 简述中国《产品质量法》的主要内容。

第十三章 国际税法

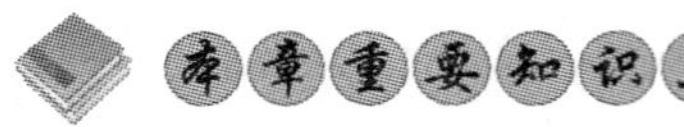

△国际税收法律关系的特征

△税收管辖权

△国际重复征税与重叠征税及其区别与联系

△国际逃税与避税方法

△关税措施

△我国企业税收法律制度

案例导入

麦德隆是美国一家船运公司的船长，经常往返于美国和加拿大之间的航程，并且在加拿大境内拥有1幢住宅，每年偕夫人来此度假两周。1950年，加拿大政府要求麦德隆就其境外收入纳税，麦德隆不服，遂诉至法院，这即是有名的“麦德隆诉国家财政部长”案。那么加拿大政府要求麦德隆纳税的依据是什么？加拿大法院应如何判决这一案件？

类似这样的案件就涉及了税收管辖权的问题，对此不同国家有不同规定。还有很多关于税收法律关系的问题，本章将探究国际税法对这些问题的具体规定。

第一节 国际税法概述

一、国际税法的基本概念

（一）定义

国际税法是适用于调整在跨国征税对象（即跨国所得和跨国财产价值）上存在的国际税收分配关系的各种法律规范的总称。

（二）国际税法的调整对象（适用范围）

国际税法的调整对象是国际税收分配关系。所谓国际税收关系，是两个或两个以上的国家与纳税人相互间在跨国征税对象（即跨国所得和跨国财产价值）上产生的经济利益分配关系，是有关国家之间的税收利益分配关系和它们各自与纳税人之间的税收征纳关系的统一体。

二、国际税收法律关系的特征

（一）主体的特殊性

国际税法主体具有特殊性是指：一方面，征税主体涉及两个以上国家，它们均有权对纳税人的跨国征税对象课税；另一方面，纳税主体是跨国纳税人，就同一征税对象向两个国家负有纳税义务，存在双重征税的问题。国际税收与国内税收主体的比较见表 13-1。

表 13-1　　国际税收与国内税收主体的比较

	国际税收关系	国内税收关系
征税主体	两个或两个以上国家，既享有征税权利又负有相应义务	一个国家，只享有征税权利不负担义务
纳税主体	跨国纳税人，就同一征税对象向两个国家负有纳税义务	国内纳税人，仅对一个征税国家负有纳税义务

（二）客体的跨国性

客体的跨国性是指：国际税收的征税对象是纳税人的跨国所得和跨国财产价值，通常是受两个国家税收管辖权支配。存在两个国家和跨国纳税人三方主体的经济利益分配关系。

（三）内容的特殊性

就国际税收关系的内容看，国际税收关系是国家间的税收利益分配关系和国家与纳税人之间的税收征纳关系的融合体，主体之间的权利义务并非仅具有国内税收关系中强制、无偿的特点，还有对等互惠的内容。

三、国际税法的渊源

1. 国内法渊源——各国涉外税法

2. 国际法渊源——国际税收协定以及其他国际税收条约、公约中与税收有关的法律规范和国际税收惯例

国际税收法律制度的国际法渊源主要有：

（1）国际条约和国际协定。

《OECD 协定范本》是指经济合作与发展组织《关于对所得和财产避免双重征税的协定范本》，主要用于指导经合组织成员国签订相互间的税收协定；《UN 协定范本》是指联合国《关于发达国家与发展中国家间避免双重征税的协定范本》，主要指导发展中国家与

发达国家签订双边税收协定，处理好发展中国家与发达国家的税收分配关系。

(2) 国际惯例。

它是国际习惯和国际通例的总称，即世界通行的做法，在效力上是任意性和准强制性的混合，是在国际交往中逐渐形成的不成文的法律规范。

第二节　税收管辖权

一、税收管辖权概述

(一) 含义

税收管辖权是指一国政府进行征税的权力，是国家主权在税收领域内的体现。

(二) 理论原则

1. 属人原则

属人原则（居民公民税收管辖权）是以纳税人的居住地或法律地位为征税依据，而当纳税人经常居住于不同国家，或纳税人的法律地位因各国法律规定的不同而不易确定时，行使属人原则的管辖权就比较困难。但为了维护本国的财权利益，保证本国的财政收入，世界上大多数国家都行使居民（公民）税收管辖权。

2. 属地原则

按国际惯例，在对跨国所得进行课税时，属地原则（地域管辖权）是以纳税人的所得来源地为征税依据。它处于优先征税的地位。其原因在于：

(1) 按属地原则征税地理范围较明确，一国对在本国境内发生的收入进行征税比较容易控制税源，征管较为简便易行。

(2) 在国际规范中，属地原则本身处于比属人原则优先的地位。因为跨国收入来自来源国，其所得税首先在本国征收，体现了对收入来源国主权的尊重。

二、税收管辖权的分类

(一) 居民税收管辖权

1. 含义

居民税收管辖权是征税国基于纳税人与征税国存在着居民身份关系的法律事实而主张行使的征税权。纳税人在这种税收管辖权下负担的是无限纳税义务，即征税国要对纳税人世界范围内的一切所得或财产价值征税。

2. 特征

无限纳税义务，即纳税人就来源于居住国境内外的所得和存在于居住国境内外的财产都要向居住国纳税。

3. 居民身份的判定标准

(1) 自然人居民身份的确认。

第一，住所标准。采用这一标准的国家有中国、日本、法国、德国、瑞士等。住所指一个自然人的具有永久性、固定性的居住场所，通常与个人的家庭、户籍和主要财产利益关系所在地相联系。住所标准的优点是易于确定，但其缺陷在于住所与真实活动场所不一定一致。

第二，居所标准。采用这一标准的国家有英国、加拿大、澳大利亚等。居所一般指一个人在某个时期内经常居住的场所，但不具有永久居住的性质。其优点在于能更好地反映个人与实际工作活动地之间的联系，其缺点在于往往缺乏客观统一的识别标志，具有不确定性。

第三，居住时间标准，它指一个人在征税国境内居留是否达到和超过一定期限，作为划分其居民或非居民的标准，并不考虑个人在境内是否拥有财税或房屋等因素。其优点是可通过出入境管理掌握，很具体、明确。英国、印度、印度尼西亚等国规定居住时间为6个月或183天，中国、日本、巴西等国规定为1年。此外，还有国家将居民分为长期居民和非长期居民。

通常各国采用住所（或居所）与居留时间两项标准。我国同时采用住所与居留时间的标准。

（2）法人居民身份的确认。

第一，法人实际管理和控制中心所在地标准，即以公司的实际控制管理中心所在国为标准，判定该法人为该国的居民。

所谓法人的实际管理和控制中心所在地，指作出和形成法人的经营管理重要决定和决策的地点，它并不等同于法人的日常经营业务管理机构所在地。一般来说，董事会或股东经常召集开会的地点，是判断法人实际管理和控制中心所在地的重要标志。英国、印度、新西兰和新加坡等实行此标准。

第二，注册成立地标准，即按照某国的法律规定，在该国登记注册的公司即为该国的居民。美国、加拿大等实行该种标准。

第三，总机构所在地标准，即以法人居民的公司总机构所在国为判定标准。

法人的总机构，一般是指负责管理和控制法人的日常经营业务活动的中心机构，如总公司、总部经理或主要事务所等。

（二）国籍（公民）税收管辖权

1. 含义

公民税收管辖权是征税国依据纳税人与征税国之间存在国籍法律关系所主张的征税权。在这种税收管辖权下，凡具有征税国国籍的纳税人，不管其与征税国之间是否存在实际的经济或财产利益关系，征税国都要对其世界范围内的一切所得或财产价值征税。

2. 自然人国籍的取得

（1）出生地主义。

即以出生地来决定个人的国籍的法律原则。按照这一原则，凡在一国境内出生的人，都具有该国国籍。目前世界上采取这一国籍政策的主要有美国、加拿大等国以及中国香港、中国澳门地区。根据1868年《美国宪法第十四条修正案》规定："所有在美国出生或在美国归化，并受美国司法管辖的人，都是美国公民以及其所居住州的居民，任何州都不能制定或执行任何削弱美国公民权利或豁免权的法律。"

一些国家在根据出生地主义赋予外国人在其境内所生子女以该国国籍时，已作出一定的限制或者附加一定的条件，如要求父母在该国定居、有一定居住年限或需本人达到一定年龄时作出接受国籍的声明，等等。

（2）血统主义。

按照血统主义原则，国籍根据血统而取得，凡是本国人所生子女，当然为本国国民，不论其出生于何地。血统主义原则分为单系血统原则和双系血统原则。单系血统原则指国籍主要随父。双系血统原则指原始国籍的取得可参考父母双方。依照各地的法律不同，可能是取得父母所有国籍中的一个或多个。实行血统主义原则的国家有中国、日本、韩国等。

采用血统主义作为赋予原始国籍的标准的国家，通常对父母不明或父母国籍不明的儿童，也根据出生地主义赋予其该国国籍。

（三）收入来源地税收管辖权

1. 概念

征税国基于作为征税对象的所得或财产系来源于或存在于本国境内的事实而主张行使的征税权，在所得税法上称为所得来源地税收管辖权，在财产税法上则称作财产所在地税收管辖权。在这类税收管辖权下，纳税人承担的是有限的纳税义务，即他仅限于就来源于征税国境内的那部分所得或存在于征税国境内的那部分财产价值，向该征税国政府承担纳税义务。至于他在其居住国和其他国家境内的收入和财产，则不在该征税国的税收管辖权范围内。

2. 所得来源地的确定标准

（1）营业所得来源地的确定标准。

对非居民营业所得（又称营业利润）的征税，国际上一般采用常设机构原则，即：征税国只能对非居民设在本国境内的常设机构来源于本国的营业所得征税。

所谓常设机构，是指外国法人在收入来源国境内设立的可以从事全部或部分营业的固定场所，如分支机构、办事处、工厂、作业场所、自然资源的开采场所，以及达到一定期限的建筑工地，建筑、装配或安装工程等。

常设机构有三个特征：

其一，有一个营业场所，包括房屋场地与机器设备等，自用或租用均可；

其二，该营业场所必须是固定的；

其三，该固定场所必须从事营业性的活动。

按常设机构原则征税，必须将常设机构视为独立企业。因为常设机构与国外总机构是同一法人，依通例，总机构应将国外常设机构的所得并入总所得向其居住国纳税。因此，收入来源国只有将常设机构视为独立的纳税实体，令其独立地计算盈亏，把作为独立企业应取得的利润都归之于常设机构，才能有效地实行收入来源地税收管辖权。

将所得划归常设机构，必须遵循的原则在国际上通用的有两项：一是“实际联系原则”，即：只能对同常设机构本身活动有实际联系的所得从源征税。如常设机构本身的营业利润及其对其他企业投资、贷款的股息、利息等等。另一个是“引力原则”，即：如果非居民公司在收入来源国直接从事属于其常设机构营业范围内的经营活动，收入来源国可将其所得引归常设机构，行使收入来源地税收管辖权。

显然，实行“引力原则”，征税面较大，这对收入来源国是有利的。联合国《关于发达国家与发展中国家间避免双重征税的协定范本》列入了这项原则，经济合作与发展组织《关于对所得和财产避免双重征税的协定范本》则未列入。中国也实行常设机构原则，同时，实行实际联系原则。至于“引力原则”，由于中国疆土辽阔，执行较难。

（2）劳务所得来源地的确定标准。

一般指纳税人因对他人提供劳动服务而获得的报酬。纳税人如为企业，则其所取得的劳务所得通常被认定为营业所得而不是劳务所得。

个人劳务所得可以分为独立劳务所得和非独立劳务所得。独立劳务所得指个人以自己的名义独立从事某种专业性劳务和其他独立性活动而取得的收入；非独立劳务所得指个人由于任职受雇于他人从事劳动工作而取得的工资、薪金、各种劳动津贴和资金等。

对于独立劳务者，按照一般的原则，或者在征税国境内设有诊疗之类的固定基地，或者在一个纳税年度内在征税国境内连续或累计停留达到征税国税法规定的天数，其所得均可从源征税。至于停留天数，各国规定不一，但在各个双边税收协定中，大多规定为183天以上。

对于非独立个人劳务者，国际上通行的原则是非居民在另一国受雇取得的工资、薪金等收入，可由另一国从源征税。但是，如果同时具备下列三个条件的，则应当由其居住国征税：

第一，在一个纳税年度内连续或累计停留不超过183天；

第二，其报酬的支付人不是另一国的居民；

第三，其报酬不是由雇主设在另一国的常设机构或固定基地负担。

其他人，如董事、艺术家、运动员、教师、科研工作者、学生等，对其所得是否从源征税，由各国在双边税收协定中分别加以规定。但是，为本国政府提供的劳务，无论提供劳务的地点何在，一般均视为来源于本国的所得。

（3）投资所得来源地的确定标准。

投资所得主要包括纳税人从事各种间接性投资活动而取得的利息、红利、股息、特许权使用费和租金收益。

确定投资所得来源地的原则主要有：投资权利发生地原则，即以这类权利的提供人的居住地为所得的来源地；投资权利使用地原则，即以权利或资产的使用或实际负担投资所得的债务人居住地为所得来源地。

（4）财产所得来源地的确定标准。

财产收益又叫财产转让所得、资本利得，指纳税人因转让其财产的所有权取得的所得，即转让有关财产取得的收入扣除财产的购置成本和有关的转让费用后的余额。

对转让不动产所得的来源地认定，一般以不动产所在地为所得来源地。

对转让公司股份财产所得，有些国家以转让人居住地为其所得来源地，有些国家以被转让股份财产的公司所在地为来源地，有些以转让行为发生地为其所得来源地。

第三节　国际重复征税与重叠征税

一、国际重复征税

（一）含义

（1）从法律角度看，国际重复征税使从事跨国投资和其他各种经济活动的纳税人相对于从事国内投资和其他各种经济活动的纳税人，背负了沉重的双重税收负担，违背了税收中立和税负公平的税法原则。

所谓法律意义的国际重复征税，是指两个或两个以上的国家，对同一纳税人就同一征税对象，在同一时期内课征相同或类似的税收。

法律意义的国际重复征税概念包括以下5项构成要件：

①存在两个以上的征税主体；

②同一个纳税主体；

③课税对象的同一性；

④同一征税期间，即在同一纳税期间内发生的征税；

⑤课征相同或类似性质的税收。

（2）从经济角度看，国际重复征税造成了税负不公，使跨国纳税人处于不利的竞争地位，势必挫伤其从事跨国经济活动的积极性，从而阻碍国际资金、技术和人员的正常流动和交往。

所谓经济意义的国际重复征税，亦称为国际重叠征税或国际双层征税，是指两个以上的国家对不同的纳税人就同一课税对象或同一税源在同一期间内课征相同或类似性质的税收。

经济意义的国际重复征税现象，主要表现在两个国家分别同时对在各自境内居住的公司的利润和股东从公司获取的股息的征税上。

（3）国际重复征税概念应该包括法律性质的和经济性质的重复征税。完整的国际重复征税概念，应该是指两个或两个以上的国家，对同一纳税人或不同纳税人的同一种征税对象或税源，在相同期间内课征相同或类似性质的税收。这种重复征税除在某些情形下可能表现为多重性的以外，在一般情形下往往是双重性的，故亦可统称为国际双重征税。

（二）国际重复征税的成因

国际重复征税的原因是有关国家所主张的税收管辖权在纳税人的跨国所得或财产价值上发生重叠冲突的结果，主要有三种：

（1）居民税收管辖权之间的冲突；

（2）来源地税收管辖权之间的冲突；

（3）居民税收管辖权与来源地税收管辖权之间的冲突。

（三）国际重复征税的危害

（1）违反了税负公平原则和税收中性原则；

（2）不利于国家的经济利益；

（3）为国际逃避税敞开了方便之门。

（四）国际重复征税的解决方法

避免双重征税协定的两个范本为：经济合作与发展组织《关于对所得和财产避免双重征税的协定范本》和联合国《关于发达国家与发展中国家间避免双重征税的协定范本》。

（1）协定的适用范围：包括协定在空间和时间上的效力范围、协定适用的税种范围、协定对人的适用范围。

（2）对各类跨国所得和财产价值的征税权划分。为确定缔约国双方对各类跨国所得和财产价值的征税权划分，双重征税协定确定了协调缔约国双方在各类跨国所得和财产价值上征税权冲突的基本原则。

（3）避免和消除国际重复征税的方法。

①单边措施。

扣除法：扣除法是指居住国在对居民纳税人的境内外所得征税时，允许居民纳税人从应税所得额中扣除在来源地国已缴纳的外国所得税额，就扣除后的余额计算征收所得税的方法。

免税法：亦称豁免法，是指居住国一方对本国居民来源于来源地国的已向来源地国纳税了的跨国所得，在一定条件下放弃居民税收管辖权，允许不计入该居民纳税人的应税所得额内免予征税的方法。

如果居住国实行累进税率制度，则免税法可分为全额免税法和累进免税法。

全额免税法，是指居住国在对居民纳税人来源于居住国境内的所得计算征税时，其适用税率的确定，完全以境内这部分应税所得额为准，不考虑居民纳税人来源于境外的免予征税的所得数额。

累进免税法，则是指居住国虽然对居民纳税人来源于境外的所得免予征税，但在对居民纳税人来源于境内的所得确定应适用的累进税率时，要将免予征税的境外所得额考虑在内。

抵免法：抵免法指居住国按居民纳税人的境内外所得或一般财产价值的全额为基数计算其应纳税额，但对居民纳税人已在来源地国缴纳的所得税或财产税额，允许从向居住国应纳税额中扣除。抵免法可分为全额抵免法和限额抵免法、直接抵免法和间接抵免法。

第一，全额抵免法和限额抵免法。全额抵免法指居住国允许纳税人已缴的来源国税额可以全部用来冲抵其居住国应纳税额，没有限额的限制；限额抵免法指居住国规定纳税人可以从居住国应纳税额中抵扣的已缴来源地国税额，有一定限额的限制，即不得超过纳税人的境外来源所得按居住国税法规定税率计算出的应纳税额。

第二，直接抵免法和间接抵免法。直接抵免法是指居住国对同一个居民纳税人在来源地国缴纳的税额，允许用来抵免该居民所应汇总缴纳居住国的相应税额的方法，是解决法律意义上的国际双重征税问题的；间接抵免法是指母公司所在的居住国允许母公司以间接通过其外国子公司缴纳的相应于股息所得的那部分外国公司所得税冲抵母公司应缴居住国所得税的一部分，是消除经济性国际双重征税的方法。

②双边和多边措施。

双边和多边措施，主要是通过国家间签订国际税收协定来实现消除双重征税。即针对不同种类性质的跨国所得，运用相应的“分配规范”，在缔约国间划分税收管辖权。如，在大多数跨国所得项目上，实行来源地国优先征税原则，但来源地国应对征税范围或税率进行限制，此后，居住地国必须采取适当的消除双重征税的措施。

二、国际重叠征税

（一）含义

国际重叠征税是指由于两个或两个以上的国家各自依据其税收管辖权对同一所得按本国税法对公司和股东分别征税，形成对不同纳税人的同一所得征收两次以上税收的行为。

国际重叠征税主要发生在公司与股东之间，公司所获得的利润必须依法缴纳公司所得税，税后利润用股息形式分配给股东，股东仍要对股息依法缴纳个人所得税或公司所得税，往往公司在一国，股东则在另一国。

（二）构成要件

与国际重复征税相比，国际重叠征税除了不具备同一纳税主体这一特征外，同样具有国际重复征税的其余 4 项构成要件。

（1）存在两个以上的征税主体。

（2）课税对象的同一性，即同一笔所得或财产价值。

（3）同一征税期间，即在同一纳税期间内发生的征税。

（4）课征相同或类似性质的税收。

（三）与国际重复征税的区别

国际重叠征税与国际重复征税表面上看有一定相同之处，但两者有显著区别：

（1）国际重复征税是对同一纳税人的同一所得重复征税，国际重叠征税则是对不同纳税人的来源于同一所得的收益两次或两次以上征税。

（2）国际重复征税只存在于国家间，不存在一国内。国际重叠征税除发生在国家间外，还存在着国内重叠征税。

（3）无论国际或国内重叠征税，至少有一个纳税人是公司，而国际重复征税一般发生在单个公司和单个个人的税收征纳关系上。

（四）解决国际重叠征税的方法

国际重叠征税可从两方面解决，由股息收入国、股息付出国分别采取措施。

1. 股息收入国可采取的三种措施

（1）对来自国外的股息减免所得税。

这种方法可以在一定程度上或在根本上解决重叠征税的问题。但很多国家在适用这一方法时，都要求收取股息的公司在付出股息的公司中持有一定数量的股份，持股比例高低各国规定有所不同，多数要求至少达到 25%，有的国家还要求其他一些条件。

（2）母、子公司合并报税。子公司法律上是独立法人，不允许与母公司合并报税，如果从法律上允许母子公司合并报税，则子公司在国外所纳税款可从母公司所得税中扣除，从而消除重叠征税。实行合并报税的国家并不太多，因为对母公司所持子公司股份的比例要求较高，不少国家还要求严格的审批。

(3) 实行间接抵免。这是解决国际重叠征税的最重要的措施，这种方法将母公司所收股息上承担的子公司所在国税款通过一定公式还原出来，然后月还原来出来的税款与股息之和作为税基乘以母公司所在国所得税税率，作为母公司所在国给予母公司的间接抵免额。

2. 股息付出国可采取的两种措施

(1) 双税率制，是指国家对用于分配股息的利润和不用于分配股息的利润分别适用不同的公司税率征税的制度。

一般对用于分配股息的利润适用低税率，对不用于分配股息的利润适用高税率，那么股息收入者自然也可以减轻税负，达到缓解国际重叠征税负担的目的。

(2) 折算制，又叫冲抵制，是指公司依法缴纳公司所得税，税后利润进行股息分配，国家按股东收到股息额的一定比率退税给股东，然后以股息和退税之和为基数按适用的税率计征所得税，余额便是净股息所得。

在折算制下，如果股东缴纳的所得税额等于或小于退税额，就可完全消除重叠征税，如大于退税额，则可减缓重叠征税给纳税人造成的税收负担。

第四节 国际逃税与避税

一、国际逃避税概念

1. 国际逃税

国际逃税是指跨国纳税人故意或有意地违反税法规定，采取向有关税务当局隐瞒、谎报、虚报等非法手段，减轻或逃避有关国家税法或税收协定所规定的要求其承担纳税义务的行为；或者跨国纳税人因疏忽或过失而没有履行法律所规定的要求其承担纳税义务的行为。

2. 国际避税

国际避税是指跨国纳税人利用各国税法或税收协定规定的欠缺或含混之处，采取某种公开的或形式上不违法的方式，减轻或规避法律要求其承担的纳税义务的行为。

二、国际逃避税的主要方式

1. 国际逃税的手段

(1) 不向税务机关报送纳税资料。

(2) 谎报和虚构所得。

(3) 伪造账册和收付凭证。

2. 国际避税的主要方式

(1) 通过纳税主体的跨国移动进行国际避税。

通过纳税主体的跨国移动进行国际避税，是自然人常用的一种避税方式。由于各国居民税收管辖权的认定标准不一致，纳税人因此往往通过移居国外或压缩在某国的居留时间的方式来避税。

（2）通过征税对象的跨国移动进行国际避税。

第一，跨国联属企业的转移定价。

联属企业，亦称关联企业，通常是指在资金、经营、购销等方面彼此间存在直接或间接的拥有或控制关系的企业和经济组织，包括在上述方面直接或间接地同为第三者所拥有或控制的企业。

所谓跨国联属企业，则是指分处在两个以上国家境内、彼此间存在上述拥有或控制关系的企业和经济组织。

跨国联属企业之间在进行交易时，有时出于联属企业集团利益或经营目标的需要，在交易定价和费用分摊上，不是根据独立竞争的市场原则和正常交易价格，而是人为地故意抬高或压低交易价格或费用标准，从而使联属企业某一实体的利润转移到另一个企业的账上，这种现象称为跨国联属企业的转移定价行为。

第二，避税港的利用。

避税港一般是指那些对所得和财产不征税或按很低的税率征税的国家和地区。跨国纳税人利用避税港进行国际避税，主要是通过在避税港设立“基地公司”（所谓基地公司，是指那些在避税港设立而实际受外国股东控制的公司，这类公司的全部或主要的经营活动是在避税港境外发生和进行的）。将在避税港境外的所得和财产汇集在基地公司的账户下，从而达到逃避税收的目的。

第三，资本弱化。

考虑到股份和贷款两种融资方式的国际税负差异，跨国投资人，尤其是跨国集团公司，把本来应以股份形式投入的资金转为采用贷款方式提供，从而逃避或减轻其本应承担的国际税负。这类避税安排在国际税法上称作“隐蔽的股份投资”或“资本弱化”。

第四，滥用税收协定。

所谓滥用税收协定，是指本无资格享受某一特定的税收协定优惠待遇的第三国居民，为获取该税收协定的优惠待遇，通过在协定的缔约国一方境内设立一个具有该国居民身份的传输公司（通常采取子公司形式），从而间接享受了该税收协定提供的优惠待遇，减轻或避免了其跨国所得本应承担的纳税义务。

三、国际逃避税的国内法管制措施

1. 一般国内法措施

（1）加强国际税务申报制度。

（2）加强税务调查。

（3）强化会计审查制度。

（4）实行评估所得制度。

2. 特别国内法律措施

（1）防止跨国联属企业利用转移定价逃避税的法律措施转让定价规则（即正常交易原则）。所谓正常交易原则，是将联属企业间的经济交往当作独立竞争的企业之间的关系处理。如果联属企业的受控交易定价中有人为抬价或压价的现象，致使其偏离非受控交易价格，税务机关可以调整其应税所得。

目前，许多国家对关联企业之间的收入费用进行分配时都根据所谓的正常交易原则。即将关联企业总机构与分支机构、母公司与子公司，以及分支机构或子公司相互间的关系，当做独立竞争的企业之间的关系来处理。如果联属企业间的有关交易往来作价背离了按上述有关标准或方法确定的公平市场交易价格，税务机关可认定纳税人存在转移定价行为，并据此公平市场交易价格对有关交易价格进行重新调整。

（2）防止利用避税港进行国际避税的法律措施。

各国对这类避税行为的法律管制措施可分为三种类型：

一是通过法律禁止纳税人在避税港设立基地公司。

二是禁止非正常的利润转移。

三是取消境内股东在基地公司的未分配股息所得的延期纳税待遇，以打击纳税人在避税港设立基地公司积累利润的积极性。（如受控外国公司（CFC）立法。）

这一措施的目的是消除一个受控外国公司的部分或全部外国来源所得在本国延迟纳税所带来的好处，即无论受控外国公司是否把收入分给了股东，均按股东占该外国公司的股份份额将收入归结到股东身上。

（3）防止资本弱化逃避税收的法律措施（如安全港比率）。

针对通过资本弱化逃避纳税义务的行为，一些国家通过特别的税收立法和税务征管规定，或者运用“正常交易原则”，限制股东对公司的过多贷款融资安排，或者将以贷款融资掩盖股份融资情况下公司付给贷款股东的利息视为股息，禁止从公司应税所得中列支扣除。

安全港比率，如一国税法规定，国内子公司支付给外国公司的贷款利息，只有在贷款与股本的比率不大于1.5：1的情况下，才允许在子公司的应税所得额中列支扣除。

（4）防止国际逃避税的国际合作。

①建立国际税收情报交换制度。

②在税款征收方面相互协助。

③在税收协定中增设反滥用协定条款。

第五节　我国企业税收法律制度

一、税法的概念

税法是国家制定的用以调整国家与纳税人之间在征纳税方面的权利及义务关系的法律规范的总称。它是国家及纳税人依法征税、依法纳税的行为准则。

税法的调整对象是国家与纳税人之间在征纳税方面的权利与义务关系。不能理解为税务机关与纳税人的关系，税务机关代表国家行使征税职权。税法是税收的法律表现形式，税收是税法确定的具体内容。

二、税法的分类

（1）按税法基本内容和效力，可分为税收基本法和税收普通法。

（2）按税法的职能作用，可分为税收实体法和税收程序法。

（3）按征税对象，可分为流转税法、所得税法、财产税法、行为税法、资源税法。

此外还有其他分类，见表 13－2。

表 13－2　　税法的分类

<table>
<tr><td rowspan="5">按征税对象</td><td>流转税</td><td>以流转额为课税对象（增值税、消费税、关税等）。</td></tr>
<tr><td>所得税</td><td>以纳税人的所得额为课税对象（企业所得税、个人所得税）。</td></tr>
<tr><td>财产税</td><td>以纳税人所拥有或支配的财产数量或价值为课税对象（房产税、车船税）。</td></tr>
<tr><td>资源税</td><td>以纳税人在我国境内从事资源开发和使用为征税对象（资源税、土地增值税、城镇土地使用税等）。</td></tr>
<tr><td>行为税</td><td>以纳税人的某些特定行为为课税对象（印花税、车辆购置税、城市维护建设税、契税、耕地占用税等）。</td></tr>
<tr><td rowspan="2">按征管分工体系</td><td>工商税</td><td>税务机关负责征收管理。</td></tr>
<tr><td>关税类</td><td>海关负责征收管理。
包括：进出口关税；海关代征进口环节增值税、消费税和船舶吨税。</td></tr>
<tr><td rowspan="3">按征管和收入支配权限</td><td>中央税</td><td>如关税、消费税、车辆购置税、海关代征进口环节消费税和增值税。</td></tr>
<tr><td>地方税</td><td>如城镇土地使用税、城市维护建设税、房产税、车船税、契税、土地增值税等。</td></tr>
<tr><td>共享税</td><td>如增值税（不含海关代征）、企业所得税、资源税、证券交易印花税等。</td></tr>
<tr><td rowspan="3">按计税标准不同</td><td>从价税</td><td>以征税对象的价格为计税依据；按照一定比例计征的税种（增值税、企业所得税）。</td></tr>
<tr><td>从量税</td><td>以征税对象的数量、重量、容积、面积等为计税依据，按照规定的税额计征的税种（资源税、车船税、城镇土地使用税等）。</td></tr>
<tr><td>复合税</td><td>既从价计征又从量计征的税种（如消费税中的卷烟和白酒）。</td></tr>
</table>

三、税法的构成要素

1. 总则

2. 纳税人

即纳税主体，包括法律上的纳税主体和经济上的纳税主体。

法律上的纳税主体——纳税人：税制中规定的直接负担纳税义务的法人、自然人及其他组织。

经济上的纳税主体——负税人：税款的实际或最终承担者。

与其相关的几个概念：

(1) 代扣代缴义务人——制度性义务，在向纳税人支付款项时从纳税人的收入中扣除应纳税款，代纳税人向征收机关申报缴纳。

(2) 代收代缴义务人——制度性义务，在向纳税人收取款项时再收取纳税人的应纳税款，代纳税人向征收机关申报缴纳。

(3) 代征人——以行政合同方式确立，依法代理征收机关征收税款。

3. 征税对象

征税对象是税收法律关系中征纳双方权利义务所指向的物或行为，是征税标的物，具体指明对什么征税。它是区别不同税种的主要标志，也是税种名称的由来。

4. 税目

税目是各个税种所规定的具体征税项目。它是征税对象的具体化。税目的设置方法有列举法（资源税）和概括法（如房产税）。

5. 税率

税率是指纳税人应纳税额与征税对象数额之间的比例，是法定计算应纳税额的尺度。它是税法构成的核心要素。现行的税率形式有比例税率、超额累进税率超率累进税率和定额税率。

比例税率：一般适用于流转税；征收效率高；不符合公平原则。

累进税率：超额、超率累进税率。一般适用于对所得和财产征税；计税复杂；符合公平原则。

全额累进与超额累进：划分级距的依据相同，都是课税对象的绝对数额；但累进的方式不同。

某级距的速算扣除数＝上一级距的上限×(本级距的税率－上一级级距税率)
＋上一级距的速算扣除数

超额累进、超率累进：累进方式相同；划分级距的依据不同，即额与率。

定额税率：适用于从量计征的税种；计算简便。

6. 纳税环节

纳税环节是指税法规定的征税对象在从生产到消费的流转过程中应当缴纳税款的环节。

7. 纳税期限

纳税期限的两种形式：按次纳税和按期纳税。

纳税期限的三个层次：纳税义务的起始时限，即纳税义务发生时间；纳税所属期限，即依法计算应纳税额的期限；税款入库期限，即纳税所属期限期满后，向主管征收机关申报缴纳税款的法定期限。

滞纳金＝滞纳税额×0.5‰×滞纳天数（入库期限届满次日起至纳税人实际缴纳之日止）

8. 纳税地点

9. 减税免税

(1) 税基式减免。

(2) 税率式减免：零税率、减按百分之几。

(3) 税额式减免：免税、减征百分之几。

10. 罚则

11. 附则

四、主要税种

2011 年，经国务院批准，财政部、国家税务总局联合下发《营业税改征增值税试点方案》。从 2012 年 1 月 1 日起，在上海交通运输业和部分现代服务业开展营业税改征增值税试点。至此，货物劳务税收制度的改革拉开序幕。自 2012 年 8 月 1 日起至年底，国务院将扩大营改增试点至 10 省市。截至 2013 年 8 月 1 日，“营改增”范围已推广到全国试行。国务院总理李克强 12 月 4 日主持召开国务院常务会议，决定从 2014 年 1 月 1 日起，将铁路运输和邮政服务业纳入营业税改征增值税试点，至此交通运输业已全部纳入营改增范围。自 2014 年 6 月 1 日起，将电信业纳入营业税改征增值税试点范围。

2016 年，已纳入“营改增”的行业减税规模估计有 2 000 亿元，金融业、房地产和建筑业、生活服务业等行业减税规模或接近 4 000 亿元，2016 年“营改增”减税总规模接近 6 000 亿元。“营改增”会确保所有行业的税负只减不增。

自 2016 年 5 月 1 日起，中国将全面实施“营改增”，营业税将退出历史舞台，增值税制度将更加规范。这是自 1994 年分税制改革以来，财税体制的又一次深刻变革。

1. 增值税

按照我国增值税法的规定，增值税是对在我国境内销售货物或者提供加工、修理修配劳务（应税劳务），交通运输业、邮政业、电信业、部分现代服务业服务（应税服务），以及进口货物的单位和个人，就其销售货物、提供应税劳务、提供应税服务的增值额和货物进口金额为计税依据而课征的一种流转税。

增值税法是指国家制定的用以调整增值税征收与缴纳之间权利与义务的法律关系的法律规范。

我国 1979 年开始在部分城市试行生产型增值税。2008 年国务院决定全面实施增值税改革，即将生产型增值税转为消费型增值税。2011 年年底国家决定在上海试点营业税改增值税工作，近几年“营改增”试点地区已经扩展到全国，“营改增”的行业也随着财税改革的深入不断扩大。

(1) 征税范围。

根据《中华人民共和国增值税暂行条例》（以下简称《增值税暂行条例》）和“营改增”的规定，我们将增值税的征税范围分为一般规定和具体规定。

一般规定：

第一，销售或者进口的货物。货物指有形动产，包括电力、热力、气体在内。销售货物，指有偿转让货物的所有权。

第二，提供的应税劳务。应税劳务是指纳税人提供的加工、修理修配劳务。加工指受托加工货物，及委托方提供原料及主要材料，受托方按照委托方的要求制造货物并收取加工费的业务；修理修配是指受托方对损伤和丧失功能的货物进行修复，使其恢复原状和功能的业务。提供应税劳务，是指有偿提供加工、修理修配劳务。单位或者个体工商户聘用的员工为本单位或者雇主提供加工、修理修配劳务不包括在内。

第三，提供应税服务。应税服务，是指陆路运输服务、水路运输服务、航空运输服务、管道运输服务、邮政普遍服务、邮政特殊服务、其他邮政服务、基础电信服务、增值电信服务、研发和技术服务、信息技术服务、文化创意服务、物流辅助服务、有形动产租赁服务、鉴证咨询服务、广播影视服务。

增值税的征税范围除了上述的一般规定外，还对经济实务中某些特殊项目或行为是否属于增值税的征税范围，作出了具体规定。

（2）纳税人。

根据《增值税暂行条例》和“营改增”的相关规定，凡在我国境内销售或者进口货物、提供应税劳务和应税服务的单位和个人都是增值税纳税义务人。增值税纳税人又分为一般纳税人和小规模纳税人。

①小规模纳税人的标准：

从事货物生产或提供应税劳务的纳税人，以及从事货物生产或提供应税劳务为主兼营货物批发零售的纳税人，年应税销售额不超过 50 万元；

上述规定以外的纳税人（不含提供应税服务的纳税人），年应税销售额不超过 80 万元视为小规模纳税人；

应税服务年销售额未超过 500 万元的试点纳税人，可以向主管税务机关申请小规模纳税人资格；

非企业性单位、不经常发生应税行为的企业可选择按小规模纳税人纳税；对于应税服务年销售额超过规定标准但不经常提供应税服务的单位和个体工商户，可选择按照小规模纳税人纳税；

旅店业和饮食业纳税人销售非现场消费的食品，属于不经常发生增值税应税行为，根据《中华人民共和国增值税暂行条例实施细则》第 29 条的规定，可以选择按小规模纳税人缴纳增值税；

兼有销售货物、提供加工修理修配劳务以及应税服务，且不经常发生应税行为的单位和个体工商户，可选择按照小规模纳税人纳税人纳税。

②一般纳税人的认定标准：

一般纳税人是指年应征增值税销售额（以下简称“年应税销售额”）超过财政部、国家税务总局规定的小规模纳税人标准的企业和企业性单位（以下简称“企业”）。年应税销售额是指纳税人在连续不超过 12 个月的经营期内累计应征增值税销售额，包括纳税申报销售额、稽查查补销售额、纳税评估调整销售额、税务机关代开发票销售额和免税销售额。其中稽查查补销售额和纳税评估调整销售额计入查补税款申报当月的销售额，不计入税款所属期销售额。经营期是指在纳税人存续期内的连续经营期间，含未取得销售收入的月份。

应税服务的年应征增值税销售额（以下简称“应税服务年销售额”）超过财政部和国家税务总局规定标准的纳税人为一般纳税人，未超过规定标准的纳税人为小规模纳税人。兼有销售货物、提供应税劳务以及应税服务的纳税人，应税货物及劳务销售额与应税服务销售额分别计算，分别适用增值税一般纳税人资格认定标准。

兼有销售货物，提供加工、修理修配劳务以及应税服务，且不经常发生应税行为的单位和个体工商户可选择按照小规模纳税人纳税。

小规模纳税人会计核算健全、能够提供准确税务资料的，可以向主管税务机关申请资格认定，不作为小规纳税人，依照有关规定计算应纳税额。

试点实施前应税服务年销售额未超过500万元的试点纳税人，如符合相关规定条件也可以向主管税务机关办理增值税一般纳税人资格登记。

（3）税率。

第一，基本税率。

增值税一般纳税人销售或者进口货物，提供应税劳务，提供应税服务，除低税率适用范围外，税率一律为17%，也就是基本税率。

第二，低税率。

增值税一般纳税人销售或者进口下列货物，按低税率13%计征。

A. 粮食、食用植物油；

B. 自来水、暖气、冷气、热水、煤气、石油液化气、天然气、沼气、居民用煤炭制品；

C. 图书、报纸、杂志；

D. 饲料、化肥、农药、农机、农膜；

E. 国务院及其有关部门规定的其他货物。

提供交通运输业服务，税率为11%。

提供邮政服务，税率为11%。

提供基础电信服务，税率为11%，提供增值电信服务，税率为6%。

提供部分现代服务业服务，税率为6%（有形动产租赁服务适用17%的税率）。

第三，零税率。

纳税人出口货物和财政部、国家税务总局规定的应税服务，税率为零；但是，国务院另有规定的除外。

根据“营改增”的规定，应税服务的零税率政策如下：

A. 境内的单位和个人提供的国际运输服务、向境外单位提供的研发服务和设计服务，适用增值税零税率。

B. 境内的单位和个人提供的往返香港、澳门、台湾地区的交通服务以及在香港、澳门、台湾地区提供的交通运输服务（港澳台运输服务），适用增值税零税率。

C. 自2013年8月1日起，境内的单位和个人提供程租服务，如果租赁的交通工具用于国际运输服务和港澳台地区运输服务，由出租方按规定申请适用增值税零税率。

自2013年8月1日起，境内单位和个人向境内单位和个人提供期租、湿租服务，如果承租方利用租赁的交通工具向其他单位或个人提供国际运输服务和港澳台地区运输服务，由承租方按规定申请适用增值税零税率。境内单位或个人向境外单位和个人提供期租、湿租服务，由出租方按规定申请适用增值税零税率。

D. 境内的单位和个人提供适用增值税零税率的应税服务，如果属于适用简易计税方法的，实行免征增值税办法。如果属于适用增值税一般计税方法的，生产企业实行“免、抵、退”税办法；外贸企业将外购的适用增值税零税率应税服务出口的，实行免退税办法；外贸企业直接将适用增值税零税率的应税服务出口的，视同生产企业连同其出口货物统一实行“免、抵、退”税办法。

E. 从境内载运旅客或货物至国内海关特殊监管区域或场所、从国内海关特殊监管区域或场所载运旅客或货物至国内其他地区或者国内海关特殊监管区域及场所，以及向国内海关特殊监管区域及场所内单位提供的研发服务、设计服务等服务，不属于增值税零税率应税服务适用范围。

F. 境内的单位和个人提供适用增值税零税率的应税服务，可以放弃适用增值税零税率，选择免税或按规定缴纳增值税。放弃适用增值税零税率后，36 个月内不得再申请适用增值税零税率。

G. 境内的单位和个人提供适用增值税零税率的应税服务，按月向主管退税的税务机关申请办理增值税“免、抵、退”税或免税手续。

（4）计税方法。

第一，一般纳税人适用一般计税方法计税。

当期应纳增值税税额＝当期销项税额－当期进项税额

但是一般纳税人销售或提供财政部和国家税务总局规定的特定的销售货物、应税劳务、应税服务，可以选择适用简易计税方法计税，一经选择，36 个月内不得变更。

第二，小规模纳税人适用简易计税方法。

当期应纳增值税额＝当期销售额(不含增值税)×征收率

第三，扣缴义务人计税方法。

境外单位或个人在境内提供应税服务，在境内未设有经营机构的，扣缴义务人按下列方式扣缴税额：

应扣缴税额＝接受方支付的价款÷(1＋税率)×征收率

（5）增值税征收管理。

第一，纳税义务发生的时间。

《增值税暂行条例》和“营改增”明确规定了增值税纳税义务的发生时间。纳税义务发生时间，是纳税人发生应税行为应当承担纳税义务的起始时间。

A. 销售货物或者提供应税劳务的纳税义务发生时间。

①纳税人销售货物或者提供应税劳务，其纳税义务发生时间为收讫销售款项或者取得索取销售款项凭据的当天；先开具发票的，为开具发票的当天。其中，收讫销售款项或者取得索取销售款项凭据的当天按销售结算方式的不同，具体为：

采取直接收款方式销售货物，不论货物是否发出，均为收到销售款或者取得索取销售款凭据的当天。

采取托收承付和委托银行收款方式销售货物，为发出货物并办妥托收手续的当天。

采取赊销和分期收款方式销售货物，为书面合同约定的收款日期的当天，无书面合同的或者书面合同没有约定收款日期的，为货物发出的当天。

采取预收货款方式销售货物，为货物发出的当天，但生产销售生产工期超过 12 个月的大型机械设备、船舶、飞机等货物，为收到预收款或者书面合同约定的收款日期的当天。

委托其他纳税人代销货物，为收到代销单位的代销清单或者收到全部或者部分货款的当天。未收到代销清单及货款的，为发出代销货物满 180 天的当天。

销售应税劳务，为提供劳务同时收讫销售款或者取得索取销售款的凭据的当天。

纳税人发生除将货物交付其他单位或者个人代销和销售代销货物以外的视同销售货物行为，为货物移送的当天。

②纳税人进口货物，其纳税义务发生时间为报关进口的当天。

③增值税扣缴义务发生时间为纳税人增值税纳税义务发生的当天。

B. 提供应税服务的纳税义务发生时间。

①纳税人提供应税服务的纳税义务发生时间为提供应税服务并收讫销售款项或者取得索取销售款项凭据的当天；先开具发票的，为开具发票的当天。

②纳税人提供有形动产租赁服务采取预收款方式的，其纳税义务发生时间为收到预收款的当天。

③纳税人发生视同提供应税服务的，其纳税义务发生时间为应税服务完成的当天。

④增值税扣缴义务发生时间为纳税人增值税纳税义务发生的当天。

上述销售货物或应税劳务及应税服务纳税义务发生时间的确定，明确了企业在计算应纳税额时对“当期销项税额”时间的限定，是增值税计税和征收管理中重要的规定。目前，一些企业没有按照上述规定的纳税义务发生时间将实现的销售收入及时入账并计算纳税，而是采取延迟入账或不计入销售收入等做法，以拖延纳税或逃避纳税，这些做法都是错误的。企业必须按上述规定的时限及时、准确地记录销售额和计算当期销项税额。

第二，纳税期限。

在明确了增值税纳税义务发生时间后，还需要掌握具体纳税期限，以保证按期缴纳税款。根据《增值税暂行条例》的规定，增值税的纳税期限分别为 1 日、3 日、5 日、10 日、15 日、1 个月或者 1 个季度。

纳税人的具体纳税期限，由主管税务机关根据纳税人应纳税额的大小分别核定；不能按照固定期限纳税的，可以按次纳税。以 1 个季度为纳税期限的规定仅适用于小规模纳税人以及财政部和国家税务总局规定的其他纳税人。小规模纳税人的具体纳税期限，由主管税务机关根据其应纳税额的大小分别核定。

纳税人以 1 个月或者 1 个季度为一个纳税期的，自期满之日起 15 日内申报纳税；以 1 日、3 日、5 日、10 日或者 15 日为一个纳税期的，自期满之日起 5 日内预缴税款，于次月 1 日起 15 日内申报纳税并结清上月应纳税款。

扣缴义务人解缴税款的期限，依照前两款规定执行。

纳税人进口货物，应当自海关填发进口增值税专用缴款书之日起 15 日内缴纳税款。

纳税人出口货物适用退（免）税规定的，应当向海关办理出口手续，凭出口报关单等有关凭证，在规定的出口退（免）税申报期内按月向主管税务机关申报办理该项出口货物的退（免）税。

出口货物办理退税后发生退货或者退关的，纳税人应当依法补缴已退的税款。

第三，纳税地点。

为了保证纳税人按期申报纳税，根据企业跨地区经营和搞活商品流通的特点及不同情况，税法还具体规定了增值税的纳税地点：

固定业户应当向其机构所在地的主管税务机关申报纳税。总机构和分支机构不在同一县（市）的，应当分别向各自所在地的主管税务机关申报纳税；但在同一省（区、市）范围内的，经省（区、市）财政厅（局）、国家税务局审批同意，可以由总机构汇总向总机构所在地的主管税务机关申报缴纳增值税。

固定业户到外县（市）销售货物或者应税劳务，应当向其机构所在地的主管税务机关申请开具外出经营活动税收管理证明，并向其机构所在地的主管税务机关申报纳税；未开具证明的，应当向销售地或者劳务发生地的主管税务机关申报纳税；未向销售地或者劳务发生地的主管税务机关申报纳税的，由其机构所在地的主管税务机关补征税款。

非固定业户销售货物或者应税劳务，应当向销售地或者劳务发生地的主管税务机关申报纳税；未向销售地或者劳务发生地的主管税务机关申报纳税的，由其机构所在地或者居住地的主管税务机关补征税款。

进口货物，应当向报关地海关申报纳税。

扣缴义务人应当向其机构所在地或者居住地的主管税务机关申报缴纳其扣缴的税款。

2. 企业所得税

（1）企业所得税的概念。

企业所得税，是指对我国境内企业和其他取得收入的组织的生产、经营所得和其他所得依法征收的一种税。

（2）企业所得税纳税人。

在中华人民共和国境内，企业和其他取得收入的组织为企业所得税的纳税人。但不包括个人独资企业、合伙企业（自然人性质的企业）。

（3）区分居民企业及非居民企业（见表 13－3）。

表 13－3　　区分居民企业及非居民企业

纳税人	适用不同的税收管辖权
居民企业	是指依法在中国境内成立； 或者依照外国法律成立但实际管理机构在中国境内的企业。 【提示】两个条件满足其一就会被确定为居民企业。
非居民企业	是指依照外国法律成立且实际管理机构不在中国境内，但在中国境内设立机构、场所的，或者在中国境内未设立机构、场所，但有来源于中国境内所得的企业。

（4）企业所得税的征税对象。

企业的生产经营所得和其他所得。居民企业和非居民企业的征税对象的判定如表 13－4 所示。

表 13－4　　征税对象

<table>
<tr><td colspan="2">居民企业</td><td>应当就其来源于中国境内、境外的全部所得作为征税对象。</td></tr>
<tr><td rowspan="2">非居民企业</td><td>在中国境内设立机构、场所</td><td>应当就其所设机构、场所取得的来源于中国境内的所得，以及发生在中国境外但与其所设机构、场所有实际联系的所得，缴纳企业所得税。</td></tr>
<tr><td>在中国境内未设立机构、场所的，或者虽设立机构、场所，但取得的所得与其所设机构、场所没有实际联系的
【提示】实际联系是指非居民企业在中国境内设立的机构、场所拥有的据以取得所得的股权、债权，依据拥有、管理、控制据以取得所得的财产。</td><td>应当就其来源于中国境内的所得缴纳企业所得税。</td></tr>
</table>

（5）企业所得税税率（比例税率），其适用情况见表 13－5。

表 13－5　　企业所得税税率

税率	适用情况
基本税率 25％	1. 居民企业（境内外所得）； 2. 在境内有机构、场所的非居民企业的境内/境外有关所得。
优惠税率 20％	符合条件的小型微利企业。
优惠税率 15％	国家重点扶持的高新技术企业。
低税率 20％ （预提所得税率）	适用于在境内无机构、场所的非居民企业，或有机构、场所的非居民企业的境外无关所得（实际依法定税率 20％减半征收，为 10％）。

（6）企业所得税应纳税所得额。

应纳税额＝应纳税所得额×税率－减免税额－抵免税额

【提示】应纳税所得类似会计上的“利润总额”，但又有不一致的地方。会计处理按会计准则规定去做，税务处理要按税法规定去做。二者不一致的地方要做纳税调整，但都符合权责发生制原则。

应纳税所得额＝收入总额－不征税收入－免税收入－各项扣除－以前亏损弥补

第一，收入总额。

销售货物收入；
提供劳务收入；
转让财产收入；（转让财产所有权）
股息、红利等权益性投资收益；
利息收入；（如存款利息）
租金收入；（如出租房产）
特许权使用费收入；（如专利使用费）
接受捐赠收入；（计入营业外收入）
其他收入。

第二，不征税收入。

财政拨款；
依法收取并纳入财政管理的行政事业性收费、政府性基金；
国务院规定的其他不征税收入（专项用途的财政资金：如部分即征即退的增值税）。

第三，免税收入。

国债利息收入；
符合条件的居民企业之间的股息、红利等权益性投资收益；
在中国境内设立机构、场所的非居民企业从居民企业取得的与该机构、场所有实际联系的股息、红利等权益性投资收益；
符合条件的非营利组织的收入（不包括非营利组织从事营利性活动取得的收入）。

【提示】不征税收入和免税收入要分清。

第四，准予扣除的项目。

成本：如销售成本、提供劳务成本、转让固定资产和无形资产的成本等。

费用：销售费用、管理费用、财务费用。

A. 业务招待费：按发生额的60%扣除，但最高不超过当年销售（营业）收入的0.5%。

B. 广告费和业务宣传费：不超过当年销售（营业）收入15%的部分准予扣除；超过部分，准予在以后纳税年度结转扣除。

C. 税金：如消费税、印花税等（计入“税金及附加”或“管理费用”）。

【提示】税金中无增值税，也不包括企业所得税。

D. 损失；如坏账损失、自然灾害损失、转让财产损失等。

【提示】不包括各种行政性罚款损失。

E. 其他支出：与经营活动有关的合理的支出。如差旅费、会议费等。

【提示】此类税法和会计规定不一致的项目，在计算所得税时均需要做纳税调整。

F. 不得扣除的项目：

①向投资者支付的股息、红利等权益性投资收益款项（用税后利润支付）。
②企业所得税税款。
③税收滞纳金。
④罚金、罚款和被没收财物的损失。

【提示】经济合同支付的违约金、银行的罚息和诉讼费等，均不属于行政性罚款，允许在税前扣除。

⑤超过规定标准以外的捐赠支出。

⑥赞助支出。

⑦未经核定的准备金支出。

⑧企业之间支付的管理费，企业内营业机构之间支付的租金和特许权使用费，以及非银行企业内营业机构之间支付的利息。

⑨与取得收入无关的其他支出。

G. 职工福利费、工会经费和职工教育经费的税前扣除。

①福利费：不超过工资薪金总额14%的部分，准予扣除。

②工会经费：不超过工资薪金总额2%的部分，准予扣除。

③职工教育经费：不超过工资薪金总额2.5%的部分，准予扣除；超过部分，准予在以后年度结转扣除。

【提示】可以结转扣除的有职工教育经费和广告费业务宣传费两项。此类税收差异属于“暂时性差异”。

3. 税收优惠政策

(1) 直接扶持中小微企业的政策。

第一，增值税提高起征点政策。

自2011年11月1日起，销售货物的增值税起征点幅度调整为月销售额5 000～20 000元，销售应税劳务的为月销售额5 000～20 000元，按次纳税的为每次（日）销售额300～500元。而原实施细则中，上述三种增值税的起征点分别为2 000～5 000元、1 500～3 000元和150～200元（《中华人民共和国增值税暂行条例实施细则》第37条第2款）。

第二，小型微利企业减半征收所得税政策。

自2012年1月1日至2015年12月31日，对年应纳税所得额低于6万元（含）的小型微利企业，其所得减按50%计入应纳税所得额，按20%的税率缴纳（财税〔2011〕117号）。

第三，小规模纳税人增值税征收率为3%。

小规模纳税人的标准为：①从事货物生产或者提供应税劳务的纳税人，以及以从事货物生产或者提供应税劳务为主，并兼营货物批发或者零售的纳税人，年应征增值税销售额在50万元以下（含本数）的；②除第①项规定以外的纳税人，年应税销售额在80万元以下的（《增值税暂行条例》《中华人民共和国增值税暂行条例实施细则》）。

第四，个人所得税税前费用扣除标准提高至3 500元/月。

对个体工商户业主、个人独资企业和合伙企业自然人投资者的生产经营所得依法计征个人所得税时，个体工商户业主、个人独资企业和合伙企业自然人投资者本人的费用扣除标准自2011年9月1日起调整为3 500元/月。个体户向其从业人员实际支付的合理的工资、薪金支出，允许在税前据实扣除。投资者的工资不得在税前扣除（财税〔2011〕62号）。

第五，下列企业所得税按20%征收。

年度应纳税所得额不超过30万元，从业人数不超过100人，资产总额不超过3 000万

元的工业企业；年度应纳税所得额不超过30万元，从业人数不超过80人，资产总额不超过1 000万元的其他企业。以上均需是从事国家非限制和禁止行业（《企业所得税法实施条例》)。

（2）鼓励金融机构支持中小微企业发展的政策。

第一，银行针对小微企业放款风险准备金税前扣除政策。

财政部、国家税务总局《关于金融企业涉农贷款和中小企业贷款损失准备金税前扣除政策的通知》（财税〔2009〕99号）规定的金融企业涉农贷款和中小企业贷款损失准备金税前扣除的政策，继续执行至2013年12月31日（财税〔2011〕104号）。

第二，银行对小微企业借款合同免征印花税政策。

自2011年11月1日起至2014年10月31日，金融机构与小型、微型企业签订的借款合同免征印花税（财税〔2011〕105号）。

第三，创业投资企业所得税优惠政策。

创业投资企业采取股权投资方式投资于未上市的中小高新技术企业2年以上的，可以按照其投资额的70%在股权持有满2年的当年抵扣该创业投资企业的应纳税所得额（《企业所得税法》及其实施条例）。

第四，中小企业信用担保机构所得税税前扣除政策。

符合条件的中小企业信用担保机构按照不超过当年年末担保责任余额1%的比例计提的担保赔偿准备，允许在企业所得税税前扣除；按照不超过当年担保费收入50%的比例计提的未到期责任准备，允许在企业所得税税前扣除。中小企业信用担保机构实际发生的代偿损失，符合税收法律法规关于资产损失税前扣除政策规定的，应冲减已在税前扣除的担保赔偿准备，不足冲减部分据实在企业所得税税前扣除（财税〔2012〕25号）。

第五，小额贷款减免税政策。

自2009年1月1日至2013年12月31日，对金融机构农户小额贷款的利息收入在计算应纳税所得额时，按90%计入收入总额；对保险公司为种植业、养殖业提供保险业务取得的保费收入，在计算应纳税所得额时，按90%比例减计收入（财税〔2010〕4号）。

（3）中小微企业受益的其他相关政策。

中小微企业受益的其他相关政策还有农副产品加工企业所得税减免政策；从事环保、节能节水经营所得税“三免三减半”政策；高新技术企业按15%税率征收（《企业所得税法实施条例》、国科发火〔2008〕172号）；资源综合利用产品减按90%计收；软件企业所得税“两免三减半”政策；关税、进口环节增值税和消费税、出口退税政策等等。

本章小结

本章主要讲述国际税法的内容和原则，税收管辖权的分类以及不同国家的规定；国际重复征税与国际重叠征税的区分、形成原因、危害、具体措施；在国际逃税与避税问题上，介绍了逃避税的形成和手段以及解决方法；最后，介绍了我国企业税收法律制度、税种和税率，以及中小企业税收优惠政策。

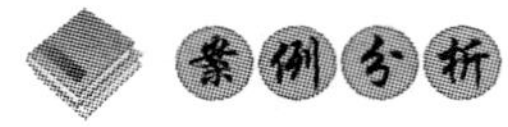

1. 案情介绍

2000年1月AT&T石油股份有限公司在E国成立。AT&T石油股份有限公司的主要投资人都是U国人。由于E国一直主张以法人的实际管理与控制中心标准来判定居民公司，为了躲避E国的高额税负，AT&T石油股份有限公司股东大会作出如下决策：

(1) 只允许公司的E国股东享有收取股息、参与分红等权利，不让公司的E国股东参与管理活动。达到把E国股东的股份与影响和控制公司管理的权利分开之目的。

(2) 任命非E国居民担任公司的高管人员，比如经理、董事会的成员等，E国居民不参与管理工作。

(3) 在E国以外的地区召开董事会与股东大会。与公司有关的一切会议材料、报告等均不在E国国内完成。会议档案也不放在E国国内。

(4) 高管人员不在E国国内以任何方式发布指示或命令。

(5) AT&T石油股份有限公司在E国境内设立一个服务性子公司，旨在应付紧急情况或附带发生的交易行为等特殊情况。AT&T石油股份有限公司要求子公司按照核准的利润率缴纳公司税负，避免引起E国政府的不满。

采取这些手段，AT&T石油股份有限公司成功地躲避了应向E国缴纳的巨额税款。

1. AT&T石油股份有限公司采取的躲避E国税收的行为属于什么性质?

2. AT&T石油股份有限公司采取的国际逃避税方式是什么?

3. E国怎样才能阻止企业实施上述逃避税行为?

2. 案例分析

思路：

如何运用“法人实际管理与控制中心”与“注册地或总机构所在地”来确定法人的居民身份之法律规定。

1. 根据国际避税的定义，本案中，AT&T石油股份有限公司采取的躲避E国税收的行为属于典型的国际避税行为。

2. AT&T石油股份有限公司任命非E国居民担任公司的高管人员，比如经理、董事会的成员等，E国居民不参与管理工作。这是通过纳税主体的跨国移动来进行国际避税。

3. 在采用法人实际管理与控制中心的同时兼采用注册地或总机构所在地来确定法人的居民身份。

通过纳税主体的跨国移动来逃避有关国家的居民税收管辖是国际避税的主要方式。E国一直是坚决主张以法人的实际管理与控制中心标准来判定居民公司的，本案中的AT&T石油股份有限公司即成功地逃避了E国的居民管辖。

本案AT&T石油股份有限公司采取的上述躲避E国税收的行为属于典型的国际避税行为，是通过纳税主体的跨国移动来进行国际避税。在采用法人实际管理与控制中心的同时兼采用注册地或总机构所在地来确定法人的居民身份可以阻止企业实施上述逃避税行为。

复习思考题

1. 国际税法的调整对象是什么?
2. 试论述国际税法中的税收管辖权。
3. 简述国际避税产生的原因。
4. 增值税一般纳税人与小规模纳税人有哪些区别?

第十四章 国际贸易管制法

△关税的概念

△关税的征收方法

△完税价格

△非关税措施

△反倾销、反补贴措施

案例导入

某汽车厂从国外进口材料一批，支付买价 50 万美元，支付到达海关前运费 4 万美元、保险费 2 万美元。按合同规定，该汽车厂还要向国外出口商支付该材料境内使用收益 10 万美元，取得海关缴款书完税凭证。关税税率是 0.3，那么进口该材料应缴纳关税税额是多少？

诸如此类关于关税的问题，需要我们对关税制度、完税价格有深入的了解，并能够熟练运用到实际中。在这一章，我们学习关税、非关税、反倾销反补贴相关法，希望通过本章的学习，读者能深入了解国际贸易管制法。

第一节 关税

一、国际贸易管制

国际贸易管制是指国家或国际经济组织为了特定的经济和政治目的，通过国内立法或缔结国际条约，限制外国或非成员国产品进口或本国产品出口的法律制度。

国际贸易管制的方法分为两类，一类是对进口贸易的法律管制，如进口关税、非关税措施；另一类则是对出口贸易的法律管制，如出口关税、奖励出口措施、出口管制措施。

二、海关法律体系

广义的海关法指调整海关管理活动全部法律规范的总称。它既包括专门的海关法，也包括所有的海关行政法规、海关规章、海关规范性文件，还包括各种法律、行政法规中涉及海关管理的所有规定。

1987 年 6 月 30 日，国务院批准《中华人民共和国海关法行政处罚实施细则》，对走私行为和违反海关监管规定的行为和处罚做了更详细的规定。另外，国务院 1985 年 3 月 7 日发布了《中华人民共和国进出口关税条例》，1989 年 8 月 28 日批准《海关对我出国人员进出境行李物品的管理规定》等条例，使中国海关法律体系日趋完善。

（一）关税概述

关税是指进出口商品在经过一国关境时，由政府设置的海关向进出口商所征收的税收。《中华人民共和国进出口关税条例》对关税税率的利用、完税价格的审定、税额的缴纳、退补、关税的减免及审批程序以及申诉程序等做了规定。

关税的征收对象是准许进出境的货物和物品。货物是指贸易性商品；物品指入境旅客随身携带的行李物品、个人邮递物品、各种运输工具上的服务人员携带进口的自用物品、馈赠物品以及以其他方式进境的个人物品。

进口货物的收货人、出口货物的发货人、进出境物品的所有人是关税的纳税义务人。进出口货物的收货人、发货人是依法取得对外贸易经营权，并进口或者出口货物的法人或者其他社会团体。进出境物品的所有人包括该物品的所有人和推定为所有人的人。

（二）税率种类

1. 进口税

进口税（import duty / import tax）亦称进口关税，指进口国海关对从外国进入本国的货物和物品征收的一种关税，是关税中最主要的一种。进口税在外国货物输入关境或国境时征收，或者在外国货物从自由港、自由贸易区或保税仓库中提出运往国内市场销售，办理通关手续时征收。

（1）进口关税税率。

普通税率，适用于没有外交关系的国家和产地不明的进口货物。税率最高，适用于普通税率的不适用其他优惠税率。

协定税率，适用于与我国签有关税优惠条款的区域性贸易协定的国家。税率较最惠国税率低。

最惠国税率，适用于 WTO 成员和有外交关系签有相互给予最惠国待遇的国家。税率较普通税率低许多。

特惠税率，适用于原产于与我国签有特殊关税优惠条款的区域性贸易协定的国家。税率较协定税率低。

此外还有关税配额税率、暂定税率等税率。适用于最惠国税率的进口货物有暂定税率的，适用于暂定税率；适用于协定税率、特惠税率的进口货物有暂定税率的，从低征税；适用于普通税率的，不适用暂定税率；配额内关税税率低于配额外关税税率。配额关税、反倾销、反补贴、保障措施、特别关税按有关规定执行。既适用于协定税率又涉及反倾销、反补贴的，适用于协定税率；享受协定税率的商品又涉及保障措施的，按在全部或部分终止、撤销、修改关税减让义务后所确定的适用税率计征。

（2）出口关税税率。

出口国海关根据关税税则对出口货物和物品所征收的关税。征收出口关税的目的主要是：①增加财政收入。②限制重要的原材料大量输出，保证国内供应。③提高以使用该国原材料为主的国外加工产品的生产成本，削弱其竞争力。④反对跨国公司在发展中国家低价收购初级产品。

中国海关对出口货物和物品征收关税。《中华人民共和国海关进出口税则》目前对涉及大约47个税号的商品规定征收出口关税。出口货物的关税税率为单一税则制，即只使用一种税率。目前，出口关税名义税率最高为100%，最低为10%。

（三）关税的征收

1. 征收方法

关税的征收方法又称征收标准，是各国海关计征进出口商品关税的标准和计算方法。关税征收方法主要有从量税、从价税、混合税、选择税，一般以从价税为主。

（1）从量税（specific duty）。

从量税是按照商品的重量、数量、长度、面积和容量等计量单位为标准计征的关税。其计算公式为：

从量税额＝商品数量×每单位从量税

各国征收从量税大多以商品的重量为单位。但各国应纳税的商品重量计算方法不同，一般有毛重、净重和半毛重。①毛重（gross weight），又称总重量法。即按照包括商品内外包装在内的总重量计征税额。②净重（net weight），又称纯重量法。即按商品总重量扣除内外包装后的重量计征税额。③半毛重（semigross weight），又称半重量法。即按商品总重量扣除外包装后的重量计征税额。

用从量税计征关税时的特点非常明显。

第一，从量税的优点是：

A. 以货物计量单位作为征税标准，手续简便。

B. 特别是对数量众多、价值低廉的商品进口的限制作用较大，因为单位税额固定，不论商品质量和价格如何，征收同样的税额，低价货物进口利润较低，可有效地增加商品的成本。

C. 当进口商品价格下跌时，从量税的限制作用也更加明显，可以防止外国商品低价倾销或为逃避关税有意压低进口商品价格的情况。

第二，从量税的缺点是：

A. 税率固定，税负不合理，同一税目下的商品无论质量好坏、价格高低按统一税率征收，对于质好价高的商品的限制作用较小。

B. 不能随着价格的变动而及时调整，当价格上涨时，其保护作用削弱。从量税的征收对象只适用于谷物、棉花等大宗初级产品和标准化产品，对某些商品如艺术品及贵重商品等不适用。

(2) 从价税（ad valorem duty）。

从价税是以进口商品的价格为标准计征的关税。其税率表现为货物价格的一定百分比。它是目前世界各国最常采用的征税方法。其计算公式为：

从价税额＝完税价格×从价税率

征收从价税时，其重要前提是确定进口商品的完税价格（dutiable value）。所谓完税价格是经海关审定的作为计征关税的货物价格，它是决定税额多少的重要因素。各国对完税价格的确定标准各不相同，大体上有以下三种：一是以装运港船上交货价（FOB）作为征税标准，二是以成本加运费、保险费价格（CIF）作为征税标准，三是以法定价格或进口官方价格作为征税标准。

为了防止各国利用确定完税价格的差异实行贸易壁垒，《关税及贸易总协定》东京回合达成了《海关估价协议》，规定了具体的海关估价原则和方法：海关对进出口商品的估价应以进口商品或相同商品的实际价格，而不得以本国产品的价格或者以武断的或虚构的价格作为计征关税的依据。实际价格是指在进口国立法确定的某一时间和地点，在正常贸易过程中，处于充分竞争条件下，某一商品或相同商品出售或兜售的价格。当实际价格无法按上述规定确定时，应以可确定的最接近实际价格的相应价格作为完税依据。

以 CIF 价成交的进口货物：

完税价格＝CIF 总值×汇率(中间价)＝人民币完税价格

以 FOB 价成交的进口货物：

完税价格(人民币)＝(FOB 价＋运费)/(1－保险费率)

以 CFR 价成交的进口货物：

完税价格(人民币)＝CFR 价/(1－保险费率)

注意：公式中的 FOB 价和 CFR 价都为总货值的人民币值，运费为总运费（人民币值）。

同样，按从价税征收的出口关税完税价格的计算公式为：

以 FOB 价成交的进口货物：

出口货物完税价格＝FOB 价/(1＋出口关税税率)

以 CFR 价成交的进口货物：

出口货物完税价格＝(CFR 价－运费)/(1＋出口关税税率)

征收从价税的优点是：

其一，税负合理，从价税与商品的价格成正比，同类商品质高价高的税额也高，在一定程度上对价格高的商品的进口起到了限制作用。

其二，当物价上涨时，税款也会相应增加，此时财政收入和保护作用均不受影响。

其三，适用性广，基本上所有商品都可采用这种计征方法。

其四，税负明确，特别是在关税水平、关税保护程度上，便于各国进行比较与谈判。

从价税最主要的缺点就是完税价格的标准不一致，增加了海关的工作量，从而减缓了通关进程的速度，也容易因完税价格的确定发生贸易纠纷。

（3）混合税（mixed duty）。

混合税又称复合税，是对某种进口商品同时采用从量税和从价税相结合的计征关税方法。其计算公式为：

混合税额＝从量税额＋从价税额

混合税常用于耗费原材料较多的工业制成品。计征时有两种形式：一种是以从量税为主加征从价税，另一种是以从价税为主加征从量税。

混合税的好处在于兼有从价税和从量税的优点：当物价上涨时，混合税所征税额比单一从量税多；在物价下跌时，又比单一从价税多。但是，混合税手续复杂，而且从价税和从量税的比例难以掌握。

（4）选择税（ahernation duty）。

选择税就是对同一种进口商品同时规定从量税和从价税两种税率，在征税时海关一般选择一种税额较高的税率进行计征。但有时为了鼓励进口，也会选择其中税额较低的一种来计征关税。

选择税的最大优点是具有很强的灵活性。其缺点是很难把握，也容易引起其他国家的争议，所以很少采用。

2. 纳税期限

进出口货物关税的纳税人，应当自海关填发税款缴款书之日起 15 日以内缴纳税款。除了海关特准的以外，进出口货物在收发货人缴清或者提供担保以后，由海关签印放行。逾期缴纳税款的，海关除了追缴应纳税款以外，从到期的次日起至缴清税款之日起，按日加收及缴税款 5‰的滞纳金。纳税人、担保人超过 3 个月仍然没有缴纳税款的，经过海关总署直属海关关长或者授权的隶属海关关长批准，可以依法采取强制措施扣缴或抵缴税款。

提示：

（1）旅客和个人邮递物品不征收滞纳金。

（2）不能按期缴纳税款，经海关总署批准，可延期缴纳，但最长不得超过 6 个月。

（3）对于未在规定的 15 天期限内缴纳滞纳金的，不必对滞纳的滞纳金再征收滞纳金。

滞纳金是海关对纳税义务人由于不能按海关规定的期限缴清税款而征收的罚款。

滞纳金的起征额为人民币 50 元，不足人民币 50 元的免予征收。其计算公式为：

关税滞纳金金额＝滞纳关税税额×0.5‰×滞纳天数

进口环节税滞纳金金额＝滞纳进口环节税税额×0.5‰×滞纳天数

3. 进口增值税与进口消费税

（1）进口增值税。

进口增值税，是指进口环节征缴的增值税，属于流转税的一种。不同于一般增值税以在生产、批发、零售等环节的增值额为征税对象，进口增值税是专门对进口环节的增值额进行征税的一种增值税。因此海关征收的税包括两部分，即进口关税和代征的增值税。

第一，征税范围。

凡是申报进入我国海关境内的货物，只要是报关进口的应税货物，不论其是国外产制

还是我国已出口而转销国内的货物，是进口者自行采购还是国外捐赠的货物，是进口者自用还是作为贸易或其他用途等，均应按照规定缴纳进口环节的增值税。

第二，计算方法。

我国税法规定，纳税人进口货物，按照组成计税价格和规定的增值税税率计算应纳税额，不得抵扣任何税额（在计算进口环节的应纳增值税税额时，不得抵扣发生在我国境外的各种税金）。组成计税价格和应纳税额的计算公式为：

组成计税价格＝关税完税价格＋关税＋消费税

应纳税额＝组成计税价格×税率

需要注意的是，进口货物增值税的组成计税价格中已包括已纳关税税额，如果进口货物属于消费税应税消费品，其组成计税价格中还要包括进口环节已纳消费税税额。

进口增值税的计算公式为：

进口增值税＝[(关税完税价格＋关税)/(1－消费税率)]×增值税率

(2) 进口消费税。

进口消费税是以进口环节中消费品或消费行为的流转额作为课税对象而征收的一种流转税。在我国，进口消费税的纳税人是我国进口《中华人民共和国消费税暂行条例》规定的应税消费品的单位和个人。

计算方法：

第一，实行从价定率办法计算纳税的组成计税价格计算公式：

组成计税价格＝(关税完税价格＋关税)÷(1－消费税比例税率)

应纳税额＝组成计税价格×消费税比例税率

第二，实行从量定额计征应纳税额的计算公式：

应纳税额＝应税消费品数量×消费税定额税率

第三，实行从价定率和从量定额复合计税办法应纳税额的计算公式：

组成计税价格＝(关税完税价格＋关税＋进口数量×消费税定额税率)
÷(1－消费税比例税率)

应纳税额＝组成计税价格×消费税税率＋应税消费品进口数量×消费税定额税额

第二节　特别关税措施

一、反倾销税法

(一) 倾销与损害

1. 概念

根据《中华人民共和国反倾销条例》(以下简称《反倾销条例》) 第 3 条规定，倾销，是指在正常贸易过程中进口产品以低于其正常价值的出口价格进入进口国市场。在确定倾销对国内产业造成的损害时，应当依据肯定性证据，不得将造成损害的非倾销因素归因于倾销。(倾销对国内产业影响的估算参见《反倾销条例》第9条。)

2. 出口产品正常价值的确定

(1) 世界贸易组织及世界各国反倾销法对市场经济国家出口产品的正常价值的确定，基本采取三种方式：一是出口国国内市场销售价格；二是第三国出口价格；三是出口国结构价格。

在没有或不能采用国内市场价格确定正常价值时，美国习惯采用第三国出口价格来确定被控倾销产品的正常价值。美国反倾销法强调，作为正常价值的第三国出口价格必须是向美国以外的国家出口量最多并且达到5%比例要求的第三国出口价格。而欧盟在实践中更喜欢用出口国结构价格作为正常价值进行比较。

(2) 对非市场经济国家出口产品"正常价值"的确定。"替代国"价格通常被作为确定非市场经济国家出口产品"正常价值"的第一选择。

关于"替代国"问题，美国反倾销法强调，替代国的经济发展水平要与出口国具有可比性，并且是可比产品的主要生产国。可比性的考虑因素是国民生产总值的人均水平和基础设施的发展情况，尤其是生产相同产品产业的发展水平。欧盟反倾销法的替代国选择标准与美国的不同之处在于，它并不特别强调替代国经济发展水平与出口国所具有的可比性，也不把经济发展水平作为替代国选择的重要因素来加以考虑，而是强调市场的竞争性，并强调这种选择只要是以"适当的、不是不合理的方法"确定即可。所谓适当，在实践中是指应考虑到以下相关因素：产品的类似性；市场的竞争性；产品的制造过程和结构。

中国反倾销法中对正常价值的确定没有提及非市场经济国家的适用标准。

(二) 反倾销措施

1. 临时反倾销税

根据我国《反倾销条例》第29条，征收临时反倾销税，由商务部提出建议，国务院关税税则委员会根据商务部的建议作出决定，由商务部予以公告。要求提供保证金、保函或者其他形式的担保，由商务部作出决定并予以公告。海关自公告规定实施之日起执行。

《反倾销条例》第30条规定：临时反倾销措施实施的期限，自临时反倾销措施决定公告规定实施之日起，不超过4个月；在特殊情形下，可以延长至9个月。自反倾销立案调查决定公告之日起60天内，不得采取临时反倾销措施。

2. 价格承诺

欧盟在决定是否接受承诺时，主要考虑以下因素：

(1) 出口商承诺的提价幅度是否达到了足以消除欧盟有关产业所受损害的程度；

(2) 出口商有无违反承诺的历史；

(3) 出口商有无规避承诺的可能；

(4) 对履行承诺的监督与检查是否可行；

(5) 承诺是否由进口商提出；

(6) 出口商所在国的法律是否允许以承诺的方式中止案件的调查。

美国接受承诺（中止协议）的条件：

（1）中止调查要符合美国公共利益，并对同类产品的零售价格和商品供应产生积极影响。

（2）提出或承担中止协议的出口方须占出口方全体的 85%。

（3）美国政府对协议的执行应具有切实可行的有效监督手段。

（4）在达成协议之前，商务部必须就此事征求申诉人的意见，通知书应附有协议草案，同时商务部还要通知国际贸易委员会和利益各方，听取意见。中止调查通知书应于中止调查执行前 30 天内作出。

WTO 反倾销协定特别要求，如果出口方的价格承诺不被接受，则要给予理由说明，同时要给出口商陈述机会。尽管欧盟反倾销法中规定，在上述因素中，如果有一个因素是否定的，承诺就可能被拒绝，但在实践中，欧盟还是比较倾向于以承诺的方式中止反倾销案。而美国相对较少使用该方式。

我国《反倾销条例》中虽有相关规定，但在实际反倾销操作中很少通过承诺方式结束反倾销调查。

3. 反倾销税

对出口产品被确定构成法律意义上的倾销，是否必然导致反倾销税的征收，美国的态度最为坚决。在实践中，美国一般严格按倾销幅度的大小确定反倾销税的征收数额。而欧盟基于对国内产业用户和消费者利益的综合考虑，增税的幅度通常都小于最终裁定所确定的倾销幅度。欧盟在第 384/96 号《反倾销条例》中对公共利益作出了较为明确、详细的规定。其第 21 条第 1 款规定：“关于是否应欧共体利益要求进行干预的裁定，应当建立在对所有的不同利益，包括国内产业的、用户的和消费者的利益作为一个整体评价的基础上。只有当所有当事人根据第 2 条都有机会发表意见，才能根据本条作出裁决。”同时，该条例对进口商、用户消费者组织向主管机关陈述理由、请求的程序方面也作出了较为详尽的规定，使公共利益原则在实施反倾销措施时得以有效地体现。

在实践中，欧盟一定程度上体现了公共利益原则，即如果认定低价倾销和损害的存在，而且也证明了两者之间存在着因果关系，那么在符合欧共体共同利益的前提下，可对倾销产品实施制裁。如果一个较低的反倾销税足以消除对欧共体产业的损害，则所征收的反倾销税应当低于倾销幅度。反之，如果认为征收反倾销税不符合欧盟的利益，即使倾销成立，也不论倾销幅度有多大，其倾销行为都不会受到征收反倾销税的制裁。

《反倾销条例》第四章第 37 条规定：“终裁决定确定倾销成立，并由此对国内产业造成损害的，可以征收反倾销税”。

二、反补贴税法

（一）补贴与损害

1. 概念

《反补贴条例》第 3 条规定：“补贴，是指出口国（地区）政府或者其任何公共机构提供的并为接受者带来利益的财政资助以及任何形式的收入或者价格支持”，出口国（地区）政府或其任何公共机构统称出口国（地区）政府。根据这个定义，补贴的提供者是出口国（地区）政府；WTO 的《补贴与反补贴措施协定》（简称《SCM 协定》）规定，补贴的提供者是成员国政府或任何公共机构；欧盟的定义划分的提供者是原产国或出口国政府；而美国的定义则是政府当局（无论是国家、省或地区的）。

损害是指补贴对已经建立的国内产业造成实质损害或者产业实质损害威胁，或者对建立国内产业造成实质障碍，这与反倾销中的损害概念基本一致。我国《反补贴条例》第8条就在确定补贴对国内产业造成的损害时应当审查的事项进行了严格规定。

2. 补贴的种类

《SCM协定》的目的是不完全限制任何成员政府的补贴行为，而是某些或不鼓励政府使用那些对其他成员贸易造成不利影响的补贴。因此，根据补贴的不同性质，把补贴分为三种基本类型：禁止性补贴、可诉性补贴和不可诉补贴。

（1）禁止性补贴。

禁止性补贴分为两个类型：出口补贴和进口替代补贴。

出口补贴，指在法律或事实上作为唯一或多种条件之一，以出口实绩作为条件而提供的补贴，即《SCM协定》附件1所列举的补贴。《反补贴条例》第4条第4款即是此类补贴。

进口替代补贴，指进口替代作为唯一或多种条件之一而提供的补贴。《反补贴条例》第4条第5款即是此类补贴，需要指出的是，《SCM协定》第3条还规定，按农产品协议规定的补贴排除在禁止性补贴之外。但是，我国《反补贴条例》没有把农产品补贴作为上述两种禁止性补贴的例外。

（2）可诉性补贴。

《SCM协定》第5条规定，可诉性补贴是指第2条第1、2款所列的补贴，但如果在实施过程中对其他成员造成了不利影响，则任何成员都不能实施此种补贴。所谓不利影响是指：①损害另一成员的国内产业；②使其他成员享受在1994年《关税及贸易总协定》中直接或间接获得的利益取消或减少，特别是根据1994年《关税及贸易总协定》第2条约束或减让的利益；③严重损害另一成员的利益。但可诉性补贴把《农产品协定》中所保留的补贴也予以排除。我国《反补贴条例》第4条所列具有专向性的补贴都是可诉的，均可采取反补贴措施，实质是包含《SCM协定》项下的禁止性补贴和可诉补贴两大类，但农产品的补贴并未从两类补贴中排除，还是与《SCM协定》不一致。

（3）不可诉补贴。

不可诉补贴，又称“绿灯补贴”，《SCM协定》规定，有两类补贴是不可申诉的，即各成员在实施这类补贴时一般不会受到其他成员方反对或因此而不会导致其他成员采取相应的反补贴措施。存在两种不可诉补贴：其一是该补贴不具有专向性；其二是该补贴具有专向性，但属于符合下列条件的补贴：

A. 政府对科研活动的补贴；

B. 对落后地区的补贴；

C. 对环境保护提供的补贴。

我国《反补贴条例》没有对不可诉补贴作出规定，这与欧盟和美国的立法实践不同。由于按照《SCM协定》规定，成员就不可诉补贴可进行磋商和授权补救。《反补贴条例》没有作出规定，政府的行为便缺少国内法作为依据。

对补贴的分类除了上述三大类外，按补贴的特征还有微量补贴和农业补贴。

①我国《反补贴条例》规定，微量补贴是指补贴金额不足产品价格1%的补贴，但是，来自发展中国家（地区）的补贴进口产品的微量补贴是指补贴金额不足产品价值的2%的补贴。要特别指出，美国把《SCM协定》规定的微量补贴标准适用于反补贴的原始调查时期，而在行政复审时适用0.5%的微量标准。为此，欧盟等曾通过WTO争端解决机制指控美国的反补贴法违反《SCM协定》的规定。

②农业补贴在GATT体制中得到了特殊对待。有关农业补贴主要由乌拉圭回合谈判达成的《农业协议》所规定，在运用时首先适用《农业协议》。按《农业协议》，国内支持按政策的内容分为三类：黄箱政策、绿箱政策和蓝箱政策。《农业协议》的最小免除（相当于《SCM协定》中的微量补贴）是不超过农业总产值的5%（发展中国家为10%）。《农业协议》对《SCM协定》的适用做了限定，即符合《农业协议》相关规定，则不适用《SCM协定》。

我国《反补贴条例》未对农业补贴作出特别规定，因而在适用微量补贴的规定时农业补贴也不能适用现在1%或2%的标准，这显然与《农业协议》有距离。美国《1930年关税法》第771条第5B款第7项则规定，农业补贴适用GATT《农业协议》的规定；欧盟1997年的第2026号法令亦规定，农业补贴适用《农业协议》的规定。

（二）反补贴措施

1. 临时措施

根据我国《反补贴条例》，初裁决定确定补贴成立，并由此对国内产业造成损害的，可以采取临时反补贴措施。临时反补贴措施采取以现金保证金或者保函作为担保的征收临时反补贴税的形式。

临时反补贴措施实施的期限，自临时反补贴措施决定公告规定实施之日起，不超过4个月。自反补贴立案调查决定公告之日起60天内，不得采取临时反补贴措施。

2. 承诺

在反补贴调查期间，出口国（地区）政府提出取消、限制补贴或者其他有关措施的承诺，或者出口经营者提出修改价格的承诺的，商务部应当予以充分考虑。商务部可以向出口经营者或者出口国（地区）政府提出有关价格承诺的建议。商务部不得强迫出口经营者作出承诺。

3. 反补贴税

在为完成磋商的努力没有取得效果的情况下，终裁决定确定补贴成立，并由此对国内产业造成损害的，可以征收反补贴税。征收反补贴税应当符合公共利益。

三、保障措施

（一）保障措施的含义

1. 定义

保障措施全称为免受进口损害的保障措施，它是指某一成员由于承担《关税及贸易总协定》的义务（包括关税减让）导致了未曾预见的原因，使某一产品进口到该成员的数量

（绝对或相对于该国内生产）大量增加，并对生产相似或直接竞争产品的国内产业造成严重损害或严重损害威胁时，允许该成员在特定的情况下，在适当的时间和程度内撤销或停止履行协议所要求承担的义务，以消除或减轻损害或损害威胁的一类措施。其特点只是针对产品数量的激增对进口国市场的影响，而不考虑进口增长的原因。

2. 一般保障制度条款

（1）美国一般保障措施制度——201 条款。

美国贸易法中的 201 条款与 WTO 保障措施制度是一致的。但在因果关系的认定上，《保障措施协议》要求在认定因果关系时必须同时满足以下两个条件，即进口激增与"未能预见的发展"以及"履行世贸协议义务"的两个因果关系，而 201 条款中却只规定了一个因果关系，即进口增加与产业受到严重损害或严重损害威胁之间的关系。

（2）欧盟一般保障措施制度——3285/94 号条例。

3285/94 号条例明确规定，只有当欧共体生产商所遭受的损害是由进口数量的极大增加或者其他情势所造成的，在这样的情况下采取保障措施是正当的。

与《保障措施协议》不同的是，欧盟保障措施的国内法在采取的救济形式上除了规定临时保障措施和正式保障措施之外，还规定了监管措施，对那些来自第三国的产品对欧盟生产者构成损害倾向时，通过颁发进口文件的方式采取监管措施。按照条例规定，只有欧盟部长理事会或欧盟委员会才能决定采取哪种措施，"但无论是哪种保障措施，其在实施的过程中，都要受到行政复议和司法审查的约束"。

同美国一样，欧盟的保障措施制度也因适用的对象不同而有所不同。对市场经济国家（除纺织品外）适用 3285/94 号条例，而针对中国则适用 427/2003 号条例——专门针对中国产品的过渡性保障机制。

（二）保障措施的实施

1. 实施条件

（1）某项产品的进口激增（包括绝对增长和相对增长），指产品进口数量急剧增长，包括绝对增长和相对增长。绝对增长指产品实际进口数量增长；相对增长指相对进口方国内生产而言，进口产品所占市场份额上升（实际进口量并不一定发生改变）。

（2）进口激增对国内生产同类产品或直接竞争产品的产业造成了严重损害或严重损害威胁。所谓"严重损害"指"一国产业状况的重大全面减损"。"严重损害威胁"指明显迫近的严重损害，或者说是危急且显而易见的威胁。

（3）进口激增与对国内产业造成严重损害或严重损害威胁之间存在因果关系。调查机关必须根据客观证据证明有关产品进口的增加与严重损害或严重损害威胁之间存在因果关系。

2. 实施形式

（1）关税措施：征收高于 GATT 规定的关税。

（2）进口数量限制：纯粹的数量限制和关税配额限制。

（3）期限。

WTO 成员仅应在防止或补救严重损害和便利产业调整所必需的期限内实施保障措施。一般不得超过 4 年，可予延长，全部实施期不得超过 8 年。

注意：除非根据新的调查，防止或补救严重损害仍然有必要，且有证据表明该产业正在进行调整，期限才可延长。

第三节　非关税措施

非关税措施指除关税以外影响一国对外贸易的主要政策措施。

非关税措施（non-tariff measures，NTMs）包括数量限制措施和其他对贸易造成障碍的非关税措施。数量限制措施表现为配额、进口许可证、自动出口限制和数量性外汇管制等；其他非关税措施包括技术性贸易壁垒、动植物检验检疫措施、海关估价、原产地规则，以及当地含量要求、贸易平衡要求、国内销售要求等投资管理措施。

随着关税的大幅度下降，世界贸易组织各成员方越来越多地借助非关税贸易壁垒作为贸易保护措施。因此，在世界贸易组织货物贸易多边协定中，有一些协议专门处理可能对贸易造成障碍的非关税措施问题。这些协议主要有：《技术性贸易壁垒协议》《进口许可程序协议》《原产地规则协议》《装运前检验协议》《与贸易有关的投资措施协议》等。

一、传统的非关税措施种类

1. 进口配额制

进口配额制（import quotas）就是一国政府在一定时期以内，对于某些商品的进口数量或金额加以直接限制，在规定时间内，超过配额的商品不许进口，或者需被征收较高的关税或罚款才能进口。

例如，我国对豆油的进口实施的是配额管理，2004 年的进口配额是 3.188 百万吨，征收 9%的进口关税，超过 3.188 百万吨的部分，征收 30.7%的关税。

2. “自动”出口配额制

“自动”出口配额制（voluntary restriction of export），是出口国家或地区在进口国的要求或压力下，“自动”规定某一时期内，某些商品对该国的出口限制，在限定的配额内自行控制出口，超过配额即禁止出口。

例如，日本曾一度在美国的压力下，限制其汽车的对美国出口，按每年允许出口的汽车数量（配额）自行限制出口。

3. 进口许可证制

进口许可证制是指商品的进口，事先要由进口商向国家有关机构提出申请，经过审查批准并发给进口许可证后方能进口，没有许可证，一律不准进口。

例如，我国对汽车进口实施的是进口配额管理，进口商必须申请并取得与配额相关的进口许可证才能进口。根据有关承诺，我国在 2005 年 1 月 1 日前全部取消对汽车及其关键件、摩托车及其关键件的进口配额许可证管理。

4. 进口押金制

进口押金制又称进口存款制。它要求进口商在进口商品时，必须预先按进口金额的一定比率和规定的时间，在指定的银行无息存放一笔现金。这样就增加了进口商品的资金负担，从而起到限制进口的作用。

例如，意大利、芬兰、新西兰、巴西等国政府实行这种措施。这项措施相当于征收一定百分比的进口附加税。

但如果进口商以押款收据做担保，在货币市场上获得优惠利率贷款，或者国外出口商为了保证销路而愿意为进口商分担押金金额时，这种制度对进口的限制作用就有很大的局限性了。

5. 外汇管制

外汇管制是指国家根据法令，对外汇买卖所实行的限制性措施。

对外贸易与外汇有密切的关系，出口可收进外汇，进口要付出外汇，因而外汇管制必然直接影响到进出口贸易。进口外汇管制是限制进口的一种手段。

6. 最低限价制

最低限价是指进口国对某一商品规定最低价格，进口价格如低于这一价格就征收附加税。例如，规定钢材每吨最低限价为320美元，若进口时每吨为300美元，则进口国要征收20美元的附加税，以抵消出口国可能的补贴或倾销。

7. 歧视性政府采购政策

歧视性政府采购政策（discriminatory government procurement policy），是指国家制定法令，规定政府机构在采购时必须优先购买本国产品，从而导致对国外产品歧视的做法。

例如，英国政府规定其机构使用的通信设备和电子计算机必须是英国产品；日本有几个省规定，政府机构需用的办公设备、汽车、计算机、电缆、导线、机床等不得采购外国产品；美国实行的“购买美国货法案”规定，凡是美国联邦政府所要采购的货物，应该是美国制造的，或是用美国原料制造的。只有在美国自己生产的数量不够，或者国内价格过高，或者不买外国货就会损害美国利益的情况下，才可以购买外国货。美国国防部和财政部往往采购比外国货贵50%的美国货。

歧视性政府采购是WTO所反对的，属于WTO规则中的减让对象。

8. 国家垄断

国家垄断（state monopoly）也称国营贸易，是指在对外贸易中，某些商品的进出口由国家直接经营，或者把这些商品的垄断权给予某些组织。经营这些受国家专控或垄断商品的企业，称为国营贸易企业。国营贸易企业一般为政府所有，但也有政府委托私人企业代办。

发达国家的进口和出口的国家垄断主要集中在四类商品上面。第一类是烟和酒。这些国家的政府机构从烟和酒的进出口垄断中可以取得巨大的财政收入。第二类是农产品。这些国家把对农产品的对外垄断销售作为国内农业政策措施的一部分。像美国的农产品信贷公司，就是世界最大的农产品贸易垄断企业。它高价收购国内的剩余农产品，然后以低价向国外倾销，或按照外援计划向缺粮国家，主要是发展中国家大量出口。第三类是武器。发达国家的武器贸易多数是由国家垄断。第四类是石油，它是一国的经济命脉，因此，不仅出口国家，而且主要的进口国都设立国营石油公司，对石油贸易进行垄断经营。

9. 海关估价制

海关为征收关税，确定进口商品价格的制度称为海关估价制。有些国家的海关根据某

些特殊规定，提高进口商品的海关估价，从而增加进口商品的关税负担，达到限制进口的目的。

10. 专断的海关估价制（customs valuation）

为防止外国商品与美国同类产品竞争，美国海关当局对煤焦油产品、胶底鞋类、蛤肉罐头、毛手套等商品，依“美国售价制”（American selling price system）这种特殊估价标准进行征税。这四种商品都是国内售价很高的商品，按照这种标准征税，使这些商品的进口税率大幅度地提高。例如，某种煤焦油产品的进口税率为从价 20%，它的进口价格为每磅 0.50 美元，应缴进口税为每磅 0.10 美元。而这种商品的“美国售价”每磅为 1.00 美元，按同样税率，每磅应缴进口税为 0.20 美元，其结果是实际的进口税率不是 20%，而是 40%，即增加了一倍。这就有效地限制了外国货的进口。

11.《实施卫生与植物卫生措施协议》

根据 WTO《实施卫生与植物卫生措施协议》（Agreement on the Application of Sanitary and Phytosanitary Measures，以下简称《SPS 协议》）的有关规定，WTO 成员有权采取如下措施，保护人类、动植物的生命和健康：

（1）保护 WTO 成员领土内的动物或植物的生命或健康免受虫害或病害、带病有机体或致病有机体的传入、定殖或传播所产生的风险；

（2）保护 WTO 成员领土内的人类或动物的生命或健康免受食品、饮料或饲料中添加剂、污染物、毒素或致病有机体所产生的风险；

（3）保护 WTO 成员领土内人类的生命或健康免受动物、植物或动植物产品携带的病害或虫害的传入、定殖或传播所产生的风险；

（4）防止或控制 WTO 成员领土内有害生物的传入、定殖或传播所产生的其他损害。

上述措施总称为 SPS 措施，具体包括：所有相关的法律、法令、法规、要求和程序，特别是最终产品标准；工序和生产方法；检验、检疫、检查、出证和批准程序；各种检疫处理，包括与动物或植物运输有关的或与在运输过程中为维持动植物生存所需物质有关的要求；有关统计方法、抽样程序和风险评估方法的规定；与食品安全直接有关的包装和标签要求等。

根据《SPS 协议》，WTO 成员制定和实施 SPS 措施必须遵循科学性原则、等效性原则、与国际标准协调一致原则、透明度原则、SPS 措施的一致性原则、对贸易影响最小原则、动植物疫情区域化原则等。因此，缺乏科学依据、不符合上述原则的 SPS 措施均构成贸易壁垒。

例如，某国仅以从来自某另一国的个别批次产品中检测出不符合《SPS 协议》的污染物为由，全面禁止从该国进口该类产品，违反了《SPS 协议》关于 SPS 措施的实施要基于必要且对贸易影响最小的原则，构成了贸易壁垒；某国以某另一国的个别农场或地区发生动植物疫情为由，全面禁止从该国进口所有的动植物及其产品，违反了《SPS 协议》的区域化原则，构成了对贸易的变相限制；某国对进口的三文鱼的检疫要求严于对该国产品的检疫要求，或严于进口的可能感染了与三文鱼相同疾病的其他鱼类的检疫要求，从而限制或禁止三文鱼的进口，违反了《SPS 协议》的一致性原则，构成了贸易壁垒。

12. 进口产品歧视

政府采购中对进口产品的歧视可分为两种情况：

（1）WTO《政府采购协议》的签署方间所采取的对进口产品的歧视措施。《政府采购协议》是一个多边协议，即只有签署了该协议的成员方受协议规则的约束。该协议规定，协议的签署方必须保持政府采购的透明度，并给其他成员在参与政府采购方面同等的待遇。实践中，一些WTO成员往往以不太透明的采购程序阻碍外国产品公平地参与采购。例如，某国有大量的法律规定在政府采购中实施国内优先原则；对采购该国产品予以某些特殊优惠；制定复杂的采购程序，使国外产品无法公平地参与采购竞标；以“国家安全”为由武断地剥夺外国产品参与采购的机会。

（2）非WTO《政府采购协议》的签署方间采取的对进口产品的歧视措施。在各国自愿对外国开放该国政府采购的领域中，也会存在对进口产品的歧视。这些歧视措施在实践中主要表现为违反最惠国待遇，对不同国家的产品采取差别待遇，从而构成对特定国家产品的歧视。

13. 出口限制

具体表现形式有：

（1）通过该国国内立法上的治外法权条款，限制或阻碍其他国家与第三国的贸易，从而给其他国家产品出口到该国或第三国市场构成贸易障碍。例如，某国根据其出口管理立法，建立了一整套针对军民两用产品的出口控制体系，并限制其他国家的企业将此类产品销往没有经过授权的目的地。制裁违反该国出口控制法规的其他国家的企业，限制此类企业向特定第三国的出口，甚至禁止进口此类企业的全部产品。

（2）对一些原材料、半制成品任意实施出口限制，使得这些原材料、半制成品进口国的相关制成品的生产及出口受到限制。

14. 技术性贸易壁垒

根据WTO《技术性贸易壁垒协议》（Agreement on Technical Barriers to Trade，以下简称《TBT协议》）的有关规定，WTO成员有权制定和实施旨在保护国家或地区安全利益，保障人类、动物或植物的生命或健康，保护环境，防止欺诈行为，保证出口产品质量等的技术法规、标准以及确定产品是否符合这些技术法规和标准的合格评定程序。上述措施总称为TBT措施，具体可分为三类，即技术法规、标准和合格评定程序。

技术法规：指规定强制执行的产品特性或其相关工艺和生产方法（包括适用的管理规定）的文件，以及规定适用于产品、工艺或生产方法的专门术语、符号、包装、标志或标签要求的文件。这些文件可以是国家法律、法规、规章，也可以是其他的规范性文件，以及经政府授权由非政府组织制定的技术规范、指南、准则等。技术法规具有强制性特征，即只有满足技术法规要求的产品方能销售或进出口。例如，某国颁布技术法规，要求低于某一价格的打火机必须安装防止儿童开启的装置。这种将商品价格和技术标准联系起来的做法缺乏科学性和合理性，从而构成了贸易壁垒。

标准：指经公认机构批准的、非强制执行的、供通用或重复使用的产品或相关工艺和生产方法的规则、指南或特性的文件。该文件还可包括专门适用于产品、工艺或生产方法的专门术语、符号、包装、标志或标签要求。按照《TBT协议》的规定，标准是自愿性的。但需要注意的是，实践中有些国家将标准分为强制标准和推荐标准两种，其强制标准具有技术法规的性质。一些国家特别是某些发达国家，利用其经济和科技优势，将标准作为构筑贸易壁垒的重要手段，以限制其他贸易伙伴尤其是发展中国家的产品进口。例如，有的国家制定了进口产品很难达到的苛刻标准，并以此影响消费者偏好，事实上对进口产品构成了障碍。

合格评定程序：指任何直接或间接用以确定是否满足技术法规或标准中相关要求的程序。《TBT 协议》规定的合格评定程序包括：抽样、检测和检验程序；符合性评估、验证和合格保证程序；注册、认可和批准以及它们的组合。实践中，不透明或歧视性的合格评定程序往往对进口产品构成障碍。例如，根据《TBT 协议》，成员在颁布没有国际标准或与国际标准不一致且可能对其他成员的贸易产生重大影响的技术法规或合格评定程序前，需向 WTO/TBT 委员会提前通报，给予其他成员一定的评议时间并尽可能考虑它们的合理意见。但有的成员在未征求其他成员意见的情况下即发布和实施有关技术法规、标准或合格评定程序，从而使其他成员在不知情的情况下因其出口产品不符合进口国相关规定而被退回、扣留、降价处理或销毁。这种做法违反了《TBT 协议》的透明度原则，严重影响了其他成员对它的出口贸易，构成了贸易壁垒。还有的成员在抽样、检测和检验等具体程序中无故拖延时间，对进口产品构成不合理的限制。

《TBT 协议》要求 WTO 各成员在制定和实施技术法规、标准和合格评定程序等 TBT 措施时必须遵循以下原则：避免对贸易造成不必要障碍的原则（对贸易影响最小原则）、非歧视性原则（最惠国待遇原则和国民待遇原则）、与国际标准协调一致原则、技术法规等效性原则、合格评定程序的相互认可原则和透明度原则等。但在实践中，一些国家（地区）并未严格遵守上述原则，制定复杂、苛刻、多变的 TBT 措施，限制其他国家（地区）的产品进入其市场。例如，某国对进口产品的技术要求高于该国产品，或对从特定国家进口的产品的技术要求高于从其他国家进口的同类产品，违反了《TBT 协议》的非歧视原则。因此，凡是违反《TBT 协议》有关原则所制定和实施的技术法规、标准和合格评定程序均构成技术性贸易壁垒。

二、非关税措施发展的新趋势

1. 绿色壁垒

所谓绿色壁垒（green barriers，GBs），也称为环境贸易壁垒（environmental trade barriers，ETBs），是指进出口国为保护本国生态环境和公众健康而设置的各种保护直接或间接采取的限制甚至禁止贸易的措施、法规和标准等，也是对进出口贸易产生影响的一种技术性贸易壁垒。

绿色贸易壁垒主要包括国际和区域性的环保公约、国别环保法规和标准、检验和检疫要求、包装与标签要求、ISO14000 环境管理体系和环境标志等自愿性措施、生产和加工方法及环境成本内在化要求等。目前与环境密切相关的绿色贸易壁垒措施主要有环境标志、生态（或绿色）包装、环境技术标准以及绿色卫生检疫制度等。其形式主要有以下几种：

（1）国际或区域性环境保护公约。目前国际社会已制定了 150 多个环境与资源保护公约。如《保护臭氧层维也纳公约》《控制危险废物越境转移及其处置巴塞尔公约》《濒危野生动植物物种国际贸易公约》等。

（2）国别环保法规。国别环保法规是指主要发达国家在空气污染防治、废弃物污染防治、化学品管理、农药管理、自然资源和动植物保护等方面制定的法律法规。这些法律法规涉及许多产品的技术法规和技术标准，如食品农药残留标准、纺织品环境标准等。

（3）绿色环境标志制度。绿色环境标志是一种由专门机构颁发的证明产品达到环境标准的一种图形标志。标志获得者可以把标志印在或贴在产品或其包装上，表示该产品不仅质量符合标准，而且在生产、使用、消费、使用后处理的各个环节都符合环保要求。

（4）绿色包装制度。绿色包装是指能节约资源，减少废弃物，用后易于回收再生或再利用，易于自然分解，不污染环境的包装，如可再生回收再循环包装、多功能包装、以纸代塑包装等。

（5）绿色卫生检疫制度。绿色卫生检疫是指对进口产品是否符合安全、卫生标准进行的检测。重点是对涉及生态环境和人体健康的农药残留量、放射性残留量、重金属含量等进行的检测。如美国的《联邦食品、药品、化妆品法》《公共卫生服务法》；日本的《食品卫生法》《植物防疫法》等都对强制性检验检疫提出了具体要求。

2. 社会责任壁垒

企业社会责任这一概念是随着资本的不断扩张而引起一系列社会矛盾，诸如贫富分化、社会穷困，特别是劳工问题和劳资冲突等而提起的。

社会责任标准 SA8000（Social Accountability 8000 International Standard）的核心内容包括：公司不应使用或者支持使用童工；公司不得使用或支持使用强迫或寄存身份证件；公司应提供一个安全、健康的工作环境，并应采取必要的措施，在可能条件下最大限度地降低工作环境中的危害隐患；公司不得从事或支持体罚、精神或肉体胁迫以及言语侮辱；公司不能经常要求员工一周工作超过 48 小时，并且每 7 天至少应有一天休假；每周加班时间不超过 12 小时，且应保证加班能获得额外津贴；公司支付给员工的工资不应低于法律或行业的最低标准，并且必须满足员工的基本需求等。

3. 动物福利保护

动物福利是指动物作为一种生命存在所享有的最基本的权利。世界卫生组织对动物福利的观点是认为动物有五大福利：生理福利，即不受饥渴；环境福利，即有适当的居住空间；卫生福利，即免受伤病的威胁；行为福利，即保证动物表达天性的自由；心理福利，即减少动物的恐惧和焦虑感。动物福利主要取决于人对动物的态度，即人应该善待动物，人道地利用和处置动物。动物福利问题是随着人类社会的进步而出现的，并且会随着人类社会的进步而得到普及，成为人类共同的行为规范。

随着我国经济社会的不断发展进步以及我国在国际贸易中的地位日显重要，动物福利也将是我国无法回避的一个重要问题。目前，动物福利在我国还处于探索和起步时期，动物福利的概念已经开始被人们所接受，并且受到重视。2004 年，对《实验动物管理条例》的修订稿中加入了动物福利的条款。但是我国还没有制定专门针对动物福利的立法。这说明我国进行动物福利立法的经济和社会条件还不成熟，不能强求我国在动物福利方面与发达国家步调一致。但是给予动物福利是一种国际趋势，我国必须适应也正在适应这一趋势。

4. 知识产权保护

知识产权制度作为激励科技进步、鼓励创新与垄断智力成果之间折中调和的产物，本质上是为了不让竞争对手使用自己的技术或销售自己的产品而拥有的一种垄断性权利。但这种“法定垄断权”的目的是通过对相关权利人的法定保护，鼓励创造性的智力活动，从而促进技术进步与社会经济发展。因此，通常情况下人们很难将知识产权与壁垒联系起来。而当知识产权的排他性应用到跨国生产经营当中时，一国的知识产权保护政策就与进出口贸易联系起来了，于是成为各国重要的贸易政策之一。当知识产权固有的垄断性超出了合理的范畴，扭曲了正常的国际贸易时，就成为了知识产权贸易壁垒。

5. 其他壁垒

实践中，还存在着种种很难归类于以上各类贸易壁垒的其他壁垒。

三、非关税措施的特点

关税措施是通过提高进口商品的成本，提高其价格，降低其竞争力，从而间接地起到限制进口的作用。非关税措施则是直接限制进口，与关税措施相比，非关税措施的特点如下：

1. 非关税措施具有较大的灵活性和针对性

关税税率的制定往往需要一个立法程序，一旦以法律的形式确定下来，便具有相对的稳定性。且受到最惠国待遇条款的约束，进口国往往难以做到有针对性的调整。

非关税措施的制定和实施则通常采用行政手段，进口国可根据不同的国家作出调整，因而具有较强的灵活性和针对性。

2. 非关税措施更易达到限制进口的目的

关税措施是通过征收高额关税、提高进口商品的成本来削弱其竞争力。若出口国政府对出口商品予以出口补贴或采取倾销的措施销售，则关税措施难以达到预期效果。非关税措施则能更直接地限制进口。

3. 非关税措施更具有隐蔽性和歧视性

一国的关税一旦确定下来，往往以法律法规的形式公布于世，进口国只能依法行事。而非关税措施往往不公开，或者规定为烦琐复杂的标准或程序，且经常变化，使出口商难以适应。而且，有些非关税措施就是针对某些国家的某些产品设置的。

本章主要从国际贸易管制法出发，分析了关税、特别关税、非关税措施，包括关税的种类和税率，倾销与补贴确定，反倾销、反补贴、特殊保障措施的实施条件，以及非关税措施的手段与特点。希望通过本章的学习，读者可以了解海关法律体系，更深入地理解关税、非关税措施，在以后的学习中学会运用这些知识分析实际问题。

1. 案情介绍

从1995年起，来自美国、加拿大、韩国的新闻纸大量、低价地向中国出口，使中国的新闻纸产业受到严重的冲击。代表国内新闻纸产业的吉林造纸（集团）有限公司、广州造纸有限公司、宜宾纸业股份有限公司、江西纸业有限责任公司、岳阳造纸（集团）有限公司、石岘造纸厂、齐齐哈尔造纸厂、鸭绿江造纸厂、福建南平造纸厂等九大新闻纸厂曾就此于1996年10月在四川宜宾召开产业会议并达成一致意见：认为近期中国新闻纸厂家陷入困境不是其自身原因所致，而是国外进口的新闻纸倾销造成的。由于当时我国未出台《反倾销条例》，利用反倾销法律武器维护产业合法权益尚没有具体的法律规定，因此当时未采取法律行动。

1997年3月25日，《中华人民共和国反倾销和反补贴条例》生效，九大国内新闻纸生产企业迅速达成协议，授权北京市环中律师事务所全权代理中国新闻纸产业向中华人民共和国对外贸易经济合作部提出新闻纸反倾销调查的申请。

1998年7月9日，对外贸易经济合作部发布初裁公告，认为美国、韩国、加拿大对中国出口新闻纸存在倾销，国内相关产业存在实质损害，并且国内相关产业的实质损害与进口产品倾销之间存在因果关系。外经贸部决定，自1998年7月10日起，中华人民共和国海关对原产于美国、加拿大、韩国的进口新闻纸开始实施临时反倾销措施。进口经营者在进口原产于上述三国的新闻纸时，必须向海关提供与初裁确定的倾销幅度（17.11%～78.93%）相应的现金保证金。

1999年6月3日，外经贸部发布终裁公告。在终裁公告中，外经贸部认定各应诉公司在调查期内向中国出口的被调查产品均存在倾销；国家经贸委认定原产于美国、加拿大、韩国且向中国大量低价倾销的新闻纸对中国新闻纸产业造成了实质损害，倾销与损害之间存在直接的因果关系，决定自裁决之日起海关将对原产于上述三国的进口新闻纸（海关进口税则号列为48010000）征收反倾销税（税率分别为9%～78%不等）。上述措施实施期限自1998年7月10日起为5年。

1. 什么是倾销？

2. 反倾销税征收的条件是什么？

3. 有哪些反倾销措施？

2. 案例分析

思路：

如何运用“倾销与反倾销知识”来分析实际倾销案件？

1. 根据倾销定义，倾销是指在正常贸易过程中进口产品以低于其正常价值的出口价格进入进口国市场。本案中美国、加拿大、韩国的新闻纸大量、低价地向中国出口，使中国的新闻纸产业受到冲击，属于对中国新闻纸产业的倾销行为。

2. 一国对原产于他国的进口产品征收反倾销税，一般需要满足以下几个条件：

（1）受调查产品的出口价格低于正常价值，其英文缩写为LTFV；

(2) 生产“同似产品”的、进口国某一国内产业受到法定的损害；

(3) 低价出口与进口国国内产业之损害两者之间存在因果关系。

本案中来自美国、加拿大、韩国的新闻纸大量、低价地向中国出口，使中国的新闻纸产业受到严重的冲击，使得中国该产业受到严重损害，符合以上条件，因此可以征收反倾销税。

3. 根据世界贸易组织的《反倾销协议》和我国《反倾销条例》，反倾销措施主要有临时措施、承诺和反补贴税。

1. 进口关税完税价格怎么确定？

2. 比较世界贸易组织的《反倾销协议》与美国、欧盟对正常价值的确定有什么异同？

3. 上海某公司从香港购进日本皇冠牌轿车 10 辆，成交价格为 CIF 上海 125 800 美元，已知该小汽车对应的税目税号为 8703,23144，对应的税率为 28%，使用中国银行的外汇折算价为 1 美元=人民币 7.731 0 元，计算应征进口关税。

4. 其他非关税措施有哪些？

5. 你认为我国企业应该如何应对非关税贸易壁垒？

第十五章 国际商事仲裁

△国际商事仲裁的含义与特点

△国际商事仲裁的程序

△国际商事仲裁协议法律适用原则

△国际商事仲裁裁决的承认与执行

2010 年 12 月 15 日，青岛公司与美国公司签订国际贸易销售合同，约定美国公司购买青岛公司生产加工的某钢结构产品，货值 30 万美元。合同约定的仲裁条款为：合同争议均应提交中国国际经济贸易仲裁委员会（以下简称“中国贸仲”）或者美国纽约贸易仲裁委员会仲裁。

双方因履行上述合同发生纠纷，2012 年 5 月 20 日，美国公司向中国贸仲提起仲裁，青岛公司由山东青大泽汇律师事务所刘丰律师代理，研究了合同条款后，赶在仲裁开庭前，向青岛某法院提起确认仲裁条款无效的诉讼，并及时向中国贸仲书面通报了这一情况，要求中止仲裁程序。

庭审时，青岛公司主张：在合同双方没有就仲裁机构的唯一性达成补充协议的情况下，前述合同仲裁条款是无效的。美国公司则辩称：(1) 就双方的合同纠纷，中国贸仲已受理了由其提起的仲裁申请，并向青岛公司送达了仲裁通知等法律文书；(2) 青岛公司在仲裁庭确定的开庭日之前未就仲裁协议效力问题向仲裁庭提出异议；(3) 依据《最高人民法院关于适用〈中华人民共和国仲裁法〉若干问题的解释》第 13 条的规定，青岛公司其后向法院提出的要求确认仲裁协议无效的申请，不属于法院受理的范围，应予驳回。

法院经审理并按有关规定逐级层报最高人民法院后裁定：确认合同仲裁条款无效。随后中国贸仲也对美国公司的仲裁申请做了撤案处理。

本章主要介绍国际商事仲裁的基本概念和理论如仲裁协议、仲裁程序、仲裁结构、仲

裁协议的执行，并对我国仲裁未来发展的机遇和挑战做了简要介绍。

第一节 争议解决方法与仲裁的比较优势

一、商事活动中的争议解决方法

国际商事活动中争端的产生在所难免，而解决国际经济贸易争端的方式也多种多样，概括起来主要有协商、调解、仲裁和诉讼四种。

（一）协商

协商是指在国际经济贸易活动中（主要是合同）发生纠纷时，由争议的双方当事人在自愿互谅的基础上，直接进行磋商，自行解决纠纷，不需要任何第三者的参与。在不损害双方关系的基础上，互谅互让地解决纠纷是被广泛采用的解决国际贸易纠纷的方式。

（二）调解

调解是指发生纠纷的当事人在第三者主持下，通过调解说服，促使当事人双方达成谅解的协议，以解决纠纷。在中国，行政机关、仲裁机构、人民法院均可进行调解。调解达成协议并经当事人签名后，便具有法律约束力。双方当事人必须履行，若一方当事人无正当理由拒绝履行，对方当事人可以向法院申请强制执行。调解只能在双方当事人自愿的基础上进行。

（三）仲裁

仲裁是指如果当事人双方不愿协商、调解，或者协商、调解不成的，可以根据双方当事人在合同中的仲裁条款或者事后达成的书面仲裁协议，提交常设仲裁机构或临时仲裁庭，以解决双方的纠纷。我国《民事诉讼法》规定，涉外经济贸易、运输和海事中发生的纠纷，当事人在合同中订有仲裁条款或者事后达成书面仲裁协议，提交中华人民共和国涉外仲裁机构或者其他仲裁机构仲裁的，当事人不得向人民法院起诉。一般在国际经济贸易仲裁协议中，双方当事人认定：仲裁裁决是终局的，对双方当事人具有拘束力。因此一旦合同中有此类仲裁条款，根据绝大多数国家的法律规定，法院对于由该合同产生的争议无管辖权。

（四）诉讼

诉讼是指根据一方当事人的起诉，由有管辖权的法院通过审判程序解决当事人的纠纷。我国《民事诉讼法》规定，当事人在合同中没有订有仲裁条款或者事后没有达成书面仲裁协议的，可以向人民法院起诉。

二、仲裁相比诉讼的优势

仲裁是当今国际上公认并广泛采用的解决争议的重要方式之一。国外通过仲裁解决经济纠纷已是非常普遍，国内随着《仲裁法》的颁布实施，目前越来越多的人开始了解、熟悉并选择仲裁方式来解决经济纠纷。仲裁与诉讼相比，有其独有的优势。

（1）充分尊重当事人的意思自治。我国《仲裁法》第 4 条明确规定：“当事人采用仲裁方式解决纠纷，应当双方自愿，达成仲裁协议。”可见仲裁采取自愿原则，仲裁是以当事人自愿为前提的，包括自愿决定采用仲裁方式解决争议；自愿决定解决争议的事项，选择仲裁机构等；当事人还有权在仲裁委员会提供的名册中选择其所信赖的人士来处理争议。涉外仲裁的当事人双方还可以自愿约定采用哪些仲裁规则和适用的法律等等。

（2）裁决具有法律效力。我国《仲裁法》第62条规定：“当事人应当履行裁决。一方当事人不履行的，另一方当事人可以依照民事诉讼法的有关规定向人民法院申请执行。受申请的人民法院应当执行。”可见，仲裁裁决和法院判决一样，同样具有法律约束力，当事人必须严格履行。经济纠纷在仲裁庭主持下通过调解解决的，所制作的调解书与裁决书具有同等法律效力。涉外仲裁的裁决，只要被请求执行方所在国是《承人和执行外国仲裁裁决公约》（简称《纽约公约》）的缔约国或是成员国，如果当事人向被执行人所在国的法院申请强制执行，该法院就得依其国内法予以强制执行。

（3）一裁终局。即裁决一旦作出，就发生法律效力，并且当事人对仲裁裁决不服是不可以就同一纠纷再向仲裁委员会申请复议或向法院起诉的，仲裁也没有二审、再审等程序。

（4）不公开审理。我国《仲裁法》第40条规定：“仲裁不公开进行。”此举可以防止泄露当事人不愿公开的专利、专有技术等。仲裁方式保护了当事人的商业秘密，更为重要的是，仲裁从庭审到裁决结果的秘密性，使当事人的商业信誉不受影响，也使双方当事人在感情上容易接受，有利于日后继续生意上的往来。

（5）独立、公平、公正。仲裁案件可以得到公正妥善的处理，原因如下：第一，仲裁是由仲裁庭独立进行的，任何机构和个人均不得干涉仲裁庭；第二，仲裁委员会聘请的仲裁员都是公道正派的有名望的专家，由于经济纠纷多涉及特殊知识领域，由专家断案更有权威而且仲裁员在仲裁中处于第三人地位，不是当事人的代理人，由其居中断案，更具公正性。由于仲裁具有上述特点，因而也产生了收费较低、结案较快、程序较简单、气氛较宽松、当事人意愿得到广泛尊重的优点。

第二节　国际商事仲裁的基本概念

一、国际商事仲裁的含义

国际商事仲裁，亦称公断，是指在国际商事交易中的当事人在争议发生前或争议发生后，达成书面协议，按照协议的方式自愿将双方之间商事方面权利义务的争议提交双方所同意的仲裁机构审理，并由该仲裁机构依法予以裁决的解决争议的方式。作出仲裁裁决的仲裁机构的性质属于民间机构，而不是国家法院，这种民间机构一般是国际性的仲裁机构、区域性的仲裁机构、国家性的仲裁机构或专业性机构。尽管仲裁机构具有民间性，但仲裁裁决对争议各方均具有法律约束力和终局性。

二、国际商事仲裁的特点

国际商事仲裁吸取了协商与调解的自愿性，又吸取了诉讼判决的强制性，是一种自愿与强制性相结合的争议解决的方式。与诉讼相比较，仲裁有如下特点：

（一）自愿性

一方面，当事人是否选择仲裁方式是自愿的，只有在当事人于商事争议发生之前或之后自愿达成了仲裁协议，有关仲裁机关才有权对该争议进行审理和裁决，仲裁协议是通过仲裁方式解决争议的基本前提。如无此项协议，就不可能有仲裁程序的发生。另一方面，当事人选择仲裁机构、仲裁地点、仲裁员、仲裁内容等也是自愿的，即当事人可以在仲裁协议中明确约定仲裁机构、仲裁地点、仲裁规则、仲裁所使用的语言及仲裁费用的承担等事项。

（二）强制性

一方面，国际商事仲裁的强制性体现在：仲裁程序一经开始，当事人均无权单方面终止仲裁程序，任何一方不参加或拒绝参加仲裁程序，仲裁庭有权作出缺席审理和裁决；另一方面，仲裁裁决一经作出，便具有与法院判决相同的法律强制力，由法院来强制执行。与法院判决相比，仲裁裁决如需在外国执行时，外国法院一般根据有关国际条约或互惠原则予以执行，因此具有更大的优势。关于诉讼判决的执行尚没有全球性条约，许多国家参加了关于仲裁执行的《纽约公约》。

（三）保密性

除非双方当事人另有约定，仲裁一般均采用不公开审理的方法，同时在仲裁程序中，任何一方当事人或仲裁员或仲裁机构案件管理人员都负有保密的责任，这样，当事人的商业信誉和商业秘密就能得到较好的保护。而在司法诉讼中，除非法律特别规定，诉讼一般是公开的。

（四）快捷性

世界上大多数国家都承认国际商事仲裁的一裁终裁制，即仲裁裁决一经作出便具有法律效力，不得上诉，而国际商事诉讼在很多国家至少是两审终审。因此，国际商事仲裁不仅减少了当事人的时间成本，也减少了当事人的经济成本。

第三节　《中华人民共和国仲裁法》与国际商事仲裁协议

一、《中华人民共和国仲裁法》

（一）《中华人民共和国仲裁法》的主要内容

《中华人民共和国仲裁法》（以下简称《仲裁法》）于 1994 年 8 月 31 日第八届全国人民代表大会常务委员会第九次会议通过，1994 年 8 月 31 日由中华人民共和国主席令第 31 号公布，自 1995 年 9 月 1 日起施行，共八章 80 条。第一章总则，共 9 条，包括本法的调整范围和仲裁实行的制度。第二章仲裁委员会和仲裁协会，共 6 条，包括仲裁委员会的组成和仲裁员应当具备的条件。第三章仲裁协议，共 5 条，包括对仲裁协议内容的要求。第四章仲裁程序，共 37 条，包括申请和受理、仲裁庭的组成、开庭和裁决。第五章申请撤销裁决，共 4 条，包括申请撤销裁决的情形和时间要求。第六章执行，共 3 条，包括对申请仲裁裁决执行的要求。第七章涉外仲裁的特别规定，共 9 条，包括适用范围、涉外仲裁委员会的组成和仲裁员的条件。第八章附则，共7条，包括施行日期等内容。

(二) 我国的仲裁制度

根据《仲裁法》第9条规定，仲裁实行一裁终局的制度。裁决作出后，当事人就同一纠纷再申请仲裁或者向人民法院起诉的，仲裁委员会或者人民法院不予受理。裁决被人民法院依法裁定撤销或者不予执行的，当事人就该纠纷可以根据双方重新达成的仲裁协议申请仲裁，也可以向人民法院起诉。

二、国际商事仲裁协议

国际商事仲裁协议是指当事各方同意将他们之间已经发生的或将来可能发生的争议提交仲裁解决的协议。① 仲裁协议是当事人根据意思自治原则，自愿把争议提交仲裁，从而排斥诉讼的一种争议解决方法，是仲裁机构对国际商事贸易案件行使管辖权的依据。仲裁协议是双方当事人之间的一种意思表示，是双方愿意把他们之间的争议通过仲裁方式解决的一种协议。但也不是所有民事纠纷都通过仲裁方式解决。

根据国际公约、各国国内立法及司法实践，只有合同纠纷和财产纠纷才能提交仲裁机构仲裁，像婚姻、收养、监护、扶养和继承等人身关系纠纷不属于仲裁范围。仲裁协议是仲裁机构获得对协议项下案件的管辖权，从而排除法院对案件的管辖权。我国《仲裁法》规定，当事人达成仲裁协议，一方向人民法院起诉的，人民法院不予受理，但仲裁协议无效的除外。另外，《纽约公约》第2条第3款规定："当事人就诉讼事项订有本条所称之协定者，缔约国法院受理诉讼时应依当事人一造之请求，命当事人提交仲裁，但前述协定经法院认定无效、失效或不能实行者不在此限。"因此，仲裁协议是仲裁机构行使案件管辖权的依据。仲裁机构行使管辖权的前提是有效的仲裁协议。

有效的仲裁协议主要是由当事人的缔约能力、仲裁协议的内容、可仲裁的范围和仲裁协议的形式等因素决定的。决定国际商事仲裁协议有效性的这些因素应根据哪一个国家的法律进行确认，即确定国际商事仲裁协议准据法的问题。由于各国对国际商事仲裁协议的立法规定各不相同，导致实践中同样的仲裁协议在一个国家有效却另一个国家无效的情形时有发生。如果双方约定的国际商事仲裁协议无效，仲裁机构就失去了对此案件的管辖权。

第四节　国际商事仲裁的程序与机构

一、国际商事仲裁程序

仲裁程序是保证仲裁公正合理进行的前提，它通过仲裁规则来体现。根据各国法律的规定，国际商事仲裁程序主要包括仲裁申请、答辩和反请求、仲裁员及仲裁庭、审理、裁决等几个环节。以2014年11月4日中国国际贸易促进委员会、中国国际商会修订并通

① 余劲松，吴志攀．国际经济法［M］．北京：北京大学出版社，高等教育出版社，2009.

过，自 2015 年 1 月 1 日起施行的《中国国际经济贸易仲裁委员会仲裁规则》（以下简称我国新《仲裁规则》）为例，其关于仲裁程序主要步骤的叙述如下：

（一）申请

仲裁的申请是指发生争议的一方或双方当事人根据其所签订的仲裁协议，将争议提交给有关的仲裁机构进行仲裁的行为。各国的法律都规定，当事人如果需要申请仲裁，应当先提交仲裁协议及仲裁申请书。我国新《仲裁规则》中第 12 至 13 条关于仲裁申请的规定如下：

1. 第 12 条　申请仲裁

当事人依据本规则申请仲裁时应：

（1）提交由申请人或申请人授权的代理人签名及/或盖章的仲裁申请书。仲裁申请书应写明：①申请人和被申请人的名称和住所，包括邮政编码、电话、传真、电子邮箱或其他电子通信方式；②申请仲裁所依据的仲裁协议；③案情和争议要点；④申请人的仲裁请求；⑤仲裁请求所依据的事实和理由。

（2）在提交仲裁申请书时，附具申请人请求所依据的证据材料以及其他证明文件。

（3）按照仲裁委员会制定的仲裁费用表的规定预缴仲裁费。

2. 第 13 条　案件的受理

（1）仲裁委员会根据当事人在争议发生之前或在争议发生之后达成的将争议提交仲裁委员会仲裁的仲裁协议和一方当事人的书面申请，受理案件。

（2）仲裁委员会仲裁院收到申请人的仲裁申请书及其附件后，经审查，认为申请仲裁的手续完备的，应将仲裁通知、仲裁委员会仲裁规则和仲裁员名册各一份发送给双方当事人；申请人的仲裁申请书及其附件也应同时发送给被申请人。

（3）仲裁委员会仲裁院经审查认为申请仲裁的手续不完备的，可以要求申请人在一定的期限内予以完备。申请人未能在规定期限内完备申请仲裁手续的，视同申请人未提出仲裁申请；申请人的仲裁申请书及其附件，仲裁委员会仲裁院不予留存。

（4）仲裁委员会受理案件后，仲裁委员会仲裁院应指定一名案件秘书协助仲裁案件的程序管理。

（二）答辩

仲裁答辩是指仲裁案件的被申请人针对申请人在仲裁申请书中提出的仲裁请求和所依据的事实和理由进行答复和辩解的行为。答复和辩解的书面文件称为答辩书。我国新《仲裁规则》第 15 条对仲裁答辩作出如下规定：

（1）被申请人应自收到仲裁通知后 45 天内提交答辩书。被申请人确有正当理由请求延长提交答辩期限的，由仲裁庭决定是否延长答辩期限；仲裁庭尚未组成的，由仲裁委员会仲裁院作出决定。

（2）答辩书由被申请人或被申请人授权的代理人签名及/或盖章，并应包括下列内容及附件：①被申请人的名称和住所，包括邮政编码、电话、传真、电子邮箱或其他电子通信方式；②对仲裁申请书的答辩及所依据的事实和理由；③答辩所依据的证据材料以及其他证明文件。

（3）仲裁庭有权决定是否接受逾期提交的答辩书。

（4）被申请人未提交答辩书，不影响仲裁程序的进行。

（三）反请求

反请求是指在已经开始的仲裁程序中，被申请人以原仲裁申请人为被申请人，向仲裁委员会提出的与原仲裁请求在事实上和法律上有牵连的，目的在于抵消或者吞并仲裁申请人原仲裁请求的独立的请求。我国新《仲裁规则》第 16、17 条关于反请求的规定如下：

（1）被申请人如有反请求，应自收到仲裁通知后 45 天内以书面形式提交。被申请人确有正当理由请求延长提交反请求期限的，由仲裁庭决定是否延长反请求期限；仲裁庭尚未组成的，由仲裁委员会仲裁院作出决定。

（2）被申请人提出反请求时，应在其反请求申请书中写明具体的反请求事项及其所依据的事实和理由，并附具有关的证据材料以及其他证明文件。

（3）被申请人提出反请求，应按照仲裁委员会制定的仲裁费用表在规定的时间内预缴仲裁费。被申请人未按期缴纳反请求仲裁费的，视同未提出反请求申请。

（4）仲裁委员会仲裁院认为被申请人提出反请求的手续已完备的，应向双方当事人发出反请求受理通知。申请人应在收到反请求受理通知后 30 天内针对被申请人的反请求提交答辩。申请人确有正当理由请求延长提交答辩期限的，由仲裁庭决定是否延长答辩期限；仲裁庭尚未组成的，由仲裁委员会仲裁院作出决定。

（5）仲裁庭有权决定是否接受逾期提交的反请求和反请求答辩书。

（6）申请人对被申请人的反请求未提出书面答辩的，不影响仲裁程序的进行。

（四）仲裁员及仲裁庭

仲裁庭是指具体负责对某项已交付仲裁的争议事项进行审理和裁决的组织。仲裁庭由一名或三名仲裁员组成。我国新《仲裁规则》第 24 条至第 29 条关于仲裁员及仲裁庭的规定如下：

1. 第 24 条　仲裁员的义务

仲裁员不代表任何一方当事人，应独立于各方当事人，平等地对待各方当事人。

2. 第 25 条　仲裁庭的人数

（1）仲裁庭由一名或三名仲裁员组成。

（2）除非当事人另有约定或本规则另有规定，仲裁庭由三名仲裁员组成。

3. 第 26 条　仲裁员的选定或指定

（1）仲裁委员会制定统一适用于仲裁委员会及其分会/仲裁中心的仲裁员名册；当事人从仲裁委员会制定的仲裁员名册中选定仲裁员。

（2）当事人约定在仲裁委员会仲裁员名册之外选定仲裁员的，当事人选定的或根据当事人约定指定的人士经仲裁委员会主任确认后可以担任仲裁员。

4. 第 27 条　三人仲裁庭的组成

（1）申请人和被申请人应各自在收到仲裁通知后 15 天内选定或委托仲裁委员会主任指定一名仲裁员。当事人未在上述期限内选定或委托仲裁委员会主任指定的，由仲裁委员会主任指定。

（2）第三名仲裁员由双方当事人在被申请人收到仲裁通知后 15 天内共同选定或共同

委托仲裁委员会主任指定。第三名仲裁员为仲裁庭的首席仲裁员。

(3) 双方当事人可以各自推荐一至五名候选人作为首席仲裁员人选，并按照上述第(2) 款规定的期限提交推荐名单。双方当事人的推荐名单中有一名人选相同的，该人选为双方当事人共同选定的首席仲裁员；有一名以上人选相同的，由仲裁委员会主任根据案件的具体情况在相同人选中确定一名首席仲裁员，该名首席仲裁员仍为双方共同选定的首席仲裁员；推荐名单中没有相同人选时，由仲裁委员会主任指定首席仲裁员。

(4) 双方当事人未能按照上述规定共同选定首席仲裁员的，由仲裁委员会主任指定首席仲裁员。

5. 第 28 条　独任仲裁庭的组成

仲裁庭由一名仲裁员组成的，按照本规则第 27 条第 (2)、(3)、(4) 款规定的程序，选定或指定独任仲裁员。

6. 第 29 条　多方当事人仲裁庭的组成

(1) 仲裁案件有两个或两个以上申请人及/或被申请人时，申请人方及/或被申请人方应各自协商，各方共同选定或共同委托仲裁委员会主任指定一名仲裁员。

(2) 首席仲裁员或独任仲裁员应按照本规则第 27 条第 (2)、(3)、(4) 款规定的程序选定或指定。申请人方及/或被申请人方按照本规则第 27 条第 (3) 款的规定选定首席仲裁员或独任仲裁员时，应各方共同协商，提交各方共同选定的候选人名单。

(3) 如果申请人方及/或被申请人方未能在收到仲裁通知后 15 天内各方共同选定或各方共同委托仲裁委员会主任指定一名仲裁员，则由仲裁委员会主任指定仲裁庭三名仲裁员，并从中确定一人担任首席仲裁员。

(五) 审理

所谓仲裁审理是指仲裁庭依法组成后，按照《仲裁法》以及仲裁规则规定的程序和方式，对当事人之间发生争议并交付仲裁的争议案件进行审理并作出仲裁裁决的活动。我国新《仲裁规则》第 35 条对审理方式的规定如下：

(1) 除非当事人另有约定，仲裁庭可以按照其认为适当的方式审理案件。在任何情形下，仲裁庭均应公平和公正地行事，给予双方当事人陈述与辩论的合理机会。

(2) 仲裁庭应开庭审理案件，但双方当事人约定并经仲裁庭同意或仲裁庭认为不必开庭审理并征得双方当事人同意的，可以只依据书面文件进行审理。

(3) 除非当事人另有约定，仲裁庭可以根据案件的具体情况采用询问式或辩论式的庭审方式审理案件。

(4) 仲裁庭可以在其认为适当的地点以其认为适当的方式进行合议。

(5) 除非当事人另有约定，仲裁庭认为必要时可以就所审理的案件发布程序令、发出问题单、制作审理范围书、举行庭前会议等。经仲裁庭其他成员授权，首席仲裁员可以单独就仲裁案件的程序安排作出决定。

(六) 裁决

仲裁裁决是指仲裁庭对当事人之间所争议的事项作出的裁决。我国新《仲裁规则》第 49 条关于裁决的规定如下：

(1) 仲裁庭应当根据事实和合同约定，依照法律规定，参考国际惯例，公平合理、独立公正地作出裁决。

(2) 当事人对于案件实体适用法有约定的，从其约定。当事人没有约定或其约定与法律强制性规定相抵触的，由仲裁庭决定案件实体的法律适用。

(3) 仲裁庭在裁决书中应写明仲裁请求、争议事实、裁决理由、裁决结果、仲裁费用的承担、裁决的日期和地点。当事人协议不写明争议事实和裁决理由的，以及按照双方当事人和解协议的内容作出裁决书的，可以不写明争议事实和裁决理由。仲裁庭有权在裁决书中确定当事人履行裁决的具体期限及逾期履行所应承担的责任。

(4) 裁决书应加盖“中国国际经济贸易仲裁委员会”印章。

(5) 由三名仲裁员组成的仲裁庭审理的案件，裁决依全体仲裁员或多数仲裁员的意见作出。少数仲裁员的书面意见应附卷，并可以附在裁决书后，该书面意见不构成裁决书的组成部分。

(6) 仲裁庭不能形成多数意见的，裁决依首席仲裁员的意见作出。其他仲裁员的书面意见应附卷，并可以附在裁决书后，该书面意见不构成裁决书的组成部分。

(7) 除非裁决依首席仲裁员意见或独任仲裁员意见作出并由其署名，裁决书应由多数仲裁员署名。持有不同意见的仲裁员可以在裁决书上署名，也可以不署名。

(8) 作出裁决书的日期，即为裁决发生法律效力的日期。

(9) 裁决是终局的，对双方当事人均有约束力。任何一方当事人均不得向法院起诉，也不得向其他任何机构提出变更仲裁裁决的请求。

二、国际商事仲裁机构类型

仲裁机构是通过仲裁方式，解决双方民事争议，作出仲裁裁决的机构。分为国内仲裁机构和国际仲裁机构，后者又分为全国性的仲裁机构和国际性或地域性的仲裁机构。此外，按仲裁机构的设置情况，国际上进行仲裁的机构有三种：一种是常设仲裁机构，一种是临时仲裁机构，还有一种是专业性仲裁机构。

(一) 常设仲裁机构

常设仲裁机构有国际性的或区域性的，有全国性的，还有附设在特定行业内的专业性仲裁机构。它们都有一套机构和人员，负责组织和管理有关仲裁事务，可为仲裁的进行提供各种方便，所以大多数仲裁案件都被提交在常设仲裁机构进行审理。著名的常设仲裁机构有：国际商会仲裁院（International Chamber of Commerce Court of Arbitration)，英国伦敦仲裁院，瑞士苏黎世商会仲裁院，日本国际商事仲裁协会，美国仲裁协会，瑞典斯德哥尔摩商会仲裁院，中国国际贸易促进委员会对外经济贸易仲裁委员会等。

(二) 临时仲裁机构

它是由双方当事人指定仲裁员自行组成的一种仲裁庭，案件处理完毕即自动解散。

(三) 专业性仲裁机构

附设在特定行业内的专业性仲裁机构，这类仲裁机构有：伦教羊毛协会，伦敦黄麻协会，伦教油籽协会，伦敦谷物商业协会等行业内设立的仲裁机构。

第五节　国际商事仲裁的法律适用与执行

一、国际商事仲裁协议法律适用原则

国际商事仲裁协议法律适用是指涉外民商事法律纠纷的双方当事人所约定的仲裁协议或仲裁条款应适用何种法律的过程。双方当事人的仲裁协议的合法有效性应根据哪一个国家或地区的法律来确认？在各国立法和国际私法实践中，主要采用以下几个原则来解决此问题。

（一）适用当事人仲裁协议中所选择的法律的原则

如果当事人在国际商事仲裁协议中约定应当适用的法律，则商事仲裁机构在解决国际商事仲裁案件时，应适用当事人所选择的法律。这是“意思自治”原则在国际商事仲裁中的体现，该原则作为国际商事仲裁的一项重要原则，已成为国际商事仲裁实践中普遍遵守的原则。[①] 1961 年《欧洲国际商事仲裁公约》第 7 条第 1 款明确规定：“当事人可以通过协议自行决定仲裁员就争议所适用的法律。”1998 年《国际商会国际仲裁院仲裁规则》也规定，当事人双方自由确定仲裁庭裁决争议所适用的法律。但是该原则不适用于仲裁当事人能力和仲裁形式的法律适用问题。

（二）适用与仲裁协议密切联系国家的法律的原则

当事人未就国际商事仲裁协议的法律适用作出约定时，仲裁机构应适用与该仲裁协议有最密切联系地的法律解决国际商事纠纷。最密切联系原则是指仲裁机构要根据具体案情找出一个与仲裁协议有密切联系的国家的法律作为仲裁协议的准据法。仲裁地法律为仲裁协议最密切联系地的法律已成为国际上通行的解决国际商事仲裁协议法律适用的做法。[②] 比如，《欧洲国际商事仲裁公约》规定，缔约国的法院在作出关于仲裁协议是否存在或是否有效的决定时，应从各方面审查这一协议的有效性。关于双方当事人的能力，根据适用于他们的法律，至于其他问题，则应根据当事人的仲裁协议所依据的法律；如未就此点确定时，根据裁决地国家的法律。《纽约公约》也规定，国际商事仲裁协议的法律适用，应是当事人所选择的法律，如果当时人未作出选择或者选择的法律无效时，应适用裁决地所在国家的法律。

（三）适用尽量使商事仲裁协议有效的法律原则

在经济全球化的今天，此法律适用原则是目前国际商事仲裁实践中关于仲裁协议法律适用的发展趋势。商事仲裁协议是双方当事人把相关争议通过仲裁解决的意思表示。该法律适用原则考虑到仲裁协议的特点，只要当事人表示了通过仲裁解决协议项下争议的意思，在确定国际商事仲裁协议有效性所涉及的各种联结点中，包括当事人约定的法律、仲裁地或裁决作出地所在国、裁决执行地国、仲裁协议签订地等，只要根据其中一个国家的法律为有效协议，该仲裁协议都是有效的。[③] 尽量使国际商事仲裁协议有效的做法对解决

---

① 刘晓红．国际商事仲裁专题研究［M］. 北京：法律出版社，2009.

② 梁慧星．民商法论丛［M］. 香港：金桥文化出版（香港）有限公司，2000.

③ 赵秀文．国际商事仲裁法原理与案例教程［M］. 北京：法律出版社，2010.

国际商事纠纷，促进国际经济贸易的发展有重大影响。采用这一原则的典型是瑞士 1987 年《关于国际私法的联邦法》，该法第 178 条规定了数种可适用于仲裁协议的法律，只要符合其中之一，仲裁协议即是有效的。英国的司法实践中，也适用尽量使国际商事仲裁协议有效的准据法。

二、国际商事仲裁裁决的承认与执行

仲裁裁决的承认与执行是指当仲裁裁决的债务人不自动履行裁决，债权人依靠向法院提出强制执行仲裁裁决的申请，由法院强制执行仲裁裁决。可仲裁裁决如果希望获得域外的强制执行力，就必须获得国外法院的支持。从目前的司法实践看来，各个国家支持承认与执行外国仲裁裁决的态度趋于一致，只是支持的程度略有差异。可以预见到，扩大本国所支持的外国仲裁裁决的范围和强调落实外国仲裁裁决在本国执行的效率是该制度的发展趋势。

我国承认与执行外国仲裁裁决制度见于我国参加或缔结的国际公约、国内立法以及最高人民法院颁布的司法解释或司法解释性文件，该制度主要包括：我国承认与执行外国商事仲裁裁决的依据、申请承认与执行的期限和管辖法院、拒绝承认与执行外国商事仲裁裁决的理由、关于拒绝承认与执行外国仲裁裁决的报告制度等等。其中最为重要的是我国于 1986 年正式加入的《承认与执行外国仲裁裁决公约》（以下简称《纽约公约》）。加入《纽约公约》标志着我国步入了承认与执行国际商事仲裁裁决的国际行列，基本上形成了完整的承认与执行外国商事仲裁裁决的法律制度。

（一）涉外仲裁裁决在中国的执行

按照我国《民事诉讼法》和《仲裁法》的有关规定，对中国的涉外仲裁机构作出的仲裁裁决，一方当事人不履行的，对方当事人可以向被申请人住所地或者财产所在地的中级人民法院申请执行。申请人向人民法院申请执行中国涉外仲裁机构的仲裁裁决，须提出书面申请，并附裁决书正本。如果申请人为外国一方当事人，其申请书须用中文本提出。

一方当事人申请执行仲裁裁决，另一方当事人申请撤销仲裁裁决，人民法院应当裁定中止执行。按照最高人民法院 1992 年《关于适用〈中华人民共和国民事诉讼法〉若干问题的意见》第 315 条的规定，在这种情况下，被执行人应该提供财产担保。人民法院裁定撤销裁决的，应当裁定终结执行。撤销仲裁裁决的申请被裁定驳回的，人民法院应当裁定恢复执行。仲裁裁决被人民法院裁定不予执行的，当事人可以根据双方达成的书面仲裁协议重新申请仲裁，也可以向人民法院起诉。

（二）中国涉外仲裁机构的仲裁裁决在外国的承认和执行

依照我国《民事诉讼法》第 266 条第 2 款和《仲裁法》第 72 条的规定，中国涉外仲裁机构作出的发生法律效力的仲裁裁决，当事人请求执行的，如果被执行人或者财产不在中国领域内，应当由当事人直接向有管辖权的外国法院申请承认和执行。由于中国已经加入《纽约公约》，当事人可以依照公约的规定或者依照中国缔结或参加的其他国际条约，直接向该外国法院申请承认和执行中国涉外仲裁机构作出的裁决。

第六节　中国仲裁面临的机遇与挑战

在《仲裁法》实施前（1995 年 9 月 1 日前），我国实行的是行政仲裁制度。仲裁机构设在行政机关内部，仲裁机构的领导是行政机关的领导，仲裁员是行政机关的工作人员，而仲裁是行政机关行使行政权对纠纷进行裁决，裁决反映的是行政机关领导的意志。这种制度在计划经济体制下可以适用。有人称计划经济体制为集权经济，是完全在行政权力控制下的经济体制。这种行政仲裁与国际通行的仲裁做法有很大的不同。这种行政仲裁体制下会出现审的不裁、裁的不审，对事实判断会有差异，影响判决的客观性。而且，行政领导更多地还要考虑行政的中心工作和其他方方面面的关系。所以这个裁决容易出现长官意志、行政干预、地方保护等问题。正因为行政仲裁有这些弊端，而且行政仲裁裁决在国际上得不到承认和执行——因为行政仲裁违反了仲裁的民间性和当事人的意思自治的原则，所以，1994 年 8 月 30 日全国人民代表大会常务委员会通过了《仲裁法》，对过去的行政仲裁进行了根本变革。变革的核心是要把原来隶属于行政机关的行政性仲裁机构变成独立性、民间性的仲裁服务组织。《仲裁法》的核心就是将行政仲裁变为民间仲裁。民间化的标准在于：仲裁机构在组织上要独立于政府系统，与行政机关彻底脱钩；在财政上应该逐步自负盈亏，不再依赖财政；在管理上转变过去那种行政机关型的管理体制、管理模式，完善法人治理结构，建成一套适应市场经济发展的自我约束、自我激励、自我发展的机制；在业务上，仲裁机构应该靠公正高效的服务获得案源，不能以行政权力为依托，靠行政手段推行仲裁。总之，中国的仲裁发展方向应该是民间化。

但是，中国仲裁在民间化的过程中仍然存在种种现实问题：

1. 仲裁机构中依然存在很浓的行政色彩

在 2006 年 4—10 月向全国 180 多家仲裁机构进行的一项关于仲裁机构现状和仲裁法修改的调查显示：

（1）行政机关领导是兼职仲裁委员会办事机构负责人的现象比较突出。

（2）仲裁委员会成员中党政机关领导占的比例过高，影响仲裁委员会的决策水平和公共形象。

（3）多数仲裁机构全部或者部分地依赖财政拨款。

2. 国务院几个部委颁发的文件对仲裁性质定性错误，在国内外产生了不良影响

2003 年国务院几个部委联合颁发了《关于加强中央部门和单位行政事业性收入“收支两条线”管理的通知》，规定仲裁是属于“强制实施”的具有“垄断性质”的“政府职能”。这种规定直接违反了《仲裁法》的规定，而且与国际上通行的仲裁制度、理念不符。

3. 负责联系全国仲裁机构工作的国务院法制办的协调司，其工作指导方针及工作重心偏离《仲裁法》的立法精神

国务院法制办作为负责联系全国仲裁工作的行政主管部门，自 1998 年开始，其工作重心出现偏差：

（1）法制办业务部门负责联系仲裁工作的领导反对仲裁机构民间化。

（2）法制办工作重点没有放在与关部门协调解决影响仲裁发展的普遍性、共性问题，

而是过多地放在仲裁机构内部事务管理上。

(3) 法制办在负责仲裁协会筹建过程中，有将协会筹建成行政性行业管理协会的倾向。

(4) 对深化仲裁机构体制改革的工作指导存在严重问题，意图将仲裁机构定义成行政性事业机关。

4. 虽然我国的仲裁仍然存在种种现实问题，但现在也是中国仲裁发展的最好时机

(1) 发展的机会多。现在中国的经济发展让世界瞩目，随着中国企业越来越多地进入国际市场，中国将会拥有一个很大的仲裁市场，国外的仲裁机构以及仲裁人员希望进入中国市场，与中国的仲裁机构合作。而且中国仍处于经济转轨期，经济迅速发展的时候，纠纷确实很多，仲裁的社会需求也在持续增长。

(2) 随着事业单位改革和行政体制改革的不断深化，仲裁机构民间化发展会有更为宽松的环境。

(3)《仲裁法》实施十多年，仲裁民间化理念日益深入人心，按照仲裁要求工作的仲裁机构，成长迅速而稳定。如果我国能进一步优化仲裁机构的激励约束机制，仲裁人才将不断涌现，仲裁事业也会发展得越来越好，出现繁荣发展的新局面。

本章主要介绍了国际商事仲裁的相关概念。通过本章的学习，读者可以了解仲裁作为商事活动中争议解决办法之一的比较优势与特点，并了解和掌握国际商事仲裁的基本概念、国际商事仲裁的程序与仲裁机构、国际商事仲裁的法律适用与执行等重要知识点。

1. 案情介绍

2013 年 1 月 30 日，安徽省高级人民法院接到合肥市中级人民法院报送的《关于请求审查申请人安徽省龙利得包装印刷有限公司申请确认仲裁协议效力一案的请示》。申请人安徽省龙利得包装印刷有限公司（以下简称“龙利得公司”）与被申请人 BP Agnati S. R. L（以下简称“Agnati 公司”）以及江苏苏美达国际技术贸易有限公司（以下简称“苏美达公司”）于 2010 年 10 月 28 日签署了一份编号为 BPAC049/10 的《销售合同》。该合同第 10.1 款约定：“任何因本合同引起的或与其有关的争议应被提交国际商会仲裁院，并根据国际商会仲裁院规则由按照该等规则所指定的一位或多位仲裁员予以最终仲裁。管辖地应为中国上海，仲裁应以英语进行。”

龙利得公司认为，上述仲裁条款的效力应依据中国法律进行判断。而该仲裁条款因违反我国相关法律规定，应属无效。理由是：(1) 国际商会仲裁院不是我国《仲裁法》项下的仲裁机构，约定将争议提交给其仲裁不构成有效仲裁条款；(2) 国际商会仲裁院在我国进行仲裁违背了我国的公共利益，存在侵犯我国司法主权之嫌；(3) 即便国际商会仲裁院在我国境内作出裁决，该裁决也应属于我国《仲裁法》规定的“内国裁决”，不能依据联

合国《承认与执行外国仲裁裁决公约》(以下简称《纽约公约》)受到承认与执行。

2. 案例分析

安徽省高院在对该案件进行分析后出具了以下两条审查意见：

(1) 关于确定本案仲裁条款的效力所适用的准据法问题，本案系确认涉外仲裁协议效力的案件，根据《最高人民法院关于适用〈中华人民共和国仲裁法〉若干问题的解释》第16条“对涉外仲裁协议的效力审查，适用当事人约定的法律；当事人没有约定适用的法律但约定了仲裁地的，适用仲裁地法律；没有约定适用的法律也没有约定仲裁地或者仲裁地约定不明的，适用法院地法律”的规定，涉案《销售合同》未明确约定仲裁所适用的法律，但约定了仲裁管辖地为中国上海，因此，应当适用中华人民共和国法律作为审查本案仲裁条款效力的准据法。对此，合议庭意见一致。

(2) 关于本案涉外仲裁协议条款效力问题。对该问题，合议庭经讨论形成了两种意见：

多数意见认为，本案仲裁协议条款有效。理由：涉案《销售合同》第10.1款约定：“任何因本合同引起的或与其有关的争议应被提交国际商会仲裁院，并根据国际商会仲裁院规则由按照该等规则所指定的一位或多位仲裁员予以最终仲裁。管辖地应为中国上海，仲裁应以英语进行。”《中华人民共和国仲裁法》第16条规定：“仲裁协议包括合同中订立的仲裁条款和以其他书面方式在纠纷发生前或者纠纷发生后达成的请求仲裁的协议。仲裁协议应当具有下列内容：(1) 请求仲裁的意思表示；(2) 仲裁事项；(3) 选定的仲裁委员会。”涉案《销售合同》系双方当事人真实意思表示，合法有效。涉案仲裁条款中具有请求仲裁的意思表示和约定的仲裁事项，并选定了明确具体的仲裁机构，系有效的仲裁条款。龙利得公司请求确认该仲裁条款无效的理由不能成立。原审法院以国际商会仲裁院等国外仲裁机构不能在我国境内从事仲裁活动为由确认涉案仲裁条款无效错误，缺乏法律依据。

少数意见认为，《中华人民共和国仲裁法》第10条规定，设立仲裁委员会，应当经省、自治区、直辖市的司法行政部门登记。仲裁在我国需要经过行政机关特许才能提供的专业服务，我国政府并未向国外开放我国的仲裁市场，故国外仲裁机构依法不能在我国境内进行仲裁。而且《纽约公约》将仲裁划分为临时仲裁和机构仲裁，《中华人民共和国仲裁法》确立了在中国境内实行机构仲裁的制度，因此，涉案《销售合同》约定的由国际商会仲裁院进行仲裁的条款因违反《仲裁法》的规定，应属无效条款。

在安徽省高院的意见无法统一时，安徽省高院将此申请确认仲裁协议效力案报送并请示最高人民法院，得到最高人民法院的复函如下：

安徽省高级人民法院：

你院(2013)皖民二他字第00001号《关于申请人安徽省龙利得包装印刷有限公司与被申请人BP Agnati S. R. L申请确认仲裁协议效力案的请示》收悉。经研究，答复如下：

本案为确认涉外仲裁协议效力案件。当事人在合同中约定，因合同而发生的纠纷由国际商会仲裁院进行仲裁，同时还约定“管辖地应为中国上海”(PLACE OF JURISDICTION SHALL BE SHANGHAI，CHINA)。从仲裁协议的上下文看，对其中“管辖地应为中国上海”的表述应当理解为仲裁地在上海。本案中，当事人没有约定确认仲裁协议效力适用的法律，根据《最高人民法院关于适用〈中华人民共和国仲裁法〉若干问题的解释》第16条的规定，应适用仲裁地法律即中华人民共和国的法律来确认仲裁协议的效力。

《中华人民共和国仲裁法》第16条规定，仲裁协议应当具有下列内容：

(1) 请求仲裁的意思表示；

(2) 仲裁事项；

(3) 选定的仲裁委员会。

涉案仲裁协议有请求仲裁的意思表示，约定了仲裁事项，并选定了明确具体的仲裁机构，应认定有效。同意你院关于仲裁协议有效的多数意见。

此复

附：

安徽省高级人民法院关于申请人安徽省龙利得包装印刷有限公司与被申请人BP Agnati S. R. L 申请确认仲裁协议效力案的请示。

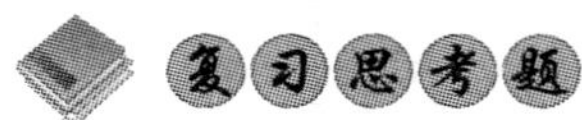

复习思考题

1. 国际商事仲裁的程序主要有哪些？
2. 国际商事仲裁的特点是什么？
3. 你是否认为文后案例分析中的仲裁协议有效？并给出理由。

参考文献

[1] 韩玉军．国际商法［M］．北京：中国人民大学出版社，2012.

[2] 王传丽，史晓丽，李巍．国际贸易法［M］．北京：首都经济贸易大学出版社，2008.

[3] 秦成德．国际商法［M］．北京：科学出版社，2012.

[4] 向前，曾彦，张玉慧．国际商法：起源、发展及其精神［J］．社会科学家，2009（3）：93-96.

[5] 金慧明．两大法系的发展趋势［J］．法制与社会，2009，10（中）：390.

[6] 赵旭东．公司法学［M］．2版．北京：高等教育出版社，2010.

[7] 吴庆宝．权威点评最高法院公司法指导案例［M］．北京：中国法制出版社，2010.

[8] 范健，王建文．公司法学［M］．3版．北京：法律出版社，2011.

[9] 刘新民．有限责任合伙法律制度专题研究［M］．北京：知识产权出版社，2011.

[10] 薛夷风．民商事组织形态法律制度的研究［M］．北京：法律出版社，2011.

[11] 李玉环，袁其国．法律帮助一点通——合伙纠纷［M］．修订版．北京：中国检察出版社，2009.

[12] 张圣翠．国际商法［M］．6版．上海：上海财经大学出版社，2012.

[13] 曹祖平．新编国际商法［M］．3版．北京：中国人民大学出版社，2009.

[14] 张成武，张宏伟，曹旭平．国际商法［M］．上海：上海财经大学出版社，2007.

[15] 张学森．国际商法［M］．上海：上海财经大学出版社，2007.

[16] 陈伟，姜波，吴显英．国际商法［M］．哈尔滨：哈尔滨工程大学出版社，2007.

[17] 童宏祥，吴羽．新编国际商法教程［M］．上海：上海财经大学出版社，2007.

[18] 司玉琢．海商法［M］．北京：法律出版社，2003.

[19] 林一飞．国际贸易法律与诉讼仲裁实务［M］．北京：对外经济贸易大学出版社，2010.

[20] 金晓晨，国际商法［M］．北京：中国人民大学出版社，2012.

[21] 冯大同．国际商法［M］．北京：中国人民大学出版社，2001.

[22] 郭瑜．国际贸易法［M］．北京：北京大学出版社，2006.

[23] 秦成德．电子商务法教程［M］．西安：西安交通大学出版社，2008.

［24］苏宗祥．国际结算［M］．北京：中国金融出版社，2010.
［25］吴兴光．国际商法［M］．北京：清华大学出版社，2014.
［26］曾立新．海上保险学［M］．北京：对外经济贸易大学出版社，2001.
［27］王传丽．国际贸易法［M］．北京：法律出版社，2008.
［28］姚新超．国际贸易运输与保险［M］．北京：对外经济贸易大学出版社，2010.
［29］张圣翠．国际商法［M］．上海：上海财经大学出版社，2012.
［30］廖益新．国际税法学［M］．北京：北京大学出版社，2001.
［31］罗晓林，谭楚玲．国际税收与国际税法［M］．广州：中山大学出版社，1995.
［32］朱清．国际税收［M］．2版．北京：中国人民大学出版社，2004.
［33］谢弗，等．国际商法［M］．北京：人民邮电出版社，2003.
［34］张泽平．国际税法［M］．北京：北京大学出版社，2014.
［35］龙英锋．国际税法案例教程［M］．北京：立信会计出版社，2011.
［36］柯炳生．WTO与非关税措施简明读本［M］．北京：中国农业出版社，2004.
［37］何晓兵，李毅．关税理论政策与实务［M］．北京：对外经贸大学出版社，2007.
［38］尚明．反倾销WTO规则及中外法律与实践［M］．北京：法律出版社，2004.
［39］张亮．反倾销法损害确定问题研究［M］．北京：法律出版社，2006.
［40］傅东辉．论贸易救济：WTO反倾销反补贴规则研究［M］．北京：中国法制出版社，2015.
［41］李计广．欧盟对华反补贴概况及案例分析［M］．北京：北京大学出版社，2014.
［42］张书林．WTO框架下中美补贴与反补贴之实证研究［M］．广州：中山大学出版社，2015.